# 신학 · 그 막힘과 트임

신학. 그 막힘과 트임
2004년 8월 초판 | 2010년 7월 재쇄
옮긴이 · 강영옥/유정원 | 펴낸이 · 이형우
ⓒ 분도출판사
등록 · 1962년 5월 7일 라15호
718-806 경북 칠곡군 왜관읍 왜관리 134의 1
왜관 본사 · 전화 054-970-2400 · 팩스 054-971-0179
서울 지사 · 전화 02-2266-3605 · 팩스 02-2271-3605
www.bundobook.co.kr
ISBN 89-419-0416-1 93230
값 13,000원

# 신학 · 그 막힘과 트임

## 여성신학 개론

캐서린 모우리 라커그나 엮음

강영옥 · 유정원 옮김

분도출판사

# 책을 내면서

『신학. 그 막힘과 트임』이 우리말로 새로 태어나기까지 "여성들의 소망에 찬 목소리"를 담아 아우르는 여정이 있었습니다. 이 책의 번역은 한국 가톨릭 여성신학회를 중심으로 시작되었습니다. 이 책을 번역하면서 우리는 교회 안에서 주변인으로 머물러 온 여성들의 과거와 현재를 직시할 수 있었습니다. 이 책은 교회 전체를 비판적이고도 깊이있게 이성적·감성적 시각으로 두루 폭넓게 바라보도록 도와주었습니다. 더불어 교회의 전통을 새롭게 이어가야 할 여성의 역할도 깨달을 수 있었습니다.

 『신학. 그 막힘과 트임』은 원제가 *Freeing Theology*입니다. 흥미롭게도 *Freeing Theology*라는 말은 여성을 해방한다는 의미보다 신학 자체를 해방한다는 의미가 더 많이 함축되어 있는 듯합니다. 지난 이천 년간 가부장제 문화 안에서 남성중심적으로 고착된 신학의 언어는 오늘날 많은 사람들, 특히 여성들에게 복음의 메시지를 제대로 전달하지 못하고 있습니다. 현대사회 안에서 복음의 메시지는 새로운 언어로 새롭게 선포되어야 할 필요성이 절실하게 요청됩니다. 여성신학의 담론은 이처럼 막힌 신학의 언어를 새로운 사고와 새로운 언어로 풀어냅니다. 하느님의 진리가 무엇이며 예수 그리스도께서 보여주신 복음의 메시지가 무엇인지를 진지하게 성찰하여 새로운 언어로써 이야기합니다. 이 책은 여성신학의 여러 영역들을 개론적으로 소개하기 때문에 독자들은 이 책을 통해 여성신학에 관한 전반적인 흐름을 섭렵할 수 있습니다. 이를 디딤돌로 삼아 여성들의 체험과 시각으로 하느님의 진리를 심화하는 신학작업들이 앞으로 많이 나와야 할 것입니다.

이 책은 여성에게 부여된 하느님의 능력을 깨닫고 자존감을 되찾아 가는 여정으로 안내할 것이며, 여성들 자신이 회복되어 깨어나는 데 기초적인 기틀을 제공할 것입니다. 우리가 현실을 비판적으로 읽고 깨닫는 과정을 거칠 때 미래를 밝히는 새로운 전망과 올바른 신앙의 자세가 열릴 것입니다. 이 책은 이러한 면에서 거듭 깨어나는 결단과 지혜로 우리를 인도합니다. 이 책을 통하여 여성의 꿈과 좌절, 교회 안에서 있었던 억압의 체험을 용기있게 직시하며 성찰하는 가운데 새로운 희망이 샘솟기를 기대합니다. 여성들이 수동적 역할에만 머물지 말고 여성으로서의 소명을 성장시켜 해방된 자로서 적극적으로 사랑할 줄 아는 여성으로 거듭나길 소망합니다. 여성의 힘은 교회를 변혁에로 초대하고 생동감있는 교회로 바꿔나갈 것입니다.

그동안 이 책을 번역하기 위해 많은 애를 쓰신 "한국 가톨릭 여성신학회" 회원들에게 갈채를 보냅니다. 강영옥, 김영애, 유현형 수녀, 유정원, 이영자 수녀, 이유리, 임현진, 전봉순 수녀, 최주영 수녀, 최혜영 수녀가 돌아가면서 한 장씩 초역을 준비해 오셨습니다. 이후 작업 전 과정에 많은 수고를 아끼지 않은 강영옥과 유정원 두 분에게 특히 감사드립니다. 출판을 기꺼이 허락한 분도출판사 관계자 여러분께도 진심으로 감사드립니다.


2004. 여름
한국 가톨릭 여성신학회 회장
한순희

# 신학 · 그 막힘과 트임

## 차 례

# 서 론

이 책은 여성론이나 그리스도교 전통에 **관해서** 이야기하는 것이 아니라 새로운 전망을 가지고 신학을 전개한다. 이 책은 여성학이 도전하고 변화시켜 온 가톨릭 신학의 전통 교의들을 분석함으로써 가톨릭 신학의 최근 발전 양상을 탐구한다. 이 책은 그동안 신학 안에 가려졌던 내용들을 밝히고, 도전하며, 재해석을 통해 새로운 전통을 창조하고 있다.

여성론은 종교와 신학이 지닌 남성중심적인 성향에 대해 비판하고 그동안 특별 분야에 얼버무려졌던 주제들을 새롭게 정의한다. **자연법**과 같은 기본 개념의 의미를 바꾸고, 하느님을 체험하는 새로운 이미지와 은유를 강조하며, 우리가 사용하는 신학적 언어와 종교적 언어를 바꾼다. 이러한 여성론적 비판은 그리스도교 신학, 특히 가톨릭 사상의 방법론과 발전에 광범위한 영향을 미치고 있다. 많은 가톨릭 여성들이 이제 신학의 전 분야를 연구하고 있다. 어떤 이는 이러한 변화를 성령의 은총이라 말하고 싶겠지만, 여성의 사제수품을 금지한 교회정책 때문에 가톨릭 안에 여성신학자가 더 많다고 하겠다. 그리스도교 여성운동을 강력하게 전개한 수장자와 신학자들 다수가 가톨릭 신자였기에, 여성의 사제수품 금지제도는 가장 폭발적인 비판을 낳았다. 더욱이 성직자보다 평신도가 점점 더 현대 가톨릭 신학에 몰두하고 있다는 현실도 이에 한몫을 했다.

그러나 여성신학 이면에는 사제수품 금지를 능가하는 많은 비판거리들이 놓여 있다. 여성신학은 그리스도교 전통이 지닌 근본적인 성차별주의를 폭넓게 비판한다. 즉, 남성을 여성보다 우월하게 평가하거나 남성의 경험을 여성 경험의 규범으로 삼는 것을 비판한다. 하느님을 형상화하는 데 있어서 남성적 은유를 무비판적으로 사용하거나 여성에게 가해지는 폭력을 미화하는 것 등을 지적한다.

여성신학자들은 사회학적으로 새로운 관점을 제공할 뿐만 아니라 근본적으로 신학하는 방식을 바꿔놓는다. 여성신학자들은 역사 속에 가려진 여성들을 복원한다. 신비가요 신학자이며 성인이었던 여성들의 잊혀진 성과들을 복원하면서, 남성들의 자만으로 가득찬 가부장적 신학의 요소들이 그리스도교 전통 안에 얼룩져 있다고 개탄한다. 여성주의의 근본원리는 여성과 남성 모두가 온전히 인간의 본성을 공유하며, 어느 누구도 다른 이보다 우월하지 않다는 데 있다. 그리스도교 신앙과 성서적 계시에 의하면, 남자든 여자든 누구라도 하느님과 더 가깝다거나 하느님의 모상대로 더 완벽하게 창조되었다고 선언할 수 없다.

여성신학은 교회생활을 하는 데 특히 도움을 준다. 여성론은 이론에서 시작되지 않았고 이론에 머물지도 않는다. 여성론은 여성의 체험에 기반을 두고 있다. 여성은 체험을 통해 예수가 선포한 하느님 나라가 지금 여기에 만연한 인간관계와는 다른 모습임을 확신한다. 여성론은 예수 그리스도 안에서 여성과 남성 간의 진실한 친교를 열망하는 참된 **종교적** 통찰에서 시작한다. 여성신학은 남성과 여성, 정신과 물질 등, 잘못된 이원론이나 계급 질서를 하느님께 덮어씌운 우상화를 폭로한다. 또한 여성론은 여성과 남성의 인간성을 심각하게 파괴한 가부장제의 영향력을 폭로하고 사회와 교회에서 가부장제를 지탱하도록 한몫을 거든 그리스도교의 왜곡된 신앙심과 신학을 거부한다.

이 책은 가능한 한 그리스도교 전통을 이끌어 오고 그리스도교 전통이 지닌 해방적 요소들을 거의 전부 찾게 해주는 보편적 관심사에 초점을 맞추고 있다. 이 책의 저자들은 일치점을 공유하면서도, 서로 다른 방법론을 선택하고 있다. 예컨대 전통이 현대신학의 규범이 되어야 하는가 혹은 규범이 될 수 있는가를 다루는 문제에 대해서 신학적 입장이 서로 다르다. 여성론은 단일한 학문 분야나 접근방식이 아니다. 현재 많은 종류의 여성론과 여러 단계의 여성주의가 있으나, 남녀를 불문하고 모든 여성론자들은 여성과 남성이 평등하다는 근본적 확신을 공유한다.

이 책의 논점은 가톨릭 신학과 여성학의 두 부분으로 나뉜다. 각 장은 신학의 중요한 교의적 논제나 분야를 다루는데, 가톨릭 전통에서 접근하고 이해해 온 주제들을 고찰하는 것으로 시작한다. 그런 다음 여성론의 원리가 이들 주제를 어떻게 신학적으로 변형시키고 기존 신학의 가장 기본적인 개념들과 방법론들을 어떻게 폐기시키는가를 보여준다. 그 결과 여성신학적 관점뿐만 아니라 기존의 가톨릭에서 말한 신학의 기본 주제를 의도적으로 적나라하게 밝힌다.

각 장에서 "주제마다 확정된 입장을 표명한 여성신학"을 보여주는 것은 아니다. 이 책에서 다루는 각 주제들은 현재 진행중인 여성학이나 여타 학문들을 같은 선상에 놓고 바라보지 않았다. 여성론적 성사신학보다는 여성론적 성서해석을 더 많이 다뤘다. 그러나 이 두 가지를 염두에 두면서 이 책은 지금까지의 전개상황을 평가하고 앞으로 지향해야 할 목표를 더욱 분명히 제시한다.

현대신학은 교의신학의 주요 주제를 나열하고 스콜라주의가 도출해낸 체계를 따르는 "논문" 방식을 아직도 상당부분 고수한다. 이 책의 각 장은 그러한 구조에 따라 배열해 놓았지만, 실상 바로 이 배열이야말로 여성신학에서 의문을 품는 부분이다. 각 주제들은 분리되어 있다기보다 오히려 훨씬 더 상호 연계되어 있다. 예를 들어 삼위일체론과 신학적 인간학은 서로 다른 주제지만 실은 깊이 연관되어 있다. 동시에 이 책은 교재로 사용하게끔 각 장의 순서를 신학강의 개요나 교과표 나열 방식과 일치시켰다. 독자는 자신이 가장 끌리는 순서에 따라 각 장을 읽을 수 있다.

주석의 참고 서적들은 각 주제와 연관된 기초자료로 볼 수 있다. 몇 개의 표제어를 되풀이한 까닭은 그리스도교 여성신학의 고전으로 강조되고 따라서 각 주제에 꼭 필요한 내용이기 때문이다. 주석과 더불어 참고 서적들은 각 주제에서 중요하게 다루는 대표적 실례를 제시한다.

이 책의 출판을 맡아주신 하퍼 콜린즈 사의 편집장 존 로든 씨에게 감사드린다. 또한 편집자 미미 커쉬와 카렌 레빈에게도 감사드린다. 작업을 마칠 때까지 기쁘고도 성실하게 글을 써 준 필자들에게 심심한 감사의 말을 전한다.

노트르담 대학에서
캐서린 모우리 라커그나

*1*

# 여성신학의 새로운 전망

방 법 론

*Anne E. Carr* 앤 카

얼마 전 우리 교회에서 시끄러운 일이 벌어졌다. 그날은 초빙 강사가 **설교**를 했는데, 어느 여성 신자가 그의 **설교**는 여성 신자들에게 아무 느낌도 주지 못한다고 비난했던 것이다. 강사는 성서와 전통적 가르침에 충실하게 성서 구절들을 신학적으로 해석하여 **설교**했다고 항변했다. 그러자 그 여성 신자는, 그 강사가 여성들이 이해할 수 있는 포괄적인 언어로 **설교**해야 했고, 그리스도교 전통이 가부장적이고 여성혐오적인 성격을 지녔다는 점을 고려해야 했다고 주장했다. 그리고 그 자리에 모인 여성들이 신실한 그리스도인이지만, 스스로 교회 안의 온전한 구성원이라는 확신이 필요하다고 했다. 나아가, 그의 신학은 여성 신자들에게 도움이 되는 여성신학의 방법론을 사용해야 했다고 주장하기에 이르렀다. 강사가 되물었다. "무슨 방법론이라고요?"

최근 여성신학자들은 어떤 방법론을 개발해 왔으며, 그 초빙 강사가 신학교에서 배운 방법들과 여성신학 방법은 어떻게 다른가? 이 장에서 나는 일반적인 신학방법론들을 훑어본 다음, 여성신학방법론에 가장 큰 영향을 끼친 두 명의 여성신학자를 중심으로 여성신학방법론을 살펴보겠다. 가톨릭 여성신학자인 류터Rosemary Radford Ruether와 쉬쓸러 피오렌자Elisabeth Schüssler Fiorenza의 사상에 입각해서 그들이 제기하는 방법론적인 논제들을 서술하고, 그들의 작업에 대한 다른 신학자들의 비판도 다루겠다. 여성신학자 메리 댈리Mary Daly는 기존의 신학방법론에는 여성의 존재를 무시하고 여성들의 물음은 물음으로 여기지도 않는 완강한 전통적 틀이 들어 있다고 이미 성고한 바 있다.[1] 최근에는 여성신학적 접근방법론의 논제가 전면에 떠오르고 있다. 20세기 여성신학이 2세대로 접어들면서 가톨릭 여성신학자들[2]과 개신교 여성신학자들[3] 모두 종전과는 다른 방식으로 방법론에 관한 논제들을 제기하고 있다.

---

[1] Mary Daly, *Beyond God the Father, Toward a Philosophy of Women's Liberation* (Boston: Beacon Press 1973) 11-2. 황혜숙 역 『하나님 아버지를 넘어서서』 이대출판사 1977.

# 신학방법론의 본성

하느님에 관한 담론과 지식으로서의 신학은 서로 다른 상황들과 수많은 전통 안에서 직·간접적으로 다양한 접근방법들을 채택해 왔다. 그리스도교 전통에 속해 있는 무수한 신학자들은 자신이 택한 방법론에 따라 분류될 수 있다. 그리스도교 신앙이 유래되고 그리스도교 신앙의 핵심 기록인 성서 안에도 방법론에 따른 분류가 있을 수 있으며 그에 따른 다양한 신학적 경향이 나타난다. 특정 장소나 시기와 관련지어 신학을 전개하는 사람들이나, 교회전통의 흐름 속에서 서로 다른 사상가 혹은 학파와 관련지어 신학을 전개하는 사람들에게서도 그러한 구별은 있다. 그리하여 성서 신학, 중세 신학, 토마스 신학, 루터 신학, 칼빈 신학, 개신교 신학, 정교 신학, 가톨릭 신학, 성공회 신학, 감리교 신학 들이 서로 다른 출발점과 원천과 규범을 가지고 있으며, 직·간접적으로 방법론을 포함하는 이론적 가정들과 해석전략 위에서 전개된다. 역으로 이러한 방법론들이 하느님에 관한 담론과 예수 그리스도 안에서의 하느님 계시에 관한 담론의 내용이나 강조점들을 꼴짓고 결정짓기까지 한다.

광범위하게 전개되는 그리스도교 전통과 신학적 반성이 점점 더 세밀해짐에 따라, 그 신학 저술을 읽는 독자의 문화적 배경과 교회 배경 및 개인적인 체험도 신학에 영향을 미친다. 마찬가지로 역사적 배경, 지리적 배경, 그 저술과 관련된 신학자의 경험과 사회적 위치도 신학에 영향을 미친다. 신학방법론은 문화라든가 철학적 사고, 인간 사고의 영역이 변형될 때 변하곤 한다.[4] 그리스도교 역사 안에서 신학적 반성이 진행될 때, 그 가정

---

[2] Rosemary Radford Ruether, "The Future of Feminist Theology in the Academy", *Journal of the American Academy of Religion* 53 (1985) 703-13.

[3] Pamela Dickey Young, *Feminist Theology/Christian Theology: In Search of Method* (Minneapolis: Fortress Press 1990).

[4] Werner G. Jeanrond, "Theological Method", in: Donald W. Mussner and Joseph L. Price (eds.), *A New Handbook of Christian Theology* (Nashville: Abingdon Press 1992) 참조.

들 안에는 체계적으로 일관성을 지니려는 노력이 점점 더 분명하게 나타난다. 다시 말해, 다양한 주제들과 설명의 범주들 안에 내적 일관성을 가지려는 노력이 분명하게 나타나는가 하면, 독자나 청중이 가진 지식이나 문화적 체험, 개인의 체험에서 외적 일관성을 가지려는 노력도 점점 더 분명하게 나타난다. 따라서 오늘날 방법론에 관한 물음은 그 자체 하나의 신학적인 주제가 되었다. 그리스도교 전통 안에 신실하게 머물면서 특정한 문화 시기와 그 언어에 맞게 그리스도교 사상을 꼭 일치시켜야 하는지,[5] 아니면 성서와 전통 교리규범에 있는 원천자료들의 문법과 화법을 충실히 따라 그리스도교 사상을 표현해야 하는지에 관해 신학자들은 토론한다.[6]

최근에 이르러서야 성서·전통·이성·경험의 범주들을 신학적 반성의 원천으로 받아들였다. 대개 과거의 신학자들은 그 시대에 해석된 성서가 핵심적인 권위를 가졌다고 주장했고, 그 이전 시대의 신학자나 철학자들의 권위를 빌리기도 했으며, 공의회나 교황의 권위, 합리적인 논쟁, 문화적이고 인격적인 공동체의 체험에 권위를 두면서, 이 요소들을 자기네 신학 작업 속에 포함시켰다. 그러나 현대신학에서 하느님과 하느님께 속한 모든 것을 말할 때는 합리성과 진리를 밝히고 주장하기 위해 일관성과 통일성을 지녀야 한다.

가톨릭 신학의 방법론들에 대해 프란시스 쉬쓸러 피오렌자는 그의 최근 글들에서 명백한 윤곽을 그려 준다.[7] 그는 금욕주의 전통과 영적 전통 그리고 수도승 전통들 안에 역사적으로 다양한 신학 전통들이 있었음을 상기시키면서 고전적이고도 학문적인 신학 모델로서 가장 영향력있는 신학으로

---

[5] David Tracy, *Plurality and Ambiguity: Hermeneutics, Religion, Hope* (San Francisco: Harper & Row 1987) 참조.

[6] George A. Lindbeck, *The Nature of Doctrine: Religion and Theology in a Postliberal Age* (Philadelphia: Westminster Press 1984) 참조.

[7] Francis Schüssler Fiorenza, "Systematic Theology: Tasks and Methods", in: Francis Schüssler Fiorenza and John P. Galvin (eds.), *Systematic Theology: Roman Catholic Perspectives*, vol. I (Minneapolis: Fortress Press 1991) 1-87.

아우구스티누스의 신학, 토마스 아퀴나스의 신학 그리고 신스콜라 신학을 꼽은 다음, 몇 가지 현대적인 신학방법론을 서술했다. 아우구스티누스와 토마스 아퀴나스는 예전에 주로 성서와 과거 그리스도교 문헌에서 말하던 계시에 대해 설명할 때, 당시 성행하던 철학에 기초한 신학방법론을 취했다. 신플라톤주의는 아우구스티누스에게 신학적 토대를 제공했고, 아리스토텔레스는 아퀴나스의 종합에 철학적 기반을 제공했다. 신스콜라주의는 개신교의 종교개혁과 르네상스 그리고 자연과학의 부흥이라는 도전에 맞서서 토마스주의의 범주로 돌아가려는 사상인데, 합리주의적이고 데카르트의 구조를 갖춘 사상으로 이해되었다. 이러한 세 가지 고전적인 방식은 성서와 전통을 강조하고 신학의 학문성을 내세우며, 교회공동체의 중심성과 체험의 역할을 강조했다. 그러면서도 서로 약간의 차이를 보여서, 아우구스티누스는 성서를 올바르게 해석하는 인격의 정화 역할을 강조한 반면, 토마스 아퀴나스는 **신성한 교의**가 그 자체로 권위있는 지배적 법칙이라고 강조했고, 신스콜라 신학은 교회의 가르침을 강조했다.

이 세 가지 고전적 모델이 지닌 요소들은 가톨릭 사상 안에서 여전히 식별이 가능하다. 하지만 신학의 역사성을 인식하고 철학이 신학의 단순한 도구가 아니라는 점을 깨닫는다면, 고전적인 접근으로부터 현대적인 접근으로 이동하는 것은 쉽다. 피오렌자는 이러한 것들을 초월적·해석학적·분석적·상호관계적·자유이성적이라고 서술한다. 여성신학은 해방신학의 한 형태로서 이해되지만, 사실은 광범위한 범주에서 서로 다른 방법들을 가지고 다양하게 접근한다.

## 여성신학의 새로운 전망

이렇게 다양한 방식으로 접근해야 했기에 여성신학은 논리상 신학방법론에 관한 물음을 첫 논제로 다루었다. 여성주의자들은 이미 수십 년간 방법론에 관해 토론해 왔고 결실을 거두고 있는데, 신학 일반에서는 최근에야 비로소 방법론에 관해 묻고 있다. 방법론에 관한 토론은 성서적이고 역사적인 해석·윤리학·교의적 주제 분석 등을 포함하여 더욱 형식적이면서도 폭넓게 이해되는 "신학" 분야뿐만 아니라, 노래·시·영성·미사·춤·전례·기도 등의 창조적 행위도 수반했다. 그렇게 광범위하게 연계된 방법론은 구체적인 본질적 구조를 가진 다음에야 다양하게 시도될 것이고 그 결과도 평가될 것이며, 방법론에 관한 더 이론적인 논제들도 내실있게 탐구될 것이다.

지난 삼십 년간 가톨릭 여성 단체들이 여성의식을 일깨우면서 가톨릭 여성신학을 파급시켜 왔다.[8] 해방·평등·존중·여성의 영향력 등을 기치로 내걸고 전 세계적으로 일어난 여성운동은 결과적으로 여성의 인격적 정체성과 통합성을 깊은 곳에서 일깨우는 자각을 불러일으켰다. 이처럼 광범위하게 전개되는 운동 안에서 가톨릭 특유의 정신은 그 자체로 촉매 역할을 했으며 지도력의 원천이 되었다. 여성운동의 학문적 도구인 여성학이 전개됨에 따라 신학에서는 종교적인 담론과 반성적인 담론들을 통해 사회제도들 안에 합법화되어 있는 가부장제와 성차별주의를 일찌감치 알아차렸다. 이렇게 종교와 신학은 여성의 입장에서 분석과 비평을 끌어냈다. 가정과 가족생활, 교육, 교회와 회당, 다양한 전문 영역 — 법·의학·경제 — 들을 두루 여성학적 시각에서 학문적으로 세밀하게 관찰했을 때, 여성에 관한 종교적·신학적 관점이 사회구조상 여성을 종속적인 위치에 머물게 했고, 여성 스스로 자신을 부정적으로 인식하게 되었음을 학자들은 밝혀냈다. 그러나 이렇게 세밀한 분석들이 나오기 전에 이미 가톨릭 교회 안에서는 여성들이 문제를 제기하고 있었나.[9] 가톨릭 교회 인에 명백히게 가부장적이고 성차별적인 상황들이 있음으로 인해 가톨릭 여성들은 여성의식을 일깨우게 되었고 선구적으로 여성신학적 성찰에 박차를 가하게 되었다.

---

[8] Mary Jo Weaver, *New Catholic Women: A Contemporary Challenge to Traditional Religious Authority* (San Francisco: Harper & Row 1985).

[9] Mary Daly, *The Church and the Second Sex* (New York: Harper & Row 1968).

# 전통에 대한 비판

여성의식을 갖게 됨은 눈먼 이에게 섬광이 비쳐드는 것과도 같다. 잘못 보게 하거나 제대로 보는 것을 방해함으로써 여성은 보면서도 제대로 깨닫지 못한다. 그러나 전체적인 조망을 생생하게 밝혀 주는 빛이 들어온다. 처음에 가톨릭 여성신학자들은 제대로 보지 못했지만, 여성의식이 생기면서 여성의 관점에서 전통을 비판하는 일이 자신이 해야 할 첫째 과제임을 알아차렸다. 가톨릭 여성신학자들은 여성의 목소리가 현재뿐만 아니라 수세기 동안의 전통 속에서도 부재했으며, 여성은 당연히 신학적으로 열등한 존재이고 죄와 타락의 근원으로 각인되어 왔음을 인식했다. 남성중심적이고 남성권위적인 관점을 가진, 그러면서 여성들을 비하시키는 가톨릭 신학이 서구사회 안에 널리 퍼져 있어서, 전통이 전체적으로 왜곡되어 버렸고 그렇기 때문에 이를 바로잡아야 한다는 인식이 여성학자들 사이에서 제기되었다. 그것이 미미한 수정이거나 아니면 완전한 변화거나 간에, 잘못되어 있는 것을 바로잡아야 한다는 이러한 인식 아래 처음부터 여성신학은 여성의 입장에 서는 신학임을 표명했다. 진취적 정신을 지닌 해방신학이 대체로 그런 것처럼 여성신학도 진리에 대해 중립성과 “무심함”을 가지고 탐구하는 “객관성”을 새로운 이데올로기로 보고 도전한다. 오늘날 현대 해석학에서는 모든 해석이 해석자의 전제와 편견에 의해 조건지어진다는 원리를 내세우는데, 여성신학자들도 자신의 사회적 지위와 전제들의 한계를 인식한다. 해석학에서는 사상과 논의의 특정 노선을 지배하는 관점들이 있음을 되도록 분명하게 보여주려고 애쓴다.

세례받은 교회 구성원으로서 여성들은 관상생활을 포함한 교회생활에 언제나 참여하고 활동했지만, 이러한 참여와 활동은 과거의 텍스트 안에서 삭제되어, 여성의 존재론적 · 윤리적 · 지적 · 신체적 열등함과, 본성상 남성에게 종속된 존재임을 주장하기 위해 더러 모욕적으로 사용되었다. 수세기에 걸친 성서해석과 신학적 재건에서 여성들은 소유물이나 대상, 도구나 중요치 않은 인물로 여겨졌고 위험한 유혹자 — 하와 — 나 동정녀의 전형 — 마리아 — 으로 생각되기도 했다. 자비로운 지배/복종이 깔린 구조 안에서 여성들은 아버지와 남편에게 순종해야 한다는 가르침을 받아 왔다. 여성들은 완전한 인간이나 완전한 그리스도인으로서 이해된 적이 거의 없다. 그리하여 가톨릭 전통에 대해 여성주의자들이 처음으로 비판을 가하자 이러한 왜곡들을 파헤치고 올바른 역사적 기록을 요구하게 되었다.[10]

## 그리스도교 역사에 나타나는 여성들 원상복구시키기

여성신학의 둘째 움직임은 논리적이고 연대기적으로 그리스도교 전통 속에 나타나는 여성들을 발굴해내는 일이었다. 그리스도교 역사 속에 숨겨지거나 주목받지 못했던 여성들이 그동안 평가절하되어 왔지만, 만일 올바른 물음이 제기되거나 올바른 자료가 발견된다면, 다시 제자리를 찾을 수 있을 거라고 여성신학자들은 생각했다. 여기서 첫째 비판작업은 교회의 지도자·신학자·종교개혁가였던 남성들의 설교와 성서해석에서 여성들이 억압받고 착취된 희생자라는 것을 밝히는 것이다. 다른 한편으로는 여성사를 발굴함으로써 여성은 단순한 희생자가 아니라, 교회와 영적 성찰과 신학적 성찰에서 대리자였음을 밝혀냈다.

여성신학자들은 성서의 증언과 그리스도교의 역사 발전과정에서 여성의 활동이 중요했음을 밝혔다. 유용한 본문에서 발굴한 이야기들을 재해석하면서 여성신학자들은 성서와 그리스도교 전승 안에서 잃어버리거나 숨겨진 여성사를 발견할 수 있었다.[11] 풍부한 역사적 유산들을 찾아낸 다음, 오늘

---

[10] Rosemary Radford Ruether (ed.), *Religion and Sexism: Images of Women in the Jewish and Christian Traditions* (New York: Simon and Schuster 1974).

[11] Elisabeth Schüssler Fiorenza, *In Memory of Her: A Feminist Theological Reconstruction of Christian Origins* (New York: Crossroad 1983); Rosemary Radford Ruether and Eleanor Mc-Laughlin (eds.), *Women of Spirit: Female Leadership in the Jewish and Christian Traditions* (New York: Simon and Schuster 1979).

날 신학하는 여성들과 어떤 점에서 서로 차이가 있는지 묻게 되었다.

## 신학적 재건

비판과 역사적 복원을 넘어서서 이제 여성신학자들에게 셋째 과제가 떠올랐다. 그것은 새롭게 이해된 역사적 자료와 오늘날 다양한 여성공동체에서 제시하는 시대적 통찰들을 결합시켜 신학을 구성하는 일이다. 이는 계시·성서·하느님·창조·인간학·성령·은총·죄·구원·교회·성사에 관한 가르침이나 교의를 새롭게 꼴짓는다는 뜻이다. 많은 여성들이 성규 신학교나 대학교에서 학업을 닦거나 가르치고 있었기에 당시 여성운동은 백인 서구 중산층의 틀을 넘어서서 확장되고 있었다. 오늘날 페미니스트 학문은 세계 여성들 사이에 가장 중요한 차이점으로 부각되는 인종·계급·소수 민족 그룹들의 목소리를 담아낸다. 그리하여 각각의 학문적 노력이 커다란 대화의 장에서 부분적이고 한정적으로 기여하지만, 그 접근방식은 교회일치적이고 전 지구적이며 다원적으로 이루어진다.

비판, 역사적 복원, 신학적 재건이라는 세 가지 측면의 과제가 수십 년간에 걸쳐 진행되었는데, 이 과제들이 충분하게 다루어진 다음에야 비로소 신학적 방법론이라는 물음이 그 자체 정당성을 지니고 중요한 논제로 떠올랐다. 논리적으로는 방법론에 관한 물음이 첫 주제이겠지만, 역사적으로는 가장 나중에 등장했다. 여성신학자들은 그 일에 직접적으로 뛰어들어 새로운 영역을 개척하기 위해 다양한 방식으로 실험했고, 혁신적인 방식으로, 때로는 공동의 접근방식으로 계속해 나갔다.

여성신학은 서로 다른 참여자들이 다양한 사회적 위치에 있음을 인정하고 다원주의의 풍성함을 보면서 다양한 접근법들을 높이 평가한다. 여성신학은 그 기원에서부터 교회일치적이었다. 여러 다른 종파의 그리스도인들뿐만 아니라, 유다교 여성주의자들, 다른 전통 속의 여성주의자들, 혹은 아무 전통도 가지고 있지 않은 여성주의자들을 포함하여 토론을 전개시킨다. 가톨릭 여성신학자들은 광대한 그리스도교 전통이나 그리스도교 전통의 주변부에서 이미지와 생각을 빌려 오기도 하고, 유다교나 성서 이전 고대의 다른 본문들에서 끌어오기도 한다. 혹은 다른 학문 분야, 예를 들어 역사학·심리학·인간학·사회학·자연과학 등 페미니스트 연구들로부터 모델을 빌려 오기도 한다. 이러한 영역들에서 수많은 학문들이 남성중심적일 뿐만 아니라 여성을 역사적으로 평가절하하고 깎아내린다는 것을 분석하는 데 유용한 이론들을 제공한다. 페미니스트 일반 이론들을 통합하는 것이 지금 진행되고 있는 가톨릭 여성신학의 특징이다. 이렇게 광범위하게 원천자료들과 해석전략들을 사용함으로써 다양한 여성신학적 접근방법들이 생겨났고 그리하여 오늘날 흑인 여성이나 흑인 여성신학자, 히스패닉 여성신학자들이 토론에 합류할 때는 차라리 **여성신학들**이라고 말하는 편이 더 정확한 표현일 것이다.

방법론에 관해서 처음으로 명백하게 토론하기 시작한 가톨릭 여성신학자들 중의 몇몇 사람은 성서신학자들이었다. 유럽 대학교와 미국 대학교에서 학업을 쌓은 이 여성신학자들은 해석작업을 하면서 여성의식을 갖게 되었다. 그녀들은 역사비평 방법과 문학비평, 수사학적 방법들을 사용하여 성서 혹은 정경 밖의 다양한 문헌들에 나타나는 메시지와 성서에 나타난 여성들의 이미지, 여성에 관한 주제들과 이야기들에 접근했다. 처음에는 성서자료에서 여성에 초점을 둔 전망을 제시하다가 이후 그 작업이 다양해지고 많은 결실을 맺게 되자, 학술회의, 심포지엄을 개최하게 되었다. 또한 고대 문헌들에 접근하는 방식뿐만 아니라 다양한 여성주의와 신학적 입장들을 주석과 해석에 적용시킨 글모음들을 책으로 엮었다.[12]

이처럼 선구적인 작품을 조망하는 데는 오시크Carolyn Osiek의 유형론이 도움을 준다. 그녀는 **페미니스트**라는 단어를 넓은 의미로 사용하는데, "사

---

[12] Adela Yarbro Collins (ed.), *Feminist Perspectives on Biblical Scholarship* (Chico, CA: Scholars Press 1985); Letty Russell (ed.), *Feminist Interpretation of the Bible* (Philadelphia: Westminster Press 1985).

회의 모든 면에서 여성의 지위향상과 존엄성에 관심을 두는 것"이라고 정의한다.[13] 그녀에 따르면, 가부장제 사회 안에서 여성이 억압당하는 현실과 가부장제 교회 안에 처해 있는 여성의 상황을 성서가 주도했다고 인정하는 여성들은, 대체로 거부·충실·수정·승화·해방이라는 다섯 형태의 반응을 보인다고 한다. (1) 거부하는 사람이란 성서나 성서를 재현하는 종교전통이 어떤 권위나 유용성도 가질 수 없다고 주장하는 사람이다. (2) 충실한 사람이란 그 반대의 극단적인 형태인데, 성서는 하느님의 말씀이기 때문에 거부해서는 안 되고 인간의 진정한 자유를 위한 신적 계획의 원천이라고 주장한다. 이러한 전망을 가진 사람은 어떤 본문을 가지고는 천연덕스럽게 여성의 굴종을 금지시키는가 하면, 다른 본문을 가지고는 여성의 자유를 금지시킬 수도 있다. 혹은 성서에 등장하는 복종이라는 주제는 사회에 일반적으로 적용되는 것이 아니라 가정을 이끌어 갈 때에만 적용되는 것이라고 주장할는지도 모른다. (3) 수정주의자는 유다 그리스도교 전통의 가부장제 구조가 역사적 사실이지만 신학적으로 요청되는 것은 아니라는 입장을 취한다. 성서에서 남성우월적이고 남성중심적이며 성차별적인 요소는 메시지의 본질적인 측면이 아니기에 문화적 맥락 안에서 해석방법과 분석에 의해 걸러질 수 있다는 것이다. (4) 승화주의자는 여성의 "타자성"이 문화의 상상력과 상징주의에서 증명된다는 근거를 내세운다. 여성을 선천적으로 남성보다 우월한 존재로 보거나, 성역할이 아무리 교차되더라도 낳고 기르는 여성의 능력은 자연 그 자체에서 연유하는 또 다른 질서로 본다. 이 견해는 예수와 성령이 전형적으로 여성성을 지녔다고 강조한다. (5) 해방주의자는 (가부장적 상황들에서 벗어난) 예언자 전통이나 인간중심주의와 가부장제를 뛰어넘는 본문들을 가지고 성서의 중심 메시지가 해방, 즉 인간 구원임을 대안으로 전제한다. 그리하여 즉각적인 회심을 요청하고 사회변혁을 주장한다.

---

[13] Carolyn Osiek, "The Feminist and the Bible", in: Collins (ed.), *Feminist Perspectives on Biblical Scholarship*, 97.

# 류터의 공헌

오시크는 성서에 대한 이러한 다양한 접근법이 여성신학자들의 서로 다른 체험과 전제로부터 생긴다고 지적한다. 이러한 전제들은 참으로 신학적인 입장들이다. 실제로 오시크는 자신의 유형론을 설정함에 있어서, 근저에서부터 흔들어 놓았던 류터의 저서를 원용한다. 류터의 『성차별과 신학』은 아마도 조직신학 측면에서 개신교와 가톨릭의 여성신학을 방대한 규모로 서술한 최초의 책일 것이다. 류터는 전통적인 신학 주제들 — 하느님 · 창조 · 인간 · 죄 · 구원 · 그리스도 · 교회 등 — 을 취급했지만, 여성의 관점에서 논의했다. 류터의 관점은 다음과 같다. "여성신학의 비판적인 원리는 여성의 온전한 인간됨을 고양하는 것이다. 그러므로 여성의 인간됨을 부인하고 축소시키고 왜곡시킨다면 그것은 무엇이든 구원이 아니다." 이러한 원리를 신학적으로는 다음과 같이 말할 수 있다. "여성의 온전한 인간됨을 축소하거나 부인하게 만드는 신념은 하느님이나 하느님과 관련된 신앙의 내용을 반영하지 못한다. 그것은 사물의 본질을 반영하지 못하고 구원자나 구원의 공동체에 대한 메시지도 전하지 못한다."[14]

류터는 방법론적 논제를 분명히 밝힌 최초의 여성신학자 가운데 하나다. 『성차별과 신학』에서 그녀는 종교전통과 신학의 일반 이론들이 이미 규정된 경험임에 반해 여성신학의 독특성은 **여성**의 체험을 바탕으로 한다는 것을 토론의 배경으로 깔았다. 과거 인류 보편적인 경험에서 여성의 경험은 배제되었으므로, 그리스도교 신학은 남성의 경험을 토대로 이루어졌다. 전통신학을 좌지우지하던 사람들이 바로 남성이며 그것도 대학교와 신학교에 소속된 중산계급의 남성들이라는 점을 여성신학은 문제삼는다.

모든 위대한 종교적 사상은 삶 전체에 강력한 상징을 제공하는 계시체험에서 시작된다고 류터는 진술한다. 이러한 깨달음은 개인이 체험하는 것이

---

[14] Ruether, *Sexism and God-Talk: Toward a Feminist Theology* (Boston: Beacon Press 1983) 18-9.

지만, 공동체의 의식 안에서 보존되고 집단적으로 전수된다. 역사적인 공동체는 예기치 않은 방식으로 새로운 의미를 드러내고 깨우치기 위해서, 현존하는 문화적 · 종교적 상징들 및 전통들을 계시와 통합함으로써 계시체험들을 중재한다. 그러한 새로운 규정 작업은 구전으로 시작하여 기록하는 방식으로 옮겨간다. 그러다가 곧 올바른 해석을 결정짓는 기준과 이질 요소를 가려내기 위한 과정이 생기고 그것을 통제하는 스승과 지도자가 등장한다. 기록이나 교육 체계의 경전화 작업은 정통에서 벗어난 해석들을 주변으로 몰아내고 억압하는 방식으로 전개된다. 경전이 형성되면 공동체에서 힘과 지도력을 갖춘 사람들이 승자이고 그 힘을 잃는 자들은 사라지게 마련이다. 그러한 경전이나 구조가 일단 존재하고 나면, 모든 해석은 과거에 규정한 것을 성찰하는 데 머무르게 된다.

그러나 공동체의 현재 체험이 무시되어서는 안 된다. 원천자료는 논리적이고 새로운 사상과 상호 작용하면서 지적 전통을 이루어 나가고, 그러는 가운데 끊임없는 수정과정이 있다. 그러나 그 시대에 농도짙은 체험으로 사람의 마음을 건드리는 것이 있어야만 생생하게 전달되는 전통이 될 수 있고, 또한 그럴 때라야 그것은 계시유형으로서 계속 의미를 전해줄 수 있다. 그러므로 해석학적 순환과정은 계시체험으로부터 현재의 문화체험 혹은 개인체험으로 순환하게 된다. 전통 자체가 현재의 체험과 모순을 일으킬 때, 위기에 봉착한다. 혹은 제도적인 구조가 체제 유지나 부패한 것으로 받아들여질 때, 위기가 발생한다. 어떤 경우에는 종교적 유산 전체가 틀렸다고 이해될 수도 있고, 다른 경우에는 이전의 형태가 여전히 신빙성을 지닌다고 보여지기도 한다. 그러나 단순히 과거에로 회귀하는 것은 불가능하며, 과거란 그 이후의 전통을 비판하기 위한 장이고, 새로운 체험을 둘러싸고 그 철저함을 제시하기 위해 사용되는 장이어야 한다. 이러한 일반적인 이론이 특히 가톨릭교 · 유다교 · 정교 등과 같은 공동체에 권위적인 구조를 특징짓는다고 류터는 주장한다. 반면 성서에 기반을 두고 있는 공동체들은 성서나 성서의 특정 부분에 호소한다.

그리스도교 맥락에서 보면, 여성의 온전한 인간됨을 향상시키려는 이러한 비판적 원리는 **하느님의 모상**, 혹은 그리스도를 인류의 궁극적인 목표라고 보는 원천적인 원리에 해당한다. 여기서 새로운 것이라면 여성들 스스로가 온전한 인간됨의 주체로 나서면서 그 원리를 주장한다는 점이다. 남성이 인간성의 규범이면 여성은 악의 희생양이 되어 왔다. 남성신학은 여성 스스로 온전한 인간임을 표방하는 원리가 타락한 것이라고 인식해 왔다. 그렇다고 해서 여성신학의 목적을 단순히 남성들, 혹은 어떤 계급이나 인종에 속한 사람들을 뒤집어엎는 것으로 오해해서는 안 된다고 류터는 주장한다. 오히려 여성신학은 모든 사람들을 끌어안을 수 있는 새로운 관계의 모습을 찾아나서야만 한다.

류터는 이러한 탐색과정에서 여성신학을 최종적으로 정의하지 않는다. 그녀는 자신의 작업이 신·구약 성서와 그리스도교의 주변부 혹은 이단 전승에서 자료들을 가져다가 서구문화와 종합한 그리스도교적인 것이라고 기술한다. 그녀는 신학의 고전적인 주제들을 우선적으로 다루지만 그리스도교 이후의 비판적인 세계관뿐만 아니라, 근동과 그리스-로마 종교, 철학을 포함하여 다룬다. 이 모든 전통들이 다 성차별적임을 인정하면서도 각각의 전통 안에는 여성들을 포함하는 대안이 들어 있다고 그녀는 논증한다. 어떤 사회단체가 다른 사회단체를 누르고 올라서려는 것을 하느님의 대리자로서 보려 하지 않고, 지배·복종의 사회적인 관계를 하느님의 이름으로 정당화하지 않는, 예언자적인 원리를 류터는 히브리 성서 전통으로부터 취한다. 예언자 전통에서 취한 네 가지 주제는 예수의 핵심 사명과 상통한다. 하느님은 억압받는 자의 편에서 그를 변호하고 방어한다는 섬, 권력과 권력자들의 지배체제를 비판한다는 점, 현재의 불의가 극복될 때 다가올 시대의 전망을 보여준다는 점, 불의한 사회질서를 정당화해 주는 이념이나 종교를 비판한다는 점이 그 네 가지 주제에 해당한다.

류터는 예언자적 해방 전통이 고정된 것이 아니라, 각 맥락들에 따라 진리와 정의를 세우는 잣대로서 공헌한다고 주장한다. 이스라엘이 가나안을 누르고 승리할 때, 혹은 그리스도교가 유다교를 누르고 승리를 구가할 때, 혹은 세속화된 종교적 군왕들의 경우에, 혹은 굴종된 사람들을 노예로 만들 경우에 예언자적인 전통도 이데올로기로서 잘못 사용될 수 있다. 그러나 가난한 사람들과 동일시하는 데 초점을 맞추고, 힘없는 곳에서 힘있는 곳으로 이동하는 과정에 초점을 맞출 때, 예언자 전통은 그 어딘가에 머물러 있다. 현존하는 권력과 관습을 현상태화할 때 예언자 전통은 왜곡된다. 예수의 더욱 철저한 전망은 히브리 성서 안에 있는 복수의 동기를 변형시키고 지배를 역전시키는 데 있다. 예수의 메시지가 지닌 비이원론적인 전체성을 여성신학적으로 해석할 때, 하느님 나라에 대한 잘못된 영성을 바로잡을 수 있다. 물론 예언자들이 여성에 대해서 잘 몰랐음을 류터도 인정한다. 그러나 예언자적 해방 전통 안에 들어 있는 하느님 말씀은 특정 사회였던 과거 본문을 넘어서서 해방된 미래에 초점을 맞추면서 새롭게 확장될 수 있다고 그녀는 강조한다.

류터는 예수운동을 초기 인류 평등의 전통으로 보는 현대여성주의 해석을 취한다. 류터는 몬타누스운동에 나타나는 여성들의 탁월성을 찾아내고, 베드로 전승보다 막달라 마리아 전승을 우위에 놓으면서, 여성을 추어올리는 영지주의 성향을 포함한 그리스도교 전통을 탐구한다. 그동안 남성중심의 문화권 안에서 주목받지 못하거나 소외당했으며 심지어 이단으로 몰렸던 전승들을 류터는 다시 들춰낸다. 류터는 그리스도교 여성 역사의 편린들을 찾고자 여성 신비가들, 여성공동체, 퀘이커교나 쉐이커교 같은 대중운동을 연구한다. 그리고 그녀는 여성신학을 구축하기 위해 지배적인 신학 구조틀을 사용하면서 모든 전통적인 교의들이 성차별주의에 의해 왜곡되어 있음을 알아차린다. 그러나 이러한 교의들이 남성중심적인 가부장주의에 물들어 있음을 여성의 시각에서 비판하고 수정할 때, 이미 새로운 가능성들이 드러나게 된다. 예를 들면 죄의 개념에 문제가 있는 것이 아니라, 여성들이 죄인으로 비난받는 것을 문제삼는다. 그리하여 류터는 종종 유다교와 그리스도교를 통합하고, 가부장제와 이원론을 뛰어넘는 고대 근동과 그리스-로마 배경의 요소들을 사용하면서 자신의 신학작업을 전개시킨다.

마지막으로 류터는 서구 현대비판문화의 세 가지 흐름, 즉 자유주의 · 낭만주의 · 사회주의적 마르크스주의를 여성주의 해석틀로 사용한다. 자유주의 여성론은 자본주의 사회모델을 수용하고 사회체계 자체에 대해서 거의 비판하지 않는다. 자유주의 여성론은 자본주의 사회 안에서 여성의 동등권을 보장받으려고 노력한다. 자유주의 여성론은 중산계급에 정향되어 있어서 계급주의와 인종주의를 다루지 못한다. 반면 사회주의와 마르크스주의 여성론은 여성들을 둘러싼 환경으로서 생산과 재생산이라는 사회체계 — 가족 — 를 재건하기 위해 가부장제의 정치적 · 경제적 구조들을 분석한다. 자유주의와 사회주의 여성론은 남성과 여성 사이의 동등성을 강조하고 전통적으로 여성을 가정과 가족이라는 사적 영역에 묶어 두려는 것에서 벗어나 공적 영역의 삶에 동등하게 참여토록 하기 위해 노력한다. 반대로 낭만적 여성론은 여성들의 감수성 · 창조성 · 직관 · 독립심 · 담대함 · 관계 능력 · 자연과의 친화성을 우월하게 보거나 남녀의 차이점을 강조한다.

류터의 여성해방주의는 이 세 가지 측면을 결합시킨다. 자유주의가 말하는 평등사상에서 동기를 얻고, 사회주의 여성론에서 말하는 평등한 사회 구축을 목표로 삼으며, 낭만적 여성론의 더욱 깊은 인간 가치를 증진시키기 위해 노력한다. 이러한 방식을 종합하여 각각의 한계를 뛰어넘는다. 억압자의 경험에 관심을 둠으로써 자유주의 여성론이 가지고 있는 중산계급의 자기만족을 피한다. 평등사회에 관심을 기울임으로써 가부장제를 직접적으로 다룬다. 인간가치에 주의를 기울임으로써 상호적인 공동체 안에서 여성과 남성, 모든 인간의 해방을 위해 노력하며 생태학적 조화 속에서 모든 피조물들의 해방을 위해 노력한다. 이상으로 류터의 여성신학적 전망들을 두루 살펴보았다.

뒤이어 나오는 방법론에 대한 고찰에서 류터는 자신의 신학과정이 여성비판적인 원리와 예언자-메시아 전통의 성서비판적인 원리를 상호 결합시킨 방법이라고 서술한다. 둘 사이의 상호 관련성은 새롭고도 비판적인 전

망을 보여주는데, 그 안에 죄스럽고 불의한 왜곡들을 넘어서서 하느님의
참된 말씀이 나타난다. 그녀는 예언자-메시아 전통이 본문의 어떤 특정한
부분, 즉 경전 속의 경전을 의미하는 것이 아니라, 성서 전통이 끊임없이
스스로를 새롭게 평가하는 역동적인 과정이라고 주장한다. 이렇게 새로운
상황 안에서 예언자-메시아 전통은 과거와 현재의 잘못된 사회를 극복하고
넘어서서 오늘날 해방하는 하느님의 말씀으로 선포된다. 이렇게 새로워지
는 과정이 성서 자체 안에서 분명하게 식별될 수 있다. 또한 예언자적 희
망을 기쁜 소식으로 체현해 온 모든 세대 안에서도 여성 자신을 위한 쇄신
과정이 분명하게 식별된다. 여성신학은 그러한 해석이론을 오늘날 신앙을
위한 "규범적이고도 필수불가결한" 것으로 확신한다.

그러나 이러한 상호 연관과정 안에서 여성들의 경험이 성서 혹은 다른
전통적인 그리스도교 본문들 안에 두드러지게 나타나지 않기 때문에, 성서
밖이나 그리스도교 밖에서 여성들의 경험을 표현할 수 있는 새로운 본문들
을 발견하여 사용하는 일이 필요하다고 류터는 주장한다.[15] 여성의 관점을
가지고 읽을 때, 정경에 속하고 가부장제에 속한 구절들은 여성의 "규범적
인 위치"를 부인하기 때문에, "새로운 공동체, 새로운 신학, 그리하여 결국
새로운 경전"의 기초로서 "새로운 규범"이 개발되어야 한다는 것이다. 이
렇게 개발된 새로운 규범은 여성을 주변부가 아니라 중심부에 놓게 되고,
그리하여 여성의 담론과 존재가 여성신학에 규범적인 것으로 된다.

자신의 적극적인 신학작업을 통해, 류터는 여성신학의 "제3의 경전"인
"새로운 미드라쉬" 안에서 궁극적으로 선하신 신적 실재를 만날 수 있으리
라고 확신한다. 그녀는 이 신적 실재를 신/여신God/ess이라고 부르며, 남성
이라고도 여성이라고도 말할 수 없으나 두 성을 다 갖추었고, 모든 창조물
의 "원초적인 모태"로서 여성적인 것을 지시한다고 말한다. 성서에서 예언
자-메시아 전통을 계승한 예수는 당시 상황에 도전한 정치적 지도자였고,

---

[15] Ruether, "The Future of Feminist Theology in the Academy", *Journal of the American Academy of Religion* 53 (1985) 703-13.

그의 지도력은 섬김에 기초한다. 예수의 남성성이 중요했던 것이 아니라, 배타적이고 종속적인 것에 대한 그의 메시지와 그의 판단이 중요했다. 공관복음서에 나타나는 예수는 메시아와 로고스의 남성적인 표상들을 벗어 버리고 자신을 넘어서서 "오실 그분"을 가리킨다. 그리하여 예수는 그리스도와 구별되고 미래의 메시아적 인물과 구별된다. 예수는 역사 안에서 끊임없이 탈은폐되는 그리스도의 한 분 계시자였지만 유일한 계시는 아니었다. 마지막 계시 혹은 영원한 계시를 내세우면 반유다주의로 흐르고 현존하는 성령의 활동에 응답하지 못하게 한다. 그러나 여성신학은 성령의 현존과 활동을 소중하게 여긴다.

## 쉬쓸러 피오렌자의 새로운 성서해석학

성서신학자 쉬쓸러 피오렌자는 여성신학에 지대한 영향을 끼쳤을 뿐 아니라, 스스로 여성신학자라고 자처한다. 여성신학방법론에 관한 고찰 『돌이 아니라, 빵을』 이외에, 많은 논문들과 그녀의 중요한 저서 『크리스천 기원의 여성신학적 재건』을 통해 여성신학적 성서해석과 여성신학의 중요성을 많은 사람들에게 일깨워 주었다. 그리스도인의 자기 정체성은 종교적 신념만의 문제가 아니라 공통된 역사적 정체성의 문제이기도 하다고 그녀는 주장한다. 여성교회라는 것을 통해 그리스도교 신앙과 공동체 안에서 여성들이 "중심에 있음을 주장"하는 변화가 일어나고 있다.

피오렌자는 많은 유형의 여성신학을 인정하면서도, 자신의 신학은 비판적 해방신학이라고 말한다. 그녀는 자신의 성서방법론을 교의적·역사-실증적·대화-해석학적 접근방식과 구별한다. 자유주의자로서 그녀는 자신의 신학이 중립성을 띤 학문이라 여기고 여성에게 힘을 실어 주는 데 관심을 기울인다. 성서는 당대의 사목적이고 교회적인 맥락은 물론 더 넓게 문화적이고 정치적 상황과 맞물려 있다고 논증한다. 성서적이고 신학적인 해석은 당시 상황을 변호하는 입장이었다고 그녀는 주장한다. 그리하여 그녀는 해방을 위해 투쟁한 여성의 경험으로부터 시작하여 이러한 억압을 극복하기 위한 신학을 전개한다. 그녀는 해방을 위해 투신한 이 여성들이 신학적 비판력을 갖추었다고도 말한다. 쉬쓸러 피오렌자는 그리스도교의 위계성을 주장하고 가부장제를 강화하는 사람들에게 성서를 포기하라고 강권하지 않는다. 오히려 성서가 많은 여성들에게 깊은 신앙의 의미를 주며 문화적·종교적으로 끊임없이 영향을 주기 때문에 성서를 상용하라고 권한다.

피오렌자는 네 가지 해석학적 원리를 사용한다. 첫째, 의심의 해석학은 많은 성서 본문이 가부장적이고 남성중심적임을 감안하여 특정 구절이 어떤 사람의 이익을 도모하는지를 묻는 비판적 이념을 수반한다. 둘째 원리는 본문들이 전례용으로 적합한지를 평가하는 선포의 해석학이다. 셋째는 회상의 해석학인데, 여성의 활동과 중심성을 재건하기 위해 초기 그리스도교에서 여성사를 추적하는 본문을 찾는다. 오늘날 여성에게 그것은 성서의 유산이다. 마지막으로 창조적 실현의 해석학은 역사적 상상력을 동원하고 전례와 예술을 통해 여성들이 성서의 역사를 새롭게 주장하도록 돕는다. 그녀는 역사비평방법과 여성론적 분석법을 사용하여 신학을 전개한다. 그리하여 여성을 억압한 성서의 구체적인 맥락들을 다룰 때, 신학의 이론적 원리나 예언자적 규범을 도용한 여성론적 방법론을 넘어서야 한다고 주장한다. 사회-정치적인 맥락을 보지 않고 본문에만 접근하거나, 개인의 마음에만 감동을 주는 접근은 부적합하다고 판정한다. 대신 그녀는 초기 그리스도교 역사에서 여성들이 중심에서 활동하고 그 **현장**에 있었다는 여성중심의 사회-역사를 제시하고자 노력한다. "빙산의 일각"처럼 신약성서에 나온 것뿐만 아니라 성서가 말하지 않는 것까지도 읽어 내려고 애쓴다.

피오렌자는 수세기 동안 주석·설교·신학에서 오해하거나 잘못 이해했던 본문이나 성서 중에서 가부장적 본문들과 가부장적 전통만을 문제삼지는 않는다. 오히려 원래는 남성중심적이지 않았는데 후대 저자가 남성중심적인 방식으로 이야기를 기록하는 남성중심의 **전승과정**을 문제삼는다. "비록 예수가 가부장제 문화 안에서 살았고 설교했지만, 신약성서는 예수의 이야기를 남성중심적인 진술이나 성차별적인 이야기로 전하지 않는다.
… 비록 남성중심적인 전통과 복음 편집과정에서 여성 제자들에 관한 언급
을 아주 조금만 남겼다 할지라도 예수를 따르는 여성들은 분명히 주변적인
역할에만 머물지 않았다".[16] 그러한 몇몇 언급들을 가지고 피오렌자는 예수
의 삶·죽음·부활의 사도적 증언으로 여성들의 중요성을 드러냈고, 신약
성서 저자들이 사도로서의 여성의 역할과 부활 사건의 증인으로서의 여성
의 역할을 축소시킨 경향이 있음을 밝혀냈다. 그녀는 초기 그리스도교 안
에 담대한 여성들이 활동하고 참여했음을 보여주기 위해 신약성서 안에 나
타나는 여성의 역사를 추적·분석했다. 여성에 대한 명백한 증거가 여성의
시각에서 제시될 때, 갈라디아서 3장 28절은 단순히 추상적인 이상이 아니
라, 초기 공동체의 정치적 사실이었음을 밝히는 자료가 된다.

피오렌자는 또한 남성중심적으로 역사를 이해하는 학자들의 해석모델에
도전한다. 그녀는 "여성과 성서"라든가 "하느님에 관한 여성적인 이미지"
와 같은 주제를 넘어서서 여성 제자들·사도들·예언자들·스승들·선교사
들·후원자들·지지자들·회중의 지도자들을 찾아내고, 영지주의사상에 물
든 공동체에서 여성들이 중요한 역할을 했고 하느님에 대한 여성원리가 있
었음을 쟁점으로 삼는다. 예를 들면, 여성은 감히 지도자나 성사의 집행자
로 교육받을 수 없다고 불평을 터뜨린 2세기 테르툴리아누스의 기록을 통
해, 초기 그리스도교 기록들이 객관적이거나 사실적인 역사가 아니라, 그
리스도교 기원에 여성이 대리자였음을 드러내는 사목적인 기록이었음을 알
수 있다.

신약성서의 정경화와 교부들의 정통/이단 논생은 교회 안에 가부장제도
가 확립되는 과정과 더불어 수세기에 걸쳐 이루어졌다. 이 과정은 사회학
적으로 이해될 수 있는데, 몇몇 학자들은 교회가 살아남기 위해 꼭 필요한
과정이었다고 주장한다. 이러한 방식으로 "가부장제도를 찬양"하는 것은

---

[16] Elisabeth Schüssler Fiorenza, "Interpreting Patriarchal Traditions", in: Letty Rusell (ed.),
*The Liberating Word* (Philadelphia: Westminster Press 1976) 52.

여성의 역사적 종속을 합법화하는 데 이용된다. 역으로 쉬쓸러 피오렌자는 그리스도교가 본래 그 자체로 가부장적이지도 않았고 가부장사회에 통합되지도 않았다는 통찰을 바탕으로 초기 그리스도교의 평등한 모델이 갈등을 품은 운동이었다고 제시한다. 예수 전승과 초기 선교 전승에서 (다른 주변부 사람들과) 여성에 관한 명백한 설명들이 나오고, 예수운동과 초기 그리스도교 선교운동은 당시 문화와는 반대로 철저하게 평등을 내세웠다는 것이다. 그녀는 초기 그리스도교를 재건한 "평등한 모델"이 교회 안에서의 여성 지도자 전승을 설명해 주고, 교회가 그리스-로마 문화에 토대를 둔 가부장제에 실제 적응한 과정과 신학적 정당화 과정을 설명해 준다고 주장한다. 피오렌자는 **생물학적 성별**sex과 **사회적으로 구성된 성**gender을 구별하는 여성주의 이론을 원용한다. 성서와 성서 시대 이후 신학에서 여성을 평가절하하는 기초는 말하자면 생물학적 성별sex의 의미가 아니라, 성에 따른 사회적·정치적 틀이라는 **의미**의 성gender이라는 것이다.

그녀는 해방적 역동성의 측면에서 역사에 관심을 가지고 미래를 향한 이 역동성을 풀어내기 위해 노력한다. 그리하여 계시가 교회를 위한 영원한 진리나 불변의 형태와 동일하다고 보는 이제까지의 "원초적 원형"archetypes 으로 성서 본문들을 이해해선 안 된다고 주장한다. 오히려 성서는 미래를 향해 열려 있고 과거의 계시와 현재의 계시가 연결되는 "모범적 원형"prototypes을 제시한다. 신학적으로 가장 논쟁이 많은 부분 가운데 하나는 "가부장제 이후의 문화에서 성서를 **의미**있게 해석하려면 가부장제 문화를 비판하고 뛰어넘는 본문들에서 여성에 관한 성서적 계시와 진리를 찾아야 한다"는 그녀의 주장이다. 즉, 가부장제를 뛰어넘는 본문들만 계시와 일치할 수 있고, 그 본문들은 "성서 안의 가부장적 본문들을 평가하고 비판"하기 위해 사용될 수 있다는 것이다.[17] 그리하여 그녀는 하느님이 아버지이시라는 것은 교회 안의 가부장적 구조에 반대하는 것이고, 그리스도가 주님이

---

[17] Schüssler Fiorenza, *In Memory of Her*, 32.

시라는 것은 그리스도교 공동체 안의 지배와 복종 관계에 반대하는 것이라
고 말한다. 왜냐하면 "성서 전통에 따르면 예수는 복종과 지배의 모든 관
계를 철저하게 거부하기 때문이다".[18]

피오렌자는 많은 신약성서 본문들이 초기의 실천을 그대로 기술하는 것
이 아니라, 오히려 규정하고 있다고 말한다. 따라서 본문을 넘어서서 교회
의 사회·문화적 배경 속에 여성들과 관련된 역동적인 투쟁이 있었음을 보
아야 한다고 주장한다. 결혼이나 가정에서의 서열이 그러한 예이다. 초기
교회 안에 여성들은 중요한 역할을 하였으나 점차 가부장적 사회구조 속으
로 교회가 통합되어 가면서 걸림돌로 작용하였다. 그리하여 가정과 교회
안에서 여성의 행동을 규제하는 규율이 생겨나게 되었다. 즉, "초기 가톨
릭 사상"의 가정규례들은 그리스도교의 평등사상과는 다른 새로운 전승으
로 볼 수 있다. 그것은 가부장제 교회와 사회질서를 정당화하는 일이었을
뿐만 아니라, 인간과 맺는 하느님과 그리스도의 관계도 가부장적 비유를
통해 묘사하게 했다. 피오렌자는 예수운동이 유다교 안에서의 개혁운동이
었다고 논하면서, 예수가 선포한 "지혜-하느님"은 버려진 사람들, 가난한
사람들, 주변으로 내몰린 사람들을 모두 포함하는 하느님이라고 서술한다.
"지혜-하느님은 언어상 이스라엘의 하느님이고 여신의 **형상**을 지닌 하느
님"으로, 자매·어머니·연인이라고 불린다. 예수는 예언자이고 지혜의 자
녀이다. 그의 죽음은 모든 현장을 감싸안으려 했던 귀결이었다.[19]

이러한 통찰을 가지고 피오렌자는 여성신학이 특정 성서 본문에서 발견
되지 않는다는 주장을 논박한다. 왜냐하면 모든 본문들은 남성중심적 전승
의 부분이기 때문이다. 여성신학은 추상적이고 무시간적인 신학직 원리니
비역사적인 예언자적 원리에서 발견되지 않는다. 그러한 원리들은 성서의
권위를 변증하는 것과 더 관련되어 있다. 여성신학을 위해 유일하게 적절
한 기준은 여성들이 물려받은 유산을 기억하면서 해방과 초월과 자기존중

---

[18] Schüssler Fiorenza, "You are Not to Be Called Father", *Cross Currents* 29 (1979) 317.

[19] Schüssler Fiorenza, *In Memory of Her*, 133 이하.

을 위해 투쟁하는 여성 자신이다. 여기서 여성 자신이란 여성을 억압하는
데 이바지했는지 아니면 해방시키는 데 이바지했는지에 따라 신학적 판단
을 내리는 사람들로 구성된 **여성교회**ekklesia를 말한다. 그리고 그 교회는
"자기정체성을 지닌 여성들과 여성들의 입장에 동조하는 남성들의 운동"으
로 나타난다. "따라서 하느님 계시와 은총의 장소는 성서나 가부장제 교회
의 전승이 아니라 여성교회이며 '여성 자신을 선택'해서 사는 여성들의 삶
이다." 여성교회의 목적은 여성들이 스스로 종교적 자기확신을 가지고 힘
을 지니며 "모든 가부장적 소외 · 주변화 · 억압"으로부터 자유로워지는 것
이다.[20]

## 비판적 전망

류터와 피오렌자의 신학적 견해에 대해 몇 가지 비판들이 제기되었다. "여
성들의 체험"을 여성신학의 원천으로 사용했지만, 체험을 규범으로 삼을
수 없다는 지적이다. 규범적인 것으로서 자기비판을 상실하기 때문에 여성
신학은 자기기만이나 새로운 종류의 억압으로 떨어질 수 있다는 것이다.
또한 하느님의 내재성을 "어머니 하느님"이나 "원초적인 모태"에 비유하면
서 어머니의 사랑이 어떤 피조물보다도 탁월하고 거룩한 것이라고 말하지
만, 그렇게 되면 성서가 전하는 하느님의 초월성을 놓치는 게 아니냐는 비
판을 받는다. 더 나아가 몇몇 여성신학자들이 주장하듯이, 모든 것들, 특
히 사람이 하느님 존재로부터 온다고 한다면 결국 우상숭배적이고 나르시
스적인 자기숭배에 떨어질 수 있다는 것이다. 끝으로, 여성신학은 성서의
심판과 약속을 개인적인 경험과 구별하지 못할 뿐 아니라, 예수 그리스도
의 궁극성을 온전한 인간의 원리로 보고 복음은 이러한 내용을 단순화한
것이라고 주장하는데, 이는 기만적 답변이라고 못박는다.[21]

---

[20] Schüssler Fiorenza, *Bread Not Stone: The Challenge of Feminist Biblical Interpretation*
(Boston: Beacon Press 1985).

여성신학이 이룬 중요성, 특히 역사 속의 여성과 현대 여성의 경험을 조명시킨 여성신학의 성과를 인정하면서도 개신교 여성신학자 파멜라 영Pamela Dickey Young은 이 두 신학자의 신학적 방법론에 대해 의문을 제기한다. 류터가 내세운 새로운 규범인 "절충주의"나 피오렌자가 주장하듯 해방을 위해 투쟁하는 여성을 교회에서 신학적으로 비판하기 위한 "새로운 교도권"이 진정 **그리스도교** 여성신학을 가능케 하는지 그녀는 반문한다. 여성신학을 재건하기 위해 신학에 여성주의적인 전망을 제공하고 여성의 체험, 특히 여성주의자의 체험을 바탕으로 삼는 신학자가 있지만, 파멜라 영은 (여성신학자로서) **그리스도교** 신학의 규범은 그리스도교의 원천에서 찾아야 한다고 주장한다. 그리스도교 규범으로서 영이 제안하는 것은 (오그덴Schubert Ogden도 마찬가지인데) 역사비평방법으로 결정할 수 있는 신약성서 초기 사도적 증언의 층이다. 성서의 "예수 전승"을 통해서 보면, 가장 초기의 증언은 예수에 관한 그리스도교의 중요한 상징과 연결된다. 이러한 기준이 전통적인 개신교에서 말하는 성서의 "정경 안의 정경"을 확언시키지만, 가톨릭의 틀은 일반적으로 성서와 그리스도교 전통을 **전체적으로** 포괄한다. 그럼에도 불구하고 여성신학에서 사용하는 **경험**이라는 용어에 대한 분석, 출발점이나 전망, 자료들, 그리고 규범에 대한 영의 다른 입장은 앞으로 가톨릭 여성신학의 방법론에 관한 논의에 도움을 줄 것이다.

## 앞으로의 토론을 위한 몇 가지 범주들

전체적인 담론과 논의의 출발점을 제시하기 위해서는 신학적인 전망이 필요하다. 여성신학은 여성의 체험에서 출발하며, 여성의 체험에 그 전망을 둔다. 때때로 그것은 **육체적** 경험을 의미하기도 하는데, 월경·임신·출산·수유·양육·폐경이라는 여성의 몸의 경험을 사용하여 하느님에 대한

---

[21] *Interpretation* 42/1 (1988)에 실린 Achtemeier, Doob Sakenfeld, Stroup의 글 참조.

유비를 끌어내거나, 혹은 세상과 관계맺는 하느님에 대한 유비를 제공하는 이미지나 모델·직관·개념을 끌어내기도 한다.[22] 여성의 경험이 종종 **사회화된 경험**을 의미할 수도 있다. 교회와 사회가 여성에게 부여하는 적절한 "위치"와 역할에 대해 그 문화권이 가진 기대치와 교회의 규율을 문제삼아 체험을 말한다면, 그 체험은 특수한 문화 속에서 가르쳐 온 여성의 역할·성격·덕목 들을 뜻하는 사회화된 체험을 말한다.[23] 성차별, 가부장제, 사회구조 안에서 착취당하거나 주변부에 머문다는 자각을 가지고 사회화된 경험에 대응하는 경험을 **여성**의 경험이라고 말하기도 한다. 가부장제와 성차별에 의해 신학적으로 왜곡되고 부당하다고 비판하는 경우가 그러한 예이다(류터). 또 다른 경우에는 여성의 역사적 경험을 의미하기도 한다. 본문을 놓고 과거, 지역적 특성과 인류학적 맥락 안에서 여성들의 삶과 활동을 연구할 때 그 관점이 긍정적이든 부정적이든, 이는 **역사적** 경험을 뜻한다(피오렌자). 여성의 경험이 여성의 독특하고 **개인적인** 체험들을 뜻할 수도 있지만 이러한 체험들도 항상 사회·정치·종교·문화적 맥락 안에서 꼴지어진 것이다.[24] "개인적인 것은 정치적인 것이다"라는 구호는 여성주의자들의 사고 안에 원리로서 남아 있다. 마지막으로, 특별히 **그리스도인으로서의** 여성체험을 교회의 언어·전례·교의·여러 실천들에 대한 다양한 응답이라고 볼 수 있겠다. 그리스도교 전통 안에서 여성들이 배척당하거나 왜곡되었으며 우스꽝스럽게 그려졌던 사실을 여성신학자들은 밝혀낸다. 그리고 종교적 맥락 안에서 여성의 충만함을 살려내기 위해 여성들의 이러한 경험을 여성신학의 자료로 사용한다. 여성의 경험에 바탕을 둔 전망은 여

---

[22] Sallie McFague, *Models of God: Theology for an Ecological, Nuclear Age* (Philadelphia: Fortress Press 1987); Sallie McFague, *Metaphorical Theology: Models of God in Religious Language* (Philadelphia: Fortress Press 1982); Elizabeth Johnson, *She Who Is: The Mystery of God in Feminist Theological Discourse* (New York: Crossroad 1992).

[23] Judith Plaskow, *Sex, Sin and Grace: Women's Experience and the Theologies of Reinhold Neibuhr and Paul Tillich* (Washington DC: Univ. Press of America 1980).

[24] Rebecca S. Chopp, *The Power to Speak: Feminism, Language, God* (New York: Crossroad 1991).

성신학의 특성이다. 여성의 경험은 전체적인 언술에 렌즈 역할(존슨)을 하거나 새로운 전망을 창출하는 각도기 역할을 한다. 비록 최근 몇 가지 시도들이 체험의 범주에 도전장을 내밀었지만 말이다.[25]

대부분의 여성신학자들은 체험이 성서와 전통신학과 반대된다고 보지 않으며, 성서와 전통 안에 나타나는 여성들의 경험을 찾아내어 부각시키는 데 관심을 기울인다. 나아가 어떤 신학자들은 여성들의 **체험**을 **해석**하면서, 그 체험 안에는 개인의 주관적인 요소뿐만 아니라 당시의 문화 안에 녹아 있던 공적인 영역도 자료로 제시될 수 있다고 주장한다. 그리하여 하느님의 말씀과 지혜의 활동이 성서 안에서 육화한 것과 마찬가지로, 그리스도인의 경험 안에서도 육화한다고 본다.

여성신학의 원천들과 관련해서 여성신학자들은 역사적 자료뿐만 아니라 현대의 자료들도 다양하게 사용할 수 있다. 이 자료들은 반드시 "신학적"일 필요는 없지만, 제시된 경우에는 잘 연계되거나 신학적인 논쟁에서 쟁점을 부각시킬 수 있는 자료라야 한다. 여성신학자들은 그리스도교의 자료와 그리스도교 밖의 자료들에서 과거의 텍스트와 종교적 상징들을 가져오고, 다른 학자들의 학파에서 이론을 빌리기도 하며, 다른 학파의 여성학자들로부터 이론을 취하기도 한다. 뿐만 아니라 신학적 사고를 반영하는 이야기·연극·시·의식·전례를 그 자료로 사용한다.

여성신학의 **규범**을 묻는 질문에 대해 설명을 하기란 참 어렵다. 러셀이 제시한, 창조를 회복시키기 위한 하느님과 인간 사이의 관계개념은 너무 추상적이라고 비판받는다. 그러나 러셀은 그리스도교권 바깥의 여성학자들까지도 성서의 종말론적 원칙을 암묵적으로 받아들이고 있냐고 주장한다. 규범으로서 여성주의는 성서 혹은 그리스도교 전통을 전체적으로 해석한다. 가톨릭 신학의 맥락에서 슈나이더스Sandra Schneiders는 새로운 상황이 요

---

[25] Sheila Greeve Davaney, "The Limits of the Appeal to Women's Experience", in: Clarissa Atkinson, Constance Buchanan, and Margaret Miles (eds.), *Shaping New Vision: Gender and Values in American Culture* (Ann Arbor: Univ. of Michigan Research Press 1989).

구하는 새로운 원리라는 원칙을 내세운다. 대다수 가톨릭 신학 형태들이 성서와 전통에 먼저 일치하는지를 따지지만, 직간접적으로 전체의 의미를 해석하고자 한다(라너의 경우, 하느님의 자기전달이라는 개념을 사용하고, 스힐레벡스의 경우, 과거와 현재의 그리스도인의 체험에서 일치하는 것은 예수 안에 나타난 하느님으로부터의 구원임을 표명한다). 프란시스 피오렌자는 현대 가톨릭 신학이 취하는 접근방식이 초월적·상호 연관적·분석적·해석학적·자유주의적 입장을 띤다고 보고, 본인이 제안하는 방법론의 규범은 그리스도교 전통을 통합하여 재건하고 그 전통의 실례나 실체를 해석한다. 그가 지적하듯이, 여성신학의 규범을 한 문단이나 한 문장으로 규정짓기는 어렵다. 그러한 판단은 여러 기준들이 작동하면서 복잡하게 얽혀 있는 일이다.

여성신학이 특별하게 보는 그리스도교 규범은 삼위일체 안에서 찾을 수 있다. 또한 사랑이신 하느님이 우리와 관계를 맺는 분이라는 이해와, 그리스도 안에서 하느님의 우주적인 자기전달이 이루어졌고, 예수의 수난과 죽음 및 성령을 통해서 기쁜 소식이 전해졌으며, 하느님을 사랑하고 형제자매를 사랑하며 모든 창조물을 사랑하라는 일체 포용의 계명이 그리스도교의 규범이다. 정의를 내포하는 하느님 사랑과 인간 사랑을 표현하는 여성주의나, 모든 인간관계를 구체화하고, 서로의 유익을 도모하는 육화원리 안에서 그리스도교 규범을 찾을 수 있다. 그러나 여성신학의 특별한 점은 전통적인 주제들을 여성주의적 시각에서 다루고 여성중심적 접근방식을 시도한다는 점이다.

신학자들은 그들이 제안하는 규범을 다양한 이해방식에 따라 보여준다. 그러나 여성신학은 규범이 아닌 여성의 관점, 특히 여성주의적 전망을 보여준다. 비록 앞에서 살펴본 두 여성신학자는 자유주의적 방법론자로 자처하지만, 여성신학자들은 상호 연관된 방법론과 해석학적 방법론을 잘 사용하고 있다. 그리고 앞으로 계속 새로운 방법들이 논의될 것이다. 방법론은 완고하게 붙잡아 두는 수갑이 아니고, 앞날을 밝혀주는 길이요 현실 사회

체계 안에서 개인과 공동체의 활동을 풍성한 삶으로 이끌어 주는 하나의 접근법이다. 방법론은 특정한 토론 내용과 분리될 수 없는데, 특정 자료나 주제들은 다른 접근방법을 모색하기 때문이다. 그럼에도 일정한 판단기준이 각 신학작업의 부분으로 강조되는 것은 중요하다.

　적절한 신학방법들은 꼭 필요하지만 가부장제 신학에 짓눌리지 않고 현재와 미래의 모든 그리스도교 신학 안으로 통합될 만큼 여성신학이 충분한 방법론을 구비하고 있지는 못하다. 류터가 본 것처럼, 역사 안에서 주도적인 가부장제 흐름이 과거에 일어난 많은 여성운동들을 주변화시키고 억누르며 마침내 묻어버린 사실을 역사가들이 밝혀줄 수 있기 때문이다. 신학 자체를 새롭게 규정하는 방식이 교과과정이나 학교를 통해 제도화되지 않는다면, 다시 허사가 될 것이다. 류터는 이러한 새로운 규정은 대단한 투쟁을 담고 있다고 경고한 바 있다. 그러한 투쟁의 일부야말로 개인의 연구와 공동연구를 통해, 다원적이면서도 전 지구적이고 포괄적인 연대를 맺으면서 함께 추구해 나가야 할 여성신학의 지적 작업인 것이다. 피오렌자가 이름 붙였듯이 그 작업은 중심이 서야 하고 신학 자체가 참으로 포괄적이어야 한다. 중심이 서야 한다는 말은 여성주의 방식이 아니라 할지라도 여성주의 관점을 채택하여 신학 자체를 변형시켜서 총체적인 신학으로 통합하는 것을 뜻한다. 그럴 때라야 여성의식은 보편화되고, 여성신학의 관점들, 원천들, 규범들을 모든 학교와 신학교에서 가르칠 수 있을 것이다. 그리고 지역공동체에서 강론하는 설교가들도 남자뿐만 아니라, 여자에게도 도움이 되는 강론을 하게 될 것이고, 여성신학의 방법들을 취할 것이며 여성주의의 광범위한 맥락을 사용하게 될 것이다.

# 더 읽으면 좋을 책

Paul ACHTEMEIER (ed.), *Interpretation: A Journal of Bible and Theology* 42, no.1 (1988). 성서와 신학에 대한 여성주의 접근법들을 탐구. 특히 Katherine Doob Sakenfeld, George W. Stroup, Elizabeth Achtmeier의 논문이 유용.

Anne CARR, *Transforming Grace: Christian Tradition and Women's Experience*, San Francisco: Harper & Row 1988. 여성주의의 많은 주제들을 탐구. 여성주의의 관점에서 상호 연관과 대조 방법을 사용하여 그리스도교 신학과 가톨릭 교회의 실천이 바뀌어야 힘을 논증.

Rebecca S. CHOPP, *The Power to Speak: Feminism, Language, God*, New York: Crossroad 1991. 미국 실용주의와 포스트모더니즘을 결부시켜 여성신학의 새로운 방법 제시.

Adela Yarbro COLLINS (ed.), *Feminist Perspectives on Biblical Scholarship*, Chico, CA: Scholars Press 1985. 성서에 대한 여성주의 접근에 관한 이론적이고 실용적인 글 모음집.

Mary DALY, *The Church and the Second Sex*, New York: Harper & Row 1968; 개정판 postchristian ed. 1975; 새 개정판 Boston: Beacon Press 1985(황혜숙 역 『교회와 제2의 성』 여성신문사 1997). 가톨릭 여성신학자의 가장 초기 토론. 역사분석을 사용하여 신학과 교회 현장에서의 모순점 지적. 최신판은 저자의 탈그리스도교적 입장을 서문·서론·후기에서 밝힘.

Sheila Greene DAVANEY (ed.), *Feminism and Process Thought: The Harvard/ Claremont Symposium Papers*, New York: Edward Mellen Press 1981. 여성주의 주제들을 과정철학과 통합시킨 모음집, 관련 주제들을 형이상학적 체계로 구성.

——, "The Limits of the Appeal to Women's Experience" in: *Shaping New Vision: Gender and Values in American Culture* (ed. by Clarissa Atkinson, Constance Buchanan, and Margaret Miles) Ann Arbor: Univ. of Michigan Research

Press 1989. 체험에 관한 탈현대적 물음 제시.

——, "Problems with Feminist Theory: Historicity and the Search for Sure Foundations" in: *Embodied Love: Sensuality and Relationship as Feminist Values* (ed. by Paula M. Cooey, Sharon A. Farmer, and Mary Ellen Ross) San Francisco: Harper & Row 1987. 여성신학에서의 역사성 문제를 다루고, "근본주의"를 피할 수 있는 비존재론적 접근법 제시.

Elisabeth Schüssler FIORENZA, *In Memory of Her: A Feminist Theological Reconstruction of Christian Origins*, New York: Crossroad 1983(김애영 역 『크리스천 기원의 여성신학적 재건』 종로서적 1986). 그리스도교 전통을 역사적으로 재구성하는 데 있어서 여성주의 해석학과 방법에 관해 논의.

——, *Bread Not Stone: The Challenge of Feminist Biblical Interpretation*, Boston: Beacon Press 1985 (김윤옥 역 『돌이 아니라 빵을: 여성신학적 성서해석학』 대한기독교서회 1994). 성서적·신학적으로 중요한 방법론들을 다룬 논문집.

Francis Schüssler FIORENZA, "Systematic Theology: Tasks and Methods" in: *Systematic Theology: Roman Catholic Perspectives* (ed. by Francis Schüssler Fiorenza and John P. Galvin) Minneapolis: Fortress Press 1991. 가톨릭 신학의 방법들과 교의 주제들에 대한 과거에서 현재까지의 논쟁들.

Werner G. JEANROND, "Theological Method" in: *A New Handbook of Christian Theology* (ed. by Donald W. Musser and Joseph L. Price) Nashville: Abingdon Press 1992. 그리스도교 신학방법론에 대한 고찰.

Elizabeth JOHNSON, *She Who Is: The Mystery of God in Feminist Theological Discourse*, New York: Crossroad 1992. 자유주의자의 틀 속에서 그리스도교 전통의 지혜와 여성주의의 지혜 사이에 "다리"를 놓음으로써 신론에 접근.

Joan KELLY, *Women, History and Theory: The Essays of Joan Kelly*, Chicago: Univ. of Chicago Press 1984. 신학 토론과 관련되는 여성주의 역사의 방법론과 통찰에 관한 일반 여성 이론서.

George A. LINDBECK, *The Nature of Doctrine: Religion and Theology in a Post-liberal Age*, Philadelphia: Westminster Press 1984. 종교에 관한 문화적·언어학적 이해를 제시하고 신학 텍스트에서 강조되는 교의 법칙을 설명하는, 가장 널리 사용되는 저서.

Elaine MARKS and Isabelle de COURTIVRON (eds.), *New French Feminisms*, New York: Schocken 1981. 여성중심의 다양성 속에서 탈현대주의 여성들의 담론 소개.

Sallie McFAGUE, *Metaphorical Theology: Models of God in Religious Language*, Philadelphia: Fortress Press 1982. 여성주의 사고에 특히 중요한 신학의 은유 이론 제시.

——, *Models of God: Theology for an Ecological, Nuclear Age*, Philadelphia: Fortress Press 1987. 현대적 관심사들에 응답하는 하느님에 대한 여성주의 은유 논의를 다룸.

Judith PLASCOW, *Sex, Sin and Grace: Women's Experience and the Theologies of Reinhold Neibuhr and Paul Tillich*, Washington DC: Univ. Press of America 1980. 신학적 범주로서 여성의 "체험"에 대한 초기 분석.

Rosemary Radford RUETHER (ed.), *Religion and Sexism: Images of Women in the Jewish and Christian Traditions*, New York: Simon and Schuster 1974. 여성신학적 분석과 비판의 초기 예들 가운데 하나.

——, "The Future of Feminist Theology in the Academy", *Journal of the American Academy of Religion* 53 (1985) 703-13. 가부장제 신학과 여성신학의 관련성을 역사적으로 분석, 순수한 신학적 변형을 위한 필수 단계 제안.

——, *Sexim and God-Talk: Toward a Feminist Theology*, Boston: Beacon Press 1983. 여성신학을 위한 방법론·원천·규범들을 논증하고 여성주의 관점에서 전통신학적 주제들을 다룸.

——, *Womanguides: Readings Toward a Feminist Theology*, Boston: Beacon Press 1985. 여성신학에 유용한 그리스도교 안팎의 여성중심적 자료 모음집.

——, *Women-Church: Theology and Practice*, San Francisco: Harper & Row 1985. 커뮤니케이션과 전례를 어떻게 발전시킬지 안내하면서 여성교회사와 신학을 함께 엮음.

Letty RUSSELL (ed.), *Feminist Interpretation of the Bible*, Philadelphia: Westminster Press 1985. 성서에 접근하는 여성신학방법론들에 대한 성서신학자들의 글 모음집.

——, *Household of Freedom: Authority in Feminist Theology*, Philadelphia: Westminster Press 1987. 가부장제 교회 안에서 성서와 여성의 경험에 대한 권위 이론 제시.

Sandra SCHNEIDERS, *Beyond Patching: Faith and Feminism in the Catholic Church*, New York: Paulist Press 1991. 여성주의에 대한 정의와 성서해석이론, 가톨릭 교회의 가르침 제시.

——, *The Revelatory Text: Interpreting the New Testament as Sacred Scripture*, San Francisco: Harper San Francisco 1992. 여성주의의 관점에서 성서와 영성을 통합시키는 해석이론.

——, *Women and the Word*, New York: Paulist Press 1986. 남성중심적 이름과 성서 언어의 범주들을 여성론적으로 접근하여 신학적으로 해석.

David TRACY, *Plurality and Ambiguity: Hermeneutics, Religion, Hope*. San Francisco: Harper & Row 1987. 여성신학과 통합하는 현대 다원주의 방식을 논의하고 해석학적 관점에서 그 의미를 살핌.

Mary Jo WEAVER, *New Catholic Women: A Contemporary Challenge to Traditional Religious Authority*, San Francisco: Harper & Row 1985. 다양한 가톨릭 여성 단체들에 나타난 여성의식을 역사적으로 분석.

Pamela Dickey YOUNG, *Feminist Theology/Christian Theology: In Search of Method*, Minneapolis: Fortress Press 1990. 여성신학방법론을 본격적으로 다룬 최초의 책. 몇몇 여성신학자의 방법론을 분석하고 적절한 신학방법론으로 다루어야 할 범주들을 제시.

# 2

# 성서와 여성론



*Sandra M. Schneiders* 산드라 슈나이더스

2차 바티칸 공의회 이전까지 가톨릭 신자들은 성서 말씀을 주일 미사 전례 중에나 접할 수 있었다. 그것도 모국어로 독서가 낭독될 때라야 제대로 들을 수 있었다. 미사에서는 신약성서가 전체적이거나 체계적으로 봉독되지 않았다. 더욱이 성서에 기초한 강론은 드물었고, 도덕적인 권고나 복음과는 관련없는 내용이 대부분이었다. 그리하여 일반 가톨릭 신자들은 대충 단편적으로 성서를 알 뿐 제대로 알지 못했다.[1]

공의회 이후 가톨릭 교회 안에 성서 공부가 성행했는데, 이미 1943년에 비오 12세가 「성령의 영감」[2]이라는 회칙을 공표하면서 그러한 분위기가 잡혀가고 있었다. 이 문서는 개신교 성서학계에서는 이미 오래 전에 통용해 온 역사비평적 성서연구방법을 가톨릭 학계에서도 사용할 수 있도록 뒤늦게 허용하고 있다. 교황은 교회 내에서, 특히 신학자들과 사목자들이 필요한 것을 새롭게 발견하도록 가톨릭 성서학자들을 독려했다.[3] 그 결과 1962년 2차 바티칸 공의회가 열릴 무렵에는 공의회 참석자들과 저명한 성서학자들이 역사비평에 기반한 가톨릭 성서학 연구들을 적용할 수 있었다. 학자들이나 공의회 대표 참석자들 가운데 여성은 완전히 배제되었음에도 불구하고, 공의회는 가톨릭 성서연구에 하나의 분기점을 조성했다.

『제2차 바티칸 공의회 문헌』「계시헌장」*Dei Verbum*은 1965년 11월 18일, 공의회가 끝날 즈음 출간되었다.[4] 비록 그 문헌이 긴장과 불일치를 내포하고 있는 절충적인 문서이긴 하지만, 가톨릭 신자들의 생활에 깊은 영향을

---

[1] 제2차 바티칸 공의회 문헌 「거룩한 전례에 관한 헌장」 *Sacrosanctum Concilium* 2장 51-52항에서 이러한 상황을 반영한다. 성서의 보물은 신자들에게 더욱 아낌없이 열려져야(51항) 하고, 강론은 "거룩한 텍스트"(52항)로부터 신앙을 해석하는 것이어야 한다.

[2] "*Divino Afflante Spiritu*"는 James J. Megivèrn의 영역판이 유용하다. *Bible Interpretation*, Official Catholic Teachings (Wilmington, NC: McGrath Publishing 1978) 316-42.

[3] 성서연구와 해석에 관한 교회 공식 문헌들에 대한 간략한 역사와 평가: Raymond E. Brown and Thomas Aquinas Collins, "Church Pronouncements", in: Raymond E. Brown, Joseph A. Fitzmyer, and Roland E. Murphy (eds.), *The New Jerome Biblical Commentary* (Englewood Cliffs, NJ: Prentice Hall 1990) 1166-74 참조. 〔이하 *NJBC*〕.

[4] 한국어 판 텍스트: 개정판 『제2차 바티칸 공의회 문헌』 한국천주교중앙협의회 2002, 339-71 참조.

미치는 참신한 강조점들을 소개하고 있다.[5]

첫째, 「계시헌장」은 트리엔트 공의회 이후 가톨릭 교회의 가르침인 계시에 관한 두 원천설에 기초를 두고 있다. 이 설에 따르면 성서와 전승傳承은 동등하게 계시의 두 원천이다. 가톨릭 교회가 전승을 강조한 이유는 개신교가 **성서만**sola scriptura을 계시의 원천으로 주장하고 신앙의 규범으로 내세웠기 때문이다. 개신교의 이러한 주장에 맞서서 가톨릭 교회는 전승도 계시의 원천임을 내세웠다. 신학적으로 보면 전승이 성서보다 더 우월하다는 뜻은 아니었지만 실제적인 측면에서 가톨릭 교회는 전승을 더 강조하였다. 가톨릭 교회의 가르침들은 상황에 따라 주어지는 신학적·사목적 문제들에 대하여 바티칸의 입장을 반영하고 있다. 대다수 가톨릭 신자들에게 "교회의 가르침들"은 전승과 마찬가지이고, 신앙과 도덕의 규범으로서 계속 전승을 형성해 나간다. 성서는 일반 신자들이 알아야 할 내용이 무엇이든지 간에 성서를 올바르게 해석하는 데 필요한 훈련과 영적 인도를 받은 교회의 권위자들이 교회의 공식적인 가르침으로 전달해야 하는 원천으로 받아들여졌다. 「계시헌장」은 계시의 유일한 원천을 예수 그리스도, 즉 "계시의 중개자이시며 동시에 모든 계시의 충만"(「계시헌장」 2)이라고 밝힌다. 따라서 예수 그리스도 안에 있는 이 유일한 계시에 대한 증거와 중개를 밝히기 위해서는 성서 본문과 교회 전승 사이에 있는 상호 작용을 철저하게 재정립해야만 했다.

둘째, 성서와 전승 사이의 상호 작용을 설명하고자 공의회는 "교도권 — 교회의 가르치는 권위 — 은 하느님의 말씀 위에 있지 아니하고 하느님의 말씀에 종속되어 봉사한다"(「계시헌장」 10)고 밝혔다. 그리하여 개신교의 종교 개혁 이래 지난 4세기 동안 교회의 신학적 정책을 뒷받침하지 못하고 일반 신자에게 주일 전례의 단편적인 원천으로만 기능했던 성서를 신학과 사목적 실천의 필수적이고 비평적인 요소로 재등장시켰다.

---

[5] 성서신학의 개신교 측 연구와 공의회 문헌의 관련성에 관해: John R. Donahue, "Scripture: A Roman Catholic Perspective", *Review and Expositor* 79 (Spring 1982) 231-44.

셋째, 성서를 그리스도인의 영성생활을 위한 풍부한 재원으로 인식했다. 「계시헌장」에서 가르치듯, 성서 안에서 하느님은 우리를 만나러 오시고 우리와 통교하신다. 따라서 "그리스도 교회의 모든 복음선포는 바로 그리스도교가 그렇듯이 성서들로 양육되고 규정되어야 한다"(「계시헌장」 21). 그리스도인에게 성서는 **인식하지 못할 미지의 땅**이며 "그리스도교 신앙에 폭넓게 열려 있다"(「계시헌장」 22). 성서학자들은 성서 본문의 의미를 명확하게 밝히기 위해 노력해야 한다. "성서연구는 신학의 생명과도 같은 것"이며, "사목적인 복음선포" 특히 "모든 전례적 설교"는 "성서의 말씀으로 구원의 양식과 거룩한 힘을 얻는다"(「계시헌장」 23-24). 모국어로 번역하고 이해하기 쉽게 주를 달아 놓음으로써 누구나 쉽게 성서를 대하게 되었다. 가톨릭 신자들은 중세 이전부터 지금까지 유례없이 "성서를 읽는 사람들"이 되었다.

성서에 대한 공의회의 가르침을 접하면서 신자들은 대단히 열정적으로 응답했다. 각 본당은 성서연구 팀과 여름 성서 과정, 가톨릭 성서학자들의 강의, 그리고 성서에 기초한 피정과 워크숍들을 열었고 항상 신청자들이 넘쳤다. 가톨릭 출판업자들은 성서의 새로운 번역과 다양한 연구교재를 출판했다.[6] 전례음악가들은 성서 본문에 기초한 성가들을 작곡했고, 성서에 대한 설교로 주일 강론을 대치했으며, 매일 전례와 기도 봉사는 성서에 바탕을 두었다. 공의회가 제시했듯이, 가톨릭 신자들은 성서 본문을 성찬과 마찬가지로 하느님과 만나는 매개체로 알게 되었다(「계시헌장」 21 참조).

여성 평신도와 여성 수도자들은 공의회의 가르침을 즉각 받아들였으며, 성서를 가장 열심히 배우고 성서 공부를 전파하는 촉진자 역할을 했다. 그런데 페미니즘의 "제2물결"이 서구세계에 등장하던 시기에 공의회는 곧 막

---

[6] 가장 최근의 가톨릭 성서연구 자료: Donald Senior (ed.), *The Catholic Study Bible* (New York: Oxford Univ. Press 1990). 이 자료는 개괄적인 소개글, 성서의 각 부분을 인도하는 지침, 그리고 성구집에서 성서의 사용에 대한 자료뿐 아니라 각 권에 대한 간단한 소개와 주석, 그리고 성서고고학과 지질학까지 포함하며 성서 전체 텍스트도 싣고 있다. *NJBC*는 정경성, 영감 그리고 해석학 같은 주제에 대한 긴 논문들뿐만 아니라 성서의 각 권에 대해 상세한 주석을 담고 있다.

을 내렸다.[7] 여성의식과 성서에 대한 열정이 충돌하는 것은 시간 문제였다. 여성들이 성서 전체를 모국어로 읽기 시작하자, 예전에 몇 구절씩 단편적으로 성서를 대하거나 라틴어 혹은 고전 영어로 친숙하게 읽혔던 때와는 달리 성서 본문에 문제가 있음을 알아차리게 되었다.

## 성서와 여성론 사이의 긴장

여성의식을 지닌 여성들과 성서 본문 사이에 놓인 긴장은 성서 본문의 특수성 때문에 생겨났으며 성서 그 자체가 신학적으로 문제점을 지녔다는 논의로 진전되었다. 여성들이 성서를 연구하기 시작하면서 두 가지 난점이 명백하게 나타났다.

첫째, 성서는 인간을 표현할 때, 남성에게 특권을 주고 남성을 규범적인 인간으로 설정한다. 뿐만 아니라, 하느님의 계획에 따라 여성은 남성에게 종속되고, 구원 역사의 변두리에 있으며, 남성들보다 세상 죄악에 훨씬 더 잘 노출되어 있고, 그 죄악에 더 많은 책임이 있는 열등한 존재로 묘사되었다. 공의회 이후 급증한 여성 성서학자들이 성서를 검토한 결과, 모든 이들을 위한 구원의 기쁜 소식으로 교회에 의해 제시된 성서가 실제로는 주로 남성에 의해서, 남성에 관해서, 남성을 위해서 기록된 책이라는 결론에 초점이 맞추어졌다. 성서에 등장하는 여인들은 교회와 사회 안에서 여러 가지 방식으로 남성을 지지해 주는 주춧돌로서, 남성의 목적을 위하여 이용되거나 남용되었으며, 대다수의 여성들은 주변인 혹은 미천한 자들로 통칭되었다.

여성 성서학자들은 성서에 나타나는 남성주의의 문제를 밝히기 위해 다른 학문 분야에서 제시된 여성학 이론의 담론과 틀을 발전시키기 시작했다. 세상에 존재하는 대부분의 본문들과 마찬가지로 성서 본문도 가부장제

---

[7] 간결한 여성 운동사: Maria Riley, *Transforming Feminism* (Kansas City, MO: Sheed and Ward 1989) 특히 14-42.

의 역사적 환경에서 씌어졌다. 가부장제의 역사적 환경이란 남성이 다른 사람들을 지배하고 대부분의 재산을 소유하며 순전히 그들의 목적을 위해 소유물을 사용하는 사회와 문화를 말하는데, 성서 역시 그러한 가부장제의 영향 아래 씌어진 문서라는 말이다.[8] **가부장제도**란 "아버지가 다스린다"는 뜻으로 남성중심의 이념과 사회체제에 관한 용어다. 성서 본문은 가부장제도를 전제하여 이러한 지배-복종의 인간관계 양식을 반영하고 있으며 하느님의 명령인 양 그것을 합법화하곤 한다. 종교적으로 합법화하거나 신성시한 가부장제도를 위계제도라 불렀다. 가톨릭 교회는 가부장제도를 거부하거나 비판하지 않았을 뿐만 아니라, **위계제도**를 교회의 가장 적합한 형태로 보았고 예수가 의도했다고 가르쳤다. 가정과 사회에서 가부장제도를 합법화한 배경에는 논리적으로 이러한 신학적인 전제가 깔려 있다.

가부장제도는 남성중심의 이념이자 사회제도로서 남성들의 특권을 강화한다. **남성중심주의**라는 용어, 즉 남성중심성은 여성들을 희생시키고 남성에게 집착하는 강박관념을 나타낸다. 여성론자들은 남성중심주의가 사회를 파괴시킬 뿐만 아니라 우상숭배적이라고 비판한다. 남성이 본래부터 여성보다 우월하다는 주장은, 나아가서 남성을 신성성에 일치시키고 하느님의 남성성을 정당화시킨다는 것이다. 교황청의 신앙교리성성에서 여성들은 그리스도와 "본성상 유사성"이 부족하기 때문에 사제로 수품될 수 없다고 주장[9]할 수 있었던 배경은 교회에 퍼져 있는 반女여성적 관행과 맞물려 있다. 말하자면 남성이 여성보다 더 적합한 하느님의 모상이고 이 유사성은 성적 특수성을 지니기 때문에 하느님은 남자의 모습으로 인간이 되셨다는 것이다.[10]▶

---

[8] 여성론 용어에 대한 간략한 설명: Sandra M. Schneiders, *Beyond Patching: Faith and Feminism in the Catholic Church* (New York: Paulist Press 1991) 5-36 참조.

[9] 1976년 10월 15일 신앙교리성성에서 출판된 *Inter Insigniores*의 영역: "Declaration on the Question of the Admission of Women to the Ministerial Priesthood", in: Leonard Swidler and Arlene Swidler (eds.), *Women Priests: A Catholic Commentary on the Vatican Declaration* (New York: Paulist Press 1977) 37-49. 여성 사제수품에 반대하는 악명높은 "다섯 번째 논쟁", 즉 그리스도와의 자연적 유사성 결여는 25-46 단락에 있다.

남성중심주의와 가부장제도가 보여주는 태도와 행동은 총체적으로 **성차별주의**를 확산시킨다. 즉, 단지 남자라는 이유로 여자보다 우월하다는 의식이 삶의 모든 영역에 침투되어 있다. 성차별이 더욱 극단적으로 가면 여성혐오에 이르게 되고 그것은 여성에 대한 두려움과 공포증으로 번진다. 차별·소외·배척·억압 및 여성과 그 자녀들에 대한 학대와 같은 무수한 형태들은 종종 여성혐오가 부채질하는 실제적인 성차별이다.

여성들이 성서를 주의깊게 연구함으로써 성서가 가부장제도의 문화 안에서 그리고 그 문화로부터 나온 남성중심의 본문이라는 점이 점점 더 명백하게 밝혀졌다. 여성들을 묘사한 본문은 종종 성차별직이거나 여성혐오적이다. 오늘날 그리스도 교회, 가정 그리고 사회에서 여성들이 실제 열등한 위치에 머물게 되는 것도 성서 본문이 보강해 준다. 다시 말해 성서 속에 그토록 부정적인 모습으로 존재한 여성의 모습을 발견하는 일은 여성들에게 단순히 종교적 감수성의 측면에서 고통스럽고 싫은 정도가 아니다. 그것은 여성을 포함하여 모든 사람의 충만한 인간성과 동등성을 추구하는 여성론의 의제를 성서가 정면으로 가로막고 있음을 분명하게 보여준다. 많은 그리스도인이 어떤 의미에서 "하느님의 말씀"이라고 믿는 것도 다른 중요한 측면에서 여성들에게는 아주 나쁜 소식이 될 수 있다. 그것이 여성에 대한 남성의 억압을 합법화하고 증진시키기 때문이다.[11]

---

[10] Swidler의 *Women Priests* 안에 수록된 몇몇 논문들은 하느님의 모상으로서의 여성, 그리스도 모상으로서의 여성 문제를 다룬다. 예: Pauline Turner and Bernard Cooke, "Women Can Have a Natural Resemblance to Christ"; Sonya A. Quitstlund, "In the Image of Christ"; Carroll Stuhlmueller, "Bridegroom: A Biblical Symbol of Union, Not Separation"; Robert W. Hovda, "Recognizing Christ in Women Priest"; R.A. Norris, "The Ordination of Women and the 'Maleness' of Christ"는 가장 마지막에 인용된 중요한 논문으로, 그리스도의 남성성이 신학적으로 새로울 뿐만 아니라, 교의적으로 위험하다고 밝힌다(69-80). *Anglican Theological Review*, Suppl. 6 (June 1976).

[11] 이 점은 수많은 저서 가운데 Elisabeth Schüssler Fiorenza, *In Memory of Her: A Feminist Theological Reconstruction of Christian Origins* (New York: Crossroad 1983)에서 명확하고 설득력있게 제시되었다. 특히 xiii-40. 그녀의 논문 모음집 *Bread Not Stone: The Challenge of Feminist Biblical Interpretation* (Boston: Beacon Press 1984)도 참조.

둘째 문제는 하느님에 대한 성서의 표현이 압도적으로 남성적인 용어들로 되어 있는 점과 관련된다. 성서에 나타난 하느님에 대한 은유는 아버지·주인·왕·지주·노예 주인·군대 지도자 등과 같이 가부장적 표상이 많이 사용된다. 양과 같이 조금 덜 지배적인 은유들도 남성중심적인 사회의 분위기를 반영한다. 비록 성서 안에 하느님에 대한 여성적인 은유들이 있고(어머니·빵 굽는 여인·여자 가장·어미 곰·암탉·산파),[12] 여성이 지각한 하느님이 거룩한 지혜로서 인격화되어 왔다 할지라도,[13] 하느님에 대한 남성적인 표현이 너무나 넘쳐서 교회의 신학적·전례적 전통에서 여성들은 신성으로부터 사실상 배제되어 왔다. 공적인 기도, 가르침, 신학, 영성에서 하느님에 관한 언어와 하느님에 대한 언어는 독점적으로 남성적인 용어였다. 더욱이 최근에 성서를 한층 더 포괄적인 용어로 번역하려는 시도가 하느님을 배타적인 남성적 용어만으로 한정짓자마자 갑자기 중단되었다.[14] 비록 남성교회의 권위자들이, 하느님은 성령이시고 따라서 성의 범주가 하느님께 적용되지 않는다고 주장할지라도, 그들은 오직 남성 언어만이 하느님에 관한 말이나 하느님에 대한 말에 적합하며, 적어도 공적인 예배에서는 그렇다고 계속 주장한다.

하느님의 남성성에 대한 이러한 문제는, 인간 역사 안에 드러난 하느님의 궁극적인 자기계시가 나자렛 예수라는 인간존재에 의해 나타났고, 예수

---

[12] 하느님에 대한 성서적 은유들을 간결하게 요약한 글: Sandra M. Schneiders, *Women and the Word: The Gender of God in the New Testament and the Spirituality of Women*, 1986 Madeleva Lecture in Spirituallty (New York: Paulist Press 1986) 28-37. 더 상세한 논의: Virginia R. Mollenkott, *The Divine Feminine: The Biblical Imagery of God as Female* (New York. Crossroad 1983) 참조.

[13] Roland E. Murphy, *The Tree of Life: Exploration of Biblical Wisdom Literature*, Anchor Bible Reference Library (New York: Doubleday 1990). Murphy는 "Lady Wisdom" 장(133-49)에서 구약성서에서의 지혜 모습을 간결하면서도 종합적으로 제시한다. 더 상세한 신학적 논의: Elizabeth A. Johnson, "Jesus, the Wisdom of God: A Biblical Basis for Non-Androcentric Christology", *Ephemerides Theologicae Lovanienses* 61 (Dec. 1985) 261-94.

[14] 이런 망설임은 *New Revised Standard Version* (1989), *The Catholic Study Bible* (1990), *The New International Version* (1978)에서 분명히 드러난다.

는 **아버지**의 애칭 형태인 "압바"라는 호칭으로 하느님을 부르기 좋아했다는 사실로 인해 한층 더 악화되는 것 같다.[15] 그것이 교회의 의례와 가르침으로 실현되듯이 신약성서는 모든 "인간"을 구원하기 위하여 남성 인간으로서 자기 아들을 보내신 아버지-하느님의 이야기이고, 모든 인간을 "형제들"이요 "하느님의 아들들"로 만든다.

공의회 이후 20년 동안 많은 가톨릭 여성들은 여성의식이 발전함에 따라 하느님과 만나는 특권적인 자리로서 성서를 탐구해 나가면서 모호한 불쾌감과 솟구치는 분노와 깊은 소외, 그리고 결국에는 희망이 없음을 느꼈다. 그리하여 성서 본문은 당시의 가부장제도를 반영하며 억압적인 역사적 도구로 이용되어 왔음을 시인하고 성서를 거부하는 방향으로 나아갔다. 첩의 강간이나 살인과 같은(판관 19.22-30) 여성혐오적 개별 이야기들, 불충실한 이스라엘을 매춘부에 비교하는 것과 같은(호세 2장) 성차별주의자들의 상상, 여성에게 전례지도자 역할을 금지시키는(1고린 14.34-35) 가부장적인 명령들, 혹은 하느님과 인간을 표현하는 남성 언어들을 어떻게 다루는가는 더 이상 단순한 문제가 아니다. 계시인 성서 본문 자체의 본질이 가장 중요한 문제로 부각된다. 어떻게 신앙과 삶의 규범인 성서가 그리스도교 공동체 안에서 위압적으로 여성의 기능을 그토록 손상시키는 내용을 포함할 수 있었단 말인가?

가톨릭 여성들이 모두 이 길을 따르는 것은 아니다. 그 길을 따르는 여성들 모두가 소외받고 거절당한 것도 아니다. 그러나 성서신학은 여성들의 질문들로부터 엄청난 압력을 받고 있고, 그 질문과 씨름하고 있다. 여성들이 제기한 문제들이 표피적이거나 사소한 것이 아니라 신학적으로 본질적인 물음이어서, 유능한 학자들이 성실하고도 정밀하게 연구해야 한다는 인식이 증가하고 있다. 본문의 억압적인 성격은 편집병적 상상의 단편도 아니고 서투른 번역이나 주석으로 말미암은 불의의 재난도 아니며 그리스 화

---

[15] Rosemary Radford Ruether는 이 문제에 대해 중요한 공헌을 했다. *Sexism and God-Talk: Toward a Feminist Theology* (Boston: Beacon Press 1983) 116-38.

폐처럼 문화적 특색을 지닌 이해할 만한 무엇도 아니다. 문제는 본문 자체 안에 있고, 전적으로 그 문제를 진지하게 받아들이는 성서신학만이 성서 본문을 여성을 위한 "영성생활의 순수하고도 영구적인 원천"(「계시헌장」 21)이라고 주장할 수 있을 것이다.

## 성서에 관해 새롭게 정립되는 신학적 물음들

그리스도론적 유비는 성서에 관해서도 마찬가지로 적용된다. 즉, 육신을 취한 하느님의 말씀인 예수는 참 하느님이요 참 인간으로서 두 본성이 변질되거나 혼동되지 않는다. 마찬가지로 인간 언어로 말씀하시는 하느님의 자기전달인 성서는 참으로 하느님의 계시이며 참으로 인간의 본문으로서 두 성질이 변질되거나 혼동되지 않는다. 한마디로 이 신앙 진술은, 성서는 "하느님의 말씀"이라는 고백이다. 이 표현을 글자 그대로 받아들인다면, 성서의 모든 부분은 절대로 잘못될 수 없고 권위적이며, 하느님의 말씀이 언어를 통해 인간의 본문으로 환원되었다는 성서의 가현설docetism을 받아들이는 셈이다.

가톨릭 신자들은 대개 축자영감설이나 하느님이 직접 말했다는 이론 혹은 개신교의 근본주의와 관련된 성서무류설을 받아들이지는 않지만, 완전한 자구주의에 기초한 본문의 권위에 대해서는 사실상 동일한 결론을 내린다. 성서 본문에 잘못이나 과오가 없다는 식의 이론이 판치는 곳에서는 그 본문에 의해 자아가 손상되는 이들이 있다. 예를 들면, 여성들은 자신의 열등함을 신적 계시로 받아들이거나 아니면 자신의 종교적 의구심을 다른 데서 해소할 도리밖에 없다.

이러한 궁지에 몰리면서 세 가지 신학적인 질문이 제기된다. 첫째, 성서를 하느님의 말씀이라고 말하는 정확한 의미는 무엇인가? 둘째, 첫 질문에 대한 답변은 교회 안에서 성서가 갖는 위치에 관해 무엇을 의미하는가? 셋째, 성서는 성서 이후의 그리스도인을 위한 실제적 규범인가?

## 1. 성서가 하느님 말씀이라는 것은 무엇을 뜻하는가?

현대 언어학과 철학 연구가 입증하듯이, 언어는 종종 우리가 생각하는 것보다 훨씬 더 복잡한 현상이다. 언어란 일상 경험의 구체적 실재를 비교적 명쾌한 형식으로 가리키는 부호체제라고 단순화시킬 수 있지만, 실은 여러 가지 뜻과 비문자적 방식으로 사용되곤 한다. 언어를 이해하기 위해서는 사용하는 언어의 종류를 인식해야 하고, 그 언어가 어떤 기능을 하는지도 이해해야 한다.

"하느님 말씀"의 언어학적 특성은 은유다. **하느님 말씀**이라는 용어는 성서를 가리키는 문자나 동의어가 아니다. 첫째, **하느님 말씀**은 본래부터 성서만을 지시하지 않는다. **하느님 말씀**은 삼위일체의 제2 "위격"[16]과 나자렛 예수 안에서 육신을 취하신 인격을 지칭한다. 이로써 **하느님 말씀**이란 글자 그대로의 뜻을 나타내는 것이 아님을 즉시 알 수 있다. 예수는 하나의 단어가 아니라 육신을 지닌 인간존재임이 명백하기 때문이다. 둘째, 신학적인 성찰을 통해 우리는 **하느님 말씀**이 성서를 글자 뜻 그대로 가리키는 것이 아님을 알 수 있다. 하느님은 영이시기에 생물학적인 언어기관을 갖지 않으시고 추론적으로 생각하지도 않으며, 언어의 어휘·문법·통사론으로 자기-전달을 하는 데서 그치지도 않는다. 간단히 말하면, 하나의 인간현상인 언어는 하느님의 자기-현현을 온전히 담아내지 못한다.

이러한 설명을 통해 **하느님 말씀**이라는 용어는, 예수에게 적용하든지 성서에 적용하든지 간에 언어학적으로 은유임을 깨닫게 해준다. 현대 언어학의 이론가들과 함께 맥페이그Sallie McFague는 참된 은유란 일차적으로 수사학적인 수식이나 생략된 비교가 아니라고 주장한다.[17] 그것은 참이라고 긍정하는 것과 (그 주장이 분명한 진실임을) 부정하는 것 사이의 해결할 수

---

<sup></sup>

[16] 삼위일체에서 위격 개념은 중요하면서도 문제가 있다. 이 논제에 관해 Catherine M. La-Cugna, *God for Us: The Trinity and Christian Life* (San Francisco: Harper San Francisco 1991) 특히 244-305; "The Trinitarian Mystery of God", in: Francis Schüssler Fiorenza and John P. Galvin (eds.), *Systematic Theology: Roman Catholic Perspectives*, vol. I (Minneapolis: Fortress Press 1991) 151-92, 특히 178-80 참조.

없는 긴장으로 생기는 (명확하거나 암시적인) 명제이다. 예를 들어, "개인
주의가 미국사회의 암"이라는 명제는, 개인주의가 미국문화의 해롭고 궁극
적으론 파괴적이기까지 한 특성이라는 참된 증언과 육체적인 병리임을 필
연적으로 부정하는 것 사이에 긴장을 창출한다. 문자상으로 은유는 부조리
하지만, 확실히 중대한 의미를 가리킨다. 은유는 사실적인 문자 표현을 넘
어서거나 그 이상의 의미를 지시한다.

효과적으로 쓰인 은유는 인간 언어의 가장 강력한 형태 중의 하나이다.
그것은 글자 그대로의 언어보다 더 많은 의미를 주고 더 깊고 더 종교적인
응답을 하게 한다. 은유는 정신뿐만 아니라 상상력에도 호소하기 때문이
다. 참된 은유는 글자 그대로의 언어를 대신 나타내는 것이 아니라, 사실
에 충실한 표현으로는 도저히 불가능한 복합성을 띤 의미를 표현하는 유일
한 방법이다. 그렇기 때문에, 효과적인 은유는 같은 뜻의 사실적 언어와
바꿀 수 없다.

은유를 구성하는 언어학적 긴장은 사실주의적 정신을 뒤엎는다. 이것이
은유의 효과이자 힘이다. 그러나 사실주의적 정신을 뒤엎는 것은 사실에
충실한 구체성에 "뿌리내리고자" 할 때 정신을 "혼란케" 하는 불쾌한 일이
기 때문에, 은유가 사실적인 것과 만날 경우에는 고질적인 유혹에 사로잡
힌다. 종교적인 상상 안에서 은유를 글자 그대로 다루는 것이 얼마나 지성
과 감성을 손상시킬 수 있는가를 보여주는 강력한 예는 "하느님은 우리 아
버지"라는 은유적 명제에서 볼 수 있다. 하느님은 분명코 자식을 낳기 위
하여 여성이란 성적 존재와 결합하는 남성적 존재가 아니기에 사실상의 아
버지는 아니다. 하느님은 글자 그대로 자식을 낳거나 잉태시키는 아버지가
아니다. 그렇지만 그와 같은 상상은 아버지를 글자 그대로 해석하여 필연
적이게도 하느님의 남성적 은유를 확립했고, 대다수 그리스도인은 하느님

---

[17] Sallie McFague, *Metaphorical Theology: Models of God in Religious Language* (Philadel-
phia: Fortress Press 1982) 특히 31-42. Paul Ricoeur, "Creativity in Language: Word, Poly-
semy, Metaphor", in: Charles E. Reagan and David Steward (eds.), *The Philosophy of Paul Ri-
coeur: An Anthology of His Work* (Boston: Beacon Press 1978) 120-33.

을 어머니와 같은 여성적 은유로 표현할 때 충격을 받는다. 이러한 해석이 가져온 우상숭배의 결과는 그리스도교 신앙을 가부장제화한 교회 역사에서 찾아볼 수 있다.

**하느님 말씀**이라는 은유를 글자 그대로 해석하려는 유혹은 성서 본문을 다룰 때 특히 강하다. 삼위일체의 제2 위격이라든가 예수 그리스도라는 말과는 달리, 성서는 실제 인간의 말로 구성되어 있기 때문이다. 성서는 사실상 하나의 언어적 실체이다. 결국 성서의 정신은 우리가 예수를 하느님의 말씀이 육화한 것이라고 할 때와 같이 글자 그대로 해석하는 과정에서는 즉각 포착되지 않는다. 그러나 글자 그대로의 해석은 하느님의 실제 말씀이라고 잘못 상상한 성서 본문이 오류가 없고 권위를 지닌다는 근본주의적 귀결을 낳을 뿐 아니라, 하느님이 어떻게 인간의 말을 통해 말씀하시고 신앙의 신학적 의미가 무엇인지를 설명하고자 가톨릭과 개신교에서 만든 까다롭고 불충분한 신학 이론의 영감을 낳았다. 이 문제는 다음에 간단히 살펴보게 될 것이다.

"하느님의 말씀"이라는 용어가 가리키는 것은 계시다. 하느님이 문자를 통해 말씀하시지 않는다는 것은 분명하지만, "하느님 말씀"이라는 은유는 확실히 의미를 지닌다. 그것이 가리키는 것은 우리가 신적 계시, 즉 하느님의 자기현현이라고 부르는 것이 인간존재가 지각하고 수용한 완전한 실재의 영역이라는 것이다.[18] 그리스도교 신앙은 하느님의 자기전달을 궁극적이고도 결정적으로 수용한 분이 예수 자신이라고 본다. 예수라는 한 인격 안에서 하느님의 자기증여와 인간의 받아들임이 완전히 일치했기에 그분은 (글자 그대로는 아니지만) 진리 안에 있고, 하느님 말씀의 육화라고 불릴 수 있었던 것이다.

자연, 역사 — 특히 이스라엘과 교회의 역사 —, 성서는 그 계시적 특성 때문에 "하느님의 말씀"이라고 불린다. 자연의 불가사의, 역사의 구원 사

---

[18] 이 책 3장 참조.

건들, 성서의 말씀들, 그리고 특히 예수 안에서 하느님의 자기증여가 인간에게 이루어졌으며 인간은 이를 받아들였다. 그러나 위에서 보았듯이, 하느님은 글자 그대로 말씀하신 것이 아니기 때문에, 이 실체들 가운데 어느 하나도 하느님의 말씀은 결코 아니다. 이것이 뜻하는 한 가지는, 그 실체들이 신적인 정보를 명제적으로 공식화하거나 공식화할 수 있는 전달체계가 아니라는 것이다. 계시는 하느님이나 창조에 관한 무익한 사실들을 다른 식으로 전달하는 것이 아니라 하느님과 인간의 애정에 찬 만남이다. 이 만남 안에서 이루어지는 하느님의 자기 현현은, 하느님이 예수 안에서 우리 삶과 함께하시듯이 하느님의 신적 생명에 참여하는 우리도 나눔의 삶을 통해 믿는 이들을 투신하도록 초대한다. 성서를 이러한 이해방식과 연관짓는 것은 **말씀**이란 용어를 문자 그대로 성서에 적용하는 단순한 분별력이 인간의 분별력임을 알려준다. 성서는 사실 인간이 언어학적으로 만들어낸 가공품이다. 예수가 한 인간존재라는 주장을 글자 그대로 완전히 옳다고 받아들여야 하는 것처럼 위의 진술도 아주 진지하게 받아들여야 한다. 예수의 인간성이 그의 신성에 덧씌운 변장이 아닌 것과 같이, 성서에 나오는 인간 언어는 하느님의 뜻을 대신하는 외적인 틀도 아니고 의미론적 틀도 아니다. 그것은 신의 명령을 받아 적은 기록자의 소외된 이야기도 아니다. 성서는 진정 참으로 언어인 한, 인간의 이야기일 뿐이다.

　성서를 구성하는 인간의 이야기는 우리가 계시라고 부르는 하느님과의 만남을 중개할 수 있다. 그러나 그 이야기가 인간의 이야기임에도 불구하고 하느님과의 만남을 중개할 수 있는 것은, 성서 본문이 인간 이야기 안에, 인간 이야기를 통해서 짜여 있기 때문이다. 성서 본문의 인간적 특성을 진정으로 인식한다는 것은 성서 본문에 나오는 한계성과 실수들, 심지어는 거짓과 폭압 같은 나쁜 점을 하느님 탓으로 돌리거나 신의 권위로 에워싸지 않고 인정하는 신학적 역량을 열어준다. 불완전 · 왜곡 · 실수 · 악용 조차도 인간 언어가 가진 본질적 가능성인바, 그 가능성들은 역사적 상황이 빚어내는 무게나 언어를 사용하는 인간의 무능함을 피할 수 없다. 인간의 이야기인 성서 본문이 계시적인 만남을 중개하는 한, 우리는 관념적 비평을 포함하여 전적으로 해석이 필요하다는 점을 간과할 수 없다.

## 2. 교회 내에서 성서의 특별한 위치

영감과 정경성. 교회 내에서 성서 본문이 갖는 특별한 위치는 본문이 형성되는 과정에서 하느님의 영감이 작용했다는 것과 교회에서 인정하는 정경성에 기반한다. 많은 사람들은 이 두 범주가 인과관계에 있다는 잘못된 인상을 받고 있다. 즉, 교회가 정경으로서 성서 본문을 받아들였던 것은 오직 이 본문만이 신의 영감을 받았다고 인식했기 때문이라는 것이다. 사실, 그 상황은 실제로는 반대이다. 교회에서 성서 본문이 영감을 받았다고 믿는 것은 교회가 이 본문을 정경으로 받아들였기 때문이다.

공식적으로 교회가 72권을 성서로 수용한 정경화 과정은 몇 세기에 걸쳐 이루어졌다.[19] 초기 그리스도인은 오늘날 구약성서라고 부르는 유다 성서를 하느님이 영감을 준 거룩한 성서라고 생각했다(2디모 3,15-17). 그러나 예수가 죽은 후 20년 내에 그의 제자공동체는 그들의 작품인 묵시문학과 신학적인 소책자뿐만 아니라 예수의 삶과 죽음에 관한 첫 번째 편지들과 사화를 기록하고 유포하기 시작했고, 그중에 어떤 것은 유다 성서와 똑같은 경전의 위치에 올랐으며 교회가 계속 성서로 여기게 되었다. 초대교회 때에 구성된 다양한 서간들, 복음들, 묵시문학적 작품들을 정경화한 경로는 복잡했다. 그럼에도 4세기까지 교회는 구약과 아울러 교회 성서를 구성했던 그리스도인의 작품을 비교적 만장일치로 받아들였다. 그러나 1546년 트리엔트 공의회에서만은 일부 책들 — 그중에서도 특히 신약성서의 야고보 서간 — 을 정경의 위치에 놓는 데 대해 개혁가들의 질책이 있었다. 가톨릭 교회는 성서에 관한 교령을 통해 모든 가톨릭 신자가 72권의 책을 성서로 받아들

---

[19] 성서 정경화의 개념과 역사: Raymond E. Brown and Raymond F. Collins, "Canonicity", *NJBC*, 1034-54 참조. 보기 쉬운 책 길이의 논문으로는 Lee Martin McDonal, *The Formation of the Christian Biblical Canon* (Nashville: Abingdon Press 1988) 참조.

이도록 했다.

성서의 어떤 책은 받아들여졌고 어떤 책은 결정적으로 배제되었으며 받아들여진 책은 오랫동안 정경으로 인정되었다. 이 길고도 복잡한 역사에, 한 본문을 경전으로 인정하고 확증할 만한 영감 같은 시금석은 분명코 없었다. 그런 것이 있었다면 물론 사용했을 것이다. 경전의 정경화는 신앙 공동체가 고대의 특정 본문과 그에 대한 신앙과의 관계를 시험하는 것으로 확립되었다. 그런 시험은 신앙을 표현하는 교회의 권위자들이 사실상 보편적이라고 받아들인 것이고, 흔히는 그 책의 사도적 출처에 의해 널리 유포된 신조의 영향을 받았으며, 그 시험방식은 교회법에서 제공받았다. 교회는 신적 영감을 지녔다고 공언한 이 시험을 통해, 또 이 시험에 따라 교회의 신앙이 하느님의 영향 안에 있다고 표현했다. 결론적으로 정경화 문제와 영감의 문제는 연관이 되면서도 아주 다른 문제이다.

성서가 여성론자들에게 갖는 특별한 위치. 여성론자들은 성서 정경화 과정과 결과에 의문을 갖기 시작했다. 르네상스 이후 서방 세계의 교육을 좌지우지했던 고전 문학작품처럼, 성서의 정경은 남성의 경험과 관심, 신학적 위치를 반영했으므로 그들에게 유익한 작품들을 골라냄으로써 확립되었다. 이 남성 권위자들은 분명 남성의 경험을 인간의 경험과 동일시했다.

초대교회 지도자들은 여성의 주도권과 권위를 의심하고, 교회 내에서 여성이 창작한 문학작품이나 여성의 지위를 높이는 행위를 이단시하는 것을 당연하게 여겼다. 어떤 여성론자들은 정경에 속하지 않는 초기 그리스도교 저술인 마리아 복음, 피스티스 소피아Pistis Sophia, 바울로와 테클라 행전과 같은 위경 작품으로 성서를 확장하거나 보충할 필요가 있다고 제안했다. 그 작품들은 예수나 바울로의 믿음직한 친구이자 사도로서 마리아 막달레나와 테클라 같은 여성들을 소개한다.

정경을 실제로 확장하지 않겠지만 만일 가능하다면, 일반적으로 학자들은 정경 문학을 해석하는 긴요한 보충 자료로 토마 복음과 같은 초기 그리스도교의 비정경 문학에 점차 관심을 기울일 것이다.[20] 더욱이 영지주의와 같은 비정통적인 계열에서 나온 문학조차도 초기 그리스도교에서 거의 삭제한 여성들의 역사를 재구성하는 데 도움을 준다.

더구나 비난받고 비정통적인 범주로 몰린 "이단"은 올바르고 객관적인 신학적 판단으로 받아들여지기보다 오히려 그 관념적인 항목이 검토되고 비판받기에 이르렀다.[21] 이단은 현재 득세한 지위에 도전하곤 한다. 달리 말해 이단은 "역사의 승리자들"이 "역사의 패배자들"을 단순히 규정한 것이다. 결과적으로 여성론은 초기 그리스도교 여성들을 분노하게 만든 자료들을 포함하여 신의 계시와 상반된다고 배척하거나 비난한 문학작품을 다시 검토하라고 요청한다.

비록 정경성 개념과는 구분되지만, 영감이라는 개념은 영감이 정경으로 인정한 본문들을 단정짓는다는 측면에서 정경성의 개념과 연관되고, 그 본문들의 권위성과 규범성을 논하는 한 가지 방식이다. 영감은 교회의 신학적 발전과정에서 다양하게 이해되어 왔다.[22] 영감에 관한 최초의 신학적 이해는 "하느님 말씀이 내려와" 사람들에게 전달된 예언인, 구약성서의 예언자를 통한 신의 계시모델을 기초로 한다(예: 예레 30,1-2). 영감에 관한 이 무아경의 모델은 사실상 계시와 같다고 생각했다. 하느님은 거의 기적적으로 모세나 예레미야 같은 성서 저자들에게 당신의 말을 모두 책에 써 두라고 맡겼다는 것이다.

바로 이처럼 영감과 계시가 실제로 같다는 것은 신학적으로 방어할 수 없지만 여성론자들은 영감에 관해 물음을 제기한다. 정경으로 인정한 책 전체만이 영감을 받았다면, 이 책들은 신의 계시의 최종적이고도 유일한

---

[20] 이러한 사조를 담은 가장 잘 팔리는 책: John Dominic Crossan, *The Historical Jesus: The Life of a Mediterranean Jewish Peasant* (San Francisco: Harper San Francisco 1991). 이 책은 예수의 삶과 실천에 관한 기록을 제시하는 정경·비정경의 자료를 가지고 복음 전통을 재구성한다.

[21] Schüssler Fiorenza, *In Memory of Her*, 53-6.

[22] Raymond F. Collins, "Inspiration", *NJBC*, 1023-33. 성서에 관한 신학적 주장과 관련된 뛰어난 이론: Thomas A. Hoffman, "Inspiration, Normativeness, Canonicity, and the Unique Sacred Character of the Bible", *Catholic Biblical Quarterly* 44 (July 1982) 447-69 참조.

원천인가? 이 원천들이 여성에게 해롭다면, 여성은 그것들이 자신의 종교적인 체험에 권위와 규범이 된다고 계속 생각할 수 있을까? 여성들은 성서적 영감과 계시 사이를 구분짓는 것에 계속 관심을 보인다. 정경이 영감을 받은 것이라는 생각은 필연적으로 성서 각 본문은 물론, 전체가 신의 계시를 받았기에 권위있고 규범적이나, 비성서적인 본문은 계시로 인정할 수 없다는 사실을 수반하기 때문이다.

중세에 토마스 아퀴나스는 아리스토텔레스의 형이상학으로부터 제1의 유효한 인과율과 제2의 수단적인 인과율의 범주를 사용하여 영감의 예언적 모델을 다듬었다. 그는 하느님이 당신의 계획을 성취하고자 유한함과 오류 가능성을 지닌 인간의 본성에 맞추어 인간 저자를 써서, 하느님이 성서 본문의 참된 저자가 될 수 있었던 방법을 설명했다. 예를 들어 하느님은 예레미야라는 인간을 도구로 삼아 (제1의 궁극적 의미에서) 예레미야서를 저술했고 예언자는 (제2의 사실적 의미에서) 썼다. 개혁가들은 철학 체계상 영감/계시 개념을 너무 밀접하게 묶는 것을 꺼려하지만, 가톨릭 신학자들은 20세기 말에도 계속하여 영감을 이렇게 설명했다.[23] 사실, 영감에 관한 중세의 이 설명을 뒷받침해 주는 스콜라 신학의 형이상학은 오늘날 일반적으로 수용되지 않지만, 그것은 우리가 아직도 고심하는 성서 본문의 인간적 차원이 가지는 진실을 강조하는 데 도움을 주었다.

---

[23] 2차 바티칸 공의회까지에 이르는 영감에 관한 표준적 정의는 레오 13세가 1893년 11월 18일 성서연구에 관해 내린 회칙 「하느님의 섭리」(*Providentissimus Deus*)에 기초한다(*Bible Interpretation*, 191-220). "초자연적 힘에 의해 하느님은 그들이 당신이 명하신 것들을 저술하도록 이끄시고 재촉하셨으며 — 하느님은 그들이 쓰고 있을 때 관계를 맺고 있었다 — 그리고 그 저술들만이 그들을 가장 먼저 즉각 이해하게 했고 신앙으로 충실하게 써 내려가게 했으며 마침내는 적절한 단어들과 오류 없는 진리를 표현하게 했다"(216). 2차 바티칸 공의회 문헌은 영감의 형태에 관해서는 덜 명시하고 그 영향력에 대해 더 강조하면서도 이 신학을 따른다. "성서를 저술하는 데에 하느님께서는 인간을 선택하시고, 자기의 능력과 역량을 이용하는 사람들을 활용하신다. 하느님께서 몸소 그들 안에 또 그들을 통하여 활동하시어 하느님께서 원하시는 모든 것을, 또 원하시는 것만을 그들이 참 저자로서 기록하여 전달하도록 하셨다. … 따라서 성서는 하느님께서 우리의 구원을 위하여 성서에 기록되기를 원하신 진리를 확고하고 성실하게, 그르침 없이 가르친다고 고백해야 한다"(「계시헌장」 11). 「계시헌장」은 여기서 "하느님의 섭리"에 관한 각주를 다룬다.

성서적 영감이란 문제를 새롭게 숙고한 시기는 소위 고등 비평이나 역사
비평적 주석에서 나온 발견들로 촉발되었다. 특히 구약성서의 대다수 저술
들이 아주 긴 기간 동안 몇 차례의 편집과정을 거쳐 형성되었으므로, 특정
한 개별 저자가 신과 의사소통하는 인격적인 예언자적 모델을 따르거나 특
정한 제2 원인인 저자를 통해 신의 제1 인과율이 작용한다는 영감을 상상
하기는 더욱더 어렵게 되었다. 더욱이 한편에서 과학과 역사를 통해 발견
된 것과, 다른 편에서 성서 본문에 나오는 특정 자료 사이의 모순이 명백
하고도 반박할 여지가 없었기에 영감과 계시가 실제로 동일하다는 것은 심
각한 문제점을 낳게 되었다. 어떻게 그리고 왜 하느님은 성서 저자들에게
잘못된 정보를 전달하시고 하느님의 정신을 잘못 전하도록 허락하셨을까?
분명히, 성서적 사건을 더 정확히 다룰 신학이 필요했다.

역사비평으로 발견한 것들이 본질적으로 제기한 난제에는 두 가지 대응
방식이 있었다. 근본주의자들은 현대 과학이 발견해낸 것들과 성서자료들
이 일치함을 확증하기 위하여 역사비평을 도구로 삼아 엄청난 노력을 기울
였으나, 그 노력의 성과는 전반적인 학문에 있어서나 주류를 이루는 교회
에서나 설득력을 얻지 못했다.[24] 둘째 대응은 영감의 신학적인 범주를 제고
하는 것으로, 성서 본문들을 저술하는 중에 신의 작용과 인간의 역할이 상
호 작용한 것을 철학적으로 더 미묘하고 역사적으로 더 현실적인 방식으로
설명하려 했다.

공의회 직전과 직후에 영감의 문제를 둘러싸고 가톨릭 조직신학자들[25]과
성서학자들[26] 사이에 한바탕 논쟁이 벌어졌다. 영감에 관한 그 어떤 최종

---

[24] 근본주의에 관한 가톨릭 측 비판: Dianne Bergant, "Fundamentalists and the Bible", *New Theology Review* I (May 1988) 36-50; 개신교 측 비판: James Barr. *Fundamentalism* (Philadelphia: Westminster Press 1978). 그의 *Beyond Fundamentalism* (Philadelphia: Westminster Press 1984)은 근본주의에 대해 복음주의적 대안을 제시한다.

[25] 예: Karl Rahner, *Inspiration in the Bible*, trans. Henkey, *Questiones Disputatae* I (New York: Herder and Herder 1964).

[26] 예: Pierre Benoit, *Inspiration and the Bible*, trans. J. Murphy-O'Connor and M. Keverne (New York: Sheed and Ward 1965).

이론도 일반적으로 수용되지 못했다. 학문적인 태도는 점차 성서적 영감이 어떻게 발생되었으며 어떻게 이를 설명할 것인가라는 주제를 외면하게 되었다. 그 누구도 성서적 영감이라는 개념을 거부하진 않았지만, 영감의 자리 — 본문인가, 저자인가, 독자인가, 이 셋의 상호 작용인가? — 와 영감이 발생하는 방식 — 개인적인 예언성을 띠는가, 아니면 사회적인 역사성을 띠는가? — 을 확인할 만한 설득력있는 방도를 일반적으로 찾을 수 없었다. 비록 가톨릭의 가르침이 일차로 성서 본문이 영감의 자리이며 그 발생 방식의 역사적이고 사회적인 측면을 두둔하는 경향이 있었음에도 불구하고 말이다.

영감에 관한 신학적 관심이 줄어들자, 계시의 문제를 더 중요하게 여기는 자세는 과거의 사고방식보다 훨씬 더 포괄적이면서 덜 명제적인 방식을 띠는 듯했다. 주로 개신교 계통의 근본주의자들은 성서 본문의 무조건적인 축자영감과 결과적인 무오설을 계속해서 주장하는 반면, 가톨릭 신학자들은 그들이 문제삼는 것들을 다시 짜맞추기 시작했다. 실제로 중요한 문제들은 하느님이 우리와 통교하시는 방법이고 우리가 그 상호적인 만남에 어떻게 참여하는가이다. 성서는 그 의사소통을 모두 합쳐놓은 것도 아니고 단 하나의 의사소통 방식도 아니다. 따라서 하느님과 인간의 만남에서 성서가 어떻게 작용하는가를 이해하는 것이 중요하다. 우리가 앞으로 볼 해석은 이 만남을 매개한다.

성서적 주제의 규범성. 성서에 관해 여성론이 기본적으로 문제삼는 최종 질문은 성서 내용과 이어지는 교회생활 및 사고방식의 관계에 대한 것이다. 초기의 여성론적 성서학자들은, 여성의 역할에 대한 신약성서의 증언이 이후의 교회 관행에 실질적인 규범이었다는 확신을 현대교회 공직자들과 공유했다. 예를 들어 여성들이 초대교회의 성만찬에서 주역을 맡지 못했다면 오늘날 수품받을 수 없지만, 여성들이 주역을 맡았음을 확증할 수만 있다면 여성의 수품은 합법적이고 의무적이기까지 하다.[27] 결과적으로 심혈을 기울였던 것은 여성들이 초대교회에서 특정한 역할을 했는지 안 했

는지를 증명하는 것이었다. 1976년 교황청 성서위원회는 신약성서 자체로
는, 여성들이 현대교회에서 무슨 역할을 할지에 관한 질문에 대답하지 못
한다고 발표했으나,[28] 교도권은 예수가 열두 제자들 가운데 여자들을 포함
시키지 않았기 때문에 교회 마음대로 여자를 수품하지 않는다고 단언했
다.[29] 어떤 여성론적 성서학자들은 초기교회의 관행이 후기교회 계율의 실
제 규범이라는 전제를 은연중에 허용하면서, 여성들이 사실상 사도·공동
체 지도자·전례자·예언자·복음사가 등의 역할을 수행했다고 설정함으로
써 앞의 주장에 맞서 왔다. 이 역할들은 여성들이 현대교회에서 역할을 수
행하는 데 충분한 기초를 제시하며 수품을 통한 직무와도 같이 이 초기의
지위는 이어 내려오는 것이다.[30]

이런 식의 논쟁은 궁극적으로 무익해 보인다. 교회는 스스로가 지킬 수
없는 입장을 버리지 않고서는 초기교회의 관행이나 지상 예수의 실천을 실
제로 따를 수 없다. 예를 들어 우리는 바울로 사도가 받아들였다고 해서

---

[27] 여성의 수품을 반대한 바티칸 선언문은 둘째 주장으로, 사도적 역할에서 여성을 배제
시킨 예수의 태도를 거론한다(Swidler and Swidler, *Women Priests*, 39-40). 가톨릭 성서 특별
위원회의 해명서인 「여성과 사제 직무: 신약성서의 증거」는 초대교회의 여성 역할에 관한 성
서적 자료의 문제점을 연구하도록 정했고, "여성들은 후대의 사제 직무와 연관된 역할과 기
능을 수행했다"는 내용을 포함한 전제를 골자로 채택했다. … 따라서 신약성서의 증거는 그
자체로 결정적인 것은 아니지만, 여성의 사제 직무를 허용하는 입장에 있다(*The Catholic
Biblical Quarterly* 41, 1979, 10., 608-13).

[28] 바티칸의 요청으로 교황청 성서위원회는 성서 자료에 여성의 사제수품을 허용해 온 내
용이 있는지를 2년간 연구했고, 1976년 4월 공식 발표 없이 마무리지었으나, 최종 투표 결
과가 7월, 언론에 누설되었다. 교황청 성서위원회 위원들은 17:0으로 신약성서에는 여성의
수품에 관한 문제를 분명히 정해 놓지 않았으며, 12:5로 그리스도의 계획은 여성의 수품 때
문에 당시 계율을 어기지 않았다고 발표했다. 비공식적 보고서의 복사본은 「부록 II, 성서위
원회 보고, 여성은 사제가 될 수 있는가」 Swidler and Swidler, *Women Priests*. 338-46이다.
당시 위원회 참가자들은 Albert Deschamps, Jean Dominique Barthélemy, Pierre Benoit, Ray-
mond Brown, Henri Cazelles, Stanislas Lyonnet, Carlo Martini, David Stanley와 같이 공의회
시기의 선각자들이다. 스텐리는 그 보고서의 결과에 대한 신자들의 무지에 저항하여 위원직
을 사임했다.

[29] "그리스도의 태도"에 관한 장에 명시. 나는 이 주장을 "Did Jesus Exclude Women from
Priesthood?" in: Swidler and Swidler, *Women Priests*, 227-33에 상세히 다뤘다.

[30] 예: Elisabeth M. Tetlow, *Women and Ministry in the New Testament* (New York: Paulist
Press 1980).

노예의 합법성(에페 6.5-9 참조)을 계속 옹호할 것인가? 분명히, 교회는 자신의 가르침과 실천을 더 나은 통찰력을 가지고 선하고 옳고 정의로운 것, 구원의 기쁜 소식에 합당한 것으로 계속 수정해 나가야만 한다. 비록 초대교회가 그러한 깨달음에 이르지 못했거나 예수가 그들에게 명확하게 가르치지 못했다 하더라도 그렇게 해야 한다. 결과적으로 초대교회에서 여성들이 어떤 역할을 했는지 안 했는지를 확인하는 것은 그들이 오늘 무슨 역할을 행할 것이냐는 질문을 해결하지 못한다.

쉬쓸러 피오렌자는 여성에 관한 초기 자료들, 특히 신약성서의 자료를 신중히 검토한 후 상당히 중요한 주장을 했다.[31] 현대 그리스도교 여성들이 그리스도교 역사의 기원에서부터 자신을 발견할 수 있다는 신앙의 정체성은 중요하다고 그녀는 주장한다. 더욱이 그리스도교가 발전하는 가운데 흔히 감추거나 억눌러 왔던 여성의 중요한 역할을 인정하고 가치를 매기는 것은 중요한 일이다. 여성론자들이 그리스도교의 기원을 재건설하는 목적은 교회생활에 여성들이 포함된다는 현대의 흐름을 합법화하려는 것이 아니라, 여성들을 그리스도교 역사에 복원시키고, 그리스도교 역사를 여성에게 복원시키려는 것이다. 피오렌자는 이 계획이 믿지 않는 여성에게까지도 중요하다고 주장하는데, 서구사회에는 온통 성서적 역사와 전통이 스며 있기 때문이다. 더구나 교회뿐 아니라 가정과 사회에서 여성들을 몰아내고 억압하는 많은 성차별주의가 가부장제도를 합법화하는 성서해석에 기초해 있기 때문이다.

이 장의 다음 단락에서는 가부장제도를 합법화한 성서 본문의 내용을 정교하게 전복시키는 역사비평을 현대의 해석이론이 이렇게 보충할 수 있는가를 제시할 것이다. 또한 해석이론은 성서 본문과 그 주제 및 성서 본문과 독자들 사이의 관계에 관해서도 이해를 도와준다. 다시 말해 교회생활의 규범인 성서를 오늘날 비억압적으로 사용하려면, 교회 가르침과 실천을

---

[31] Schüssler Fiorenza, *In Memory of Her*, xiii-xxv.

위한 성서의 규범성에 문제를 제기하는 여성신학적 성서연구가 계속 진전
되어야 한다.

간단히 다음의 두 전제가 이 관계에 관한 더 적절한 이론을 떠받친다.
첫째, 성서 본문은 나자렛 예수 안에서 발생한 그리스도 사건을 권위적으
로 증언한다. 모든 증언이 그러하듯이 계시체험에 대한 인간의 증언은 인
간의 목적과 증언과정 중에 생기는 한계에 종속되게 마련이다. 그 증언을
받아들인다는 것은, 예수 안에 구원이 있다는 선포에 주목하여 그 확실한
권위를 받아들인다는 것이요, 그 증언이 제공하는 오류 가능성도 인정한다
는 것이다.[32] 둘째, 그리스도를 따른다는 것이 목수 · 유다인 · 남성 · 떠돌이
설교가를 모방하는 것이 아닌 것처럼 성서의 권위를 받아들인다는 것은 초
기 그리스도교의 서열을 구체적으로 모방하거나 복제하는 것을 뜻하지 않
는다. 성서의 규범성은 구체적인 모방으로 옮길 수 있는 것이 아니다. 결
과적으로 초기 그리스도교에서 여성의 역할을 최선을 다해 발굴해낸 것은
여성론적 문제를 위해서는 중요하지만, 현대 교회공동체에서 여성의 역할
을 확립하는 데는 긍정적이든 부정적이든 사용할 수 없다.

# 해 석

앞서 제시했듯이, 성서 본문이 후대인들에게 구체적인 규범이 되도록 하느
님이 보증해 준 진술들을 똑바로 전한 것이 아닌 한, 그 본문이 신앙공동
체 안에서 구원의 기능을 하려면 해석되어야 한다. 해석은 하나의 본문을
포함하여 여느 현상을 이해하기 위한 과정이다. 해석은 특히, 특정한 이유
때문에 어떤 현상을 이해하지 못하게 될 때 필요하다. 성서 본문은 대다수
현대인들에게 낯선 고대문화 안에서, 오늘날 발생하는 일들과는 동떨어진
사건들에 관해 문학 장르상 각 본문끼리도 다르고, 현대의 문학 장르와는

---

[32] 상론: *The Revelatory Text: Interpreting the New Testament as Sacred Scripture* (San Francisco: Harper San Francisco 1991) 133-8.

왕왕 다른 언어로 쓰였고, 판결을 요하는 주장을 하기 때문에 이해하기 어렵다. 성서 본문을 해석하지 않고 "표면상의 가치"로 읽을 수 있다고 주장하는 이들은 본문들의 특성을 이해하지 못하거나, 특정 본문의 특성을 이해하지 못한다. 문제는, 해석이 이해 가능한 유일한 방식이기 때문에 성서 본문을 **어떤 식으로든** 해석하는 것이 아니라 **어떻게** 해석하느냐이다.

해석학 분야에서 유명한 원문 해석의 현대 학풍은 그 영역이 광활하고 무한히 복잡하다.[33] 이 분야의 이론에서 나온 결론들만이 성서의 여성론적 해석이 제기하는 문제에 곧바로 유용하다는 점을 상기할 필요가 있다. 본질적으로 해석은 독자와 본문 사이에 일어나는 변증법적인 과정이고 의미의 사건에서 절정을 이룬다.[34] 이 정의는 몇 가지 중요한 점을 암시한다.

첫째, 하나의 본문은 하나의 올바른 의미만을 가지는 것이 아니고 그 의미는 본문을 쓴 저자가 주입하고 읽는 독자가 뽑아내는 것이다. 본문은 하나의 언어학적 구조로서, 오히려 각기 다른 독자들이나 같은 독자라도 다른 시간에 무수한 방식으로 읽을 수 있는 것이다. 이 진술이 가지는 진리성은 친구들과 영화를 관람한 이에게서 명백해진다. 어떤 장면은 인정할 수 있을 만큼 타당하면서도 다소 다른 각도에서 해석된다거나, 영화의 소설을 두 번 읽은 사람은 둘째 독서로 그 장면을 더 잘 (혹은 덜!) 이해하게 된다거나 하는 점이 그러하다.

둘째, 첫째 암시와 연관하여, 의미는 본문 "안에" 있지 않고 본문과 독자 사이의 상호 작용에서 발생한다. 마치 음악이 악보 "안에" 있는 것이 아니라 그 악보를 연주하는 결과로 발생되는 것과 같다. 이것은 독자가 미리 만들어진 의미를 단순히 수동적으로 소비하는 것보다 그 의미에 참된 기여

---

[33] 해석학에 관한 많은 논제들을 다룬 문헌: R.J. Coggins and J.L. Houlden (eds.), *A Dictionary of Biblical Interpretation* (London: SCM; Philadelphia: Trinity Press International 1990). 성서해석에 적용하기 좋은 해석학 이론: James M. Reese, *Experiencing the Good News: The New Testament as Communication*, Good New Studies 10 (Wilmington, DE: Michael Glazier 1984) 참조.

[34] 이 과정에 관한 가장 간략한 설명: Paul Ricoeur의 강의록 *Interpretation Theory: Discourse and the Surplus of Meaning* (Fort Worth: Texas Christian Univ. Press 1976) 특히 4장.

를 하도록 암시한다.

셋째, 의미는 궁극적으로 저자가 조절하는 것이 아니다. 저자가 본문을 쓰고 특정 의미를 전달하려고 무언가를 분명히 의도했더라도, 일단 본문이 완성되면 저자가 의도했던 것과는 무관한 의미들을 가지게 된다.[35] 우리는 흔히 자신이 의도했던 것보다 더 (혹은 덜) 말하고, 우리의 말이 다른 맥락이나 다른 사람에게 아주 다른 것을 의미할 수 있다는 일반적인 경험을 한다. 본문이 그 저자로부터 수천 년 시차가 있을 때는 더더욱 그러하다.

따라서 해석과정은 고정된 본문에서 저자가 의도했던 의미를 단순히 뽑아내는 것이 아니라, 의미를 얻기 위해 그 본문과 상호 작용하는 것이다. 이 과정에서 본문과 독자 모두가 영향을 주며 둘 다 변한다. 대다수 사람들이 자신이 읽은 것에서 영향을 받는 독자라는 점은 더욱 명백하다. 하나의 힘있는 본문은 우리의 지평을 넓히고 우리의 인간성을 심화시키며 우리의 억측에 도전하고 실재에 관해 의문을 던지며 우리의 인식능력을 고양시켜 주는 등 도움을 준다. 그러나 대대로 내려오는 독자들이 하나의 본문을 읽는 것 또한 그 본문에 영향을 미친다. 예를 들어, 미국독립선언문에 "모든 인간men은 평등하게 창조되었다"는 내용은 그것이 씌어진 18세기보다 그 이후인 20세기에 더 많은 것을 의미한다. 창립자들은 분명 "인간"이 성인이요 백인에다가 재산을 소유한 자유로운 남성만을 의미한다고 생각했다. 오늘날 이 본문의 인간은 어린이·유색 인종·가난한 이·부인들을 포함하지만, 이 기초적인 본문을 계속 해석해 오는 과정에서 노예의 범주는 국민적 어휘에서 아예 사라졌다. 의미가 독자와 본문 간의 상호 작용에서 발생한다는 이해방식은 성서 본문, 명백히 가부장적이고 성차별주의적인 본문들까지도 여성론적 입장에 선 독자들과의 상호 작용을 통해 자유롭게 해석하게 해준다. 미국인이 국가 창립 문서와 관계된 것처럼, 신앙공동체는 그리스도교적 통찰력의 기원을 따르는 좁은 시각에서 벗어나 그 초창기

---

[35] Ricoeur, *Interpretation Theory*, 29-37 참조.

기록에 기초하여 성장하고 발전해 왔다. 예수의 복음을 통해 그리스도인은 바울로가 수용했던 노예제도를 거절하도록 배웠다. 복음을 통해 그리스도인은 예수가 여자들과 남자들을 위해 죽었고, 이로써 여자는 남자보다 열등하지 않다는 것과, 다른 사람 위에 군림하려는 자신의 추종자들을 꾸짖음으로써 예수는 그리스도교 전통을 망쳐놓은 성차별주의, 성직자 중심주의, 식민지주의, 계급주의 및 온갖 지배 형태의 뿌리인 가부장주의 또한 비난했음을 배운다. 다른 말로 하면, 성서 본문은 성서 자체의 구체적인 특정 내용에 이신을 품도록 우리를 일깨워 준다.

여성론적 해석자들이 직면하는 주요한 문제는 성서에 있는 억압적인 힘을 무력하게 만들면서, 교회와 사회를 혼란에 빠뜨리는 대신에 성서의 해방하는 힘에 호소하는 방식으로 성서 본문을 다루는 방법이다. 한 가지 접근은 억압적인 본문들을 성서에서 삭제하거나 그 본문의 계시성을 부정하는 것이다.[36] 이 접근방식은 어느 것도 만족스럽지 않다. 성서는 가부장주의에 지나치게 물들어 있기에 여성들을 현실적이든 잠재적이든 손상시키는 본문들을 잘라내는 것은 엄청난 공백을 남기며, 케리그마 — 신앙선포 — 가 무엇을 전해주는지 식별하기 어렵게 한다. 억압적인 본문들의 계시성을 부정하는 것도 똑같이 문제점을 지닌다. 첫째, 한 무리나 한 시기, 혹은 한 관점에서 억압적인 것이 다른 환경에서는 중요한 재원이 될 수 있다. 그러나 더욱 중요하게도 계시가 제시하는 이해를 함축적으로 소개하지 않은 채 각 본문들이 의미하는 내용만을 가지고는 성서의 계시성을 그들 본문에 부여할 수 없다. 성서 자체는 신의 자기현현을 매개한 것도 들어 있고 매개하지 않은 것도 들어 있다. 마치 우리가 신의 계시성을 태양이 떠오를 때만 인정하고 지진이나 화산이 폭발할 때는 거절할 수 없듯이, 다른 이들을 거부하는 성서의 특정 구절이 계시된 것인지 아닌지를 논의할 수는 없는 것이다.

---

[36] 쉬쓸러 피오렌자는 여러 곳에서 후자의 입장을 지지한다. 예: *In Memory of Her*, 33이나 *Bread Not Stone*, 60의 더 강한 표현을 보라.

　성서 본문이 계시라는 주장은 앞서 다뤘듯이, 공동체를 위한 신의 뜻으로 받아들여야 하는 참된 내용의 정보를 성서 본문이 전해준다는 것이 아니다. 오히려 성서 본문은 교회에 관한 폭넓은 이해 지평 안에서 관계맺는 그리스도인 대대손손의 언어학적 구조이다. 성서 본문은 약하고 죄많은 초대 공동체의 체험뿐만 아니라 그리스도 안에서 이루어진 하느님 체험을 표현한 인간의 언어이기 때문에 (성령의 영향으로 쓰이고 읽히기에) 영감을 받은 것임에도, 그 본문은 오류와 왜곡될 소지가 있고 교회 자체만큼이나 죄로 얼룩질 수 있다.

　해석이란 현대의 공동체가 현대라는 맥락 안에서 특정 본문 자체가 가진 고유한 맥락이 말하는 것과 상호 작용함으로써 나오는 결과와 관련지어 그 본문이 의미하는 바를 식별하는 과정이다. 이것은 공동체가 하느님의 뜻을 명확하게 밝히기보다, 악에 둘러싸여 맞서는 수련이요 악에 대항하라는 훈계로서 특정 본문을 체험한다는 것을 의미한다. 예를 들면, 우리는 바울로가 전례 모임에서 여성을 제지시킨 것이 오늘날 여성을 억압하는 근거가 아니고, 막강한 세력에 전전긍긍하여 공동체의 훌륭한 특정 구성원들을 희생시키는 것이 얼마나 해로운가 하는 경고임을 알 수 있다.

　성서해석, 특히 문제가 있는 본문 해석은 늘 본문과 씨름하는 과정이다. 19세기 해석자들은 낯선 문학 장르, 기괴하고도 비문명적으로까지 보이는 고대 문명들, 비과학적인 우주론 및 고대 문헌들의 의미를 이해했더라도 당대에서는 찾아볼 수 없는 사회조직 형태들을 가지고 씨름했다. 현대의 해석자는 특정 본문이 지닌 관념론적 장애물들을 의식하면서 남성중심주의·가부장주의·성차별주의는 물론, 오늘의 독자들에게 구원소식을 전하기 위해 여성혐오적인 자료와 씨름한다.

　여성론적 성서학자들은 문제가 해결되었다거나 명백하다고까지 주장하지는 않지만, 긴 안목에서 해결할 수 있다고 보이는 성서 본문에 맞서기 위해 인상적인 접근방식을 계발해 왔다.[37] 해석학적 접근들 가운데 진전을 보인 것은 다음과 같다: 실제로는 포용적인 성서자료를 언어학적으로 엉뚱하게 남성중심적으로 해석하지 못하도록 막는다.[38] 예언자의 전통과 같이 성서의 해방적 전통들을 사용하거나[39] 하느님의 모상대로 남성과 여성을 창조하신 원래 계획들에 근거하여[40] 여성 억압적인 성서자료를 비판한다. 구원 역사의 일부로 받아들여지기보다는 "끔찍한 본문"으로 "기억되는" 입다의 딸 이야기나 첩을 강간한 이야기 같은 여성혐오적 성서 이야기를 다시 말하고,[41] 여성의 숨겨진 이야기를 다룬 본문에 침묵하지 않는다.[42] 초기 그리스도교에서 자신의 실제 역할과 실천을 확립한 여성들을 가로막은 바울로의 계율적 권고와 같은 억압적 본문을 수사학적으로 분석한다.[43] 남성지배적인 주석과 설교 전통에서 왜곡되거나 하찮은 것으로 치부된 요한 복음 4장의 사마리아 여인의 예화처럼 여성을 다룬 본문들을 여성론적 감수성으로 재해석한다.[44] 남편은 자신의 아내를 사랑하라고 한 바울로의 권고와 같은 본문들이 비록 일반적으로는 여전히 억압적 요소를 지녔지만 그 본문들

---

[37] 여성론에 입각한 해석의 몇 가지 유형: Carolyn Osiek, "The Feminist and the Bible: Hermeneutical Alternatives", in: Adela Yarbo Collins (ed.), *Feminist Perspectives on Biblical Scholarship* (Chico, CA: Scholars Press 1985) 93-105; Katherine Doob Sakenfeld, "Feminist Uses of Biblical Material", in: Letty M. Russell (ed.), *Feminist Interpretation of the Bible* (Philadelphia: Westminster Press 1985) 55-64; Elisabeth Schüssler Fiorenza, *In Memory of Her*, ch. 1; Mary Ann Tolbert, "Defining the Problem: The Bible and Feminist Hermeneutics", in: Mary Ann Tolbert (ed.), *The Bible and Feminist Hermeneutics*, Semeia 28 (Chico, CA: Scholars Press 1983) 113-26.

[38] Letty M. Russell, "Changing Language and the Church", in: Letty M. Russell (ed.), *The Liberating Word: A Guide to Nonsexist Interpretation of the Bible* (Philadelphia: Westminster Press 1976) 82-98; Katherine Doob Sakenfeld, "Feminist Perspectives on Bible and Theology: An Introduction to Selected Issues and Literature", *Interpretation* 42 (January 1988) 5-18, 특히 16-8.

[39] Rosemary Radford Ruether, "Feminist Interpretation: A Method of Correlation", in: Russell (ed.), *Feminist Interpretation of the Bible*, 111-24.

[40] Letty M. Russell, "Authority and the Challenge of Feminist Interpretation", in: Russell (ed.), *Feminist Interpretation of the Bible*, 137-46.

[41] Phyllis Trible, *Texts of Terror* (Philadelphia: Fortress Press 1984).

[42] Schüssler Fiorenza, *In Memory of Her*, ch. 2.

[43] Antoinette C. Wire, *The Corinthian Women Prophets: A Reconstruction Through Paul's Rhetoric* (Minneapolis: Fortress Press 1991) 참조.

[44] 나는 이런 해석을 *The Revelatory Text* 7장에서 시도했다.

이 열어주는 해방적 요소를 식별한다.

학자들이 실행한 해방적 해석은, 첫째 억압적인 본문들을 다룬 주석서를 반격하지 않은 채 공적으로 선포하는 것을 피하고, 둘째 고대 공동체의 역사 안에서 본문을 읽으려는 의도와 그 동일 본문을 오늘날 공동체를 위한 신앙선포로 선언하려는 차이를 충분히 설명하지 않는 부분에서 사목적 실천으로 보충해 나가야 한다.

# 결 론

성서가 여성의식을 지닌 여성들에게 계시로서 계속 작용할 수 있거나 작용할 것이라는 점이 도무지 명백하거나 확실치 않더라도, 최소한 세 가지 동기는 성서신학과 해석학적 이론을 발전시키려는 시도를 가능케 해줄 것이다. 첫째는 신학적 동기다. 성서, 특히 신약성서는 나자렛 예수에게 일어난 그리스도 사건을 그리스도교 공동체가 규범적인 것이라고 증언한 것이다. 신약성서는 그 기초인 과거를 오늘날의 신앙공동체가 전례적으로 확정 지은 것이다. 돌이킬 수 없이 가부장적이고 성차별적이기에 여성을 파괴시킨다고 성서를 내던져 버리는 것은 우리의 역사를 포기하는 것이고, 그리스도인이라는 우리의 정체성을 포기하는 것이다.

둘째는 교회일치적 동기다. 여전히 분열된 그리스도교 공동체들의 공통된 신앙의 주요 자원은 성서다. 만일 우리가 자아를 존중하는 인간이라는 우리의 본래 모습을 벗어나서 이 근본이 되는 본문과의 관계를 포기하라고 압력을 받는다면, 우리는 언젠가 우리를 한데 모이게 할 중요한 공유 유산을 단념해야 할 것이다.

마지막 동기는 가장 중요하다고 할 영성이다. 성서가 하느님 말씀의 성사이고, 2차 바티칸 공의회가 일컫듯이 영성생활의 순수하고 영원한 원천이며 인간이 통제하지 못하는 계시적 만남을 이끄는 하나의 성사적 매체인 한, 여성들이 성서를 희망 없는 억압적인 것으로 거부한다면 참으로 비극

이 아닐 수 없다.

  성서 본문을 진술된 계시에 의미를 담은 그릇으로 여기는 한, 그 본문의 억압적인 내용은 여성에게 구원의 역할을 할 수 없다. 그러나 성서 본문을 하나의 본문, 즉 신적인 사건에 관한 인간의 체험을 인간의 언어로 기록한 인간의 증언이라고 이해한다면, 해석과정에서 발휘되는 융통성과 효력은 성서가 가진 한계성으로부터 성서 본문을 자유롭게 해주고 성서 본문의 억압성으로부터 여성들을 해방시켜 줄 것이다. 하느님의 말씀이 감옥에 갇혀 있지 않고(2디모 2.9 참조) 성서 전부가 우리를 가르치고 교화시키기 위해 씌어졌다면(2디모 3.16 참조), 그리스도교 여성들은 스스로를 긍정할 수 있을 뿐 아니라 성서 본문을 계시적인 것으로 긍정할 만하다.

## 더 읽으면 좋을 책


『제2차 바티칸 공의회 문헌』「계시헌장」*Dei Verbum*(1965);「전례헌장」*Sacrosanctum Concilium*(1963). 전례 중의 성서 이용과 관련된 중요한 자료.

*"DIVINO AFFLANTE SPIRITU"*, in: James J. Megivern (ed.), *Bible Interpretation*, 316-42, Wilmington, NC: McGrath 1978. 비오 12세가 현대 가톨릭 성서학자들에게 보낸 회칙(1943).

Raymond E. BROWN and Raymond F. COLLINS, "Canonicity", in: Raymond E. Brown, Joseph A. Fitzmyer, and Roland E. Murphy (eds.), *The New Jerome Biblical Commentary*, 1034-54. Englewood Cliffs, NJ: Prentice-Hall 1990.

Raymond E. BROWN and Thomas Aquinas COLLINS, "Church Pronouncements", in: *The New Jerome Biblical Commentary*, 1166-74. 성서 이용과 관련된 가톨릭 신학사를 규정.

R.J. COGGINS and J.L. HULDEN (eds.), *A Dictionary of Biblical Interpretation*, London: SCM Press; Philadelphia: Trinity Press International 1990. 성서해석학 전공자들의 확실하고 읽기 쉬운 최신 연구 성과들을 모은 백과사전.

Raymond F. COLLINS, "Inspiration", in: *The New Jerome Biblical Commentary*, 1123-33.

Adela Yarbro COLLINS (ed.), *Feminist Perspectives on Biblical Scholarship*, Biblical Scholarship in North America 10, Chico, CA: Scholars Press 1985. 성서에 관한 다양한 여성론적 접근 소개.

John R. DONAHUE, "Scripture: A Roman Catholic Perspective", *Review and Expositor 79* (1982) 231-44. 트리엔트 공의회와 교회일치적 대화 이래로 성서의 본질과 해석에 대한 가톨릭의 생각이 변화하는 방식에 특별한 관심을 가지고 「계시헌장」을 설명.

Elisabeth Schüssler FIORENZA, *In Memory of Her: A Feminist Theological Recon-struction of Christian Origins*, New York: Crossroad 1983. 여성론적 해석학에 입각하여 신약성서 전체를 본격적으로 해석한 최초의 책. 진지한 학문으로서의 여성론적 비평을 확립.

——, *Bread Not Stone: The Challenge of Feminist Biblical Interpretation*, Boston: Beacon Press 1984. 여성론적 해석과 연관된 주요 신약성서학자들의 논문집.

——, *But She Said: Feminist Practices of Biblical Interpretation*, Boston: Beacon Press 1992. 현 관행에 여성론적 해석이론 적용.

Robert GRANT and David TRACY, *A Short History of the Interpretation of the Bible*, Philadelphia: Fortress Press ²1984. 그리스도교의 기원에서 20세기 중반까지 교회의 짧고 쉬운 성서해석사. 현행 성서해석에서 현대 해석학의 역할과 특히 이것이 신학적 해석에 끼친 영향을 세 편의 논문으로 소개.

Thomas A. HOFFMAN, "Inspiration, Normativeness, Canonicity and the Unique Sacred Character of the Bible", *The Catholic Biblical Quarterly 44* (1982) 447-69. 거룩한 경전인 성서 본문에 대한 가톨릭의 이해를 도와준 신학적 주장을 현대신학적 이해방식으로 제시.

James M. REESE, *Experiencing the Good News: The New Testament as Communi-cation*, Good News Studies 10, Wilmington, DE: Michael Glazier 1984. 현대 언어 연구가 성서해석에 끼친 영향에 대한 입문서.

Paul RICOEUR, *Interpretation Theory: Discourse and the Surplus of Meaning*, Fort Worth: Texas Christian Univ. Press, 1976. 본문과 해석에 관한 리꾀르의 기본적 사고체계를 산난히 소개했으나 읽기 어렵다.

Maria RILEY, *Transforming Feminism*, Kansas City, MO: Sheed and Ward 1989. 가톨릭 사회교육과 연관된 간략한 여성운동사.

Letty M. RUSSELL, (ed.), *Feminist Interpretation of the Bible*, Philadelphia: West-minster Press 1985. 여성론적 해석방법의 실례 제시.

Sandra M. SCHNEIDERS, *Beyond Patching: Faith and Feminism in the Catholic Church*, The Anthony Jordan Lectures 1990, New York: Paulist Press 1991. 여성론과 그 용어, 역사 및 다양한 여성학 형태를 소개하며, 여성론적 성서해석도 한 장을 할애하여 설명.

——, *The Revelatory Text: Interpreting the New Testament as Sacred Scripture*, San Francisco: Harper San Francisco 1991. 성서해석이론. 신학을 해석과 관련된 다른 분과들과 아우름.

——, *Women and the Word: The Gender of God in the New Testament and the Spirituality of Women*. 1986 Madaleva Lecture in Spirituality, New York: Paulist Press 1986. 여성들이 알고 있는 성서 내용의 가장 심각한 문제, 즉 성서의 하느님 이미지가 가지는 남성성과 역사적 예수의 남성성을 다룸.

Mary Ann TOLBERT (ed.), *The Bible and Feminist Hermeneutics*, Semeia 28. Chico, CA: Scholars Press 1983. 성서와 여성론의 관계 고찰.

Phyllis TRIBLE, *Texts of Terror*, Philadelphia: Fortress Press 1984. 폭행당한 여성들이 등장하는 구약성서의 네 본문에 대해 구약성서학자들이 여성신학적 해석을 시도함으로써, 그러한 해석이 어떻게 해방을 가져다줄 수 있는지 예시.

*3*

# 체험과 전통 — 중심은 유지될 수 있는가?

계 시 론

*Mary Catherine Hilkert* 메리 힐커트

숙이 말했다. 내가 믿는 건 이런 거야. 하느님은 네 안에 계시고 모든 사람 안에 계셔. 너는 하느님과 함께 이 세상에 왔어. 하지만 그분을 안에서 찾는 이들만이 그분을 발견하지. 어떤 때는 네가 찾지 않아도, 무엇을 찾아야 할지 모를 때도 나타나실 거야. 나는 거의 모든 사람들이 곤경에 빠질 때 하느님을 발견한다고 생각해.[1]

엘리스 워커가 여성론을 반영하여 쓴 고전 『컬러 퍼플』은 모든 여성론자들이 이해하고 있는 계시신학의 핵심적 관점을 밝혀준다. 즉, 하느님은 인간의 체험에서 발견된다는 것이다. 많은 여성들이 쓴 영성·문학·신학 상르의 글을 보면 하느님을 추구하는 사람들은 그분을 인간의 마음 깊은 데서야 발견할 수 있다고 밝힌다. "하느님은 네 안에 계시고 모든 사람 안에 계셔." 신성이 인간의 체험 안에서 드러난다는 주장들에는 한결같이 놀랄 만한 요소가 깃들어 있다. "어떤 때는 네가 찾지 않아도, 무엇을 찾아야 할지 모를 때도 나타나실 거야." 샐리와 숙처럼 인간의 우정은 신과 인간관계 체험을 나타내는 중요한 은유로 사용되곤 한다.[2] 해방신학과 마찬가지로 신학을 하는 여성론자들에게 고통의 체험은 더 심오하고도 예상치 못했던 하느님 체험으로 이끌곤 한다. "나는 거의 모든 사람들이 곤경에 빠질 때 하느님을 발견한다고 생각해."[3]

---

[1] Alice Walker, *The Color Purple* (New York: Washington Square Press 1982) 202.

[2] Elisabeth Schüssler Fiorenza, "Why Not the Category Friend/Friendship?" *Horizons* 2, no.1 (Spring 1975) 117-8; Anne Carr, *Transforming Grace: Christian Tradition and Women's Experience* (San Francisco: Harper & Row 1988) 150, 213; Mary Hunt, *Fierce Tenderness: A Feminist Theology of Friendship* (New York: Crossroad 1991) 특히 80-4; Elizabeth A. Johnson, *She Who Is: The Mystery of God in Feminist Theological Discourse* (New York: Crossroad 1992); Sallie McFague, *Models of God: Theology for an Ecological, Nuclear Age* (Philadelphia: Fortress Press 1987).

[3] Luz Beatriz Arellano, "Women's Experience of God in Emerging Spirituality', in: Virginia Fabella and Mercy Amba Oduyoye (eds.), *With Passion and Compassion*, (Maryknoll, NY: Oribis Books 1988) 135-50; Dorothee Sölle, *Suffering* (Philadelphia: Fortress Press 1975). 체계적 분석으로, Johnson의 계시로서의 "대조 체험"의 범주를 참조하라. in: *She Who Is*, 58-60.

우주의 심장에서 열렬한 사랑의 신비가 탈은폐된다고 인식하는 여성론자들의 체험은 풍요롭고 다양하다. 그 체험에는 남자나 어린이들과의 우정은 물론 여자들끼리의 우정, 여성-교회의 집회, 고통받고 소외받는 이들과 여성의 연대, 불의한 사회적·교회적·전 지구적 구조를 바꾸려는 여성의 정치적 노력, 여성과 자연·육체·땅과의 연관, 그리고 어두운 밤에 직면하여 경험하는 여성의 신비체험이 있다. 이 모든 것의 공통된 맥은 여성의 체험이 하느님의 계시일 수 있고, 하느님의 계시라는 굳건한 확신이다.[4] 이 주장의 저변에는 인간의 체험·역사·모든 피조물은 진정 하느님을 드러낼 가능성을 지니고 있다는 것이다. 스스로 그리스도인이라고 여기는 여성론자들은 숨어 계신 하느님이 나자렛 예수 안에서 특별하고도 중요한 방식으로 탈은폐된다고 인식한다. 예수는 포용적인 친교의 공동체로 여성과 남성을 한데 모았고, 가난하고 무시당하는 사람과 연대하여 살다 죽었으며, 자신의 종교전통을 해석할 때 인간의 유익을 진정으로 도모하는지 철저히 따졌으며, 사회와 종교의 울타리 밖으로 내쳐진 이들과 죄인들을 감사와 기쁨의 식탁에 함께 초대함으로써 연민 자체이신 하느님을 육화했다.

여성들은 인간의 역사와 체험 안에서 계시되거나 구체화된 하느님 사랑의 신비에 대해 말하고 기록하는 한편, 여성신학에서 계시에 관한 전통적 언어와 범주들 대부분은 누락시키거나 강하게 비판한다. 이러한 갈등의 핵심에는 그리스도 교회가 하느님의 계시라고 이름 붙인 것으로부터 여성의 체험을 완전히 빼진 않았더라도 일관되게 주변화시킨 데 있다. 다른 신학적인 논쟁도 이와 깊이 연관된다. 즉, 누가 교회를 구성하고 있는가? 누가 인간의 삶과 그리스도인 공동체 안에서 일하시는 성령을 인식하고 명명하는가? 사건·사람·상징·저술·가르침들을 하느님의 계시이며 공동체의

---

[4] "신의 계시" 범주에 대한 근본적 부정과 일반적인 "여성의 체험"에 대한 비판: Sheila Greeve Davaney, "The Limits of the Appeal to Women's Experience", in: Clarissa W. Atkinson, Constance H. Buchanan, and Margaret Miles (eds.), *Shaping New Vision; Gender and Values in American Culture* (Ann Arbor: UMI Research Press 1987) 31-49.

규범이라고 해석하는 권위는 누가 가졌는가? 로마 가톨릭 공동체를 공식 대변하는 위계적인 교도권은 논쟁점들에 관해 "하느님의 계시"라고 결정하는 데 너무도 익숙하다. "하느님의 계시"나 "하느님의 뜻"이라는 확언은 남성과 더불어 여성에게 온전한 인간적 존엄성과 세례로 말미암은 평등을 부여하려는 여성의 시도를 제한하고 비난하거나 거부해 왔다.

1976년 신앙교리성이 내놓은 「여성 교역 사제직 불허 선언」*Inter Insigniores*[5]의 추론은 로마 가톨릭 전통 안에서 제기됐던 근본적인 문제들을 밝혀준다. 그 문헌에 의하면 교회는 "교도권의 발언에 따라" 바꿀 수 있는 것과 불변하는 것을 결정한다. 남자만 성직자로 수품된다고 제한하는 가톨릭 교회의 관행은 "교회사를 통해 지켜온 전통"에 기초한 "규범성"을 가진다고 단언한다. 이 규범은 그리스도의 모범을 따른 것으로, "교회에 대한 하느님의 계획과 일치한다고 생각한다". 그 선언문은 남성성에 따라 말씀이 육화한 것은 "남자가 여자보다 선천적 우월성을 지닌다고 주장하진 않지만 구원의 섭리와 관계되지 않을 수 없다. 그것은 하느님이 직접 계시하신 바와 같이 하느님의 전체 계획과 진정 일치한다"고 주장한다. 성서적인 계시를 기초로 한 문헌의 이중적 인간학설은 성적 차이점들이 "애초에 하느님이 뜻하신 결과"라고 강조한다. 그 문헌에 따르면, 사도적 사제직과 관련된 성사신학의 문제들은 "계시의 빛"이 아니고서는 해결할 수 없는 것이다. 나아가, 인문학은 이 논의에 별 도움을 주지 못하는데, "인문학은 신앙의 실체들을 이해할 수 없기 때문이다. 이 실체들이 지닌 참으로 초자연적인 내용은 인문학의 범위를 넘어선다".

예수의 삶과 활동, 성서자료의 해석, 교회전통의 형성과 해석이 가부장적인 렌즈로 여과되어 왔음을 인정하지 않을 때, 여성신학자들은 예수 그리스도의 모범이나 가르침, 하느님 계시의 말씀, 교회의 불변하는 전통의 독단적 주장을 거부한다. "초자연적 진리", "불변의 가르침", "하느님의 변

---

[5] "Women in the Ministerial Priesthood", *Origins* 6 (Feb. 3, 1977) 518-24. 인용문: 522-3.

함없는 계시의 말씀", 그리스도의 모범은 물론 "교회의 변치 않는 전통"에 "묶여" 있으며 (남성과 성직자에게만 해당하는) 교도권에 순종하라는 언어 자체는 여성신학적 틀과는 거리가 멀다. 그 대신 그리스도교 여성론자들은 역사의식과 사회적 위치, 관계성·상호성·세례에 근거한 평등하고 책임감 있는 제자 직분, 공동선을 위한 결정에 참여하는 것, 배움/가르침의 대화 모델, 식별과 통합과 창의성에 기초한 충실함을 강조한다. 더 근본적인 것 은 그리스도교 전통의 중심에 놓인 근본적인 상징체계에 대한 여성론자들 의 물음이다. 메리 헌트Mary Hunt는 "이제 여성들이 하느님 아버지와 그의 (딸이라곤 없는) 외아들 예수와 남성지배적 교회를 사녀들에게 물려주기가 마땅치 않다고 확신한다"라는 말로 많은 사람을 대변한다.[6]

여성론자들과 그들의 주장에 자극받은 이들은, "여성론의 관점이 로마 가톨릭 전통과 부합할 수 있는가?"라고 질문한다. 로마 가톨릭의 공식적인 계시신학은 2차 바티칸 공의회 문헌 「계시헌장」의 처음 초고와 최종 초고 사이에서 현저히 바뀌었지만, 여성론은 그리스도교 전통의 뿌리 자체에까 지 도전장을 내민다. 전통은 예수 그리스도의 복음에 충실하면서도 얼마나 철저히 개방될 수 있는가? 성서는 하느님이 계시하신 말씀인가? 교령의 범 위는 고정되어 있는가? 교회의 정경은 그리스도교 전통 안에서 **규범화한 유일한 성서**인가? 교의·전례·교도권이 그리스도 교회에서 하는 역할은 무엇인가? 인간의 체험이 계시의 원천인가? 그렇다면, 누구의 체험을 포함 하고 누가 그것을 결정할 것인가? 가톨릭 전통 안에 우뚝 서 있다는 여성 론의 주장과 의견은 물론, 로마 가톨릭의 교도권이 내세우는 주장과 의견 을 비판하는 글에는 어떤 것이 있는가? 신학의 전 분야에 걸쳐 이 질문들 을 기본적이거나 근본적인 것으로 생각되는 이유는 곧 밝혀질 것이다.

---

[6] Hunt, *Fierce Tenderness*, 79.

## 2차 바티칸 공의회와 여성론: 일치점과 대립점들

### 1. 계시의 본질과 자리

「계시헌장」은 가톨릭 교회가 계시라는 주제를 다룬 최근의 가장 중요한 공식 문헌이다.[7] 이 문헌의 핵심 주제들은 여성론적 관점에서 논쟁거리를 제공할 뿐 아니라 여성신학과 상당히 일치하는 로마 가톨릭 계시신학의 중요한 최근 변화를 부각시킬 수 있다.

「계시헌장」 21·22항은 계시의 본질과 전통의 형성과정에 관해 로마 가톨릭이 보여준 이해의 주요 변화를 밝힌다. 트리엔트 공의회부터 2차 바티칸 공의회까지 가톨릭은 성서와 전통이라는 두 원천을 통해 전해 내려온 초자연적 진리 체계를 계시와 동일시해 왔다. 전통은 교회의 공식 가르침과 일반적으로 동일시되어 왔다. 계시에 대한 이러한 관점은 1차 바티칸 공의회에서 1871년에 발표한 「믿음과 계시에 관한 교령」*Dei Filius*에 의해 더욱 강화되었다. 그 교령은 다음과 같이 확언한다. "기록이나 구전되어 하느님의 말씀에 포함된 모든 것은 거룩하고 보편된 신앙으로 믿어야 한다. 또한 교회가 엄격한 판단이나 일상적이고 보편적인 교서를 통해 하느님께서 거룩하게 계시하신 것이라고 제시한 모든 것도 믿어야 한다."[8]

「계시헌장」의 발달과정에서 두 가지 특기할 만한 순간이 있었는데, 하나는 계시의 두 원천이 가지는 근본 구조를 거부한 것이고, 다른 하나는 하느님의 탈은폐와 인간에게 우정을 주는 것이 계시의 본질임을 밝히는 새로운 본문을 포함시킨 것이다. 이어서 신앙은 "자기를 온전한 하느님께 자유로이 맡기는 것"(「계시헌장」 5)이라고 적었다. 타협적인 분헌인 「계시헌장」은 계시가 "계율을 지키는 진리"이며 신앙은 "지성과 의지의 완전한 순종"(「계

---

[7] 비교: Avery Dulles, *Revelation Theology: A History* (New York: Herder & Herder 1969) 156.

[8] *DS* (Denzinger Schönmetzer) 3011. 1차 바티칸 공의회가 실제로 중요하게 다룬 문제는 계시와 신앙의 본질이라기보다는 신앙과 이성의 관계에 관한 것이다. Dermot Lane, *The Experience of God: An Invitation to Do Theology* (New York: Paulist Press 1981) 45-9.

시헌장」 5.6)이라는 애초의 이해를 여전히 간직하고 있다. 하느님이 초대하고 인간은 그 초대에 전 존재로 응답한다는 하느님과 인간의 우정으로서, 계시의 관계적이고 대화적인 모델을 수용하는 근본적인 변화도 보여준다. 인간의 체험을 초월하는 계시의 증여는 인간의 범주 안에서만, 또 인간의 범주를 통해서만 감지될 수 있고 응답할 수 있는 것이다. 인간은 육체와 영으로 이루어졌기 때문에 순수한 영이신 하느님과의 관계는 구체적이고 확인 가능하며 사회적이고 표현되며, 역사적인 경험 안에서 중재되어야 한다. 공의회 문헌은 주로 구원 역사의 사건들과 그 사건에 내포된 신비를 선포하고 분명하게 해주는 말을 통해 하느님이 "말씀하신다"고 언급한다.

그러나 이 대화 모델로는 하느님의 계시와 그 계시를 감지하고 받아들이며, 응답하는 신앙을 분리할 수 없다고 주장하는 신학자들이 늘어나고 있다. 역사 안에서 드러나는 하느님의 행위를 거룩한 것으로 인식하고 이에 응답하기 위해서는 믿는 이들의 공동체가 신앙 안에서 해석해야 한다. 예언자들, 예수, 또는 그리스도교 공동체를 통해 표현된 하느님의 말씀은 항상 인간의 언어였으며, 하느님의 현존과 능력과 행위에서 나왔다고 주장해 왔다. 일례로, 출애굽 사건은 사회적·정치적 사건이었지만 유다인들은 바로 그 인간적인 사건을 그들을 해방시키기로 약속하신 하느님에 대한 신앙의 빛 안에서 해석했다. 그러나 이것은 그 계시가 전적으로 주관적이라는 주장은 아니다. 오히려 현실 한복판에 자리잡은 신비한 사랑의 계시는 인간이 현실의 종교적 토대나 심오한 차원을 의식함으로써, 인간의 일상적인 사건 안에서 탈은폐되는 체험이다. 이러한 계시의 상징적인 모델[9]은 인간의 응답인 신앙과 하느님이 주시는 계시가 구별되면서도 전혀 분리될 수 없으며, 대화나 탈은폐 체험이 신적인 근원을 가지지만 반드시 인간 체험 안에서 일어난다는 것을 전제로 한다. 「계시헌장」은 계시가 결코 인간 체

---

<sup>9</sup> Avery Dulles, "The Symbolic Structure of Revelation", *Theological Studies* 41 (1980) 51-73; Lane, *The Experience of God*, 28-49; Thomas F. O'Meara, "Toward a Subjective Theology of Revelation", *Theological Studies* 36 (1975) 401-27; Edward Schillebeeckx, *Christ: The Experience of Jesus as Lord*, trans. John Bowden (New York: Seabury Press 1980) 29-79.

험 안에서 발생한다고 주장하지 않는다. 그러한 주장은 20세기 초 근대주의의 위기 이래 로마 가톨릭 사상이 문제시해 왔다. 그럼에도 불구하고 가장 저명한 칼 라너를 비롯하여 많은 신학자들은 계시에 관한 대화적이고 관계적인 이해는 부르심과 응답의 계시적 역동성을 인간 의식 안에 무조건 갖다놓는다고 지적했다.

여성신학자들은 남성교도권자들이 "지성과 의지를 무시하고" 권위적으로 계시를 초자연적 진리라고 정의내렸던 것을 거부한다. 그리고 관계적이고 대화적이며 경험적인 계시신학과 풍요로운 대화를 나눌 수 있다고 주장한다. 일례로, 로즈메리 류터는 계시체험이 "일상의 단편적인 의식을 넘어서는 획기적인 체험이며, 삶 전체의 의미를 비추는 상징들을 해석하게 해준다"[10]고 진술한다.

계시체험에 관한 여성론적 진술들은 우정이나 사랑의 관계 안에서 일어나는 성장체험을 표현할 때뿐만 아니라 사고방식이나 생활방식을 급격히 변화시키는 다양한 회개사건을 이야기할 때 발견할 수 있다. 여성론은 우정이 신과 인간의 만남을 위한 패러다임이라고 보며, 인간의 우정 자체도 심오하게 계시적인 것이라고 생각한다. 헌트가 말하듯이 "적어도 여성들 간의 우정이 증명하듯이, 우정은 우리 자신과 상대방과 이 세상에 존재하는 자연스런 공동체 및 신과 우리의 관계를 잘 나타내 준다".[11] 인간의 우정, 땅과의 친화, 그리고 하느님과의 우정은 자아-초월의 지속적인 과정과 밀접히 연결되어 있다.

인간 삶이 우주의 뿌리와 깊이 연관된다고 강조하는 여성론자들은 "자연적인 계시"의 가능성을 논하는 전통적인 가톨릭의 주장과 놀랄 만큼 유사하다. 이 주장은 하느님의 지혜가 창조와 모든 인간역사를 통해 발견될 수

---

[10] Rosemary R. Ruether, *Sexism and God-Talk* (Boston: Beacon Press 1983) 13. Avery Dulles가 "Revelation and Discovery", in: William J. Kelly (ed.), *Theology and Discovery* (Milwaukee: Marquette Univ. Press 1980) 10쪽에서 발견 과정으로서 종교적 개심의 역동성을 언급한 것과 비교하라.

[11] Hunt, *Fierce Tenderness*, 80.

있다(「계시헌장」 6 참조)고 전제하기 때문이다. 에브리 덜레스는 2차 바티칸 공의회 문헌인 「사목헌장」이 계시의 세속적이고 우주적인 차원을 더욱 강조함과 아울러 "계시의 폭넓은 관점을 암시"한다고 지적했다.[12] 암시만으로 만족하지 못한 여성론자들은 인간 삶과 우주의 신비 안에서 하느님 사랑의 신비를 명백하게 찾아낸다. 모든 인간, 심지어 성실한 무신론자도 하느님과 관계를 맺을 수 있다고 공의회 문헌(「사목헌장」 22 참조)은 분명히 기술하지만, 세상의 종교들이나 인간의 체험이 계시적인 것이라고 언급한 곳은 아무 데도 없다. 반면 여성신학자들은 그리스도교 너머의 모든 전통들이 빚어낸 종교적 체험과 인간의 경험으로부터 계시의 다양한 원천을 발굴한다.

계시가 창조와 인간 역사를 통해 중재됨으로써 하느님과 인간을 교감하게 한다고 하더라도, 계시가 반드시 모든 세대와 문화 안에서 끊임없이 새롭게 표현되고 상징화할 것이라는 내용은 공의회 문헌에 없다. 여성론은 하느님 체험을 여과시킨 상징적 상상력에 영향을 미치는 여러 요인 가운데 시대와 문화·인종·사회적 성역할·계급을 지적한다. 계시는 늘 진행중이다. 하느님도 인간의 신비도 정의 내릴 수 없으며, 둘 사이의 관계는 지속적이고 경이로운 것이기 때문이다. 이러한 관점은 사도시대의 마감으로 계시가 끝났다는 그리스도교의 전통적인 주장과 다르다. 그러나 그러한 주장의 핵심은 고정된 진리체계가 "신앙의 보고"를 구성한다는 것을 증명하는 데 있지 않고, 오히려 우리 가운데 현존하시는 하느님의 결정적 계시인 예수 그리스도의 궁극성과 독특성을 지키려는 데 있다.[13]

예수 그리스도 안에서 계시가 분명한 절정을 성취했다는 교회의 공식 가르침이 가리키는 바는 아주 명백하다. "이 계시를 통하여 하느님과 인간 구원에 관한 심오한 진리가 중재자이시며 동시에 모든 계시의 충만이신 그리스도 안에서 우리에게 밝혀진다"(「계시헌장」 2). 반면 그리스도교의 여성론

---

[12] Dulles, *Revelation Theology*, 158.

[13] Avery Dulles, "The Meaning of Revelation", in: Joseph Papin (ed.), *The Dynamic in Christian Thought* (Villanova, PA: Villanova Univ. Press 1970) 76-9.

자들은 예수 그리스도가 최종적인 중재자요 모든 계시의 완성인지를 논하는 입장들이 자유롭고 다양하게 관계맺는다는 입장을 지지한다. 어떤 이는 예수가 하느님의 유일하고 최종적인 계시라는 입장을 고수하면서, 예수가 가르치고 구현한 하느님의 해방·포용하는 사랑을 강조한다.[14] 더욱이 그들은 자신의 육화 그리스도론을 전통적 은유인 육화하신 말씀(로고스)보다는 여성적 은유인 지혜(소피아)에 적용하곤 한다.[15] 예수가 하느님의 유일한 계시임을 부정하지 않는 많은 여성신학자들은 그 **어떤** 역사적 계시도 불가해한 하느님의 신비를 밝히기에 부족하다고 말한다. 그들은 부정신비주의 영성apophatic spirituality과 신학을 수정하면서, 파악할 수 없고 철두철미 자유로우신 하느님은 궁극적으로 **숨어 계신** 하느님이며, 나자렛 예수 안에 계시된 하느님조차도 유한할 수밖에 없다고 상기시켜 준다.[16]

다른 여성신학자는 예수가 해방을 가져다준 예언자였고 그분의 생애와 사명을 통해 모든 이를 포용하는 하느님의 사랑을 체험할 수 있음에 동의하면서도, 예수 그리스도의 유일성이나 규범성을 강조하는 것이 배타적이거나 오만한 것이 아닌가 하는 의문을 제기한다.[17] 일부 여성신학자들은 성공회 신학자 카터 헤이워드의 아주 급진적인 그리스도론에 동의한다.

---

[14] 예: Sandra M. Schneiders, *The Revelatory Text* (San Francisco: Harper San Francisco 1991) 53: "(예수는) 육으로 된 말씀이요, 하느님의 육화이며, 온전히 성취된 상징적 계시이다." Sandra M. Schneiders, *Beyond Patching* (New York: Paulist Press 1991) 50과 비교하라. Anne Carr, *Transforming Grace*: "이 역사적 형상(예수) 안에 현존하는 신은 '우리와 함께 계신 하느님' 이다"(161). Therese Souga, "The Christ-Event from the Viewpoint of an African Woman", in: Virginia Fabella and Mercy Amba Oduyoye (eds.), *With Passion and Compassion* (Maryknoll, NY: Orbis Press 1988) 22-9도 참조.

[15] Elizabeth Johnson, "Jesus, the Wisdom of God: A Biblical Basis for a Non-Androcentric Christology", *Ephemerides Theological Lovanienses* 60 I:4 (Dec. 1985) 261-94.

[16] Johnson, *She Who Is*, 106-7; Carr, *Transforming Grace*, 156. 참조: David Tracy, "The Hermeneutics of Naming God", *Irish Theological Quarterly* 57 (1991) 253-64; Roger Haight, *Dynamics of Theology* (New York: Paulist Press 1990) 67; Edward Schillebeeckx, *Church: The Human Story of God*, trans. John Bowden (New York: Crossroad 1990) 165-6.

[17] Rosemary R. Ruether, *To Change the World: Christology and Cultural Criticism* (New York: Crossroad 1981) 38-9; *Sexism and God-Talk*, 121-2.

왜냐하면 "남성 하느님"은 없으며, 하느님의 외아들로 구체화될 수 있고 찬
미받을 수 있는 사람도 없기 때문이다. … 과거든 현재든 초점은 예수와 그
의 첫 제자들을 움직인 동일한 성령에게 능력을 부여받은 **우리 자신**이다.
내 생각에 이것이 우리 그리스도교 여성운동과 연대하는 그리스도론적 토대
이다.[18]

예수 그리스도가 하느님의 최종적인 계시인지에 관한 중요한 문제에 당면
한 이상의 다양한 신학적 입장들 안에서 그리스도교 전통의 개념이 얼마나
철저히 도전받고 있는가를 볼 수 있다. 그리스도교 전통은 여성론적인 경
험과 양립할 수 있는가? 여성론자는 그리스도인이자 가톨릭 신자로 남을
수 있는가? 하는 질문들이 계속 제기된다.

## 2. 살아 있는 전통에 충실하기

위의 질문에 대한 대답은 전통이란 용어와, 급격히 새로워지는 상황
에서 어떻게 전통에 충실할 수 있는가를 이해하느냐에 달려 있다. 특히
"즉흥 예술"에 능란한 여성은 그 능력을 요리와 솜씨를 발휘할 때, 예기
치 못한 상황이나 결정으로 익숙한 것들이 완전히 뒤바뀌었을 때에 자신
의 삶의 의미를 찾으면서 습득하게 되었다고 인류학자 메리 벳즌은 말한
다. 여성 이야기들을 찾아볼 수 없고 여성의 체험이 배척당하거나 비난
받았음에도 불구하고 살아 있는 전통을 재생시켜 보려는 여성론의 시도
는 벳즌의 「투신의 변천」이라는 글과 상응한다. 벳즌은 인간관계뿐 아니
라 회화와 음악의 예를 들어 "캔버스가 찢어져 버릴 때, 화음이 어그러
져 버릴 때, 누군가로부터 배신당할 때에는 다시 원상태로 회복시키는
것뿐만 아니라 이를 계기로 새롭고도 포용적인 의미를 찾아내는 것이 중
요하다"[19]고 주장한다.

---

[18] Carter Heyward, "An Unfinished Symphony of Liberation: The Radicalization of Christian
Feminism Among White U.S. Women", *Journal of Feminist Studies in Religion* 1, no.1 (1985) 115.

여성론적으로 전통에 접근하는 데 유용한 다른 이미지는 조각이불 만들기에서 찾아볼 수 있다. 조각이불 만드는 과정은 분명 창조적이고, 조각들은 만드는 이가 살아오면서 모아온 것들이다. 조각이불 만드는 솜씨에는 공동의 협력이 들어간다. 여성은 (때로 남성과) 함께 새로운 조각이불을 만들듯이 과거의 이야기를 나누려고 모인다. 그들이 꿰매는 조각들은 과거로부터 온 것이지만 창조적인 자극과 솜씨는 새로운 것을 기획하는 가운데서 나온다. 어떤 조각들은 귀중한 의복의 일부로, 세례 때 입었던 옷, 결혼예복, 어머니나 할머니들이 만드셨던 옷이었으나 이제는 작아져 버린 것들이고, 다른 조각들은 사람들이 버린 자투리천들이다.

조각이불의 이미지는 여성신학에서 바라보는 전통과 관련하여 중대한 질문을 제기하게 한다. 조각이불을 디자인하고 어떤 조각을 사용할지 결정하는 이는 누구인가? "자투리천을 모아놓은 주머니들"에서 그리스도교라는 조각이불을 만들기 위해 조각들을 뽑아낼 수 있는가? "유용한 전통"을 구성하는 것은 무엇인가? 그리스도교 전통이라는 조각이불에 포함시켜야만 하거나 중요하게 다룰 특별한 조각들은 있는가? 마태오 복음은 하느님 나라에 관해 배운 율법학자를 "마치 자기 곳간에서 새것도 꺼내고 낡은 것도 꺼내는 집주인"(마태 13,52)과 비교한다. 하지만 어느 것을 귀중하게 보관하고 어느 것을 버릴지 결정하는 집주인은 누구인가?

구체적으로 가톨릭 여성이 자신이 추진하는 계획을 "여성신학"이라고 정의할 때, 그녀는 어느 공동체와 어느 전통에 책임을 지게 되는가? 예를 들어, 로즈메리 류터는 여성-교회[20]를 자신의 신학적 고찰에 토대가 되는 공동체라고 정의한다. 그녀는 부득이 특정한 역사적 전통인 그리스도교 안에서 작업하지만, 여성론적 관점에서 그 공동체 내의 주류뿐 아니라 비주류,

---

[19] Mary Catherine Bateson, *Composing a Life* (New York: Penguin 1989) 211.

[20] Rosemary R. Ruether, *Women-Church: Theology and Practice* (San Francisco: Harper & Row 1985) 59-61. 여성교회에 관한 대안적 설명: Carr, *Transforming Grace*, 200; Elisabeth Schüssler Fiorenza, *In Memory of Her: A Feminist Theological Reconstruction of Christian Origins* (New York: Crossroad 1983) 343-51; Schneiders, *Beyond Patching*, 103-6 참조.

그 공동체의 지배적 전통뿐 아니라 그리스도교 이전의 것이라고 억눌러 왔던 것들을 찾아낸다고 단언한다.[21] 그녀는 어떤 형태의 그리스도교 배타주의도 명백하게 거부하며, 다른 문화적 상황에서 나온 다른 여성신학들에 동등한 가치를 부여한다.

전통에 대한 관점을 명백하게 언급한 소수의 가톨릭 여성신학자 중에서 류터는 다음의 다섯 가지 원천을 포함하여 "유용한 전통"의 경계를 확장시킨다. (1) 히브리 성서와 그리스도교 성서(구약과 신약), (2) 무시하거나 "이단시한" 그리스도교 전통인 영지주의·몬타니즘·퀘이커리즘·쉐이커리즘, (3) 고전적인 그리스도교 신학의 지배적 주류인 정교회·가톨릭·프로테스탄트에서 다루는 신학의 주요 주제들, (4) 근동의 비그리스도교 종교와 철학 및 그리스 로마의 종교와 철학, (5) 자유주의·낭만주의·마르크스주의와 같은 탈그리스도교적인 비판적 세계관.

그러나 이 모든 전통이 성차별적이기 때문에, 그녀는 여성의 온전한 인간성을 북돋우는 여성론적 비판 원리도 전통을 포용하거나 배척하거나 "수정"하기 위한 기준을 분명히 한다. 특히 "여성의 온전한 인간성을 부정하거나 축소시키거나 왜곡하는 것은 무엇이든지 비구원적인 것으로 평가한다. … 여성의 온전한 인간성을 북돋우는 것은 거룩한 분에게서 온다. 그것은 신과의 올바른 관계를 반영하며, 창조물의 참된 본질이고, 구원의 진실한 메시지이며, 구원적인 공동체의 사명이다".[22]

류터는 그리스도교와 유다교의 "가장 좋은 생각들"을 "새로운 대안"에 적용시키고, "어디에나 있는 참된 영spirit에 개방"[23]하자고 말한다. 분명 전통과 교회의 정체성에 관한 개념은 이제 급진적으로 확대되었다. 이렇게 전통에 대한 여성론의 변화하고, 역동적이며, 창조적이고 포용적인 접근은

---

<sup></sup>[21] Ruether, *Sexism and God-Talk*, 21; *Women-Church*, 38 참조. Schüssler Fiorenza, "Critical commitment to Christian community and its traditions", *In Memory of Her*, xxii와 비교.

[22] Ruether, *Sexism and God-Talk*, 18-9. "유용한 전통"에 관한 논의: 20-2 참조.

[23] Ruether, *Women-Church*, 40.

스스로를 "보편적"이라고 여기는 전통 내에서 대화점을 찾고 양립할 수 있을까, 아니면 둘은 서로 "언급할 만한 범위를 넘어선" 것인가?

2차 바티칸 공의회 이전에는 **전통**과 **계시**라는 단어를 자주 엇바꿔 사용했으며, 두 단어 모두 공식적인 교도권이 명령적으로 정의 내린 불변하는 교회 가르침의 체계와 동일시되었다. 공의회에서 전통을 정의 내리진 않았으나 「계시헌장」 2장의 제목 "하느님 계시의 전달"을 보면 전통에 대한 공의회의 기본 입장이 역력히 드러난다. 전통은 무엇보다도 하나의 과정으로서, 창조 및 구원 역사에서 절정을 이루고 그리스도 안에서 완성에 도달하는 하느님의 자기 통교의 신비를 역사 안에서 이어받고 물려주는 과정이다. 요셉 라칭거가 지적했듯이 "전통은 궁극적으로 그리스도 사건이 역사적 예수 시대에만 한정될 수 없고 성령의 현존 안에서 지속된다는 사실에 기초하고 있다".[24]

구전된 교리 전승이든 직접 건네받은 문서이든 전통의 내용은 교회의 진실한 삶만큼이나 광범위하다. 「계시헌장」은 "사도들에게서 전해진 것 안에는 하느님 백성의 삶을 거룩하게 이끌고 신앙을 키우는 데 기여하는 모든 것이 포함된다. 그리하여 교회는 자신의 가르침과 생활과 예배를 통하여 그 자신의 모든 것과 그리고 그 자신이 믿는 모든 것을 영속시키며 모든 세대의 사람들에게 전달한다"(「계시헌장」 8)고 진술한다.

여기서 마지막 문장을 보면 교회의 참된 전통 안에 역사적 왜곡을 집어넣은 것처럼 보이지만, 이 문헌을 주의깊게 해석하면 그와 반대의도가 있음이 드러난다. 「계시헌장」의 원래 초안은 "교회는 교회 자체의 모든 것, **교회가 가진 모든 것**, 교회가 믿는 모든 것을 영구히 보존하고 전한다"라고 강조한 부분을 첨가한 채 제시되었다. 공의회에서 발표한 문헌은 살아 있는 신앙 전통 안으로 왜곡된 것이 끼어들까봐 강조한 구절을 삭제했음을

---

[24] Joseph Ratzinger, "The Transmission of Divine Revelation", ch. 2; Herbert Vorgrimler (ed.), *Dogmatic Constitution on Divine Revelation, in Commentary on the Documents of Vatican II*, vol. 3 (New York: Herder & Herder 1969) 189.

보여준다. 그러나 공의회 직후 이 부분에 대해 언급하면서 라칭거는, 이 구절을 제외시킨 것이 부적절한 조정이었고, 제2차 바티칸 공의회는 "전통을 비판하는 모든 질문을 어느 정도 무시했다"[25]고 지적했다.

가톨릭 교회에서 전통이란 특정 본문들 안에 담겨 있는 것이 아니라 신앙공동체 안에 있다. 만일 전통이 궁극적으로 성령의 능력 안에서 참된 정체성을 전하는 교회를 꿰뚫는 과정이라고 한다면, 그 정체성은 어디서 발견되는가? 그리스도 교회들은 교회에 맡겨져 온 하느님의 말씀이신 예수 그리스도의 신비가 성서에서 발견된다고 특권을 가지고 강조해 왔다. 그리하여 종교개혁 전통을 지키고 환영하는 이들에게 「계시헌장」은 이렇게 말한다. "교회는 항상 성전과 함께 성서들을 신앙의 최고 규범으로 삼아 왔으며 또한 삼고 있다"(21항).[26]

전통의 중요한 또 다른 형태는 교회의 전례나 공식 예배이다. 전례신학자들의 최근 신학작업은 초기교회의 전례 관행이 성서적 복음선포와 후대 교회 교리의 주요 원천이었음을 보여준다. "교부들의 말씀"은 특별히 믿고 기도하는 교회의 실천과 삶 안에 성령이 현존하심을 모범적으로 증언한다고 인용되었다.

성서와 전례가 그리스도교 공동체의 신앙체험을 풍요롭게 표현하고 공동체의 신앙형성에 기초가 되지만, 성서와 전례의 풍요로운 상징성과 표현양식이 불러일으키는 것 때문에 그 의미를 다양하게 해석할 수 있다. 그렇지만 어떤 신앙 해석들은 그리스도교 공동체의 핵심교리와 정체성을 위협한다. 그리하여 교회의 공식적인 가르침이나 종교적 권위로 선포된 도그마를 뜻하는 교의를 칼 라너는 "교회가 책임지는 신학"[27]이라고 부른다. 공동체

---

[25] Ratzinger, "The Transmission of Divine Revelation", 185.

[26] 성서가 교회를 판단한다는 정확한 진술은 여전히 들어 있지 않지만, 라칭거는 성서가 실제로 전통을 재는 척도로 사용되었다고 Article 21에서 지적한다. "The Transmission of Divine Revelation", 193 참조.

[27] Karl Rahner, "What Is a Dogmatic Statement?" in: *Theological Investigation*, vol. 5, trans. Karl-H. Kruger (Baltimore: Helicon Press 1966) 42-66.

안의 공식 교사인 교도권의 판결에 따른 교의는 교회가 정한 신조의 한계와 경계를 정한다. 공식 교의들은 4세기에 아리우스가 논쟁을 불러일으켰던 그리스도의 신성과 같이 신학적 논증법의 맥락에서 의문시해 온 특정 문제들을 다루어 왔다. 라칭거와 다른 신학자들은 가톨릭의 가르침이 변화한다고 말하는 것에 반대하면서 "교리의 발전과 전통의 지속"이라는 말을 선호함에도 불구하고, 역사적인 증거는 논쟁거리도 못 된다. 노예제도, 고리대금업 금지, 반유다이즘, 교황령에서까지 자행한 고문은 모두 교회사의 한 시점에서는 수용되었던 관행이고 가르침이었으나, 그런 것들을 진정한 전통의 일부로 주장하는 사람은 아무도 없기 때문이다.[28]

전통을 해석하고 전수하는 방법을 말하면서 「계시헌장」에서 사용하는 가장 광범위하고 가장 모호한 범주는 "교회생활"을 언급한 부분이다. 전통 안에서 가장 활발히 활동하는 주체를 성령이라고 지적한 「계시헌장」은, 전통이 신자들과 신앙공동체의 종교적 체험을 통해 "성장"하거나 "진보"한다고 다음과 같이 기술한다.

> 사도들에게서 이어오는 이 성전은 성령의 도우심으로 교회 안에서 발전한다. 전해진 것들과 말씀들에 대한 이해가, 마음 깊이 그것을 새겨 간직하는 (루가 2,19.51 참조) 신자들의 명상과 공부로써, 영적인 것들에 대한 좀더 깊은 인식을 통해 쌓이는 경험으로써, 그리고 주교직 계승을 통해 확고한 진리의 은사를 받은 이들의 설교로써 증진된다(「계시헌장」 8).

로마 가톨릭의 전통에 관한 최근 가르침에는 여성신학과 상당히 일치하는 점들이 있다. 양쪽 다 계시의 신비를 전하는 과정인 전통 속에 오늘날 신자 공동체의 "영적 실재와의 교감"은 물론, 선조들의 지혜가 담겨 있다고

---

이해한다. 양쪽 다 말·의례·"공동체의 온전한 삶"을 통해 공동체의 지혜를 전하라고 요청하며, 살아 있는 신앙 전통이 왜곡될 소지가 있다고 인식한다.

그러나 양쪽에는 전통의 일정 부분을 놓고 논쟁하는 이들을 특히 어렵게 하는 중대한 차이점들이 있다. 그 차이점의 핵심에는 경계선과 권위, 교의적 가르침과 공식 교사, 규범이 되는 성서와 유서 깊은 전례적 상징들에 관한 질문이 있다. 이 모든 것의 이면에서 반복되는 질문은 "누구의 체험을 중시하는가?"이다.[29] 가톨릭 전통 안에서 작용하는 전례와 성서의 중요한 그리스도교적 상징들이, 고군분투하는 여성학자들과 가톨릭 교회 양쪽에서 갈등을 일으키는 기본 문제들에 어떤 도움을 줄지 주목해 보겠다.

## 기도의 규범이 믿음의 규범을 만든다
### 전례와 살아 있는 전통

전통과 "누구의 경험을 중시하는가?"를 둘러싼 질문들이 가장 곤혹스럽게 드러나는 곳이 전례이다. 가톨릭 교회는 전례 쇄신과 더불어 **기도의 규범이 믿음의 규범을 만든다**(lex orandi, lex credendi)라는 옛 주장의 심오한 진리를 강조해 왔다. 여타 그리스도인들과 여성론자들은 공동체 예식이 신앙공동체를 이루는 핵심 요소라고 인식했기 때문에 전례가 바로 가장 분열을 초래하고 로마 가톨릭 전통 내에 스며 있는 가부장제도를 고통스럽게 상기시킨다고 보았다. 진정 교회는 예배를 통해 자신을 영속시킨다(「계시헌장」 8 참조). 이 말을 깊은 차원에서 보면 그리스도의 몸의 신비는 예배와 성체성사를 중심으로 형성되고 전수된다는 뜻이다. 동시에 남성중심적 세계관과 가부장적 통제는 남성이 주도하는 성사체계 안에서 지속되고 이 체계는 예수의 이름과 "하느님의 뜻"이 지니는 권위로 인해 합법화되어 있다. 미사의

---

[29] Monika Hellwig, *Whose Experience Counts in Theological Reflection?* The Pere Marquette Lecture 1982 (Milwaukee: Marquette Univ. Press 1982).

성찬식을 상징적으로 분석해 보면 "누구의 경험을 중시"하는가를 고통스럽게도 분명히 볼 수 있다. 미사가 진정 가톨릭 영성의 중심인 한, "그 중심은 더 이상 지탱될 수 없다"고 주장하는 여성론자들이 점점 늘어간다.

점점 더 많은 여성(과 남성)이 여성의 경험을 포용하는 대안적인 전례 공동체를 이루고 그 전례에 참여하고 있다. 류터는 이렇게 설명한다.

> 현대교회의 여성은 언어적인 박탈과 성체성사의 결핍으로 고통받고 있다. 그들은 자신의 존재를 무시하거나 구조적으로 부정하는 따돌림의 언어로는 더 이상 자신들의 영혼에 자양분을 공급받지 못한다. … 우리는 말로나 행동으로나 가부장제도로부터 인류를 해방시키며, 신앙공동체를 새로운 언어와 새로운 기도와 새로운 상징과 새로운 실천으로 육화해야만 한다.[30]

그러나 모든 여성론자들이 가톨릭의 전통적인 성찬에서 이탈하는 것이 현명하거나 필요하다고 동의하는 것은 아니다. 전례신학자 메리 콜린은 참된 가톨릭 전통과 그리스도교 전통이 빚어내는 갈등의 핵심에 "성체성사적 영역들 간의 충돌"이 있다고 인정한다. 그러나 바로 그 이유 때문에 여성이 성체성사를 되찾을 필요가 있다고 논박한다. 아무리 성직자가 가부장적으로 행하는 예식이라 하더라도, 2차 바티칸 공의회 문헌에 따르면 성체성사는 전체교회의 행위이다.[31] 그녀는 제도교회가 이 심오한 개혁을 많은 점에서 충족시키지 못하고, 오히려 "신성직주의적neo-clerical 전례와 교회질서"를 지속시켰다고 말한다. 그러나 그녀는 "교회 안의 역학관계들이 성체성사가 꾀하는 한 측면"이기는 해도, 성체성사의 상징성을 징획하지만 편파적인 정치적 분석으로 분해해 버리는 것은 성체성사의 주요 의미를 잃게 한다고

---

[30] Ruether, *Women-Church*, 5. 여성 교회는 교회의 완성을 공유하지 못한다고 비판한 쉬쓸러 피오렌자의 논박을 보라: "여성 교회는 옳다. 그러나 남성으로만 이루어진 위계적이고 배타적인 회합 방식으로 되어선 안 된다". *In Memory of Her*, 346.

[31] General Instruction on the Roman Missal, 1-7; *Sacrosanctum Concilium*, 14.

주장한다. "서로 너무 달라서 자발적으로는 모이지 않을 것이나, 예수라는 이름 안에서 평화롭고 더 이상 죄짓지 않으며 서로 환영하고 용서하라고 초대받은 부랑자들과 이방인의 무리가 보여준 강력한 표지가 무시되었는데, 이는 우리가 성체성사를 거행하기에 앞서서 교회에 명확하고 통일적인 관계를 요청하고 불명료한 것을 거부할 때 발생한다."[32]

"성직 구조라는 현실을 하찮게 여기곤 했던 일반 여성들과 가난한 이들"의 전통을 상기시키면서, 콜린스는 여성의 권한을 "기록되지 않은 과거"로부터 재창출하는 의례에 주목하기보다는 교회의 "성체성사 영성의 살아 있는 전통"에 예언자적인 충실함을 보이고 깊은 명상을 하라고 주장한다.[33]

여성론자들은 실천과 신학을 위한 비판적 규범이란, 모든 창조세계의 평안과 모든 남녀노소의 충만한 인간성을 고양시키는 것이 무엇인가를 묻는 데 있다고 주장한다. 그리스도인은 사도 전승에 얼마나 충실한가로 진실을 판가름한다. 그리스도교의 여성론자들은 이 두 규범에 충실할 수 있다고 보는데 사실 이 둘은 서로 깊이 연관되어 있다. 그러나 우리 시대와 문화와 사회적 상황에서 어떻게 사도 전승에 충실할 것인가라는 질문보다 더 근본적이고 심각한 질문은 "무엇이 참된 사도 전승을 구성하는가"이다.

## 사도 전승과 공인된 성서

쉬쓸러 피오렌자의 『크리스천 기원의 여성신학적 재건』은 그리스도교의 기원을 재구축한 최초의 여성신학 저서인데, 이 책에서 그녀는 초기 그리스도교 역사에서 여성이 소외되었던 것이 예수의 삶과 활동 및 초기 그리스

---

[32] Mary Collins, "Is the Eucharist Still a Source of Meaning for Women?" *Origins* 21 (Sept. 12, 1991) 228.

[33] Collins, "Eucharist", 229; Collins, *Women at Prayer* (New York: Paulist Press 1987)도 참조. 여기서 그녀는 여성론적 명상기도와 전례기도의 중요성을 말하고 여성들이 "자신 안으로부터 들려오는 목소리에서 울리는 신적 신비의 내면적 말씀"을 듣는 데 힘쓰라고 격려한다(43-4).

도교의 기원에 충실치 못한 결과라고 논한다. 그것은 오히려 남성중심적으로 사도 전승을 선택·해석·편집·전수한 과정의 결과이다.[34] 피오렌자는 초기 그리스도인이 동등하게 제자직을 수행하던 때에는 여성들이 복음으로 말미암아 힘과 권위를 가졌다고 주장한다. 여성은 초기 그리스도교 운동 시대에 핵심을 이루었고 중요한 지도자 역할을 담당했다. 그녀가 근본적으로 주장하는 것은 참된 사도 전승은 공인된 성서와 동일시될 수 없으며, 성서 본문 전체를 계시적이라고 생각할 수도 없다는 것이다.

전통을 해석하기 위해서 경계선을 정하고 그 해석의 근거를 다루는 문제가 다시 대두된다. 교령의 형성과정에 대한 여성론적 비판과 공인된 성서를 권위있고 영감을 주는 하느님 말씀과 동일시하는 것은 계시에 관한 중요한 논쟁으로서, 이단과 교회의 공식 교의를 둘러싼 후대의 논쟁과도 유사하다. 그러나 그리스도교 공동체는 성서가 하느님의 말씀인 계시를 증거할 뿐 아니라, 어떤 면에서는 하느님의 말씀이며 모든 세대를 위한 사도 전승의 규범적인 표현이라고 주장하기 때문에, 이 주장을 먼저 다루겠다.

여성론자들은 다른 성서비평학자들이 공유하는 입장을 강조한다. 즉, **하느님의 말씀**이라는 표현은 하느님의 자기통교이자 우정을 건네는 계시의 신비 전체, 특히 예수 그리스도 안에서 발생한 계시를 일컫는 은유이다. 성서는 계시의 신비를 증거하지만 성서에 담긴 하느님 말씀은 한계를 지닌 인간의 언어라고 할 수 있다. 여성론적 입장을 가진 성서학자들과 신학자들은 성서의 유한한 인간적 표현이 계시된 구원의 기쁜 소식을 근본적으로 왜곡할 수 있는 가부장적 편견과 남성중심적 전통의 형성 과정을 포함한다고 깨우쳐 준다.

남성중심적인 편견이 본문에 담겨 있다는 것은 많은 이들이 동의하는 바이나, 자신의 유다교적 유산이나 그리스도교적 유산을 지속시키려는 여성

---

[34] Schüssler Fiorenza, *In Memory of Her*, 56. 이러한 가부장제적 전통의 형성 과정은 "교부들"에게 수여한 특권적 지위와 초기 그리스도교 시기를 "가부장제 시대"라고 이름 붙인 것과 더불어 지속되었다.

론자들이 벌이는 논쟁점은 성서 전체를 여전히 계시적이라고 볼 수 있는가
와 공인된 성서가 공동체 안에서 권위를 지니거나 특권적 위치에 있는가에
놓여 있다. 산드라 슈나이더스가 쓴 이 책의 제2장에서 자세히 다룬 이 질
문들은 계시의 조직신학에도 여전히 중요한 것으로 남아 있다. 예를 들면,
쉬쓸러 피오렌자는 "하느님의 계시와 은총의 자리는 성서나 가부장적인 교
회의 전통이 아니라 여성들의 교회와 우리 여성 자신을 위해 선택한 것을
살아가는 여성들의 삶이다"라고 주장한다.[35]

어떤 여성론자는 선택된 성서 본문을 계시적이라고 생각할 수 있는지 문
제를 제기하는 한편, 슈나이더스는 논의 전체를 다시 바꿔야 한다고 주장
한다. 그녀는 성서 본문이 전반적으로는 계시적이지만, 정경 중에서 문제
가 되는 본문들이 어떤 역할을 하는지 고심한다. 모든 본문이 구원적인 역
할을 하는가? 성서가 아닌 다른 본문들이 동일하거나 심지어는 더 계시적
인 힘을 가지고 있으므로 여성을 위해 더 권위가 있지는 않을까? 정경화
과정에서도 비슷한 문제들이 제기되어 왔다. 참된 사도 전승을 보호하고자
유서 깊은 본문들을 정경으로 규정해야 했던 필요성은 이단에 직면한 그리
스도교 공동체가 신앙을 제한하고 형성하는 데 필요한 과정이었다고 정당
화되어 왔다.

그러나 여성신학자들은 정경의 발전과정 중에 작용한 가부장적 편견에
대해 의심의 해석학을 적용한다. 그 과정은 교회 내에 있었던 여성의 지도
력에 관한 논쟁 및 투쟁과 분리할 수 없다. 쉬쓸러 피오렌자는 정경이 "역
사적 승리자"의 기록이라는 것을 상기시키며, "종교 내에서 학문을 하는
여성론자는 이단을 여성의 지도력과 동일시하고 정통을 가부장적 교회 구
조와 동일시하는 가부장적 해석모델에 의문을 제기해야 한다"[36]고 역설한

---

[35] Elisabeth Schüssler Fiorenza, "The Will to Choose or to Reject: Continuing Our Critical Work", in: Letty M. Russell (ed.), *Feminist Interpretation of the Bible* (Philadelphia: Westminster Press 1985) 128. 이밖에도 그녀는 "과거와 현재의 동등한 제자 직분"을 포함시켜서 계시가 일어나는 자리를 더 확장시킨다. "계시의 자리"는 남성중심적 조직에만 있는 것이 아니라 예수의 삶과 사명 및 그분이 불러모은 여성과 남성의 활동에 있다. *In Memory of Her*, 41.

다. 성서의 내용과 정경에 포함시킬 본문의 선정 과정이 초기 그리스도교 시대의 가부장적인 통제를 반영하는 한, 다시 한번 더 일반적인 문제가 제기된다. 곧, 하나의 공동체가 예수의 삶과 활동에 근거한 사도 전승에 얼마나 충실한지는 어떻게 식별하는가?

쉬쓸러 피오렌자는 이에 대해 더 폭넓은 교회일치적 관점을 제시한다. "초기 그리스도교 역사와 신학은 '교회일치적'이어야만 했다. 그것은 모든 그리스도인 무리를 포함시켜야 한다는 뜻이다. 초기 그리스도교의 기원 및 계시를 밝힌 사도들의 포용성과 동등성을 **모든** 초기 그리스도인 공동체와 본문들이 **얼마나** 보전하고 전수하는지 시험해 봐야 한다."[37]

사도들의 포용성과 동등성을 강조하는 교회일치적 접근방식은 정경을 부정하는 것이 아니라, 정경에 입각한 본문들과 그렇지 않은 본문들을 비판적으로 읽어야 한다는 의미이다. 여성론자들은 정경이 다양한 전망을 가지고 있으며, 여성의 열등한 지위를 지속시키고 합법화할 뿐 아니라 비난한다고 지적한다. 쉬쓸러 피오렌자는 전통적으로 "이단적인 본문들"로 생각했던 것을 이상화시키지 말라고도 경고한다. 왜냐하면 그것들 역시 가부장적 문화의 산물이고 여성을 똑같이 억압할 수 있기 때문이다.[38]

여성론을 포함한 그리스도교 공동체의 모든 발전 양상을 판단하는 성서 해석과 그 해석의 명확한 규범성에 대해 여성론자가 도전하는 것은, 성서와 전통의 관계를 다루는 로마 가톨릭의 관점과 적어도 이론상으로는 양립할 수 있다. 성서는 교회의 책으로 지속되어 왔으며, 초기 그리스도 공동체의 경험으로부터 발전되어 왔다. 그것은 수세기 동안 교회가 해석해 왔고 전수해 온 것이다. 그리고 성서는 모든 시대와 문화 안에서 하느님의 말씀을 해석하는 교회의 과제로 남는다.

---

[36] Schüssler Fiorenza, *In Memory of Her*, 53, 55.

[37] *Ibid.*, 56.

[38] *Ibid.*, 56, 66 n.37.

# 교의, 신자들의 신앙, 교도권
## 누구의 경험을 중시할 것인가?

교의나 교회의 공식 가르침의 발달과정이 제기하는 논제들은 정경을 둘러싼 논제들과 기본적으로 비슷하다. 참된 그리스도교 전통 자체의 정체성을 위협하는 것으로 보이는 신학적 논쟁에 당면하여, 신조를 위한 공식적인 부분이 필요하다고 판단했다. 그래서 그리스도 교회는 결단코 그리스도의 신비를 밝히려고 하지 않고, 그리스도교의 신조 범주를 벗어난 것 ─ 실례로, 그리스도의 온전한 인간성을 부정하거나 온전한 신성을 부정하는 것 ─ 에 대해서는 교권으로 단언했다.

여성론자들은 그 과정중에 진행되었던 정치적 역동성, 보호하고자 했던 주된 "이해 관계", 그리스도교 공동체의 지속적인 삶에 끼친 교의의 "실제 역사"나 영향, 그리고 교리의 발전이나 전수 과정에 작용했던 이데올로기를 분석한 후에만 교회 가르침을 비판적으로 받아들인다. 이러한 의심의 해석학은 교리가 지닌 "권위의 수준"과 무관하게 적용한다. 왜냐하면 그리스도교 여성론자들은 하느님의 말씀인 거룩한 계시가 "전체교회"에 맡겨졌다는 주장을 진지하게 받아들이며, 세례의 은총과 책임이 교회의 예언적 사명에 한몫을 담당한다고 생각하기 때문이다.

"전체교회"의 삶 안에서 의견을 내고 책임을 진다는 이 주장은 교회의 참된 전통을 발전시키고 보전하는 일에 **신자들의 신앙**[39]이 가지는 기능을 적극 활용하는 것으로 볼 수 있다. 4세기 아리안주의로 말미암은 위기와 19~20세기의 마리아에 관한 교리의 출현은 전체 공동체의 유익을 말하기 이전에 "전체교회"의 경험과 통찰력을 살피는 것이 중요함을 확인시켜 준다. 그렇지만 여성론자들은 여성의 발언이 교도권의 지배적인 목소리와 부

---

[39] J.M.R. Tillard, "Sensus Fidelium", *One in Christ* II (1975) 2-29; Avery Dulles, "Sensus Fidelium", *America* (Nov. 1, 1986) 240-2, 263; J.B. Metz and E. Schillebeeckx (eds.), *The Teaching Authority of All Believers*, Concilium 180 (Edinburgh: T. & T. Clark 1985).

딪칠 때면 교회의 의사결정과정에서 구조적으로 제거되었다고 항의한다.[40] 「계시헌장」은 과거의 "가르치는 교회"ecclesia docens와 "배우는 교회"ecclesia discens의 구별을 거부하며, 하느님의 말씀은 "교도권에게만"[41] 맡겨졌다는 비오 12세의 주장을 분명히 넘어섰다. 그러나 「계시헌장」에는 하느님 말씀이 진정 "전체교회"에 맡겨졌기에, 전통의 참된 발전을 식별하는 데 필요한 대화를 증진시키고 보호하고자 그 어떤 조직도 세우지 않았다.

2차 바티칸 공의회는 참된 하느님의 말씀을 전하는 세례받은 모든 이의 역할을 부과시키면서도, 하느님 말씀의 해석에 대한 진실성의 궁극적 판단은 "교회의 살아 있는 교도권에만 맡겨져 있다"고(「계시헌장」 10) 강조하고 있다. 교도권 — 교황과 결합한 전 세계 주교들 — 은 사도들에게로 거슬러 올라갈 수 있는 지도하고 다스리며 판단하는 신적 권한의 역할을 행사한다고 여겼다. 그러나 그 권한 자체는 더 높은 권한에 종속되어 있다. 즉, 이 "교도권은 하느님의 말씀 위에 있지 아니하고 하느님의 말씀에 종속되어 봉사한다. 이 권한은 전해진 것만을 가르친다"(「계시헌장」 10).

만일 하느님 말씀이 전체교회에 맡겨져 온 것이라면, 하느님 백성이 귀를 기울이거나 자문을 구하지 않았는데 어떻게 그 말씀이 들릴 수 있으며 선포될 수 있었겠는지 여성론자들은 의심한다. 여성교회론이 공동체를 대신하여 "영을 식별"하고 판단하는 역할을 어떻게 체계화할지는 이 장에서 다룰 수 없겠다.[42] 그러나 참된 전통이 전하는 것과 관련하여 여성론은, 현재 교도권의 권위적이고 위계적인 운영은 물론, 예수가 12명의 남성 사도만 뽑았다는 주장으로 합법화시킨 교도권의 역할이 남성 성직자로만 구성

---

[40] "(여성에 대한 사목적 관심을 표명한 미국 주교)에 대해 바티칸 공의회에서 제기한 가장 진지한 논의는 합의과정에 관한 것이었다. … 그들은 주교들이 교사이지 학생이 아니며, 진리는 합의를 통해 나올 수 없다고 강변했다"고 말한 P. Francis Murphy 주교의 발언에 주목하라. *Commonweal* (Sept. 25, 1992) 12.

[41] Ratzinger, "The Transmission of Divine Revelation", 196.

[42] "전통을 이끌어 가는 이들은 '영들을 시험' 하는 합법적인 임무가 있지만, 이 모든 일이 하느님의 존재방식대로 이루어졌다고 주장하지 않는다"고 한 류터의 말에 주목하라. *Women-Church*, 35.

된 통제를 중심으로 이루어진다는 데 반기를 든다. 결국 전통의 위기는 교회론의 위기인 것이다. 누가 교회공동체를 구성하는가? 누가 공동체의 이름으로 말하는가? 누구의 경험을 계시적이거나 과거의 특별한 계시와 일치한다고 생각할 수 있는가? 누구에 의해서, 어떤 과정에 의해서 그러한 판단을 내릴 수 있는가?

<h2 style="text-align:center">중심은 유지될 수 있는가?</h2>
비판적 질문들

여성론은 로마 가톨릭 전통의 계시에 대한 이해에 철저히 도전한다. 여성론은 계시와 인간 경험의 관계, 예수 그리스도를 중심에 놓는 것, 교회의 정체성과 구조, 교회의 공적 예배, 성서와 사도 전승의 규범 및 진정한 해석에 관한 근본적인 물음을 제기한다. 한편으로 가톨릭 교회 — 또는 더 광범위한 그리스도 교회 — 는 가부장제와 성차별적인 태도 및 관습으로 인해 근본적으로 왜곡된 상태에서 어떻게 예수의 삶과 사명에 충실하다고 주장할 수 있는가? 다른 한편으로 그리스도교의 여성론자가 신조·의례·실천 면에서 더 이상 그리스도교적인 것이 아니라고 보는 것은 무엇인가?

가톨릭 전통 내에 점증하는 여성론자를 위한 공간이 마련될 수 있을지, 그리고 여성론자가 가톨릭 전통 안에서 삶과 진리를 계속 발견할 수 있을지는 두고 봐야 한다. 오늘날 많은 여성론자들은 자신을 "충직한 반대자"라고 생각한다. 다른 여성론자들은 자신이 유랑하고 있다고 여긴다. 또 어떤 이들은 "가부장제에서의 탈출"을 시작하여 다른 그리스도교 공동체나 여성교회의 여러 모임에서, 또는 그리스도교 울타리 밖의 보금자리를 찾기도 했다. 질문은 계속된다. 중심은 유지될 수 있는가?

현재까지 이 분야에서 대부분의 여성신학작업은 전통에 침투되어 있는 지배적인 가부장적 편견을 비판하고, 지배적인 남성중심적 전통에서 제외되어 잊혀졌던 사람들과 기억들과 순간들을 발굴해 내며, 전통을 창의적으로 재구성하는 작업에 주력해 왔다. 여성신학 연구가 계속 발전함에 따라, 다양성이 전통의 중심인 기초신학 차원에서 전개되기 시작한다.

일례로 여성론자들은 계시가 경험 안에 존재한다고 주장하지만, 그 주장의 의미를 분명하게 밝히기가 어렵다는 것은 주지의 사실이다. 슉이 "하느님은 네 안에 계시고 모든 사람 안에 계셔"라고 말한 것처럼, 경험은 한 개인의 내적 깨달음이나 느낌을 말하는 것인가? 계시는 인간경험을 통해 중재되는가, 아니면 계시와 인간경험이 동일한 것인가? 계시는 인간의 "초월적인 심층"에 존재하며, 그녀의 역사적 · 사회적 실존을 통해 전달되는가? 여성들(과 다른 사람들)의 고통과 억압체험이 여성신학의 해방적인 접근을 시작하게 했다면, 더 풍성한 의미를 지닌 계시는 "대조 경험" 안에 존재한다고 말할 수 있는가? 계시는 주로 여성의 경험 안에만 특별한 방법으로 존재하는가? 그렇다면, 어떤 여성의 경험을 말하며, 그런 주장을 하는 근거는 무엇인가? 더 나아가서, 어떤 경험이 계시적인가? 여성이 역사적으로 소외된 경험인가? 육체, 상상력 또는 성에 근거한 여성의 경험인가? 여성의 우정인가? 여성의 신비체험인가? 여성교회 또는 다른 곳에서 정의를 위해 축제 벌이고 원조 · 활동하는 모임에서 이루어진 여성의 연대인가?

여성의 경험이 계시적이라든가, 계시가 여성교회 안에 존재하거나 "여성 자신"을 위해 여성이 선택한 과정 안에 있다는 주장은 모두 우리가 말할 수 있는 것은 보편적인 주장이 아니라, 오직 자신이 경험한 것이라는 여성론의 조언을 반영한다. 그렇게 진술한다고 해서 계시를 여성의 경험에만 국한시키는 것은 아니며, 오히려 전통의 역사에서 소홀히 다루어졌거나 고의적으로 배제되었던 것을 부각시키려는 것이다. 그러나 그리스도인의 정체성을 유지하려는 여성론자들은 그 진술을 복음의 철저한 포용성 및 사도들의 포용성과 동등성에 관한 다른 여성론의 주장을 참조하여 융통성있게 다룰 필요가 있다.

여성론자들만이 그리스도교 전통의 핵심에 관해 문제를 제기하는 것은 아니다. 예수 그리스도가 하느님의 유일한 계시인가라는 질문에 당면한 많은 그리스도교 신학자들은 세계 종교들과 공존하는 맥락에서, 전통적인 그리스도교의 주장을 재고하려고 시도한다. 그리스도교의 규범적인 전례의 상징과 전례에 맞는 지도력에 관한 질문이 전 세계의 다양한 토착화 상황 안에서 제기되고 있다. 더 근본적인 것은 충실성과 정체성에 관한 논제이다. 그리스도교의 세례를 주장하는 그리스도인은 성령의 능력을 통하여 예수 그리스도 안에서 계시된 하느님께, 제자로서의 삶에, 복음과 교회의 사도 전승에 충실함으로써, 성서와 전례의 중심이 되는 상징에, 교회의 참된 전통에, 그리고 보편적인 교회와 통교함으로써 투신한다. 여성론자인 우리는 또한 모든 여성, 남성, 어린이의 충만한 삶과 존엄성 및 창조질서의 번영을 위해 깊은 확신을 가지고 투신을 한다. 여성론의 입장에 선 가톨릭 신자들은 이러한 투신을 하면서 하느님의 계시가 우리 안에서 발견되기를 계속 희망하고 있다.

# 더 읽으면 좋을 책

Anne CARR, *Transforming Grace: Christian Tradition and Women's Experience*, San Francisco: Harper & Row 1988. 여성들의 체험이 어떻게 그리스도교 전통을 변화시킬 수 있는지를 개관. 특히 기초신학의 문제들을 다루는 데 도움되는 항목은 "여성들의 체험", 여성주의의 영성, 여성의 수품 논쟁 밑바탕에 깔린 쟁점이다.

Rebecca S. CHOPP, *The Power to Speak: Feminism, Language, God*, New York: Crossroad 1989. 개신교적 관점에서, 해방적 변천을 말하는 선포와 완전히 개방된 암호로서의 말씀을 재조명. 새롭게 인류의 번영을 예기하는 여성들의 발언에서 드러나는 말씀의 선포인 여성신학을 기획.

Elisabeth Schüssler FIORENZA, *In Memory of Her: A Feminist Theological Reconstruction of Christian Origins*, New York: Crossroad 1983. 여성의 지도력과 힘을 강조한 최초의 그리스도교 운동을 여성주의적으로 재구성. 계시가 드러나는 중심, 성서의 권위, 교회법의 변천, 초기 그리스도교 전통과 문서들이 보여주는 남성중심적 본문과 메시지, 비판적인 성서해석학의 근본 문제를 다룸.

Monika HELLWIG, *Whose Experience Counts in Theological Reflection?* Milwaukee: Marquette Univ. Press 1982. 현대신학에서 체험의 계시적 역할에 초점을 맞춤. 인간은 역사 속에서 하느님의 자기 계시를 식별한다고 보는 신학적 언설에서, 전통적으로 배척당하고 소외당한 이들의 소리를 듣는 데 중요성 부여.

Mary E. HUNT, *Fierce Tenderness: A Feminist Theology of Friendship*, New York: Crossroad 1991. 하느님 사랑의 신비는 정의에 입각한 여성들의 우정에서 가장 잘 탈은폐된다고 주장. 계시와 성령을 향한 응답의 전통적인 구분을 폐기하고, 여성의 우정은 다른 방식의 자연적 질서와 신성을 드러낸다고 제안.

Ada María ISASI-DÍAZ and Yolanda TARANGO, *Hispanic Women: Prophetic Voice in the Church*, Philadelphia: Fortress Press 1988. 인간 창조 사화(first-person narratives)를 사용하여 히스패닉계 여성들의 체험을 계시적이고 권위적인 것이

라고 소개. 공동체·문화·대중의 신앙심을 통한 계시체험의 발생 장소가 가지
는 중요성 강조. 성서적 계시는 히스패닉계 여성들의 체험에선 중요하지 않았
다고 봄.

Elizabeth JOHNSON, *She Who Is: The Mystery of God in Feminist Theological Discourse*, New York: Crossroad 1992. 여성론적 관점에서 삼위일체 재고, 여성
의 체험 분석. 하느님의 숨어 계심과 불가해성을 강조하면서 계시에 관한 해석
학의 노선을 간추림.

Rosemary Radford RUETHER, *Sexism and God-Talk*, Boston: Beacon Press 1983.
여성의 체험은 계시적이라는 주장의 의미에 관해 토론. 성서의 정경화 및 보수
적 전통이 규정되는 사회학적 변천과정 비판. 또한 여성론자들에게 "유용한 전
통"을 세울 것을 제안.

Sandra M. SCHNEIDERS, *The Revelatory Text: Interpreting the New Testament as
Sacred Scripture*, San Francisco: Harper San Francisco 1991. 기초신학의 무수
한 문제점들이 가지는 명확하고도 복잡미묘한 논쟁거리들을 밝힘. 여기에는 상
징으로서의 계시신학, 성서에 적용되는 "말씀이신 하느님" 용어의 의미, 성서
와 전통 간의 관계, 정경의 발전상이 포함됨.

——, *Beyond Patching: Faith and Feminism in the Catholic Church*, Mahwah, NJ:
Paulist Press 1991. 성서적 계시와 계시로서의 여성 체험의 관계에서 야기되는
문제점 개관.

# 4

# 우리와 친교를 맺으시는 하느님



*Catherine Mowry LaCugna* 캐서린 라커그나

삼위일체 성화상 중에 가장 유명한 것은 15세기 초 러시아의 안드레이 루블료프가 그린 이콘이다. 이 그림은 성찬의 잔이 놓인 탁자 주위에 둘러앉아 있는 세 천사를 묘사한다. 뒤 배경에는 집과 나무가 있다. 이 이콘은 삼위일체 예술의 가장 위대한 작품으로서, 창세기 18장의 아브라함과 사라의 집을 방문한 세 사람 이야기에서 영감을 받았다. 아브라함은 밖에서 낯선 이들을 만났고, 그들의 정체를 모르면서도 사라를 불러 함께 방문자들에게 특별한 호의를 베풀었다. 방문자들이 마므레의 상수리나무 밑에 쉬고 있는 동안 사라는 빵을 굽고 아브라함은 식사 준비를 했다. 그들 집안의 풍요로움을 나누는 과정에서 방문자들의 신원이 야훼와 두 천사로 드러났다. 그러고 나서 야훼는 나이 많은 사라와 아브라함이 아들을 갖게 되리라고 약속하셨다.

참으로 아주 평범한 집안의 가구 배치와 환대는 이 이콘에 대한 영감과 삼위일체에 관한 다른 많은 예술적 해석으로 표현되어 왔다. 루블료프의 이콘 배경에 나오는 사원은 아브라함과 사라 집의 변형이다. 상수리나무는 생명의 나무를 뜻한다. 그리고 세 인물의 위치는 암시적이다. 그들은 원 모양으로 배열되었으나 그 원은 닫혀 있지 않다. 어떤 사람은 이 이콘에 대해 묵상할 때 직감적으로 자신이 이 통교 안으로 초대되었을 뿐만 아니라 벌써 그 일부가 되었다는 감동에 빠져든다고 한다. 자기폐쇄적인 하느님, 혹은 닫혀진 신의 사회는 환대의 원형으로 적합하지 않다. 우리는 우리와 하느님, 그리고 우리 서로의 친교를 성사적 표징으로 나타내는 가운데 놓여진 성찬의 잔을 놓치지 말아야 할 것이다.

이 이콘은 삼위일체교리의 기초석 통찰을 표현하는데, 하느님은 우리에게서 멀리 계시지 않으며 인간들의 친교 안에, 우리 가운데 사신다는 것이다. 그러나 역설적으로 삼위일체교리는 최소한 두 가지 면에서 그리스도교 여성론의 관심에 방해물로 여겨져 왔다. 첫째, 삼위일체신학은 여성과 남성의 동등성에 대한 여성론의 관심사를 손상시키는 것으로 보였는데, 무엇보다 신적 위격들 사이의 관계가 위계적으로 보였기 때문이다. 이 배열은 여성과 남성의 참된 본성에 관한 "보완" 이론을 강화하는 데 사용되곤 했다. 보완신학에 따르면 여성됨과 남성됨은 근본적으로 다른 인간존재 방식이다. 남자는 여자 위에 있고 하느님을 완전히 표상하는 반면, 여자는 남자와의 관계성에 의해서 하느님을 표상한다. 여성의 존재는 남성의 존재로부터 비롯된다. 남자들은 대중 지도자의 역할에 종사하나 여자들은 집안일을 위해 창조되었음이 하느님의 뜻으로 해석된다. 이 역할은 바뀔 수 없다. 비록 여자와 남자가 하느님이 주신 존엄성의 측면에서 동등하다 하더라도, 그것은 여자가 남자에게 종속된다는 자연법칙과 창조질서에 속한다. 비록 "보완"신학이 신학적 인간학에 속한다 해도 그것은 여자가 남자에게 종속됨을 뒷받침하는 삼위일체교리에서 자주 조작되어 왔다. 그런 면을 이 장에서 다루게 될 것이다.

둘째, 하느님을 성부·성자·성령으로 이름 붙였기 때문에, 삼위일체교리는 독점적으로 하느님에 대한 남성적 표상들을 강화하는 것으로 보였다. 전례나 신학에서 남성적 이미지들을 배타적으로 사용한 것은 하느님에 대한 압도적 관념이 남성이라는 데 원인이 있다. 이것은 남성이 모든 인간의 경험을 규정하고 남성적 용어로 하느님을 표상하고 말하고 개념화했다는 점에서 가부장제를 종교적으로 합법화시킨다.

문제는 우리가 삼위일체교리 안에 표현된 본질적인 진리들을 잊어버리게 된 것이다. 첫째, 이 장에서는 어떻게 삼위일체교리가 등장했고 수정되었으며 다시 다듬어졌는지, 우리를 위한 하느님의 본성과 인간됨의 본성에 관한 중요한 관점을 설명할 것이다. 삼위일체교리는 특히 그리스도인이 하느님을 말하는 방식이기에, 그리스도교 유신론과 여성론자에게 공통된 토론의 장을 마련한다. 둘째, 나는 삼위일체신학의 관점에서 보완신학을 검토할 것이다. 셋째, 기존의 하느님-언어에 관한 다양한 접근을 탐구하고 하느님에 대한 그리스도교 신학과 여성학적 관심 사이의 공통점에 대한 신학적 반성으로 끝맺을 것이다.

# 삼위일체교리
## 탁월한 인격적 하느님

삼위일체교리는 4세기 초 그리스도론 논쟁들을 판가름하기 위해 힘들고도 곤혹스런 과정에서 나타났다.[1] 300년 초, 아리우스는 예수 그리스도가 하느님께 종속되기에 하느님과는 다른 "실체"라고 가르쳤다. 니체아 공의회(325)는 예수 그리스도가 하느님 아버지와 **동일한 실체**homoousios이며 아버지의 실체substance로부터 태어났다고 반격했다. 이 공의회의 가르침은 어렵게 문제를 마무리지었다. 이후 50년은 아타나시우스와 같은 뛰어난 신학자들이 주도하면서 차츰 정통교의에 대한 기준을 세우는 소요와 논쟁의 기간이었다.

그러나 아리우스주의는 사라지지 않았고 새로운 유형들로 변화되었다. 그중 특히 우세했던 하나의 변형은 에우노미우스주의였다. 에우노미우스는 하느님이 중재자들을 제외하고는 창조질서의 어떤 요소와도 친교를 맺을 수 없는 완전히 초월적인 분이라는 아리우스의 기본적 전제를 믿었다. 예수 그리스도는 하느님보다 못한 중재자에 불과했다. 더구나 에우노미우스는 하느님의 본질은 태어나지 않는다고 믿었다. 하느님의 존재방식은 태어나지 않고 존재한다는 것인데, 예수 그리스도는 태어났기에 하느님과 동일한 본질로 볼 수 없다는 입장을 취했다.

카파도키아 교부들인 바실리우스, 닛사의 그레고리우스, 나지안즈의 그레고리우스는 에우노미우스에 대항하여 중요한 신학적 통찰력을 발휘한다. 엄격히 말해서 하느님의 본질을 알 수 없고 이름 붙일 수 없다는 가정에서 그들은 시작한다. 이 시기에 이르기까지 삼위일체교리 자체가 없었고, 하

---

[1] 이 교리의 신학적이고 역사적인 발전에 관한 상세한 연구: Catherine Mowry LaCugna, *God for Us: The Trinity and Christain Life* (San Francisco: Harper San Francisco 1991); LaCugna, "The Trinitarian Mystery of God", in: Francis Schüssler Fiorenza and John P. Galvin (eds.), *Systematic Theology: Roman Catholic Perspectives* (Minneapolis: Fortress Press 1991) 1:149-91.

느님 안에 아버지와 아들이라는 의미의 부성적 관계도 확연하게 정립되어 있지 않았다. 둘째, **하느님**과 **성부**는 동의어였다. 따라서 니체아 공의회가 성자는 성부의 실체로부터 태어났다고 선포할 때, 이것은 성자가 하느님의 실체로부터 태어났다고 말하는 것과 같다. 셋째, **본질**_ousia_과 **위격**_hypostasis_ 사이에 명확한 구분이 없었다. 따라서 두 그레고리우스는 에우노미우스의 주장에 반대하여 "태어나지 않음"이 신적 본질의 알 수 없는 특성은 아니라고 주장했다. 오히려 태어나지 않음이란 신적 **위격**인 성부의 위격이 가지는 특성이다. 태어나지 않음이란 또 다른 신적 위격인 아들의 특성이기도 하다. 따라서 성부와 성자는 위격적으로 다를지라도 동일 본질을 **공유할 수 있다.**

에우노미우스에 맞선 이 탁월한 반격은 처음으로 하느님에 관한 삼위일체교리를 완성하고 세 가지 중요한 구별을 했다. 첫째, **위격**과 **본질**이다. 이것은 **위격**과 **본질**을 구별하고 세 위격 안에 존재하시는 한 분 하느님을 말하는 데 적합하다. 둘째로, 부성과 하느님이심 사이의 새로운 구별이다. 그 둘은 더 이상 같지 않다. 이로써 자기-분화된 "하느님", 즉 성부이신 하느님과 성자이신 하느님을 생각할 수 있게 되었다. 셋째로 가장 중요한 구별은 카파도키아 교부들이 **실체보다 위격**을 중시하는 존재론적 범주를 택했다는 것이다. 이 존재론적 범주의 이론적이고 실천적인 중요성은 사변적 신학의 민감한 사안과 마찬가지로 간과해선 안 된다. 사실 이 원리는 무엇보다 삼위일체교리를 성립시킬 뿐 아니라, 본래는 무관한 하느님의 가부장적 관념과 직접적으로 모순된다. 에우노미우스는 아리우스처럼, 하느님의 무관계성을 우선시했다. 이것이 하느님을 태어나지 않았다고 본 의미였다. 다시 말해서, 에우노미우스에게 하느님의 위격성은 하느님을 하느님이게 하는 것으로서, 다른 것과 무관한 전체가 되는 것이다. 카파도키아의 교부들은 하느님이 태어나지 않았다는 에우노미우스의 정의를 배척한 대신에 기원이 없는 하느님을 항상 기원이 없는 **기원**으로 보았다. 즉, 성자의 기원이요 성령의 기원이며 세상의 기원이라고 주장했다.

다시 말하자면, 카파도키아 교부들의 급진적 사상은 신성이나 하느님이 심이 (다른 이를 향하는 존재인) 위격성에서 생기고, (자체 안에 존재하고 자체로 존재하는) 실체에서 생기지 않았다고 주장한다. 다른 이를 사랑하고 관계맺는다는 것은, 자주성을 넘어선 제1 원리요, 균형 상태를 넘어선 무아경이며, 자기충만을 넘어선 풍요로움이다. 따라서 다른 이와 관계맺는 존재인 위격성은 모든 실재의 궁극적 근원이 되는 원리로서 확고해졌다. 카파도키아 교부들의 논쟁이 형이상학적으로 암시하는 것은 신적 본질이 신적 위격성으로부터 나온다는 것이다. 현대의 그리스 신학자 요한 지지오울라스는 "하느님은 실체이기 때문이 아니라 한 분 위격이요 성부이기 때문에 존재한다"[2]고 말한다. 만일 하느님이 위격적이 아니라면 하느님은 결코 존재하지 않을 것이다.

그리스 신학에 따르면, 위격은 그 "기원과의 관계"인 온 곳으로부터 정의내려진다. 예를 들어, 성자는 성부로부터 왔다는 것, 즉 성자는 성부로부터 태어났다는 것으로 정의내려진다. 성령도 동일한 방식으로 성부로부터 왔다. 성령은 아버지로부터 나오기 때문이다. 한 위격의 정체성과 독특성은 전적으로 다른 위격과의 관계 안에서 나타난다. 신적 위격이든 인간적 위격이든, 위격은 자신이 누구이고 무엇인지보다 다른 사람과 관계맺는 것이 먼저이다. 비록 하느님 아버지의 위격성을 "기원 없음"으로 정의한다고 해도, 그것은 바로 그리스도와 성령의 경륜으로서 모든 중요한 특질을 밝힌다. 즉, 기원이 없는 하느님은 본래 근원이시며 관계를 맺으신다. 하느님은 본래 넘치는 사랑이요 자기를 주시는 분이다.

하느님을 이해하는 이 새로운 방식은 과거 하느님에 대한 많은 가정들에 큰 영향을 미쳤다. 특별히 한 가지는 여기서 다루는 것이 좋겠다. 성서·전례·초기 신경으로 인해, 또 이레네우스·오리게네스·아타나시우스·카파도키아 교부들을 포함한 호교론자들에 이르기까지 모든 신학자들에 의해

---

[2] John Zizioulas, *Being as Communion* (Crestwood, NY: St. Vladimir's Seminary Press 1985) 41-2.

아버지 하느님은 군주(유일한 권력 혹은 기원)요, 성자와 성령의 기원이자 원인이면서 모든 것의 기원과 원인으로 여겨졌다. 신神 군주론 개념은 하느님과 성부가 동의어이고, 성자가 성부에게 종속하는 것으로 보이도록 작용하기에 충분했다. 그러나 성부와 성자와 성령을 똑같이 하느님이라고 주장할 수는 없었다.[3] 이론적 틀은 하느님에게 그리스도가 모든 점에서 종속된다고 허용해 왔다. 나지안즈의 그레고리우스는 급진적 제안을 하면서 단일신론을 넘어 긴장을 해결했다. 그는 "하느님에 관한 가장 오래된 세 가지 설은 양태설Anarchia, 다원설Polyarchia, 단일신론Monarchia이다. 우리가 존중하는 단일신론은 하나의 위격에 국한된 군주설이 아니라 본성상 동등한 존엄성, 의지의 통일, 태도의 주체성과 거기서 연유한 일치를 지향하는 단일신론이다"라고 말했다.[4]

결과적으로 신적 **기원**이 공유된다는 그레고리우스의 개념은 성부-군주에게 성자가 완전히 종속된다는 아리우스주의의 잔재를 청산했다. 나아가, 이 신적 군주론에 대한 새로운 인식은 급진적 사회질서를 잉태할 씨앗들을 담고 있었다. 이러한 신적 일치로 말미암아 아버지 하느님이 모든 이와 모든 것들보다 더 중요하거나 더 위대하다고 주장하지 않게 되었다. 그 대신 신적 일치와 신적 생명은 독특한 위격들이 서로 동등한 친교 안에 있는 것이지, 한 위격이 다른 위격보다 높이 있는 것이 아니라고 주장하게 된다. **삼위일체적** 일신론은 아리우스와 에우노미우스의 일위일신론과는 전혀 다른 방식이다. 삼위일체적 일신론은 공유된 지배원리를 보존하면서도 모두를 위해 — 적어도 이론적으로 — 어떤 위격도 다른 위격에 종속될 수 있다는 개념을 일소시켰다. 이것은 카파도키아 교부들의 급진적 신학과 정치적

---

[3] 여기서 그리스 신학과 라틴 신학은 하느님에 대한 결정적 차이를 보인다. 그리스 신학은 항상 경륜에 중점을 두며, 성부·성자·성령이 우리 구원을 위해 똑같이 책임이 있기 때문에 동등하게 신이라고 본다. 반대로 라틴 신학은 성부·성자·성령이 동일한 신적 실체를 공유하기 때문에 동등하게 신이라고 주장한다. 따라서 성부의 일원론은 없다고 논한다. 이 점은 더 설명할 것이다.

[4] Gregory of Nazianzus, *Orat.* 29.2 (*Patrologia Graeca* 36.76).

제안의 핵심이며, 오늘날 여성론이 의도하는 것과도 연관된다.

따라서 당시까지는 삼위일체론이 그리스 신학에 맞춰져 있었다. 그러나 많은 이들이 그리스 전통이 아닌, 하느님에 대한 라틴 신학의 영향을 받아 왔기 때문에 이를 대조하여 간략하게 살펴보는 것이 중요하다. 아우구스티누스는 그 당대부터 삼위일체론에 관한 한 가장 영향력있는 라틴 신학자였다. 구원경륜에서 하느님과 그리스도와 성령의 유일하면서도 동등한 역할을 강조한 그리스인들과는 다르게, 아우구스티누스는 신적·실체에 있어서 성부와 성자와 성령이 일치한다는 데서 시작했다. 아우구스티누스는 하느님이 무엇보다 한 분이시고 그다음으로 삼위이시기에, 하느님의 위격성은 당신의 본질로부터 나왔다고 주장한다. 세 신적 위격은 동격인데, 공통 본질을 공유하고 있기 때문이다.

우리가 하느님의 모습대로 창조되었다는 창세기 본문을 바탕으로 아우구스티누스는 삼위일체의 흔적이 인간 영혼에 각인되어 있다고 생각했다. 따라서 사람은 자신 안에 있는 삼중성의 유형이 삼위일체의 표상임을 식별할 수 있어야 한다. 아우구스티누스는 그리스도교적 삶이 우리 안에 있는 하느님의 모습을 관조하는 방법이자 하느님께로 올라가 하느님과 궁극적 일치를 이루는 수단으로 보았다. 우리 안에 있는 하느님의 삼위일체적 모습의 특성을 표현하려고 아우구스티누스는 "사랑하는 사람 ─ 사랑받는 사람 ─ 사랑"을 포함한 몇 가지 다른 유비를 공식화했으나, 그가 좋아했던 유비는 기억 ─ 지성 ─ 의지였다. 영혼의 이 세 기능은 어떤 의미로 하느님의 존재행위를 비추는 상징이다. 즉, 하느님이 하느님 자신을 알고 사랑하는 것과 같이 우리도 우리 자신을 알고 사랑한다. 내면성은 하느님을 인식하는 열쇠이다. 너 자신을 알라, 네 안에서 하느님을 발견할 것이다.

아우구스티누스의 신학적 심리학은 **하느님 모상**에 대한 심오한 묵상이고, 그 후의 라틴 신학들, 특히 금욕적 영성 전통과 토마스 아퀴나스와 보나벤투라의 스콜라 신학에 대단한 영향을 끼쳤다. 삼위일체를 발견하는 자리로서 내면성을 강조한 것은 구원 역사가 아닌 인간 각자의 인격 안에 하느님의 경륜을 자리매김하는 데 영향을 끼쳤다. 우리가 하느님의 모상대로 창조되었기 때문에 우리 인간성의 특정한 모습에서 그 모상을 발견할 수 있어야 한다는 그의 주장은 확실히 옳았다. 그러나 아우구스티누스의 신학은 해석자들에 의해 그리스도교 전통을 통해 전수된 대로, 자기폐쇄적인 삼위일체의 위격들이 나뉘지 않은 하나의 행위 안에서 피조물과 접촉한다는 개념을 낳았다. 그의 분명한 의도가 이 삼위일체교리의 명료함을 옹호하고 실존적 진리에 접근하는 방법을 제공했음에도 불구하고 아우구스티누스의 논법은 확실히 추상적이다. 더욱이 아우구스티누스 신학은 그리스 신학과 같이, 다른 이들을 통해서 자아에 이르는 사람보다는 차라리 "개인"으로서의 자아개념을 제시했다. 그리스도인 각자는 자기분화적이나 단일한 신적 자아의 모상을 비춘다고 생각했다.

『신학대전』에서 토마스의 삼위일체 논법은 성부의 단일신론에 관한 그리스 개념과 아우구스티누스의 내면성 도식을 결합하고자 시도했다. 토마스는 아리스토텔레스의 행위-내-존재being-in-act의 형이상학을 사용하여 이를 종합했다. 토마스는 하느님의 본질과 실존을 구분하지 않고 하느님을 순수 존재행위로 보았다. 하느님이 창조에 "실제로" 관여했음을 토마스가 부정했다는 것은 잘 알려져 있다. 피조물은 하느님의 존재행위에 전적으로 매달려 있고 (그래서 하느님과 실제 관계를 맺고 있지만) 하느님의 존재행위는 피조물의 존재행위를 조건으로 하지 않는다는 것이 그의 주장이다. 토마스에게 이것은 하느님이 창조와 "동떨어져" 있거나 "무관하다"는 것을 의미하지 않았다. 그가 말하려는 요점은 형이상학적이었다. 즉, 하느님은 홀로 자기충만한 존재행위이기에, 피조물은 하느님에게 의존한다는 것이다. 이같은 형이상학적 전망으로 토마스는 완전함을 어떤 다른 존재에 의해 결정된 존재가 아닌 자기-충만성으로 이해했다. 하느님의 완전함은 그 어떤 피조물의 실존행위로 결정되는 존재가 아님을 의미한다. 이러한 형이상학적 주장을 심리화해서는 안 되지만, 많은 현대인들이 토마스의 신학적 구조에서 신론에 만족하지 못하는 몇 가지 이유는 쉽게 꼽을 수 있다.

어떤 경우든 토마스는 「한 분이신 하느님에 대해서」*De Deo Uno* 2항부터 26항까지 단순함이나 선함과 같은 하느님 존재의 속성을 분석하는 데 몰두한다. 삼위일체는 27항부터 43항까지 다룬다. 토마스는 과정procession이라는 성서적 개념으로 시작한다. 즉, 성자는 성부에서 나와 성부에 의해 태어났다. 거기서부터 그는 관계와 인격에 대한 개념 및 성자와 성령의 유일성을 탐구한다. 토마스는 "마주한 관계들"로 신적 관계를 이해하여, 성부는 성자를 낳고, 성자는 성부에 의해 태어나며, 성부와 성자는 함께 성령을 기출하고(spirate) 성령은 성부와 성자에 의해 기출된다고 보았다. 그는 (태어남과 같은) 하나의 관계가 (낳은 자인) 그 위격을 구성한다는 "실재하는 관계"로서 신적 위격을 정의한다. 그의 신학은 내적인 삼위일체적 관계들에 대한 복잡한 형이상학이다. 그렇지만 구원역사는 삼위일체에 대한 그의 논의에서는 명백하게 밝혀지지 못한다. 토마스는 이 항의 마지막 질문에서만 구원경륜 안으로 성자와 성령을 보내시는 신의 파견에 의문을 제기한다. 『신학대전』의 구조를 보면 토마스는 먼저 신의 내재성 ─ 하느님의 "내적" 삶 ─ 안에서 하느님을 이해하고, 다음으로 하느님과 피조물의 관계성 안에서 하느님을 이해한다. 이 연역적 접근은 "하느님의 시각에서 모든 것을 보는 것"으로서, 신학의 스콜라적 사고틀에 적합하고 아리스토텔레스의 형이상학과 적절히 맞아떨어진다. 그러나 내가 다른 곳에서 주장한 대로, 토마스 신학의 최종결과는 삼위일체 하느님과 피조물이 쉽게 극복될 수 없는 존재론적 차이로 인해 분리된다.[5] 중세 때까지 그리스와 라틴의 삼위일체에 관한 사변신학에서 이끌어낸 공통된 결과는 삼위일체가 내재적 실체로서 피조물과는 분리된 자기충족성을 띤다는 점이다. 카파도키아 교부들은 하느님을 하나의 단자로 보는 신 개념을 논박함으로써 아리우스와 에우노미우스의 일위론을 극복하는 데 성공했다. 그들은 신적 존재의 핵심인 관계성을 서술함으로써 이것을 이루었다. 그리고 아우구스티누스는 성부·성

---

[5] LaCugna, *God for Us*, 143-80 참조.

자·성령의 완전한 동등성을 강조함으로써 종속론의 모든 흐름을 극복하는데 성공했다. 그러나 두 전승은 중세기에 와서 삼위일체 자체가 내적으로 자기 분리된 단자의 한 형태로서 이해되었고, 아리우스의 주장과 같은 방식으로 하느님이 피조물과 관계한다고 인식되었다. 삼위일체는 자기충만한 신적 통일체로 생각되었다. 그리스도교는 책에 씌어진 삼위일체교리와 잘 맞아들지 않으면서, 실제적으로는 일신론이 되어 갔다.

이런 역사에도 불구하고, 하느님의 삼위일체적 위격성에 대한 의식은 전례와 영성 안에서 명맥을 유지했다. 교리와 실천을 다시 일치시키고, 그리스도교 신앙과 실천의 핵심에 삼위일체교리가 다시 굳건히 자리잡도록 하려면 (아우구스티누스보다) 카파도키아 교부들의 삼위일체교리를 활성화시키는 것이 더 효과적이라고 나는 믿는다. 비록 신적 위격들 사이의 완전한 동일성을 강조하는 아우구스티누스-토마스의 교리가, 사회생활을 하는 사람들 사이의 동등성을 다지는 방식으로 일부 여성론자와 해방신학자들을 매료시켰지만[6] 나는 이같은 전망의 더 강력한 기초는 카파도키아 교부들의 삼위일체교리 원리들을 채택하고 수정함으로써 마련될 수 있다고 생각한다. 아우구스티누스-토마스 철학의 구조는 **실체** — 스스로 존재하는 것 —

---

[6] 예: Patricia Wilson-Kastner, *Faith, Feminism and the Christ* (Philadelphia: Fortress Press, 1983); Leonardo Boff, *Trinity and Society* (Maryknoll, NY: Orbis Books, 1988); Margaret Farley, "New Patterns of Relationship: Beginnings of a Moral Revolution", *Theological Studies* 36 (1975) 627-46; Mary Rose D'Angelo, "Beyond Father and Son", in: Terry Brown and Christopher Lind (eds.), *Justice as Mission: An Agenda for the Church* (Burlington, Ontario: Trinity Press, 1985) 107-18.
공통된 접근방식은 삼위일체 상징을 수정하는 중에 조합이나 공동체나 사회의 모델을 사용하여 세 신적 위격에 민주주의를 부과한다. 논쟁은 신적 위격들이 평등한 관계 안에 존재하며, 인류 공동체는 이를 거울로 삼을 수 있고 평등한 관계성에 따라 유사한 구조를 이룰 수도 있다는 것이다.
이런 접근방식은 많은 장점을 지니지만, 그리스도교 여성론과 그리스도교 전통 사이의 대화를 위한 더 충실한 접근 수단은 카파도키아 교부들의 삼위일체 모델을 취하고 복구하는데 있다고 본다. 이로써 밝혀지는 것은 (1) 실체보다 위격이 우선이며, 따라서 생물학적인 것보다 위격성이 우선한다는 것, (2) 종속의 문제와 존재의 위계적 속박에 매이지 않는 관계의 존재론적 토대에 비추어 관계성을 재고찰한다는 것, (3) 고독한 자아 안에서 하느님의 모상을 보고 다른 이들과 함께 진실한 통교에로 부름받은 인간으로서 하느님의 모상 안에 존재한다는 것이 무엇을 뜻하는지 재조명하는 서양 전통을 비판해 보는 것이다.

를 중요한 존재론적 범주로 가정하는 반면, 그리스 신학은 **인격** — 다른 이를 향한 관계나 위격 — 을 제1 원리로 삼는다. 라틴 형이상학은 친교보다 존재를 강조하는 반면, 그리스 철학의 존재론은 존재보다 친교를 더 강조한다. 스스로 존재하는 것보다 인격들의 친교를 우선시하는 입장은 여자와 남자의 평등에 관심을 가지는 여성론과 동일선상에 있다.

## 형이상학과 정치

형이상학이란 인간본성과 인간사회의 형태를 직접적이고 심도깊게 설명하는 방식이기 때문에 형이상학적 입장이 사변적 신학자들의 전유물은 아니다. 삼위일체신학은 구원경륜 안에 계시된 하느님을 설명하기 위해 형이상학에 토대를 두고 전개된다. 만일 삼위일체론이 형이상학적 토대를 잃는다면 하느님에 대한 형이상학적 주장들은 하느님에 대한 인간의 투사에 지나지 않을 것이다. 위계질서나 평등적 사회를 염두에 두면서 그러한 생각들을 하느님에게 투사시킬 수 있다. 그러나 그러한 투사는 인간사회에 대한 우리의 기대일 뿐, 예수 그리스도라는 인물에 기반을 둔 것은 아니다.

예컨대, 실체존재론에는 가부장제의 근본 가치들을 완전히 거부할 수 없는 요소들이 있다. 즉, 다른 사람에 의해 좌지우지되지 않는 자율성이라든가 자기헌신보다는 자기소유를 더 중시한다는 점에서 그렇다. 남자에게 여자가 종속된다는 것은 가부장제에 뿌리깊이 작용하는 위격성의 개념화, 즉 완벽한 위격은 자기충만하며, 허약함을 극복하는 것 외에는 다른 것을 필요로 하지 않고, 본래 먼저 독자적으로 존재한 다음에만 다른 것과 관계맺는다는 사실을 암시한다.[7] 자기충만이라는 위격성 개념은 궁극적인 남성성에 관한 환상일 것이고 실체 형이상학은 그것의 궁극적 투사일 것이다.[8]▶

---

[7] 주체성이라는 과제를 어머니로부터 "분화되는 것"이라고 보는 현대 심리학은 주로 남성 중심적이다. 반면에 대상관계심리학(object relations psychology)은 어린이가 한 인격이 되는 것이 어머니나 보호자와의 관계 안에서 나타난다고 이해한다.

카파도키아 교부들은 에우노미우스의 개념에서 관계맺지 않는 위격성 개념과 즉시 맞부딪쳤고 그것을 거부했다. 그들의 삼위일체신학은 **관계맺음**이야말로 하느님의 뛰어난 특징이라고 가정했다. 그러나 라틴의 삼위일체교리는 실체존재론에 뿌리내리고 있기 때문에, 신적 위격들은 늘 부차적이고, 신적 존재는 "자존하므로" 일차적이다. 토마스 아퀴나스는 "실재하는 관계"subsistent relation 개념을 통하여 본성과 위격 사이의 간격을 극복하려고 시도했다. 그러나 존재가 위격성에 우선한다. 즉, 자존하는 존재는 다른 이와 관계맺는 존재보다 선행한다는 강한 이상이 남아 있다. 모든 것이 성령 안에서 성자를 통하여 성부로부터 온다는 카파도키아 교부들의 유출ema-nation 도식은, 언뜻 보기에 종속성을 띠고 나오는 것은 원천보다 못한 것으로 여겨진다. 이것이 몇몇 여성론자와 해방신학자들이 거부하는 이유이다. 그러나 삼위일체교리의 건전한 논점은 아리우스의 종속론을 단념하는 한편, 신적 위격들의 절대적인 동일성, 완전한 유일성 및 다양성을 확립하는 것이었다. 인간이든 신이든, 모든 위격들의 나눔의 삶은 동등한 가운데 참된 다양성을 불러일으키는 친교 안에서 이루어진다.

예수 그리스도는 인간 인격성의 유일한 척도이며, 하느님의 성령은 참된 인격성을 성취하는 유일한 길이다. 따라서 모든 삼위일체신학은 반드시 그리스도론적이고 성령론적이다.[9] 이것은 삼위일체교리를 현실적인 구원 경륜과 연결시키고, 하느님의 "내적 삶"에 대한 근거 없는 사변으로 흐르지 않게 한다. 그리스도교 여성론은 인격들 사이의 참된 친교를 지향하는 운동인 만큼 영감을 주는 성령이다. 그러나 위계적이지 않은 관계에 관심을 가지는 그리스도교 여성론은 신학적으로 평등한 존엄성을 가진 위격들이 서로 관계맺고 이익을 주는 데 기초하며, 예수 그리스도를 통한 구원 이야기에 뿌리박고 있다. 예를 들어 하느님이 동일하고 유일한 위격들의 친교 안에 존재한다는 형이상학적 주장이 하나 더 추가된 이데올로기라고 불신

---

[8] LaCugna, *God for Us*, 398.

[9] *Ibid.*, 363-4.

받지 않는 한, 그 정치적 결론들이 예수 그리스도의 생애 안에 어떻게 확고히 자리잡았는지를 보여주어야만 한다. 여기에 여성론의 성서해석학이 말하는 특별한 의미가 있다.[10] 예수 그리스도는 남성과 여성이 하느님의 새로운 집안에서 함께 살 것이라는 하느님의 다스림을 설교했다. 하느님의 집안에는 고대 로마나 유다 사회의 가부장적 제도가 없다. 가부장 원리는 하느님으로부터 **기원**하지 않는다. **가장**家長의 통치는 하느님의 통치가 아니다. 하느님은 노예와 가난한 이들, 여자들과 버려진 이들 그리고 이방인들과 연대하며 사랑으로 다스리신다.[11] 이 새로운 하느님의 집안에서 노예와 주인, 여성과 남성은 그리스도 안에서 새로운 일치를 이루며 더불어 살아간다. 그들에게는 더 이상 유다인과 이방인, 남성과 여성, 자유인과 노예라는 차별이 없다(갈라 3,28 참조).

역사적 기원에 충실하면서도 현대적 사고방식의 틀과 사목적 관점을 가지고 삼위일체교리의 이론적 전개과정을 전체적으로 훑어보는 일은 많은 여성론적 관심사들에 강력한 신학적 근거를 제공해 준다. 삼위일체교리를 새롭게 활성화시킬 때, 그 종속론적 원리는 일소되고, 최상의 존재론적 속성은 자존적 존재가 아니라 위격성에서 찾아진다. 이러한 삼위일체론은 인간의 운명이란 하느님과 함께, 다른 사람들과 함께, 그리고 하느님의 온갖 피조물과 함께 진정한 친교 안에서 살아가는 것임을 일깨워 준다.

이 원리의 정치적 영향력은 멀리까지 파급된다. 남자에 의한 여자의 사회적 종속은 남성이 여성의 **기원**이라는 가부장적 개념의 논리적 결과일 뿐임을 밝혀준다. 가부장제란 글자 그대로, 아버지의 지배를 의미한다. 창세기 2-3장을 문자 그대로 해석하면, 남자는 여자의 원천이고 띠라서 그는 그녀를 지배해도 된다.[12] 여성론과 새롭게 활기를 띤 삼위일체교리는 남자

---

와 여자의 동등성에 동의하는데, 이는 다른 한 사람에 대한 원리나 기원일
수 없고, 다른 한 사람보다 우월하거나 그를 규정할 수도 없다는 데 동의
하는 것이다.[13]

첫째, 자존보다 관계맺음을 앞세우고 모든 실존이 절대적으로 인격적 원
리에서 나온다고 볼 때, 자기-중심적이거나 고독한 개인으로 있는 인격이
란 불완전하다고 볼 수 있다. 신이나 인간이나 모든 인격의 완성은 다른
이를 사랑하고 아는 데 있고, 다른 이를 통해 자기 자신에게 이르는 데 있
으며, 다른 이와 관계맺는 존재 안에 있다. 하느님은 위격성이 덧붙여진
자기-충만한 실체가 아니다. 하느님이 존재한다는 것 자체는 하느님이 누
구인가보다 덜 중요하다. 사실 하느님이 인격적이지 않다면 하느님은 결코
존재하지 않을 것이다.

둘째, 삼위일체교리는 한 사람의 지배자가 다른 많은 사람들을 힘으로
누르는 인간의 정치적 권력구조를 무너뜨리는 가르침이다. 삼위일체론이
우리와 함께 계시는 구원의 하느님보다 하느님 스스로 내적 삶에 관여하는
분으로 잘못 그려질 때 삼위일체론의 바탕에 깔려 있는 철학적·신학적 토
대들은 간과되고, 세상 만물을 하느님의 뜻에 굴복시키는 군주적 하느님
개념이 자리잡게 된다. 이는 교회에는 한 분 하느님과 한 명의 주교, 사회
에는 한 분 하느님과 한 명의 황제가 있다는 식으로 모방되었다. 하느님
군주론은 여러 형태의 종교적·성적·정치적 위계성을 정당화하는 데 사용
되었다.[14] 이것은 명백히 하느님에 대한 가부장적 이해의 승리로, 삼위일체
교리에 포함된 다른 이론을 억눌렀다.

---

[13] 여성론의 기초적 통찰은 그리스 개념인 *perichōrēsis*, 상호 의존과 관련이 있으며, 나눔
의 삶이 가지는 이미지는 위격들 간의 상호성, 상호 이익, 동등한 통교를 특징으로 한다고
말한다. 나눔의 삶은 유일한 인격들 사이의 끊임없는 교류와 역동성, 멈출 수 없는 행위의
교환에 있다. 우리는 이 *perichōrēsis*가 신 안에서만 일어난다고 생각해선 안 된다. 오히려
신적 위격들의 통교는 과거, 현재, 미래의 **모든** 현존을 포함한다. 창조물로서 존재한다는
것은 삼위일체 하느님의 영원한 통교 안에 존재하는 것이다.

[14] LaCugna, *God for Us*, 393.

셋째, 삼위일체교리를 통해 "삼위일체 내재적" 성부 — 영원한 아들의 영원한 아버지 — 에 관한 새로운 의식이 아리우스와 에우노미우스를 반박하기 위해 발전했다. 삼위일체교리는 남성이 생식의 능동적 원리를 떠맡았다고 보는 가부장적 문화에서 출현했다. 카파도키아 교부들은 신과 인간의 태어남 사이의 어떤 비교도 하지 못하도록 최선을 다했다. 예를 들어, 나지안즈의 그레고리우스는 하느님이 성부라 불리기 때문에 남성이 아니고, 하느님이란 단어의 성별과 하느님의 부성은 결혼·임신·산파술이나 유산의 위험과도 전혀 무관하기 때문에 여성도 아니라고 적고 있다.[15] 사실상 카파도키아 교부들은 자기-충만한 아버지라는 가부장적 개념을 포함하여, 부성의 생물학적·문화적·상식적 관념들에 대한 그리스도교 상상력에 도전했다. 그렇지만 훗날의 역사로 판단컨대 카파도키아 교부들은 성공적이지 않았다. 사실 향후 신학의 형이상학적 기획은, 자존하는in se 하느님의 생명, 즉 우리와 함께하는 하느님의 생명을 배제한 채 하느님과 함께하는 하느님의 생명을 가정하고 분석하며, 가부장적 자기투사와 하느님의 자존을 **가장**의 특성에 귀속시키는 경향이 있기 때문이다.

## 보완과 삼위일체

위격성과 친교가 하느님에 관한 그리스도교 교리의 중심 주제가 된 이래로, 삼위일체교리가 신학적 인간학과 깊이 연결되어 있음은 명백해졌다. 사실 삼위일체교리는 남자에게 여자가 종속된다는 것을 뒷받침하는 데 사용되곤 했다.[16] 비록 모든 종속론의 자취들이 삼위일체 정통교리로부터 제거되었다고 할지라도, 그리스도가 하느님에게 종속된다고 하는 좀처럼 사

---

<sup></sup>[15] Gregory of Nazianzus, *Orat*. 31.8 (*Patrologia Graeca* 36.142). 아직도 이 주장은 여성론과 신론 사이의 거리가 극복되지 않았기에 충분히 다루지 않는다.

[16] 혹자는 이 논법이 여성수품을 반대하는 바티칸 문헌 *Inter Insigniores*에 명시되었다고 한다. 관련 본문: Arlene Swidler and Leonard Swidler (eds.), *Women Priests: A Catholic Commentary on the Vatican Declaration* (New York: Paulist Press 1997).

라지지 않는 경향은 남성과 여성, 생물과 무생물, 이성과 감정, 영적인 것과 육적인 것 등등의 관계로 전이되었다. 이 불완전한 삼위일체교리는, 모순되게도 그리스도교의 정통성을 스스로 선포했던 옹호자들이 남성에게 여성이 종속된다는 것을 지지하는 데 사용하곤 했다. 남자와 여자 사이의 위계적 서열은 소위 자연적 창조질서에 속하고 삼위일체교리에 의해 확인되었다고 주장했다.

그러나 삼위일체 정통교리에서는 종속이 비본성적임을 명시한다. 종속이란 신이든 인간이든 인격을 지닌 존재로서의 본성을 거스르는 것이기 때문이다. 예수 그리스도 안에서는 더 이상 남성도 여성도 없고 모두가 그 안에서 구원받는다. 그리고 하느님의 성령은 타락으로 말미암은 남성과 여성 사이의 불평등과 분열과 소외를 치유하면서 일하신다. 더욱이 하느님은 처음부터 위계적 통치나 가부장적 지배와는 거리가 먼 분이다. 하느님의 지배는 참으로 인격적이다. 즉, 하느님이 남자와 여자를 창조하시되, 충분한 재능을 가지고 하느님과 친밀해지도록 창조하셨다는 의미이다. 요약하면 하느님이 남자와 여자에게 똑같이 인격적 하느님의 성스러운 모상을 부여했다는 말이다.

그럼에도 불구하고 가톨릭·개신교·정교회 신학자들은[17] 남자가 여자

---

[17] 예: 정교회 신학자 Paul Evdokimov, *La Femme et le salut du monde: Étude et anthropologie chrétienne sur les charismes de la femme* (Paris: Cerf 1958); Stanley Harakas, *Toward Transfigured Life: The* Theoria *of Eastern Orthodox Ethics* (Lewiston, NY: Edwin Mellen 1983); Christos Yannaras, *The Freedom of Morality* (Crestwood, NY: St. Vladimir's Seminary Press 1984), and *Person und Eros: Eine Gegenüberstellung der Ontologie der griechischen Kirchenväter und der Existenzphilosophie des Westens* (Göttingen: Vandenhoeck & Ruprecht 1982); 개신교 신학자 Robert Jenson, *The Triune Identity* (Philadelphia: Fortress Press 1982); 가톨릭 신학자 Matthias Scheeben, *The Mysteries of Christianity* (St. Louis: Herder 1946); Bertrand de Margerie, *The Christian Trinity in History* (Still River, MA: St. Bede's Publications 1983); Prudence Allen, "Integral Sex Complementarity and the Theology of Communion", *Communio 17* (1990) 523-44; Robert E. Harahan, *The Vocation of Woman: The Teaching of the Modern Popes from Leo XIII to Paul VI* (Rome: Pontificia Universitatis Lateranensis 1983); Laura L. Garcia, "Femininity and the Life of Faith", in: Ralph McInerny (ed.), *The Catholic Woman* (San Francisco: Ignatius 1990) 125-30; Janet E. Smith, "Feminism, Motherhood and the Church", in: McInerny (ed.), *The Catholic Woman*, 41-64 참조.

위에 있는 것처럼, 하느님 아버지는 하느님 아들 위에 있다고 주장했다. 고전적 삼위일체신학에서 말하는 하느님 아버지는 성자의 원천이라는 유비에 의해서 남자는 여자의 원천이다. 하느님 아들은 순종적이고 하느님 아버지께 복종적이라고까지 말했다. 따라서 여자는 남자에게 순종하고 복종해야 한다.

소위 이 보완신학은 사회적 성역할들이 미리 정해졌다는 생물학을 기정사실로 받아들인다. 특히 이 논쟁선상의 악의에 찬 한 가지 예는 독일 신학자 베르너 노이어의 최근 저술에 예시되어 있다. 그는 남자들이 더 강한 골격 구조를 가지는데, 그것은 남자들이 실용적이고 창조적으로 환경과 관계맺도록 만들어졌음을 암시한다는 것이다. "더 부드럽고 미려한 여자의 손은 주위환경을 감싸서 보살피고 돌보는 데 더 적합하다."[18] 여자들은 임신하지 않았을 때조차도 여자의 존재목표와 완성으로서 모성을 위해 만들어졌음을 보여주는 모성 ─ 젖가슴 ─ 의 신체적 특성을 지닌다. 남자의 성기는 능동적이고 공급하며 삶을 창조하는 반면, 여자들의 성기는 수동적이고 수용하며 종속적임을 보여준다.[19]

이와 비슷한 관찰로부터 노이어는, 하느님이 남자와 여자를 위해 다른 목적들을 가지고 있기 때문에 그들을 다르게 창조했다고 결론짓는다. 따라서 남자와 여자의 구별되는 특성은 하느님의 창조의 뜻 외에 다른 어떤 것 때문이 아니다. 노이어는 창세기 2-3장을 사용하여, 여자가 남자의 갈비뼈에서 창조되었기 때문에 남자는 여자의 생명의 기원이자 목표이며, 그 반대는 있을 수 없다고 주장한다.[20] 여자가 남자를 돕도록 창조되었다는 것

---

[18] Werner Neuer, *Man and Woman in Christian Perspective*, trans. Gordon Wenham (London: Hodder & Stoughton 1990) 33. 비슷하게 노이어는 횡문근은 여자보다 남자가 더 발달한다고 말한다. 그래서 남자는 자연히 외부 환경의 장애를 극복하게끔 생겼고, 여자는 "돌보고 양육하고 정돈하고 치우고 닦도록" 생겼다고 한다(34).

[19] *Ibid.*, 36-41: "남자는 지도적 역할을 더 담당하고 연대를 하거나 해야 할 때 최종결정을 내리는 한편, 여성의 행동은 자신의 몸을 바쳐서 완성하는 사랑의 복종행위"(36).

[20] *Ibid.*, 73. 같은 본문에 대해 Mary Aquin O'Neill이 한 해석과의 차이에 주목할 것.

은, 여자가 하느님의 모상을 충분히 지녔더라도 남자에게 복종해야 한다는 것을 의미한다.[21] 타락은 남자가 여자의 말을 듣고 그녀의 지도력에 복종한 결과였다. 여자는 마술적인 유혹에 더 넘어가기 쉽기 때문에 남자가 지도할 책임을 부여받았다.[22] 나아가, 창세기 2장 23절에서 남자는 여자를 "하와"라 이름 지어 그가 그녀보다 우월하다는 것을 표현한다. 창조 안에는 남자에게 여자가 "본성적으로" 종속되도록 한 신의 규정이 있다.

이어서 노이어는 예수가 남자들만을 열두 제자단으로 불렀다고 주장하고, 이것은 예수가 남자에게만 영적 지도력을 맡겼음을 의미한다고 한다. 여자들이 예수를 따랐을지라도, 그들의 활동은 후원하는 것으로 특징지어진다. 노이어는 고린토 전서 11장 3절, 에페소서 5장 12절 그리고 골로사이서 3장 18절과 디도서 2장 5절의 바울로의 가르침을 선호하는데, 이 구절들은 여자가 남자에게 부속되어 있는 것처럼 그리스도는 하느님에게 부속되어 있다는 유비를 가리킨다. 노이어는 여자가 남자에게 종속된다는 것을 그들이 불평등하다는 것으로 몰고 갈 필요는 없었다고 바울로의 삼위일체에 대한 이해를 비판한다. 그는 베르너 메이어Werner Meyer의 고린토서 주석을 만족스럽게 인용한다. "사랑 안에서 남자에게 여자가 복종하는 것은 성자가 성부와 관계맺는 내적 삼위일체의 영광을 반영한다. 어떤 것이 여자를 더 위대하게 말할 수 있겠는가?"[23]

이것에서 노이어가 하느님에 관한 언어를 판단한 것까지에는 작은 비약이 있다. 그는 그리스도 안에 있는 하느님의 계시를 통하여, 처음으로 하느님이 당신의 본성상 성부임을 가르쳐 준다고 지적한다. 하느님은 부성의

---

[21] 복종이 불평등에 해당하지 않는다는 속임수는 언뜻 말하더라도 직관을 가로막는다. "복종하지만 평등하다"는 수사학은 명백히 성차별주의적인 방식으로 생물학적 기능과 역할을 해석한다.

[22] 신이 의도한 여자의 종속은 여자에게 가하는 남자의 압력과는 무관하지만, 악의 파괴적인 힘으로부터 남자와 여자를 보호하도록 한 유익한 처사이다. 여자가 이 보호적 테두리 밖으로 나갔을 때는 큰 위험에 처하게 된다. 타락 이야기는 여자가 특별히 보호가 필요한 창조물이며, 특히 악마의 유혹에 열려 있음을 보여준다(*ibid.*, 77).

[23] *Ibid.*, 112.

모델이며 그 이름은 인간의 부성에서 온 것이 아니다. 부성이란 호칭은 새 생명의 능동적 출산을 내포하기 때문에 하느님에게 적당한 반면, 모성은 그가 수동적 행위라고 판단한 임신·양육·생명의 출산을 포함한다.[24] 하느님의 낳음은 수태, 임신, 혹은 출생을 요구하지 않는다. 따라서 하느님의 창조활동에는 모성적인 것이 전혀 없다. 하느님의 부성에는 모성적인 부드러움, 보호, 사랑의 온갖 가능성이 들어 있다. 따라서 성서에 있는 하느님의 남성관은 필연적으로 자신의 남성성 안에서 남자는 특별히 하느님을 반영하고 대리한다는 것을 암시한다. 반면에 여자는 창조물과 구원받은 교회를 반영하고 표현한다.[25] 창조물이 창조자에게 종속되고 하느님을 위해 창조된 것같이, 여자는 남자에게 종속되고 그를 위해 만들어졌다.[26]

이 진술을 읽고 놀랄지 모르지만, 노이어는 결코 이의를 제기함이 없다. 여성 신학자와 남성 신학자들은 모두 삼위일체교리를 기초로 하여 보완에 관한 논쟁을 한다는 것을 알 수 있다. 교황 요한 바오로 2세가 남자와 여자의 상호성을 다룬 「여성의 존엄」*Mulieris Dignitatem*에 관한 몇 가지 표명에도 불구하고, 교황은 여전히 보완 모델을 다룬다.[27] 정교회 측에서 토마스 홉코는 아담과 성자의 관계, 그리고 하와와 성령의 관계를 "직접적인 유비적·상징적·공현적" 관계라고 진술한다.[28]

---

[24] 아이를 낳아 본 사람이라면 누구도 그것이 수동적 체험이었다고 말하지는 않을 것이다.

[25] *Ibid.*, 158. 거기서부터 노이어는 왜 여성 사제직이 신학적으로 불가능한지 보여주고자 한다. 근본 이유는 남자들만이 기도자 위치에 있을 수 있고, 그렇지 않으면 하느님이 의도한 창조질서를 어지럽힌다고 생각하기 때문이다.

[26] *Ibid.*, 159.

[27] *The Pope Speaks* 34 (1989) 10-47. 교황에 관해서는 Mary Rousseau, "Pope John Paul II's Teaching on Women", in: McInerny (ed.) *The Catholic Woman*, 11-32 참조.

[28] Thomas Hopko, "On the Male Character of Christian Priesthood", *St. Vladimir's Theological Quarterly* 19/20 (1975/6) 155. Vigen Guroian, *Incarnate Love: Essays in Orthodox Ethics* (Notre Dame: Univ. of Notre Dame Press 1987) 132-3. 보완에 대한 정교회의 관점에 대한 비판: Verna Harrison, "Yannaras on Person and Nature", *St. Vladimir's Theological Quarterly* 3 (1989) 287-98 참조.

이것이 의미하는 바는 하느님 안에 영원하고도 신적으로 표현된 성부를 향한 성자와 성령 사이의 일치가 있고 있어야만 하는 것처럼, 그렇게 창조의 측면에서도 남자와 여자가 있고 있어야 한다. 그래서 같은 하느님은 그의 피조물의 생명 안에서 시간적이고 인간적으로 표현될 수 있어야 한다. … 이것은 성자의 존재와 활동방식이 성령의 존재와 활동방식과 다른 것처럼, 둘 다 영원히 본질적으로 구원의 섭리 안에서, 혹은 전통적으로 보아 **신학**과 **경륜**에 따라서 다름을 의미한다. 그러므로 유사하게도 창조 안에서 남성의 존재와 활동방식은 같은 본성을 지닌 채 창조된 존재인 여성의 존재와 활동방식과 다르다.[29]

홉코는 이어서 성자와 성령은 호환될 수 없기 때문에, 창조 때 이루어진 남녀의 독특한 역할들도 호환할 수 없다고 말한다. 여자들은 자기비움의 사랑(창세 2,18)을 베풀면서, 남자들의 "조력자"로 창조되고 불리었다. 여자는 남자의 사랑과 베풂에 "복종"해야 하고, 성령이 그리스도의 직무를 행할 권능을 부여받은 것처럼, 일할 능력을 부여받는다.[30] 홉코는 이 복종이 여자를 격하시키는 것이 아니라 그들의 존엄성을 강화시킨다고 본다. 그는 위격들의 동등성은 사라지지 않는다고 주장하면서도, 세 가지 신적 위격에 해당한다고 추측되는 위계질서로부터 인간 인격들간의 위계성을 말한다. 홉코의 전체 논조는 「왜 여자들이 사제로 수품될 수 없는가」라는 논평에 나오는데, 여성 사제수품을 반대하는 규범적 논박들이 보완신학에 근거하며 불완전한 삼위일체신학에서 유래한다는 혐의가 맞음을 증명한다.

가톨릭 신학자 조이스 리틀도 같은 쟁점을 다룬다.[31] 그녀는 아리스토텔레스적 보완 모델에서는 우월하고 능동적인 원리가 남성성과 연관되며, 열

---


[29] Hopko, "Christian Priesthood", 156.

[30] *Ibid.*, 159.

[31] Joyce Little, "Sexual Equality in the Church: A Theological Resolution to the Anthropological Dilemma", *Heythrop Journal* 28 (1987) 165-78.

등하고 수동적인 원리는 여성성과 연관되기에 이를 거부한다. 그러나 그녀는 다른 한편으로 의존성, 수용성, 복종성, 순종이 열등성을 가리키는 것으로 가정해서는 안 된다고 말한다. 과연 삼위일체교리를 사용하면서 그녀는 성자가 성부에게 의존하며, 하느님 아버지를 수용하고 복종하며 순종한다고 주장한다. 따라서 이 특성들은 열등성이나 수동성을 가리키는 것이 아니라 **순서**를 가리킨다.

리틀은 토마스 아퀴나스의 **존재**와 **본질** 사이의 구별에 주목하여, 하느님을 순수 현실태로 보는 토마스 형이상학은 존재와 본질이 모두 능동적 원리 이외에 다른 것이 아니라고 말한다. 그리고 나서 그녀는 여성이 본질에 속하는 것처럼 남성은 존재에 속한다는 유비를 말하고, 혼인의 형상은 그 유비를 받쳐준다고 강조한다.[32] 그리스도가 교회와의 관계에서 영원히 남성인 것처럼, 교회는 그리스도와의 관계에서 영원히 여성이다. 리틀에 따르면, 그리스도교의 육화적 본성은 여성과 연결되는데, 여성은 육적인 것, 물질적인 것, 생물학적인 것과 연결되어 있기 때문이다. 리틀은 여자의 역할이 매우 성사적이라고 결론짓는다. "여성 안에서 여성을 통하여 존재한다는 것은 물질적으로 선한 창조물 안에 하느님의 내재적 현존이 실현되어 있다는 것이다."[33] 그러나 여자의 성사적 역할은 여성성을 남성성으로 변형시키기 때문에, 사제로서 그리스도의 행위와 동일시할 수 없다. "기원으로 보면 삼위일체적이고 역사상으로는 성사적인 혼인의 존재구조를 거부하는 것은 비남성적이고 비여성적인 그리스도교 이전의 정신구조로 되돌아가는 것이다."[34]

다른 많은 예들을 개신교와 가톨릭 신학자들로부터 모을 수 있다. 이 논쟁들에는 공통된 가설이 있다. 첫째 가설은, 여자가 남자와 존엄성의 측면

---

[32] 남성이 여성에 우선하듯 아버지는 아들에 우선한다는 유비가 왜 필연적으로 작용하는지는 결코 밝힐 수 없다. 왜 여성을 기원이나 행동 원리로 보지 않는가, 남자가 능동적이고 우선적이며 여성은 수동적이고 부차적이라는 앞의 모호한 가정 때문인가?

[33] Little, "Sexual Equality", 173.

[34] *Ibid.*, 176.

에서는 동등할지라도, 역할과 지위의 측면에서 종속적인 것은 신이 의도한 창조질서에 속한다는 것이다. 하느님이 정하신 이 서열은 여성을 격하시키거나 구원받지 못하게 해치지 않는다. 참으로 여성의 구원은 하느님이 그녀에게 맡긴 가사역할을 완수하고 종속의 지위를 받아들이는 것이다. 여자가 지도적 역할에 있는 것은 "비본성적"인 것이 되었다. 둘째, 삼위일체교리가 남성과 여성 사이의 위계적 보완을 유지한다는 가설이다.

앞서 요약한 새로워진 삼위일체교리의 전망에서 볼 때, 창조와 구원은 둘로 분리된 것이 아니다. 사실 창조는 구원 역사, 구원된 상태를 수반하며, 이것은 여자와 남자가 에덴 동산에서 한때 누렸던 진정한 일치를 향하여 되돌아가는 진전이다. 모든 창조물들은 완성과 새로운 어떤 것을 열망한다. 남자에게 여자가 종속된 것은 타락의 결과이다. 그것은 하느님이 신적으로 정해 놓은 계획에 속하지 않는다. 구원은 그리스도 안에 계시된 하느님의 섭리계획이 결실을 거두고 완성되어 남성과 여성, 유다인과 이방인, 자유인과 노예가 하느님의 새로운 집안에서 하나로서 함께 사는 것을 뜻한다. 교회는 여성들, 노예, 어린이들에 대한 가부장제의 잘못된 지배를 포함하여 세상의 모든 거짓 지배자들을 폭로하고 전복하여 하느님의 다스림을 보여주는 표징과 증거가 되어야 한다.

둘째, 신이나 인간의 모든 위격에 상응하는 운명은 다른 위격들과 친교를 이루는 가운데 존속된다. 이 친교는 진실하고 "하느님의" 것이 되기 위함에 있고, 동등한 존엄성뿐만 아니라 인종·성·지위의 생물학적이고 사회적인 결정요소로부터 해방되는 것을 전제로 한다. 부활하신 그리스도 안에서, 그리고 세례를 통하여, 우리는 더 이상 이 요소들에 의해 판정당하거나 결정되지 않고 새롭게 만들어진 새로운 인격들이다.[35] 셋째, 보완을 주장하는 신학자들은 자신의 주장이 성자는 성부에 종속된다는 아리우스주의를 부정하면서 교회가 극복하려 했던 바로 그 이단을 조건으로 한다는

---

[35] LaCugna, *God for Us*, ch. 8, Zizioulas, *Being as Communion*, ch. 1 참조.

것을 모르는 것 같다. 아타나시우스와 카파도키아 교부들은 성부와 성자 사이의 모든 종속을 근절하려고 강경하게 싸웠고, 위격으로서 성부와 성자의 완전한 동등성을 단언했다. 이 전통은 보완에 관한 주장과 싸우고 있는데, 실로 삼위일체교리는 남성과 여성의 완전한 동등성을 지지할 뿐만 아니라, 남자는 하느님 아버지와 연관되어야 하고 여자는 하느님 아들과 연관되어야 하는 것이 본질적이라고 말하지 않는다.

지배하는 남성 대 종속된 여성의 관계를 유다인과 이방인에 대한 논쟁으로 고찰해 보자. 초기 그리스도교의 중대한 위기 중 하나는 예수 그리스도를 중심으로 한 새로운 종교운동을 통해 개종한 이방인들에게 적합한 자리가 어딘지를 묻는 것으로 촉진되었다. 지적할 만한 중요한 점은 유다인이 이방인들에게 "당신들이 **우리** 교회에 들어오는 것을 환영합니다. 다만 할례를 포함한 우리네 방식들을 받아들이고자 할 때에만 당신들을 위한 공간이 있소"라고 말하는 것이 허락되지 않았다는 것이다. 유다인들은 자신들이 참으로 그리스도를 따르는 것이며, 이방인은 자기들에 미치지 못하는 방법으로 개종한다고 생각할 수 없었다. 오히려 유다인과 이방인들은 **함께** 새롭게 되는 것이며, 그리스도인은 더 이상 유다인이나 이방인으로 구별되지 않았다. 이방인들은 새로운 그리스도교 공동체 안에서 유다인들에게 종속되지 않았다. 비슷하게 남성과 여성은 함께 충만하고 완전한 하느님의 모상을 받았고 이 모상은 원죄로 손상되었다. 하느님이 특정 구성원인 여자들을 본질적으로 "열등하다"라고 영원히 못박았기 때문에 그리스도교 공동체에서 그녀들이 종속적 위치에 있어야 한다고 말한다면, 그 주장은 그리스도교를 모독하는 것이다.

그리스도교 여성론은 남자와 여자들 사이의 진정한 친교를 위한 종말론적 희망을 표현한다. 하느님의 다스림 안에서 모든 눈물이 사라질 때, 여자들과 남자들은 "타자성" 안에서 자신을 발견하지 않을 것이며, 예수 그리스도 안에서 **하나**를 이루어 하느님 집안에서 함께 화목하게 살 것이다. 태초에 있었던 하느님의 다스림은 위격들 사이의 상호성과 동등성을 방해하는 것이 아니라 그것의 진실한 토대였다. 그러나 하느님의 다스림은 오직 예수 그리스도가 계시한 하느님 나라와 계속 연관될 때에만 추구된다. 예수 그리스도의 생애는 보완으로 무장한 성차별주의적 신학, 백인 우월성으로 무장한 인종차별주의적 신학, 제의적 특권으로 무장한 사목신학, 개발과 경제적 부정을 내세운 정치신학, 남성의 지배와 통제를 앞세우는 가부장적 신학과 싸우고 있다.[36]

## 삼위일체와 하느님 언어

바로 지금 가장 곤란한 사목적이고 신학적인 문제점들 중의 하나는 공적인 기도에서 하느님을 어떻게 부르는가라는 문제이다. 교회 내에서 많은 이들은 성부 · 성자 · 성령으로 하느님을 부르는 데 어려움을 발견하고, 다른 이들은 하느님의 이름이나 고정된 기도형식들을 바꾸는 데 방해를 받는다. 하느님의 이름은 성부 · 성자 · 성령으로 계시되었으므로, 무슨 근거로 어떤 맥락 안에서 누구에 의해 바뀔 수 있는지 없는지에 관한 의견을 조율하기는 어렵다. 하느님의 삼위일체적 이름 안에서 세례는 특별한 문제를 제기하는데, 만일 마태오 28장 19절에 나오는 공식을 저버리는 한, 특정 교회들은 다른 교회의 세례를 타당하다고 인정하지 않을 것이기 때문이다.

여성신학자들은 하느님에 대한 배타적인 남성적 모상이 야기한 포괄적인 부정적 결과들에 처음으로 주목한 이들이다. 예배와 신학 안에서 남성적 표상들과 은유들만을 사용한 것이, 하느님은 남성이라는 인상을 낳았음은 의심할 나위가 없다. 하느님을 한 측면으로만 상상하고 언급하는 것은 남성과 남성성을 모든 인간존재의 규범이라고 전제하고 중심에 놓는다는 점에서 가부장제를 종교적으로 합법화하는 데 기여한다. 1973년에 메리 댈리는 가부장제와 가부장적 하느님 언어에 대한 여성론적 비판을 모범적으로

---

[36] LaCugna, *God for Us*, 399.

제시했다. "만약 하느님이 남성이라면 남성은 하느님이다."[37] 비록 여성신
학의 첫 단계에서 삼위일체교리를 희망 없는 가부장제로 즉각 잊어버렸을
지라도, 앞에서 본 것처럼 삼위일체신학은 하느님에 대한 가부장적 교리를
지지하지 않을 뿐만 아니라 그것을 전복시킨다고 이해하는 것이 정확하다.
실로 어떻게 하느님을 이름 지을까에 대한 분쟁과 특히 하느님의 부성에
대한 숙고할 만한 논의는, 당연히 삼위일체신학 내 문제이지 여성신학에서
만 다룰 문제가 아니다.

하느님의 부성 및 어떻게 하느님을 이름짓는가에 대한 문제는 꽤 까다롭
고 이 문제를 다루는 양쪽 사람들에게 엄청난 고통을 안겨준다. 모두를 만
족시킬 만한 답변이 있는지 모르겠지만, 저항과 분노를 넘어서서 대화의
진전을 바랄 수는 있다. 우리의 상황을 4세기 아리우스주의와 에우노미우
스주의의 분쟁 도가니와 비교한다면 조금 위로가 될지 모른다. 예수 그리
스도가 하느님에게 종속되는가를 묻는 유례없는 문제는 단순히 학문적이지
않았다. 거의 모든 이들은 문제점이 우리 구원의 참된 본질에 있음을 인식
했다. 즉, 우리는 하느님뿐만 아니라 그리스도와 성령에 의해 구원받는가
하는 문제이다. 그 문제는 신학자들뿐만 아니라 다른 많은 이들이 다루었
는데, 개인적 신심과 아울러 공적인 기도양식과 직접 연관되기 때문이었
다. 오늘날 하느님의 삼위일체적 이름이 내포하는 현안은 폭넓고도 아주
열렬하게 논의된다. 우리는 그리스도론적이고 삼위일체적인 분쟁들의 결과
를 알기 때문에, 4세기에 저 현안들을 해결하면서 신학자들이 직면했던 개
념적·종교적·정치적 어려움들을 과소평가하려는 유혹이 들지도 모른다.
더불어 우리 상황의 개념적·종교적·정치적 어려움들을 똑같이 과소평가
하기도 쉽다. 그래서 어떤 이는 논쟁을 피하기 위해 4세기 레온티우스Leon-
tius 주교가 했던 것처럼, 무엇을 말하는지 아무도 알아들을 수 없게 하려고
기도처럼 웅얼거리려는 유혹을 받을지도 모른다.

---

[37] Mary Daly, *Beyond God the Father* (Boston: Beacon Press 1973) 18.

# 상이한 전략들

하느님에 대한 언어의 근본 문제는 다음과 같다. 즉, 예배나 신학에서 남성적 표상만을 배타적으로 사용함으로써 하느님은 남성이라는 의식을 어쩔 수 없이 가지게 만든다는 것이다.[38] 샐리 맥페이그는 아버지 이미지의 문제점이 "과대망상·포섭성·패권·우상화"라고 지적한다.[39] 여성신학은 사회 조직 안에서 남녀의 평등성을 회복할 뿐 아니라, 남성적 하느님을 숭배하는 우상성을 뒤엎는 데 관심을 둔다. 성부·성자·성령의 지위에 대해 가톨릭·정교회·개혁 신학자들 사이에 이견이 있지만, 하느님의 삼위일체 이름을 다루는 데는 다음과 같은 여섯 전략들이 있다.

하느님은 성부·성자·성령이시다. 수많은 신학자들은 종파를 초월하여 성부·성자·성령이 하느님의 **계시**된 이름이라고 주장한다.[40] 이 이름들은

---

[38] Mary Collins, "Naming God in Public Prayer", *Worship* 59 (1985) 291-304; Catherine Mowry LaCugna, "The Baptismal Formula, Feminist Objections, and Trinitarian Theology", *Journal of Ecumenical Studies* 26 (1989) 235-50; Anne E. Carr, *Transforming Grace: Christian Tradition and Women's Experience* (San Francisco: Harper & Row 1988) 134-57; Rebecca Oxford-Carpenter, "Gender and the Trinity", *Theology Today* 41 (1984) 7-25; Letty Russell, "Inclusive Language and Power", *Religious Education* 80 (1985) 582-602; Gail Ramshaw-Schmidt, "*De Divinis Nominibus*: The Gender of God", *Worship* 56 (1982) 117-31, and "Naming the Trinity: Orthodoxy and Inclusivity", *Worship* 60 (1986) 491-8; Elizabeth Johnson, "The Incomprehensibility of God and the Image of God Male and Female", *Theological Studies* 45 (1984) 441-65; Dale Spender, *Man Made Language* (London: Routledge & Kegan Paul 1980); Marjorie Suchocki, "The Unmale God: Reconsidering the Trinity", *Quarterly Review* 3 (1983) 34-49; Barbara Brown Zikmund, "The Trinity and Women's Experience", *Christian Century* 104 (April 15, 1987) 354-6; Gracia Grindal, "Reflections on God 'the Father'", *Word and World* 4 (1984) 78-86; Ted Peters, "The Battle over Trinitarian Language", *Dialog* 39 (1991) 44-9; Ruth Duck, *Gender and the Name of God: The Trinitarian Baptismal Formula* (New York: Pilgrim Press 1991).

[39] Sallie McFague, *Metaphorical Theology* (Philadelphia: Fortress Press 1982) 190.

[40] 예: 개신교 신학자 Donald Bloesch, *The Battle for the Trinity: The Debate over Inclusive God Language* (Ann Arbor: Servant Publications 1985)와 Robert Jenson, *The Triune Identity* (Philadelphia: Fortress Press 1982). Alvin Kimel과 18명의 저자가 쓴 *Speaking the Christian God* (Grand Rapids: Eerdmans 1992). 정교회 측 입장(각주 17에 덧붙여): Deborah Belonick, "Revelation and Metaphors: The Significance of the Trinitarian Names Father, Son and Holy Spirit", *Union Seminary Quarterly Review* 40 (1985) 31-42.

신적 기원의 지위를 가지기 때문에 바뀔 수 없다. 논쟁점은 하느님이 남성이라는 데 있는 것이 아니라, 우리가 하느님을 "아버지"라고 부르는 것 외에는 다른 선택의 여지가 없다는 데 있다.

최근 몇몇 개혁 신학자들이 쓴 단편 모음집에서는 여성론이 새로운 영지주의의 위협을 가하고 그리스도교 신앙의 완전무결함을 더럽히는, 교회의 거대한 위험요소라고 본다.[41] 이 모음집의 필자들이 내세우는 기본 주장은 성서가 하느님의 이름을 결정하고 성서 안에 증언된 것을 벗어난 그 어떤 혁신도 그리스도교를 명백히 이탈했다는 것이다.

이 책의 대다수 필자들은 **성부**가 하느님의 존재론적 본성을 가리킨다고 주장한다. 엘리자베스 아흐테마이어는 이 주장을 받아들이고, 하느님은 자신을 그의 피조물과 동일시하지 않았기 때문 남성적 언어를 하느님에게 적용하지만, 반면 여성적 언어는 하느님과 세상의 범신론적 동일화를 가능하게 해준다고 덧붙인다.[42] 다른 필자들은 그리스도교 전통이 하느님에 관해 사용된 남성적 대명사들과 표상들에 성적 기준이 있음을 부정했기 때문에, 여성적 이미지를 가진 하느님으로 이 기준을 바꾸는 것은 그 이미지들이 가진 성별을 강조하는 것이라고 말한다.[43]

바르트의 이 친숙한 주장이 개혁신학의 유일한 주장은 아니다. 정교회 신학자 드보라 베로니크Deborah Belonick도 비슷한 주장을 한다. 그녀는 성부 · 성자 · 성령을 하느님의 자기-계시된 이름으로 본다. 이 이름들이 계시된 상태는 역사 · 문화적 조건의 영향과는 무관하다. 베로니크는 이 이름들이 가부장적 구조, 남성신학, 또는 위계적 교회의 산물이었다고 생각하지 않는다.[44]

---

[41] Kimel (ed.), *Speaking the Christian God*.

[42] Elizabeth Achtemeier, "Exchanging God for 'No Gods'", in: Kimel (ed.), *Speaking the Christian God*, 8.

[43] Roland Frye, "Language for God and Feminist Language: Problems and Principles", in: Kimel (ed.), *Speaking the Christian God*, 24-6.

[44] Belonick, "Revelation and Metaphors".

이런 식의 수많은 논쟁은 토마스 아퀴나스가 주장한 관점에 맞서 왔다. 그리고 하느님을 가리키는 모든 성서적 이름과 형상은 은유들이라고 보는 샐리 맥페이그의 **은유신학** 안에 특히 잘 나타난다. 맥페이그의 연구는 자구주의에서 벗어나 그리스도교적 상상력을 열어주는 장점을 지녔다. 그런데 그녀의 신학에 대해 삼위일체론자보다 유일신론자들이 더 거세게 비판함으로써 삼위일체론의 핵심문제가 실은 아직도 제기되지 않은 상태다.[45] 성부를 은유라고 보는 관점은 참된 종교를 망치는 일이라고 보는 사람들이 맥페이그의 언어 전략을 직접적으로 비판했다. 루터파 신학자 로버트 젠슨Robert Jenson은 포용적인 언어의 위기가 영지주의적 위기와 저속한 계몽주의로 돌아가게 한다고 생각했다. 그는 호칭이 특별한 관계성을 드러내기 때문에 **성부**가 은유적 기능을 한다는 점을 부정한다. 비록 하느님은 말로 나타낼 수는 없지만, 성부라는 호칭을 사용하는 데 따르는 관계적 실제성을 말할 수는 있다. 다른 이들은 **어머니**가 직유인 반면에 **성부**는 은유라고 말함으로써 맥페이그의 주장을 반박한다.[46]

가톨릭 신학자 요셉 디노이아Joseph DiNoia는 은유 옹호자와 반대자 사이를 중재하려고 한다. 그는 **성부**가 세 가지 의미로 하느님에 적용될 수 있다고 말한다. 첫째, 은유적으로 삼위일체 하느님은 첫 위격에 온전히 해당한다. 둘째, 말 그대로 당연히 첫 위격이시다. 셋째, 우리가 하느님을 아버지라 부르는 까닭은 예수가 하느님을 그렇게 불렀기 때문이다. 이 이름들은 우리의 하느님 경험과 이 세상에 오신 하느님의 대리자에게서 나온 것이 아니다. 하느님은 하느님 자신이 이름을 말씀하신다. 디노이아는 이것이 첫 신적 위격을 말할 때, **아버지**를 어머니로 대체하지 못하는 결정적 이유라

---

[45] 예를 들어 그녀는 친구-친구의 은유를 일반적으로 이해된 하느님에게 적용하여 제시한 것인가, 아니면 세 위격들 중 한 위격이나 세 위격 모두에게 적용하여 제시한 것인가?

[46] Frye, "Language for God and Feminist Language", 36. 은유와 직유는 모두 비유를 내포한다. 직유의 그리스 말은 *homoeosis*다. 프레이는 직유를 기초로 하느님에 관한 여성적 은유를 소개하는 것이 정통적인 *homoousios*(同一實體)보다는 이단적인 *homoiousios*(성자와 성부는 비슷하되 본질적으로 다르다는 類一實體)에 기초했던 아리우스의 위격들의 신적 유사성 개념이 일으킨 논쟁을 재연시킨다고 주장한다.

고 주장한다.[47]

두 가지 점을 지적해야겠다. 첫째, 성서 언어들은 변해서는 안 될 뿐만 아니라, "하느님 스스로 당신 이름을 말씀하시"기에 성서 언어를 변화시키는 것은 우상에 떨어진다는 주장이 있다. 이 주장은 성서의 증언이 가부장제 맥락 안에서 씌어진 그 시대의 산물이라고 보는 현대 성서학자들에게도 매우 기이하게 보인다.[48] 둘째, 피조물로부터 하느님의 자유로운 주권을 보호한다는 미명하에 하느님을 인간과 인간 언어에서 분리시키려는 주장이 있다. 언어가 아무리 부분적이고 불완전한 것이라 하더라도 이 전략은 창조 안에서 우리와 참된 관계를 맺으시는 삼위일체 하느님을 가린다. 또 이 전략은 하느님과 우리의 건너뛸 수 없는 간격을 염두에 두고 하느님의 자기결정권 및 자유로운 주권을 긍정하는 관계론적 존재론으로 삼위일체를 이해하는 시도를 무너뜨린다.

이해할 수 없고 이름 지을 수 없는 하느님. 하느님의 아버지이심에 대한 가톨릭의 전형적인 둘째 접근은 하느님을 말로 표현할 수도 없고 이름 붙일 수도 없다는 명제로 숨어버린다.[49] 이는 엄격히 말해서 하느님은 알 수 없는 분이라는 신학적 원리에 근거한다. 성서의 다양한 표상과 은유들은 이 접근을 보증해 준다. 토마스 아퀴나스가 말한 것처럼, 우리는 하느님이 존재한다는 것은 알지만 하느님이 어떤 분이신가를 아는 것은 아니다. 하느님을 서술하는 데 우리가 사용하는 모든 말, 표상, 개념이나 유비는 필

---

[47] Joseph DiNoia, "Knowing and Naming the Triune God: The Grammar of Trinitarian Confession", in: Kimel (ed.), *Speaking the Christian God*, 162-87.

[48] 이 책 2장 및 *The Revelatory Text: Interpreting the New Testament as Sacred Scripture* (San Francisco: Harper San Francisco 1991) 참조. *Women and the Word*, 1986 Madaleva Lecture in Spirituality (New York: Paulist Press 1986) 20쪽에서 슈나이더스는 구약성서에 나오는 하느님에 관한 다른 언어 네 가지, 즉 문자적 명명, 하느님의 이름을 따서 이름 지음, 하느님의 의인화, 하느님에 관한 은유들을 구별한다.

[49] 예: Emmanuel Clapsis, "Naming God: An Orthodox View", *The Ecumenical Review* 44 (1992) 100-12; Mary Collins, "Naming God in Public Prayer"; Elizabeth Johnson, "The Incomprehensibility of God". 같은 원리를 다르게 사용한 예: 정교회 신학자 Thomas Hopko, "Apophatic Theology and the Naming of God in Eastern Orthodox Tradition", in: Kimel (ed.), *Speaking the Christian God*, 144-61 참조.

연적으로 한계가 있다. 그리스도교 신학은 하느님의 실제성이 인간 언어의 한계를 초월한다고 단언한다. 우리는 창조된 실체들을 이름 짓는 것과 같은 방식으로 하느님을 이름 지을 수 없다. 유비의 법칙에 따라 오로지 하느님의 더 위대한 차이성을 긍정함으로써만 우리와 하느님의 유사성을 서술할 수 있다. 여성신학자들이 밝힌 대로, 부정적apophatic 접근이나 부정의 방식을 따라서, 하느님에 관한 모든 진술은 부정해야 한다. 즉, 하느님이 어떤 분인지만 아니라 어떤 분이 아닌지도 말해야 한다.

우리가 아는 인간 아버지는 모두 남성이다. 그러나 신적 부성의 유비는 신과 인간 아버지와의 비유사성에 의해 작용한다. 샐리 맥페이그가 지적한 대로, 문제는 아버지로 표상되었다는 것이 아니라, 부성이 하느님에 관한 기원적 은유가 되어 가부장제와 함께 하느님 나라의 선포를 대신하고 있다는 데 있다.[50] 우리가 하느님을 한 분 아버지라고 말하더라도, 하느님이 남성(이나 여성)이 아니기 때문에 한 분 아버지와는 같지 않음을 인정해야 한다. 남성의 몸을 지닌 인간 아버지는 인간 어머니와 성교하기 때문에 하느님은 인간 아버지와 다르다. 인간 부성의 특징 중 하느님에게 해당하는 것은 없다. 마찬가지로 우리가 하느님을 현명하다고 말한다면, 이는 인간이 현명한 방식으로 하느님이 현명하다는 의미가 아니며, 하느님의 선함도 우리가 선하다는 의미와는 다르다. 모든 유비는 차이성을 포함한다.

이 접근의 밑바탕에는 인간 언어의 변덕스러움에 종속됨 없이 "하느님을 하느님이게 하는" 복음주의신학의 관심과 동일한 관심이 있다. 동시에 하느님을 이해할 수 없게 하는 것은 예수 그리스도의 인격과 사람들을 일치시키는 성령 안에서 하느님이 우리와 너무도 가까이 계시기 때문이지, 하느님이 멀리 있거나 저 먼 하늘에 하느님이 물러나 있기 때문이 아님을 명심해야 한다. 우리는 하느님의 자기-계시와 하느님에 대한 우리의 체험에 근거하여 많은 방법으로 하느님을 이름 짓는다. 따라서 하느님에 대한 불

---

[50] McFague, *Metaphorical Theology*, 45-52.

가해성은 우리가 하느님에 대해 어떤 말도 할 수 없다는 불가지론으로 몰고 가지는 않는다. 그럼에도 우리는 곧잘 어둔 밤에 빠지곤 한다. 하느님의 신비는 어떤 하나의 은유로는 충분히 포착될 수 없기 때문에, 남성적 표상과 은유뿐 아니라 여성적 표상과 은유를 사용하는 것이다.

남성적 표상과 여성적 표상. 풍부한 인간 경험 영역에 사목적으로 민감하고 충실한 셋째 접근은 남성적 표상, 은유, 대명사들을 여성적인 것들과 함께 증가시키는 것이다, 예컨대 **어머니**를 **그 여자**와, **아버지**를 **그 남자**와 연결짓는 식이다. 전통 안에는 세 신적 위격이 여성적으로 표상되어 온 충분한 증거가 있다. 그리고 그리스도교 전례가 항상 새로운 상황들에 석응해 온 것도 의심할 바가 없다. 오늘날 남성적 표상뿐만 아니라 여성적 표상을 사용하는 것은 가장 폭넓게 수용된 접근방식 중 하나이다. 그러나 하느님이 여성적 측면을 가지지만 근본적으로 남성으로 남아 있다는 암시는 왜곡될 소지를 안고 있다.[51] 또 다른 왜곡은 여성의 특징들이 어머니다운 역할이나 양육하는 역할로 정형화되어 있다는 데 있다. 그럼에도 은유와 표상의 다원적 가치는 하느님이 남성으로만 표상되지 않았다는 그리스도교 여성론의 관심사를 종합하는 방향으로 크게 진일보한다.

예수, 인습타파주의자. 여성신학자들은 예수가 하느님을 아버지라고 불렀다는 것으로 발뺌하지 말고, 예수를 (남성임에도 불구하고 남성적인 것이 가리키는 문화적 상투성을 탈피한) 최초의 여성주의자·인습타파주의자·예언자로 보아야 한다고 말한다. 산드라 슈나이더스는 이렇게 주장한다.

예수 당대의 분화에서 아버지-아들 은유는 하느님이 베푸시는 구원 행위에 예수가 온전히 연루되어 있다는 의미를 관철하기에 적합한 유일한 것이었

---

[51] Francine Cardman, "The Holy Spirit and the Apostolic Faith, a Roman Catholic Response", *Greek Orthodox Theological Review* 31 (1986) 302; Jürgen Moltmann, "The Motherly Father", in *God as a Father?* in: Johannes Metz and Edward Schillebeeckx (eds.), *Concilium* 143 (New York: Seabury 1981) 53; Pamela P. Allen, "Taking the Next Step in Inclusive Language", *Christian Century* 103 (1986) 410-5.

다. 둘째로, 하느님을 "압바"라고 부르고 탕자의 아버지로 하느님을 진술한 예수는 가부장적인 하느님 표상을 철저히 바꿀 수 있었다. 그는 인간 권력 구조 속에서 가부장제화되어 온 아버지 은유를 고쳤고, 사랑 안에서 사랑을 통하여 신적 기원의 본래 의미를 복원시켰다. 셋째로, 그는 신적 질서라고 여겨 온 가부장제를 무효화함으로써 인간의 가부장제를 비합법화했다.[52]

이 접근은 첫째, 성서적 사실들로부터 발뺌하지 않는 장점을 지닌다. 둘째, 이 접근은 예수 생애 안에 녹아 있는 역사적·문화적 조건들을 고려한다. 셋째, 이 접근은 가부장제를 고쳐서 인간적 부성과 남성성에 대한 종말론적 희망을 제시한다.[53] 슈나이더스가 말한 바와 같이, "예수는 하느님을 아버지로 대하는 가르침을 주었고 왜곡된 가부장제로부터 벗어나 평등한 제자들로 구성된 새롭고도 비가부장적인 신앙공동체로 우리를 초대한다. 그럼으로써 이제 더 이상 가부장제를 신이 허락하는 것으로 보지 않고 죄로 얼룩진 인간 구조임을 드러내 준다".[54] 예수의 아버지는 생물학적이거나 가부장적 의미의 아버지가 아니다. 하느님은 예수 그리스도 안에서, 특히 변두리 사람들을 돌보아주고 자비로 감싸안는 실재로 드러나 있다. 적어도 문화적 선입견이 계속되고 아버지가 부재하는 지금 이 자리에, 예수의 아버지 하느님은 아버지보다 어머니에 더 가까우며 자기 자녀들을 결코 버리지 않는 어머니요, 자녀들을 위하여 자신의 생명까지도 희생하는 어머니이다. 남성적 하느님으로 예수의 아버지를 이해하는 것은 신약성서의 증언을 잘못 전하게 될 것이다.

여성적인 성령. 그리스도교 여성론의 초기 단계에는 성령을 여성적으로

---

[52] Schneiders, *Women and the Word*, 48; Bernard Cooke, "Non-Patriarchal Salvation", *Horizons* 10 (1983) 22-31.

[53] Ruether, *Sexism and God-Talk: Toward a Feminist Theology* (Boston: Beacon Press 1983) 61-71, 137; Elisabeth Schüssler Fiorenza, "You Are Not to be Called Father", *Cross Currents* 29 (1979) 301-23 참조.

[54] Schneiders, *Women and the Word*, 49.

표상했던 시리아 자료들을 발굴하는 데 열정을 보였다.[55] 흔히 성령을 연상시켰던 지혜는 하느님의 여성적 체현으로 그려졌다. 성령이 창조와 역사 안에서 치유하고 돌보고 사랑하시는 하느님의 모습이라는 의미에서 그 연구는 밝은 미래를 가지고 있었다.[56] 그런데 성령의 역할이 고정적인 성역할 분담으로 여성의 역할을 담당하는 것으로 고정되어서는 안 된다. 더구나 삼위일체에서 성부·성자가 남성적으로 이해되면 1/3이 여성적 차원이고 2/3가 남성적 차원으로 표상될 수 있다. 게다가 종속주의적 삼위일체신학에 따라 성령은 셋째이므로, 여성적 표상이 성령과만 연관된다는 것은 교회와 사회 안에 여성의 종속을 강화시킬 것이다.

창조자·구속자·보존자. 이 해결방식은 남성적 표상도 여성적 표상도 사용하지 않는다[57]는 의미에서 곧바로 효력을 나타내며, 이렇게 하느님을 이름 짓는 것은 하느님이 구원역사 안에 계시다는 것과 즉각 연결된다. 동시에 이 세 호칭은 비인격적이고 기능적인 삼신론이나 일신론, 하느님이 누구인가보다는 하느님이 무엇을 하는가에 초점이 맞추어져 있다.[58] 더욱이 창조자·구원자·보존자라는 기능적 언어는 하느님이 예수 그리스도를 통

---

[55] Robert Murray, *Symbols of Church and Kingdom: A Study in Early Syriac Tradition* (London: Cambridge Univ. Press 1975) 특히 312-20; Donald Gelpi, *The Divine Mother* (Lanham, MD: Univ. Press of America 1984); Joan Schaup, *Woman: Image of the Holy Spirit* (Denville, NJ: Dimension Books 1975); Jay G. Williams, "Yahweh, Women and the Trinity", *Theology Today* 32 (1975) 240; Yves Congar, "Motherhood in God and the Femininity of the Holy Spirit", *I Believe in the Holy Spirit* (New York: Seabury Press 1983) 3:155-64; E. Wurz, "Das Mütterliche in Gott", *Una Sancta* 32 (1977) 261-72; Jürgen Moltmann, with Elizabeth Moltmann-Wendel, "Becoming Human in New Community", in: Constance F. Parvey (ed.), *The Community of Women and Men in the Church: The Sheffield Report* (Geneva: World Council of Churches 1983), 36; Mary Grey, "Where Does the Wild Goose Fly To? Seeking a New Theology of Spirit for Feminist Theology", *New Blackfriars* (1991) 89-96.

[56] 이 책 5장 참조.

[57] 다른 세 호칭으로는, 아우구스티누스의 **사랑하는 사람-사랑받는 사람-사랑**을 필두로, 게일 람쇼우 슈미츠의 **압바-종-중재자**, 레띠 러셀의 **창조자-해방자-주창자**, 메리 로사 드안젤로의 **지혜의 하느님-하느님의 지혜-지혜의 성령** 및 **하느님, 그리스도 존재의 원천, 살아 있는 성령의 통로, 살아 있는 물** 등이 거론되었다.

[58] LaCugna, "The Baptismal Formula", 243-4 참조.

해서 성령의 힘으로 우리를 창조하시고 구원하신다는 성서적 증언과 정확히 일치하지 않는다. 나아가서 하느님을 비인격적으로 이름 짓는 것은 하느님이 본질적이고 필연적으로 인격적이라는 삼위일체교리의 강력한 주장과도 맞지 않는다. 동시에 실험적인 이 세 호칭은 포용성을 지향하며 정의롭고 사랑에 찬 그리스도교 공동체로 부르는 삼위일체신학, 성서신학, 사목적 효력을 기초로 평가해야 한다.

# 결 론

하느님의 부성은 심각한 오해를 불러일으킬 수 있고 성차별주의적 보완신학과 가부장적 하느님-언어를 부채질하는 데 사용되어 왔다. 그리스도 안에서 하느님의 자기-계시는 신학과 교회 관행에 자리잡은 왜곡들을 극복하는 유일하고 확실한 원천을 제공한다. 오직 **그리스도 안에** 삶으로써 우리는 예수가 선포한 살아 계신 하느님을 만날 수 있고, 그리스도를 통해 참되고 살아 계신 하느님에게 신실할 수 있기 때문이다.

그리스도교 하느님에 대한 언어에 가부장적 요소가 있음을 왜 최근 수십년에 들어서서야 알아차리게 되었는가? 그 이유는 최근에야 비로소 사회적으로 성차별이 있음을 밝힐 수 있었기 때문이다. 이러한 차별은 교회의 본래 모습에서는 받아들일 수 없는 것이다. 교회는 그리스도 안에서 남성과 여성의 구별들을 사라지게 하는 새 질서를 예고할 것으로 기대된다. 그러나 교회는 사회만큼이나 남성이 여성을 지배하고 우월하다는 성차별주의적 서열을 떠받쳐 왔다. 이것은 근본 문제가 언어보다 훨씬 심각함을 보여준다. 이제까지 개괄한 다양한 선택들을 계속 탐구하면서, 우리는 하느님에 관한 비가부장적 개념뿐 아니라 그리스도교 공동체 안에 존재하는 관계의 틀을 바꿔야 한다.[59]

삼위일체신학의 통찰들은 우리의 전통을 버리도록 강요하지 않고 우리의 상상력을 자유롭게 해준다. 삼위일체신학의 요점은, 다른 위격들과의 관계 안에 하느님의 본질이나 사랑이 있으며, 하느님 안에는 분열이나 불평등이나 위계성이 없고, 하느님의 위격성은 사랑과 자유를 최상으로 표현한 것이며, 신적 생명의 신비는 자아를 주고 자아를 받아들이는 특징이 있고, 신적인 생명은 고정되었거나 메마르지 않고 역동적이고 풍요롭다는 것이다. 오늘날 신학자들은 하느님의 관계적 위격성에 관한 다양한 유비들과 은유를 자유롭게 탐구한다. 흥미있는 선례는 11차 톨레도 공의회(675)에서 제정한, 성자는 **성부의 자궁에서**de utero Patris, 즉 성부의 실체로부터" 태어났다는 진술이다.

더욱이 그리스도교적 삶의 목표는 예수 그리스도와 일치하여 삶으로써 신적 생명에 참여하고, 성령의 힘으로 거룩해지는 것이다. 그리스도교 공동체는 하느님의 삼위일체적 삶을 보여줄 것이라는 기대를 받는다. 세례 때 우리는 하느님의 이름 안으로 통합된다. 누군가의 "이름"으로 사는 것, 다른 이의 이름 안에서 축복받는 것은 그의 인격적 역사 안으로 통합되는 것을 의미한다. 하느님의 이름을 가지는 것과 그 이름 안에서 사는 것은 용감하고 철저하게 사는 것이다. 세례를 통하여 우리는 우리 안에 하느님의 더럽혀진 모상인 남성성과 여성성을 회복시키는 하느님의 성령으로 말미암은 변화에 우리 자신을 개방한다. 하느님 모상의 왜곡은 개인뿐만 아니라 공동체적으로 일어난다. 개인이 "그리스도를 입고" 세례 안에서 새사람이 되듯이, 교회는 "그리스도는 모든 것이고 모든 것 안에 있다"(골로 3,10)는 새로운 정체성을 얻는다.

포용적인 공동체가 되는 것은 언어와 관계가 많은 것처럼, 궁극적으로 우리가 어떻게 우리 자신을 보고 타인과 관계맺는가에 달려 있다. 우리가 하느님을 말하는 방식들은 우리가 하느님을 어떻게 보는가만이 아니라, 우리 자신을 어떻게 보는가를 판단하는 척도이다. 신학이나 교회 관례가 여

---

[59] Elisabeth Schüssler Fiorenza, *In Memory of Her: A Feminist Theological Reconstruction of Christian Origins* (New York: Crossroad 1983) 150-1; LaCugna, *God for Us*, 390-400; Judith Plaskow, *Standing Again at Sinai: Judaism from a Feminist Perspective* (San Francisco: Harper San Francisco 1991) 159 참조.

성의 온전하고 성스러운 인간성을 훼손한다면, 우리가 하느님을 이름 짓고 말하는 방식도 허상이고 왜곡된 것일 것이다. 하느님-언어를 걸림돌로만 보기 쉬우나, 이로써 당신 안에서는 남성도 여성도 없는 부활하신 그리스도로부터 우리 각자가 떨어져 나간다는 것을 인정해야만 한다. 언어는 의미의 세계들을 형성하고 사회제도들을 창조하므로 끊임없는 수정을 요구하기 때문이다. 4세기 나지안즈의 그레고리우스는 하느님의 이름을 문자 그대로 해석하고, 하느님은 아버지로 불렸기에 남자라거나 그 단어의 성별 때문에 신은 여성이라거나 성령은 태어나지 않았기에 중성이라고 생각한 그의 반대자들을 비난했다. 오늘날 이 주장들은 별로 중요하게 다루지 않는다. 포용적 언어를 쓰는 것은 포용적 공동체에 참여하는 것과 걸맞아야 하고 그 반대도 그렇다.[60] 언어를 바꾸는 것이 언어상 암묵적인 배타성을 깨닫게 할 수는 있을지라도, 진정으로 마음까지 항상 바꿔놓는 것은 아니다. 예를 들어, 깜둥이를 흑인으로 바꿨다고 해서 인종차별주의가 사라진 것은 아니다. 그러나 다른 한편으로는 강제로 언어를 바꿈으로써 백인들은 자신들의 뿌리깊은 인종차별주의와 자신의 언어가 지니고 있고 영속시킨 인종차별주의적 방식들을 깨닫게 되었다.[61]

종교 언어를 수정하는 것이 하느님의 이름으로 세례받은 사람들 사이의 친교를 저절로 가져오지는 않는다. 전례나 신학 안에서 아버지를 어머니로 바꾸는 것이 즉시 모든 배타성이나 자구성을 극복하는 것도 아니다.[62] 그리

---

[60] LaCugna, "The Baptismal Formula", 250; Fiorenza, *In Memory of Her*, 150-1.

[61] " '여자가 남자보다 열등하다거나 백인이 가장 우월한 인종이라는 신화가 낳은' 인종차별주의적이고 성차별주의적인 언어는 하느님이 섭리하신 계획이란 거짓말로 지속되었고, 우리의 사회적이고 인격적인 세상의 철저한 재정비는 예수 그리스도를 통한 구원으로 이루어진다. 특정한 사람들을 가리는 언어, 인격을 묵살하거나 모독하거나 기를 꺾어 버리는 언어, 하느님을 찬미하지 못하게 하는 언어는 불경하다. 모든 인격은 독특하기 때문에, 우리들 각자는 하느님을 찬미하는 독특한 방식을 가지고 있으며, 모든 찬미하는 소리는 없어선 안 된다." LaCugna, *God for Us*, 396.

[62] Ruth Duck가 지적한 대로, 가부장 문화에서 아버지는 어머니와 동등하지 않다. 왜냐하면 아버지는 다른 역할이 있으며 더 중요하기 때문이다. 그러나 가부장적인 관계가 바뀐다면 아버지와 어머니 사이의 교환 가능성은 더 커질 것이다. *Gender and the Name of God*, 96.

스도교적 상상력은 나름의 과정을 따를 필요가 있고, 교회를 참된 일치로 이끄는 성령이 인도한다. 만일 그리스도교 공동체에 진실로 운명지어진 길이 하느님을 찬미하고 영광을 드리며 타인에게 봉사하는 가운데 하나를 이루는 공통 성소를 깨달은 모든 이들의 일치라면, 하느님을 어머니나 아버지로 부르는 문제는 다른 의미를 지녔을 것이다. 책임감있는 이들의 진실한 공동체 안에서, 진리를 실천하는 올바른 실천이 결국 구원의 신비를 올바로 지적하는 올바른 이론과 일치하는 곳에서, 인간의 온갖 체험은 하느님을 향한 찬미로 통합될 것이다. 이것이 삼위일체와 그리스도교 여성론의 주장이 교차하는 곳이다. 최근 논쟁에서 기억해야 할 것은 우리 모두가 하느님을 찬미하는 공통된 열망 안에서 일치했다는 점이다. 하느님을 찬미하는 방법은 많다. 하느님을 찬미하는 그 어떤 방식도 교회나 신학이나 다른 사람을 지배하는 한 사람이 지시할 수는 없다. 더구나 하느님을 찬미하는 방식들은 사람들 사이를 갈라놓는 원천이 되어서는 안되고, 우리도 하느님을 찬미하는 특정 방식이 참으로 담고 있는 것보다 더 많은 내용을 지녔다고 과신해서도 안 된다. 모든 찬미는 하느님을 향하여 우리 자신을 초월하는 것이다. 하느님-언어에 대한 논쟁은 우리가 하느님을 찬미하는 판에 박은 듯한 말이나 행동이나 관례로 하느님을 통제하려는 우리의 경향을 시험해 보도록 모두를 초대한다.

요약해 보자. 첫째, 하느님은 이해 불가능하고 표현 불가능한 신비이기에 하느님에 관한 다양한 표상들은 유효적절하다. 둘째, 하느님에 관한 어떤 표상이나 이름도 우상화해서는 안 되고, 그 어떤 표상이나 이름도 하느님의 거룩한 신비를 전부 표현할 수 없다. 셋째, 예수 그리스도가 보여준 하느님의 친교의 신비에 찬미와 감사와 흠숭으로 응답함이 마땅하다. 넷째, 기도의 모든 찬미양식은 예배자가 하느님을 찬미할 수 있게 해야 한다. 다섯째, 모든 찬미가는 구원역사의 특정 모습들과 조화를 이루며, 찬미가의 가장 공통된 형태는 성령의 힘에 의하여 예수 그리스도를 통해 하느님께 기도하도록 이끈다. 이렇게 구원역사의 모습을 담은 다양한 방식과 신적 위격을 지향하는 다양한 방식이 있고, 물론 이것들은 교의적이고 사목적인 논쟁을 발생시킨다. 마지막으로, 기도와 하느님께 찬미드리는 것은 포용적인 인간공동체를 탄생시키고 그들의 공동체적 삶 안에는 삼위일체의 이콘이 있다. 이 공동체적 삶은 하느님의 끊임없는 경륜의 한 부분이고, 새로운 환경에서 일하시는 하느님의 손을 감지하는 식별력 있는 눈을 필요로 한다.

삼위일체교리는 우리가 세례받았을 때 모신 하느님이, 가부장적 아버지-하느님도 아니고 남자보다 "못하게" 여자들을 창조하신 하느님도 아니라고 확언한다. 오히려 그것은 루블료프의 이콘처럼, 인격들 사이의 진실한 친교가 삶의 심오한 의미임을 확언한다. 그리스도교 전통에 충실히 임한다는 것은 체험, 새로운 상황이나 새로운 필요들에 개방하는 것을 방해하지 않고 오히려 그것을 요구한다. 교회는 진리의 유일한 소유자가 아니다. 성령은 다양한 목소리를 통해서, 다양한 개혁주의운동을 통해서 말하고, 교회를 가르치며, 그 사도적 은사들과 하느님 나라의 메시지로 되돌아가라고 교회를 부른다.

# 더 읽으면 좋을 책


Leonardo BOFF, *Trinity and Society*, Maryknoll, NY: Orbis Books 1988. 삼위일체 교리에 대한 해방신학적 관점.

Anne E. CARR, *Transforming Grace: Christian Tradition and Women's Experience*, San Francisco: Harper & Row 1988. 그리스도교 신학에서 다루는 중요한 주제들을 재조명하여 여성론과 그리스도교의 양립성 검토.

Mary DALY, *Beyond God the Father*, Boston: Beacon Press 1973. 급진적 여성론의 관점에서 그리스도교와 그리스도교 신학 비판.

Ruth DUCK, *Gender and the Name of God: The Trinitarian Baptismal Formula*, New York: Pilgrim Press 1991. 세례 정식에 관한 용어를 직접 다루고 그 대안을 제시.

Elisabeth Schüssler FIORENZA, *In Memory of Her: A Feminist Theological Reconstruction of Christian Origins*, New York: Crossroad 1983. 초기 여성주의와 그리스도교 신앙의 평등주의적 측면 재조명.

Alvin KIMEL (ed.), *Speaking the Christian God*, Grand Rapids: Eerdmans 1992. 여성주의와 하느님에 대한 포괄적 언어에 반감을 보이는 개혁 신학자들이 쓴 열여덟 편의 논문.

Catherine Mowry LaCUGNA, *God for Us: The Trinity and Christian Life*, San Francisco: Harper San Francisco 1991. 교리의 영성적·윤리적·교회적 연관성에 주목, 공동체 구성원들의 의견에 기초하여 삼위일체교리 명시.

Sallie McFAGUE, *Metaphorical Theology: Models of God in Religious Language*, Philadelphia: Fortress Press 1982. 종교 언어를 복원시키고 재편성하는 은유에 관한 이론 개발.

Rosemary Radford RUETHER, *Sexism and God-Talk: Toward a Feminist Theology*, Boston: Beacon Press 1983. 여성론적 교의신학에 대한 최초의 정초 작업.

Sandra M. SCHNEIDERS, *Women and the Word*. 1986 Madaleva Lecture in Spirituality, New York: Paulist Press 1986. 하느님에 관한 문제, 특히 하느님을 아버지로 대하는 예수의 성서적 중요성 논의.

Diane TENNIS, *Is God the Only Reliable Father?* Philadelphia: Westminster Press 1985. 하느님의 아버지상을 강력히 주장하나 가부장적 모델을 넘어선 이해.

Patricia WILSON-KASTNER, *Faith, Feminism and the Christ*. Philadelphia: Fortress Press 1983. 그리스도론의 주요점들을 여성론적으로 재구성.

# 5

# 해방시켜야 하는 그리스도의 이름



*Elizabeth A. Johnson* 엘리자베스 존슨

어느 봄날, 중서부 한 대학에서 "여성이 말하는 그리스도론"이라는 주제로 주말 심포지엄이 개최되었다. 거기에 참석한 여성들은 자신의 십자가를 들고 와서 영감 어린 장식으로 전시했다. 이 특별한 종교적 상징이 자신의 삶과 어떻게 관련되는지 설명했다. 큰 만남의 방에는 벽을 따라 전시물들이 화려한 바탕천 위에 설명서와 함께 설치되어 있었다. 맨 위에는 두 개의 반지와 함께 결혼 십자가들이 자리했고, 여러 번 입맞추고 매만져서 부드럽게 닳은 수도서약 십자가, 짚으로 만들어진 멕시코 십자가, 선교 중에 얻은 살바도르 농부의 다채로운 십자가, 순례길에 얻은 예루살렘 십자가, 여성 형태의 그리스도 십자가, 켈트인의 십자가와 아프리카인의 십자가, 은둔 중에 나무토막으로 만든 십자가, 미국에서 대량생산하는 평범하고 흔한 십자가들도 장식되어 있었다.

큰 방을 걸으면서 나는 여성의 고유한 삶에 상처로 깊이 각인되어 있는 독특한 십자가의 의미를 읽었다. 스스로 나서서 십자가를 짊어진 여성은 한 사람도 없다. 그리스도인의 중요한 상징인 이 십자가들은 삶이 지닌 크고 작은 갈림길과 관계의 맥락 안에서 주어졌고 받아들여진 것이었다. 이런 측면에서 이 전시는 그리스도교 공동체의 삶이 전례 모임들과 공식적 공표들로 제한되지 않으며, 일상 사건들의 그물의 한 부분으로 지속적이고도 인간관계적으로 이루어진다는 사실을 보여주었다. 그런데 더 독특한 것들도 이 십자가들로 표현되었다. 함께 모아 놓은 십자가들은 그 자체 하나의 텍스트로 읽혀졌다. 그 십자가들을 통해 예수 그리스도와의 관계를 심화시켜 온 여성들의 삶과, 참된 제자가 되기 위한 그들의 노력들이 드러나기 때문이다. 이 지점이 바로 문제의 핵심에 해당된다. 가부장적 장벽이 가로놓여 있음에도 불구하고 여성들은 시종일관 그리스도론의 신비 안에서 자신을 읽어 왔다.

여성신학은 신앙체험과 신앙을 가로막는 장벽들을 의식적이고도 비판적으로 바라보기 위해 이와 같은 작업들을 끌어들인다. 삼중의 과제 안에서 여성신학은 먼저 복음을 왜곡시켜 온 예수 그리스도에 관한 이야기들, 신앙고백문들, 교리들이 지닌 여성차별적 해석을 폭로한다. 왜 이 해석이 교회의 모든 교리를 만들어내고, 그리스도론이 여성을 가장 억압하고 배척하는 교리로 쓰이는 것일까? 이에 대해 여성신학은 성서와 전통과 여성들의 체험에 대한 대안적인 해석들을 탐구한다. 그리스도론 전통은 절망적으로 가부장적인가, 아니면 치유하고 해방시키는 힘을 지니고 있는가? 이런 비판적 분석과 대안 가능성들을 가지고, 여성신학은 포괄적이고도 상호적인 여성론의 모델을 바탕으로 예수 그리스도를 새롭게 이야기한다. 그리하여 실천적이고도 비판적인 효과를 가져온다.

이처럼 새롭게 다시 말하는 것은 다른 나라·문화·인종·계급과 교회에 속한 다양한 여성들이다. 그들은 전통적인 가부장적 해석보다는 그리스도 사건의 근원적 충격과 설득력있게 부합하는 새로운 해석을 주창한다.

미국 거주 아프리카인의 관점에서, 재클린 그랜트는 가난한 흑인 여성들이 성(性)에서든 인종과 계급에서든 얼마나 소외되었는지를 분석한다.[1] 그녀는 고통을 함께 나누는 동료요 친구인 이들 몇 명의 체험을 기록하면서, 어떻게 예수를 그들이 당한 역경을 아는 주님으로 해석하는지 밝힌다. 예수는 "가장 하찮은 사람들"과 연대하고 있기 때문에, 흑인 여성들의 삶 안에서 그들과 연대하고, 그들의 기본적 가치를 확인하여 인간성 말살을 격퇴하는 현실적 희망을 북돋운다. 흑인 여성들이 찾아낸 부활하신 흑인 그리스도는 억압으로부터 자유의 희망을 알리고 힘을 준다.

여성차별주의로 말미암은 차별뿐만 아니라 식민지의 역사를 지닌 한국과 필리핀 여성들의 체험을 밝힌 버지니아 파벨라는, 아시아 여성들을 위한 예수 그리스도는 "누구인가"가 핵심이 아니라 "어디에" 있는가가 핵심임을 밝힌다.[2] 예수 그리스도의 영을 따르는 공동체 안에서, 여성들은 죽음보다

---

[1] Jacqueline Grant, *White Women's Christ and Black Women's Jesus: Feminist Christology and Womanist Response* (Atlanta: Scholar Press 1989).

[2] Virginia Fabella, "A Common Methodology for Diverse Christologies?", in: Virginia Fabella and Mercy Amba Oduyoye (eds.), *With Passion and Compassion* (Maryknoll, NY: Orbis Books 1988) 108-17.

는 삶, 혼돈보다는 질서, 소외보다는 우정의 씨앗들을 발견한다. 치료자이고 구마자이며 위로자이고 친구인 예수는 모든 이의 참된 인간성을 위해 더 광범위하게 투쟁하는 가운데 여성들의 인간성을 고무시키고 힘을 더해 주는 원천이다. 또한 불의하고 불평등한 사회에서 고통받는 여성들을 영적 메마름으로부터 해방시켜 준다.

라틴아메리카 여성들의 착취 한가운데서, 넬리 리치는 가난한 이들의 삶을 일으키기 위해 그들의 삶에 몰두한 그리스도를 드러내어, 예수가 그리스도라는 성구를 다시 읽는다  언젠가 그가 복음서의 여성들에 대해 말한 것처럼, "여인이여, 울지 말고 일어나서 평화로이 가시오"라고 그는 지금도 말한다. 십자가는 피할 도리 없이 다가올 것이나, 부활 안에서 새 세상이 열린다. "그것은 예수의 자매인 우리가 우리의 주장을 꺾지 않고 두려움 없이 투쟁에 동참하는 이유이며" 여성들에게 최대한으로 창조적인 능력, 교육적인 능력, 용기있는 능력을 준다.[3]

그리스도가 아프리카의 피난민이요 손님이었다고 적은 엘리자베스 아모아와 메르시 암바 오두요예는 아프리카 여성들과 그리스도의 상호 관계에 대해 썼다. 그들은 그리스도를 환대하려고 노력하고, 이 땅의 모든 가족들이 그와 더불어 편안함을 느끼도록 삶을 만들어 간다. 동시에 그들은 그리스도가 그들에게 자유와 영광을 주는 참된 친구이며 동료임을 알게 된다. 산파이며 농부인 아푸아라는 여인은 이렇게 기도한다. "예수여, 가난한 이를 받아들이고, 우리를 들어높이시는 분이여, 우리의 아주 지혜로운 친구여, 우리는 혀가 입에 의존하는 것마냥 당신께 기댑니다. … 우리는 시원한 그늘을 만들어 주는 커다란 관목과 하늘나라를 보도록 올라가게 할 수 있는 거대한 나무인 당신 아래에 숨습니다."[4]

---

[3] Nellie Ritchie, "Women and Christology", in: Elsa Tamez (ed.), *Through Her Eyes* (Maryknoll, NY: Orbis Books 1989) 95.

[4] Elizabeth Amoah and Mercy Amba Oduyoye, "The Christ for African Women", in: Fabella and Oduyoye (eds.), *With Passion and Compassion*, 42.

자신의 체험을 밝힌 여성들과 여성신학자들에게 예수 그리스도의 직무와 죽음과 부활은 단순히 이야기, 신앙고백문, 교리나 종교적 축제에 그치는 것이 아니라 삶에 힘을 불어넣어 주는 것이다. 나는 이 글을 백인·지성인·중산층의 미국 문화라는 맥락에서 쓰지만, 그리스도교 여성들 간의 세계적 담론의 일부로서, 이 나라와 전 세계 모든 여성들의 고통을 이해하고자 한다. 이런 입장에서 비판적 여성론의 한 형태를 추적할 것이고, 그리스도론 전통에 대한 하나의 해방적 해석을 제시하며 이것이 얼마나 설득력 있게 새로운 형태의 그리스도교적 실천을 이끌어내는지 보여줄 것이다.

## 왜곡된 그리스도

여성신학은 예수 그리스도가 가부장적 틀 안에서 해석되었다는 점과 남성이 지닌 특권으로 말미암아 복음이 기쁜 소식이 아니라 나쁜 소식들로 곡해되었음을 밝힌다. 역사적으로 초대교회가 그리스-로마 세계에 문화적응했을 때, 초대교회의 구조들은 가부장적 집안과 황제의 절대 지배권이라는 모델에 따라 구체화되어 갔다. 그리스도의 형상은 당연히 집안의 남성 가장이나 절대 지배자의 형태를 띠게 되었다. 그는 전 우주의 통치자, 즉 하늘의 통치권을 세우고 가족, 왕실, 교회의 머리로서 지상의 법칙을 정당화하는 영광의 절대군주 모습을 지니게 되었다. 봉건적 모델을 흡수했기에, 해방자 그리스도로서의 체제 전복적인 의미는 상실되었다.

이러한 방식의 전개과정은 남성 해방신학자들이 잘 분석했다. 그러나 여성신학은 제국적 전통과 융합된 그리스도론의 가부장적 특성을 밝혀낸다. 가부장적 특성이란 여성의 실체보다는 남성의 실체를 존중하고, 두 실체를 위계적 사회질서에 배열시키며, 남성에게 가장 높은 가치와 자랑스런 지위를 부여하는 것을 말한다. 이러한 세계관 안에서 명백히 남성이었던 역사의 예수는 로고스의 육화이고, 그리스 철학에 의하면 합리성 및 남성성과 연결된 존재론적 상징으로 해석된다. 따라서 육신을 취한 말씀은 남성들을 규범적인 것으로, 여성들을 부차적인 것으로 보는 남성중심적 인간학에 따라 정의된 인간과 관련된다. 그 결과 그리스도론은 여성들을 능가하는 남성들의 우월성을 신성불가침으로 정당화하는 기능을 한다. 여성들은 어쩔 수 없이 이론적이든 실천적이든 변두리로 밀려났고, 가부장적 구조 안에서 남성 구원자의 형태가 우위성을 지니게 되었다.

여기에 어떤 문제가 있는지 아주 명백히 밝히겠다. 나자렛 예수가 남성이었다는 사실은 의문의 여지가 없다. 그의 남성성은 그의 인간적 정체성이고, 역사적 실체로서의 완전성과 한계의 일부분이며, 그 자체로 존중되어야 할 것이다. 그의 성은 그의 인종·계급·민족적 운명·문화·유다교 신앙·갈릴래아 출신 등과 같이 그의 고유한 역사적 인간성의 한 측면을 이룬다. 그런데 예수와 남성이라는 하나의 특수성은 다른 역사성들과 달리 여성차별주의적 신학과 관습으로 해석되는 불운을 불러왔다. 의식적이든 무의식적이든, 예수의 남성성은 그의 그리스도적 기능과 정체성을 위해 강조되었고 본질적인 것이 되었으며, 따라서 여성들은 바로 자신의 여성성 때문에 그리스도인으로서의 완전한 정체성에 참여하는 길이 막혀 버렸다. 이러한 왜곡은 적어도 세 가지 방식으로 일어난다.

첫째, 예수의 역사적 남성성은 하느님의 남성적 이미지만을 강화시킨다. 한 남성으로서의 예수가 하느님의 계시인 것처럼, 이 일반적인 무조건의 논법을 계속 적용한다면 신적 존재 자체의 본질적인 특성이 남성성을 지닌다고 강조하는 것이 된다. 그것은 여성성과 신적인 것의 친화력보다는 남성성과 신적인 것의 더 강한 친화력을 정당화하지는 않더라도 적어도 강조한다. 이러한 관점은 아버지-아들이라는 은유만으로 하느님과 예수의 관계를 해석함으로써 강화되어 왔다. 결론적으로 로즈메리 류터는 이렇게 지적한다. "역사적 인간 예수가 지닌 남성성은 남성 신으로부터 생겨난 **로고스의** 남성성과 존재론적으로 연결되는데, 이는 참으로 부당한 생각이다."[5]

---

[5] Rosemary Radford Ruether, *Sexism and God-Talk: Toward a Feminist Theology* (Boston: Beacon Press 1983) 117.

둘째, 예수가 남성이라는 사실은 특별한 명예와 존엄성과 규범성이 남성이라는 성에서 생긴다는 신념을 가지고 여성들을 능가하는 남성들의 우월성을 합법화하는 경향을 띤다. 이 우월성은 육화한 하느님의 아들인 "그 자신"이 선택한 것이기 때문이다. 사실 자신의 성에 감사하는 남성들은 여성들보다 그리스도의 형상을 더 잘 따르고 있다고 말한다. 로마 가톨릭이 공식적 논의에서 여성의 수품을 반대한다고 선언했을 때, 바로 그 남성들은 그리스도와 "본성상 유사성"을 지니지만 여성들은 그렇지 않으며, 남성들만이 그리스도를 대신한다고 말했다.[6] 여성들은 신의 은총을 받을 수는 있으나, 그리스도의 남성성과는 다른 성을 지녔기 때문에 성찬식을 거행하는 동안 **그리스도를 대신하는** 역할에는 적합치 않다는 것이다. 여성들의 육체적 현실성은 그리스도라는 남성의 중재 없이는 그리스도와 충분히 일치할 수 없도록 가로막는 감옥이다. 이런 정신구조에서는 말씀이 여성의 몸을 취했다는 생각을 진지하게 상상해 볼 수도 없다.

셋째, 남성중심성 안에 하느님과 인류 모두를 집어넣는 것에 덧붙여 여성차별적 그리스도론은 적어도 이론상으로 여성들의 구원을 위태롭게 한다. 구원에 대한 그리스도교의 이야기는 하느님의 자비로운 사랑이 우리를 구원해 줄 것이라는 소식뿐만 아니라, 죄 많은 인간 역사 안으로 하느님이 뛰어들어, 그 안으로부터 인간 역사를 변화시키신다는 구원을 유효하게 만든다. "취해지지 않은 것은 구원받지 못하지만, 취해진 것은 하느님과의 일치로 구원받는다"는 초기 그리스도교의 격언은 그리스도와 모든 이들의 연대가 구원을 결정적이 되게 한다는 통찰로 요약된다. "Et homo factus est", 즉 "그리고 인간이 되셨다"라는 니체아 신조는 포괄적인 **인간**개념을 사용하여 육화의 보편적 관련성을 고백한다. 그러나 실제로 이 말이 뜻하는 것이 성적으로 남자임을 강조하고 **남자가 되셨다**(et vir factus est)를 의미한다. 남성성이 그리스도 역할을 위해 본질적인 것이라면, 여성들은 구원의

---

[6] "Inter Insigniores", in: *Origins* 6:33 (Feb. 3, 1977) par. 27.

교리로부터 떨어져 나간다. 여성의 성은 육신이 된 말씀에 의해 받아들여지지 않았기 때문이다. 만일 남성성이 육화와 구원을 위한 구성요소라면, 여성의 인간성은 취해지지 않은 것이고 따라서 구원받지 못한다.

이원론적 인간학은 남자를 여자의 머리로 이해함으로써 문제를 해결한다. 소우주 역할을 하는 남성의 탁월함은 존재의 사회적 지위 중에서 더 낮은 단계에 있는 다른 모든 피조물과 더불어 여성의 실체를 포함한다. 그리하여 남성이라는 인간성을 지닌다는 가정하에서, 구세주는 사실상 여성을 포함하고 여성들은 이로 인해 구원받았다. 그러나 이러한 남성중심적 그리스도론이, 여성과 남성은 하느님의 모상으로 동등하게 창조되었고 물로 세례를 받음으로써 그리스도 안에서 동등하게 변화된다고 선언하는 평등주의 인간학과 만날 때, 이원론적 인간학의 해법은 부적절하다는 판정을 받는다. 여성이 남성의 인간성 안에 포함된 낮은 단계의 피조물이 아니라 남성들 사이에서 본질적인 인간성을 지닌 동등한 동반자라고 하더라도, 남성중심적 그리스도론의 논리에 의하면, 여성은 구원을 위해 가장 중요한 것과 연결되어 있지 않다. 이런 경우에 "남성 구세주는 여성을 구원할 수 있는가?"라는 탐색적 질문에 대한 논리적 대답은 있을 수 없다.[7]

여성차별적인 그리스도론에 대한 여성론자의 근본적인 분석을 통해, 사람들은 여성을 그토록 강하게 배척하는 전통을 회복시킬 가능성이 있는가라고 묻게 된다. 여전히 "더한 무언가"가 그리스도교 공동체에 속한 여성들의 실존적이고 종교적인 삶 안에서 항상 진행되어 왔기 때문이다. 이것은 앞선 어머니들 세대의 신앙, (앞에서 말한) 중서부 대학교에 전시한 십자가들, 전 세계의 비인간적인 체제들에 맞서 투쟁하고 있는 그리스도교 여성들의 목소리가 입증하고 있다. 이렇게 살아 있는 원천을 자극해 온 여성신학은 모든 주종관계를 더 확실히 타파하게끔 물꼬를 트는 그리스도론

---

[7] *Sexism and God-Talk*, 116-38과 *To Change the World: Christology and Cultural Criticism* (New York: Crossroad 1981) 45-56 에서 던지는 류터의 질문.

적 전통을 탐구한다. 그 생명을 주는 자극은 여성들 및 모든 피조물과 전
우주 자체를 포함하기 때문이다.

## 지혜의 발견

초기 그리스도인들이 예수를 그리스도라고 부르게끔 만들었던 많은 이미지
와 이름 중에서, 지혜 — 그리스 말로 *sophia* — 는 최근까지도 가장 등한
시되어 왔다. 유다교 경전과 신구약 중간 시대의 문헌에서 발견되는 지혜
는 이 세상에 현존하면서 창조적 행위를 하는 인격화된 하느님을 가리키는
복합적인 여성적 표상이다. 지혜는 모든 것들에 고루 미치고 모든 것들과
연결된 지극히 높으신 분의 입에서 나왔다. 아주 다양한 문헌 안에서 지혜
는 창조하고 구원하며 축성하고 정의를 세우며 가난한 이들을 보호한다.
이 세상에 머무를 장소를 찾는 지혜는 예루살렘에 자리잡는다. 빛과 어둠,
발견과 추구, 빵과 포도주, 삶과 죽음이라는 주제들은 지혜의 상징을 종합
해 왔다. 명백히 초월적인 이 인격화된 표상은 인간을 향해 다가오고, 인
간에게 도전과 안식을 주며, 생명으로 끌어들인다. "나를 얻으면 생명을
얻는다"(잠언 8.35). 우리는 여기서 은총을 주며, 능력있고, 이 세상과 밀접히
연결된 하느님의 신비에 참여한다.[8]

초기 그리스도인들은 자신들이 체험한 예수 그리스도의 구원능력을 밝히
려고 인격화된 지혜 전통을 깊이 탐구했다.[9] 유다교가 지혜에 대해 말한 것
을 이제는 그리스도교의 찬송가 작곡가들과 사도서간 필자들이 예수에 대
하여 말하게 되었다. 즉, "그분은 보이지 않는 하느님의 모상"(골로 1.15)이시
며, "그분(하느님) 영광의 광채"(히브 1.3)이고, "모든 피조물의 맏이"(골로 1.15)

---

<sup></sup>[8] 상론: Roland Murphy, *The Tree of Life: An Exploration of Biblical Wisdom Literature*,
Anchor Bible Reference Library (New York: Doubleday) 1990; 박영식 역 『생명의 나무』 성
바오로출판사 1998 참조.

[9] 그리스도론적인 지혜의 표상에 대한 상론: Elizabeth Johnson, *She Who Is: The Mystery of
God in Feminist Theological Discourse* (New York: Crossroad 1992) 86-100 참조.

시며, "모든 것이 그분으로 말미암아 있다"(1고린 8.6). 예수를 "하느님의 지혜"(1고린 1.24)라고 부른 바울로로부터, 예수의 입에 지혜의 말씀을 담고 예수에게 지혜의 자비로운 행위를 불어넣은 마태오와, 지혜가 자신의 방식, 자신의 진리, 자신의 삶을 구체화하여 육화한 것이 예수라고 진술한 요한에 이르기까지, 지혜를 사용하여 예수를 해석한 것은 심오한 결론에 이른다. 지혜는 그리스도교 공동체들이 십자가에 못박힌 예수에게 우주적 의미를 지니도록 날개를 달아 주었고, 예수를 세상창조 및 통치와 관계맺도록 해주었다. 지혜가 역사 안에서 펼치는 일련의 구원행업 안에 그리스도교 공동체를 세움으로써 예수의 구원행위에 대한 이해를 심화시켰다. 또한 지혜는 하느님과 예수의 존재론적 관계에 대한 통찰을 발전시키는 매개체였다. 다른 성서적 상징인 사람의 아들, 메시아, 하느님의 아들은 그 본래 맥락에서 신성을 내포하지 않았고, 간신히 유다교 경전에 인격화되어 있는 말씀도 신성을 내포하지 않는다. 그러나 지혜는 그렇지 않다. 신적인 지혜, 곧 하느님이 호의를 가지고 이 세상에서 일하시는 것과 인간 예수를 동일시하는 것은, 예수가 단순히 하느님의 영감을 받은 한 사람이 아니라 하느님과 분명히 인격적으로 더 특별한 관계에 있음을 반영한다고 하겠다. 예수는 지혜와 동일시된 후에야 하느님의 유일한 친아들로 여겨졌다. 따라서 하느님과 지혜의 친밀함이 예수 안에서 드러났고, 이 세상에서 일하시는 지혜가 예수 안에서 구체화되었으며, 지혜의 영이 예수 안에서 흘러나왔다고 생각되었다. "이 안에서 우리는 육화 교리의 기원을 보며"[10] 삼위일체교리의 영향도 본다. 신약성서의 지혜 그리스도론이라는 존재와 그 효력이 없이는 예수의 정체성과 의미에 관한 통찰이 매우 달라졌을 것이다.

　지혜 전통의 재발견은 그리스도를 말하기 위한 신학적 놀이의 장을 넓혀준다. 일례로, 역사서나 예언서들과 달리 지혜 전통은 역사상 하느님의 위대한 행위뿐만 아니라 주고받는 관계로 이루어진 일상생활에도 관심을 보

---

[10] James Dunn, *Christology in the Making* (Philadelphia: Westminster Press 1980), 212.

인다. 구원사 안에서 하느님과 만나는 좁은 길은 종교적 체험이 발생하는 유일한 길이 아니며, 실로 누군가를 위한 최우선의 길도 아니다. 사람들은 이 세상 안에 살면서, 일상의 순간들을 견디고, 올바르고 공정한 일을 시도하며, 고통보다 더한 번민 속에서 살고, 자연을 음미하며, 조화로운 관계를 위해 애쓰고, 매일의 은총과 투쟁 안에서 실제로 **살아가는** 자신들의 삶을 둘러싼 신비와 연결되어 있다. 개인의 삶이나 공동체의 삶이 지닌 절정체험들 안에서처럼 모든 순간의 실제 삶들이 이처럼 신적인 신비와 연결되어 있는 것이다. 전 세계는 하느님의 피조물이기 때문에, 삶은 신성한 시공간이나 세속적인 시공간으로 깨끗이 분리될 수 없고, 그 일상성 안에 숨어 있으면서도 드러나는 신적인 신비와 연결되고 매개된다. 더욱이 사제들에 의해 보존되고 유지되는 율법과 예배전통과 달리, 지혜는 어느 집단의 통제도 벗어나 있다. 지혜는 성전의 중앙에서 발견되지 않고 지혜와 조화를 이루며 살기 위해 창조질서를 추구하는 이들에게 주어진다.

두 가지 이유에서 지혜의 문은, 주로 공식적인 종교 단체에서 배제된 여성들에게 열려 있다. 즉, 이 문은 일상생활의 아름다움과 투쟁에 대한 여성들 고유의 체험을 반영하고, 모든 순간은 분명 신성한 시공간에서 발생하는 것만큼이나 의미깊다는 이들 체험의 종교적 중요성을 지적하기 때문에, 지혜 전통의 궤도에 더 잘 도달한다. 이러한 점에서 새로운 방식으로 체현된 그리스도가 태어날 수 있다. 이 그리스도는 가부장적 통제와 연관되기보다는 자주 무시되어 온 통찰의 원천인 여성들의 일상생활 및 공동의 지혜와 연관된다. 이 부분에서 다룰 문제들은 여전히 남아 있다.

더 상세히 보자면, 인격화된 지혜의 표상은 예수 그리스도의 구원적 의미와 인간적 정체성을 해석하는 여성적 은유들을 가지고 토론하게 하고 은유의 선택을 중시한다. 여성신학이 말하는 성의 상징론은 아주 재빨리 남성중심주의로 돌아서는 남성성의 강조를 배제하여, 예수와 사람들의 관계 및 예수와 하느님과의 관계를 다루는 포괄적 틀 안에서 예수를 바라본다. 그러나 이 상징은 생각에 몰입하게 하고, 예수의 사명과 인격을 말해주는 중요한 해석학적 요소로서 지혜를 담은 자비로운 선함, 생명을 주는 창조성, 정의를 위한 열정을 일깨워 준다. 지혜를 통해 예수를 다시 이야기하는 하나의 방식을 추적하는 가운데 우리는 그리스도의 상징을 변화시킬 수 있으며, 실천적이고 비판적인 의미를 주는 그리스도론적 교리를 재천명하게 된다.

## 다시 말하는 예수 이야기

예수는 하느님이 모든 가난하고 무거운 짐진 자들의 인간성과 온전성을 한데 감싸서 사랑하시는 분임을 전하는 예언자요 지혜의 자녀다.[11] 예수는 버림받은 이들을 지혜 하느님의 날개 아래 모으고 그들에게 평화를 준다. 이 지혜의 특사는 정의와 평화라는 지혜의 길을 걷고 다른 이들도 이 길로 초대한다. 지혜와 같이, 예수는 사람들과 함께 있는 것을 반기며, 하느님께 나아가는 기쁨과 통찰과 신뢰의 길을 자기 동료들에게서 발견하였다. 상상력이 풍부한 비유, 자비로운 치유, 놀라운 구마 이적과 잔치를 되풀이하면서 예수는 가까이 있는 지혜 하느님의 은총과 새로워진 능력의 실체를 읽는다. 때로 모든 것을 의탁한 채 그는 지혜를 압바Abba라고 부른다. 예수는 잃은 양을 찾는 목자, 잃었던 은전을 되찾은 부인, 방탕한 아들을 용서하는 아버지, 가루 반죽에 누룩을 넣고 반죽하는 부인, 아기를 낳은 어머니에 지혜를 비유한다. 불미스러운 일로 보일지라도, 예수의 포용력있는 밥상 공동체는 가장 비천한 이들, 심지어 세관원·죄인·창녀들을 포함시킴으로써 하느님 친구들의 범위를 넓힌다. 이 모든 것 안에서 예수의 자비롭고 해방을 주는 말씀과 처신은 창조의 올바른 질서를 다시 세우는 지혜의 일이다. 즉, "지혜가 옳다는 것이 그 행한 일들로 드러났습니다"(마태 11.19).

　자신의 직무를 통해 예수는 남성들뿐 아니라 어느 계급에서든 가장 낮은

---

[11] 더 심도깊게 다룬 Elisabeth Schüssler Fiorenza, *In Memory of Her: A Feminist Theological Reconstruction of Christian Origins* (New York: Crossroad 1983) 118-59 참조.

계층인 여성들이 가부장제에 반대하는 입장을 취하도록 하나의 희망, 하나의 안목, 자유로운 인간관계에 대한 하나의 체험을 준다. 여성들은 서로 존중하고 지지하며 위로하고 도전해 오는 예수와 관계맺고, 예수 안에 가까이 있는 지혜의 영Spirit Sophia의 자비와 하느님에 대한 감사와 용기있는 행위로 힘을 얻게 되었다. 최근의 전통에 이르기까지 오랫동안 등한시되어 온 이 여성들은 여성론적 해석을 통해 의미깊은 모습들로 밝혀진다. 그들은 예수와 친구가 되었고, 경제적인 도움과 조언과 가르침을 주었으며, 도전했고, 예수와 빵을 나누며 예수 이름으로 복음을 전했다. 예수에게서 치유의 은사를 받은 이들은 육체적·정신적 고통, 영적 외로움이나 사회의 배척을 극복하고 똑바로 설 수 있게 되었다. 가부장적 전통에 의해 그 이름이 잊혀진 한 여인은 예수에게 그의 죽음을 알리는 행위로, 그의 머리에 예언자로서 향유를 바른다. 지배-종속보다는 우정으로 서로를 돌보는 관계의 새로운 가능성들은 예수 일행과 어울리고 일치하는 여성들과 남성들 사이에서 꽃핀다. 그들은 동등한 제자공동체를 이룬다. 이 모든 것이 당시의 정치적·종교적 상황에서는 너무나 혁신적이었다. 위협을 느낀 사람들은 예수를 제거하려는 음모를 꾸몄다. 결국 예수는 자유로운 신앙에서 우러나온 자신의 직무를 수행하다가 종교지도자와 정치지도자의 미움을 사게 되고 종국에는 죽음으로 내몰렸다. 오랜 세월에 걸쳐 살해된 예언자들의 계보에서 예수는 가장 뛰어난 분이었다. 예수가 폭력적으로 살해됨으로써 지혜가 지닌 우정과 포용력있는 보살핌은 거부되고 말았다.

예수의 죽음은, 죽음을 두려운 것으로 만드는 모든 것, 즉 고문, 육체적 고통, 잔혹한 불의, 적들의 증오, 승리에 도취된 자들의 조소, 예수가 목숨 바쳐 한 행업의 파멸, 절친한 친구들의 배신, 하느님으로부터 버림받은 체험, 누구라도 견딜 수 없는 무력함의 체험 등을 포함한다. 사실 예수는 "공포와 번민에 싸인" 존재(마르 14.33 참조)로서 지옥에 떨어졌고, 이 말은 마르코 복음서에서 무덤에 있던 여인들을 말할 때 사용되었다(16.5 참조).[12] **이 사람을 보라**(Ecce Homo), 하느님의 지혜인 그리스도는 십자가에 못박혔다.

그러나 그리스도교 공동체에게 이 이야기는 거기서 끝나지 않는다. 지혜
의 특성을 띤 생명의 은총을 증언하는 부활 신앙이 새롭고 상상조차 할 수
없는 방식으로 주어졌기 때문에 불의한 상황에서 당한 십자가의 희생은 영
원히 끝난 것이 아니다. 지혜의 순수하고 인정 넘치며 사람을 사랑하는 영
은 모든 폭력과 죽음에 대항하는 미래를 보장해 줄 하느님과, 상상을 넘어
선 생명을 지닌 예수를 보증한다. 또한 이 영은 예수와 그의 은총의 하느
님이 지닌 매력에 끌린 제자단에서 흘러나왔고, 그들은 이 세상 끝날까지
유익한 체험을 주는 지혜-하느님의 포용성과 구원능력을 선포했다.

정치신학, 해방신학과 아울러 여성신학은, 예수의 죽음을 하느님이 죄에
대한 보상으로 요구하신 것이라는 해석을 거부한다.[13] 오늘날 그러한 관점
은 사실상 남성들의 행위 중 가장 나쁜 것들을 반영하는 분노하고 피에 굶
주리며 폭력적이고 가학적인 아버지로 하느님의 이미지를 고정시키는 것과
다른 것이 아니다. 오히려 예수의 죽음은 위협을 느낀 남성들이 저지른 폭
력행위요 범죄행위였으며, 따라서 은총의 하느님 뜻을 거스르는 것이었다.
그것은 예수가 알았고 메시지와 실천으로 밝혀준 심오한 진리와 사랑에 충
실했던 결과가 역사적으로 드러난 것이다. 지배와 복종이라는 반목적 규범
으로 점철된 상황 안에서, 사람들을 자유롭게 하는 예수의 삶은 죽음의 징
조를 안고 있었다. 이런 의미에서 고통은 당연히 따라오는 듯하다. 그러나
예수가 무저항의 희생물로 바쳐질 수밖에 없었던 것은 죄에 대한 벌로 신
이 판결한 것이 아니라, 고통당하고 버림받은 모든 이들과 연대하는 예수
의 은혜로운 하느님의 강한 사랑이 재앙과 벌이는 변증법이라는 것을 밝혀
준다. 폭력·고통·사랑이라는 이 모든 차원에서, 십지기는 세상의 고통에

---

[12] Elizabeth Moltmann-Wendel, *A Land Flowing with Milk and Honey: Perspectives on Fe-
minist Theology* (New York: Crossroad 1986) 127-32.

[13] Rita Nakashima Brock, *Journeys by Heart: A Christology of Erotic Power* (New York:
Crossroad 1988); Joanne Carlson Brown and Rebecca Parker, "For God So Loved the World?"
in: Joanne Carlson Brown and Carole R. Bohn (eds.), *Christianity, Patriarchy, and Abuse: A
Feminist Critique* (New York: Pilgrim Press 1989) 1-30; Mary Grey, *Feminism, Redemption
and the Christian Tradition* (Mystic, CT: Twenty-Third Publications 1990) 참조.

동참하는 지혜-하느님이 하시는 일에 대한 비유다.

재앙에서 새로운 생명을 만들어내는 인간과 하느님의 사랑이 이룬 승리는 부활하신 그리스도를 믿는 것으로 표현되었다. 부활 자체는 상상을 넘어서는 것이다. 신앙이 긍정하는 바는, 이 세상에 발생한 사실과는 달리 저항할 수 없는 악이 마지막 말이 아니라는 것이다. 십자가에 처형된 이는 끝끝내 버려진 것이 아니다. 지혜-하느님은 당신 자녀이며 예언자인 분을 새로 변한 생명으로 거두어들여 죽은 모든 이들과 우주 전체를 위한 미래의 약속으로 삼았다. 완전함에 대한 여성론적 관점과 심하게 능욕당했음에도 흠없는 몸을 간직하고 우주 전체와 긴밀히 연결되어 있다는 사실에 대한 여성론적 관점은 가장 중요한 그리스도교적 관점으로 새겨져 있다.

그리스도의 십자가 죽음과 부활, 그리고 지혜의 하느님은 하느님의 정의와 새롭게 하는 힘이 폭력과는 다른 방식으로 세상에 영향을 미친다는 진리를 밝힌다. 평화의 승리는 싸우는 신의 칼이 아닌 고통받는 이들과의 연대를 통해, 그리고 이 연대 안에 있는 자비로운 사랑의 권위를 통해 이루어졌다. 악과 고통의 헤아릴 길 없는 심연은 지혜-하느님의 우정 안에 포섭되고, 참으로 이것이야말로 생명의 길이다. 죄를 벌한다는 소극적 의미로 해석된 십자가 이야기는 지혜의 범주에 따라 감동적 힘을 가지고 다시 나타난다. 예수의 삶이 동반한 고통은 수동적인 것도, 쓸모없는 것도, 신이 정한 것도 아니었고, 반목하는 세상 안에서 정의와 평화로 향하는 지혜의 길들과 연결된 것이었다. 이처럼 십자가는 삶을 위한 고통이 지닌 크나큰 신비의 일부이며, 여성들에게 익숙한 임신 · 해산 · 출산이라는 시간의 리듬이 환기시키는 새로운 창조를 위한 투쟁의 일부이다.[14] 마지막 위기의 순간에 막달라 여자 마리아, 작은 야고보와 요세의 어머니 마리아, 살로메와 "다른 많은 여성" 제자들(마르 15,40-41 참조)이 이 십자가 이야기 안에 강조되어 나타나고, 실제로 그들은 예수의 직무 · 죽음 · 무덤에 묻힘 · 부활이라

---

[14] "Final Document: Intercontinental Women's Conference", in: Fabella and Oduyoye (eds.), *With Passion and Compassion*, 188.

는 일련의 움직임 안에 현존한다. 그 여성들은 비난받는 희생제물과 연대하여 가까이 혹은 멀리서 십자가를 밤새워 지켰다. 그러한 행위는 그때나 지금이나 연대를 위해 위험을 감수하는 여성들의 용기를 돋보이게 한다. 여성들의 현존은 죽어 가는 예수를 위한 하느님 자신의 충실한 성사이고, 여성들의 신앙깊은 우정은 예수를 완전히 포기하지 않는다는 희망을 증언한다. 장례에 참석한 여성들은 무덤으로 가는 길을 알았다. 여성들은 가장 먼저 그리스도가 부활하신 것을 목격하고 무엇이 일어났는지 깨달았으며 숨어 있는 동료에게 이 기쁜 소식을 알리라는 요청을 받아들였다. "그들은 막달라 여자 마리아와 요안나와 야고보의 어머니 마리아였다. 그들과 함께 다른 여자들도 사도들에게 이 일을 말했다"(루가 24,10). 여기서 볼 수 있는 여성들의 행위는 남성들의 비웃음과 불신에도 굴하지 않고 지속된 것이다.

제자들이 처음부터 경시하던 말들을 현대교회가 얼마만큼 들으려 하는지 살피는 것은 흥미롭다. 부활 주일 찬미가는 "마리아, 우리에게 말해 주세요. 그 길에서 무엇을 보았나요?"라고 묻는다. 마리아는 이렇게 답한다.

> 나는 살아나신 그리스도의 무덤과
> 부활하신 그분의 영광과
> 천사의 증언, 수건과 삼베를 보았습니다.
> 나의 희망이신 그리스도는 부활하셨습니다.
> 그분은 당신들보다 먼저 갈릴래아로 가셨습니다.

가톨릭 전례를 통해 부활을 경축하는 전 세계에 막딜라 여지 마리아가 하는 말이다.

성령이 오순절에 바람과 불혀 모양으로 공동체에 생기를 줄 때, 여성들은 다락방 사도단의 중요한 일원이었다. 그들은 로마 제국 전체에 복음을 전하도록 위임받은 자요 창조적 동업자로서, 영의 능력으로 예수-지혜의 치유하고 해방하는 사명을 수행하면서 사도 · 예언자 · 설교자 · 선교사 · 의

사 · 가정교회 지도자로 활동했다. 예수-지혜에 관한 이야기는 "당신의 사람들인" 남성과 여성의 이야기를 떠나서는 옳게 말할 수 없다.

여성론적 해석학은, 복음사화가 가부장적 지배의 정당화에 어떻게 온몸으로 저항했는지를 보여주는 실마리가 되었다. 하느님의 다스림에 대한 예수의 설교와 그의 포용력있는 생활방식은 격노한 종교와 정치권력으로 그를 꺾으려는 반대자들을 살아 숨쉬게 했다. 그들은 예수를 십자가에 못박았지만 지혜-하느님은 그 죽음을 받아들여 생명으로 변화시킨다. 이렇게 예수에 대한 이야기를 말할 때, 예수가 남성 인간이었다는 역사적 사실로 인해 하나의 특정한 구체화가 생긴다. 가부장적 문화 안에서 한 여성이 자비로운 사랑을 설교하고 봉사하는 권위의 형태로 행동한다면, 그녀는 아주 분명히 엄청나게 무시했을 것이다. 이것은 여성들이 자연스럽게 가정해 볼 수 있는 것이 아니던가? 그러나 사회적으로 남성의 특권적 지위를 가진 예수가 여성적인 방식으로 설교하고 처신하자, 법정에 소환된다.

무엇보다도 십자가는 당연시되는 남성지배의 법칙에 도전한다. 십자가에 못박힌 예수는 가부장제 안에서 힘을 가진 이상적인 남성상과는 정반대편에 서 있다. 그리고 자유를 위한 투쟁에 어떤 대가를 치러야 하는지 잘 보여주고 있다. 그러므로 십자가는 "가부장제로부터 자신을 비우는" 상징이다.[15] 십자가는 남성지배의 힘을 버리고 자비로운 마음으로 서로를 섬기면서 서로에게 힘을 실어주는 새로운 인간성을 보여준다. 예수의 남성성을 이렇게 읽는다면 우리는 십자가를 통해 가부장제의 종말을 고하는 예언을 들을 수 있겠다.

지혜의 특사, 예언자에 관한 최초의 복음 이야기에 비추어 분명해지는 핵심은, 예수가 한 남성이었다는 것이 아니라, 너무 많은 남성들이 예수의 선례를 따르지 않았다는 것이다. 여성신학적 해석학으로 성서를 읽다 보면, 여성들을 주변인으로 몰아내는 일보다 더한 왜곡이 성서 속에 들어 있

---

<sub>15</sub> Ruether, *Sexism and God-Talk*, 137.

지만, 다른 한편으로는 직무·고통·마지막 승리에 대한 예수-소피아의 이야기를 발견할 수 있다. 또한 모든 사람을 동등하게 맞아들이고 여인을 포함하여 버려진 이들을 받아들이며 사랑과 은총이 넘쳐나는 새로운 공동체를 열어주는 이야기도 볼 수 있다.

## 변화한 그리스도의 상징

신학은 역사적 예수 이야기뿐만 아니라 "예수는 그리스도이시다"라는 신앙고백도 이야기한다. 신앙고백은 하느님에게 뿌리를 두고 이루어진 예수의 구원의미를 요약해서 전해준다. 그리스도의 상징이 지닌 신학적 의미는 무엇인가? 그리스도의 상징은 남성성과 신의 구원적 기능 간의 필연적인 연결을 지적하거나 모두를 위한 하느님의 자비롭고 해방하는 능력에 대한 약속을 가리키는가? 그것은 고독한 한 남성에 대한 찬미를 의미하거나 성령의 능력 안에 있는 새로운 공동체에 대한 약속을 의미하는가?

여성의 모습으로 인격화된 지혜는 예수를 그리스도라고 고백하는 성서의 그리스도론에 영향을 미치고, 그리스도의 상징이 배타적이 아니라 포괄적으로 해석될 수 있도록 도와준다. 예수는 하느님의 지혜다. 이 근본적인 은유는 로고스와 아들에 대한 남성적 은유의 독점을 경감시키고 가부장적 상상을 몰아낸다. 지혜 그리스도론을 지지하는 이들은 그 모든 충만성 안에서 지혜가 예수 안에 있었고, 세상과 연결된 창조와 구원을 지닌 신의 신비를 체현한 그의 역사성 안에 예수가 있었다고 단언한다. "그녀(지혜)는 하나의 모습으로 보내졌고 인간들과 함께 살았다. 그녀는 또 다른 모습으로 보내져 와 있고, 그녀 자신이 인간이 되었다"[16]라고 아우구스티누스는 썼다. 이런 말은 남성으로서의 인간 예수와 남성 하느님 간에 "필연적인

---

[16] Regarding *Sapientia*: "*Sed aliter mittitur ut sit cum homine; aliter missa est ut ipsa sit homo*"; Augustine, *De Trinitate* 4,20, 27; Philip Schaff (ed.), *Nicene and Post-Nicene Fathers*, vol. 3 (Grand Rapids: Eerdmans 1956).

존재론적 연결"이 있다는 가설을 돌파하고, 예수가 한 인간 남성 대신에 여성의 형상 — 이미지 — 을 지닌 하느님 은총의 계시로 생각될 수 있음을 깨닫게 해준다.

마찬가지로 예수 안에 육화한 하느님의 지혜는 그녀에 속한 모든 이들이 하느님의 친구로 초대받았음을 전하며, 지혜의 영 안에 초대받은 남녀 모두를 포함한 전 인류에게 참다운 의미를 준다. 남녀에 대한 전형적인 고정관념은 창조적 초월, 정의에 대한 근원적인 열정, 진리에 대한 인식을 뜻하는 여성적 지혜로 타파되는 한편, 신의 특성들을 안에 품고 있는 육화한 예수는 육체성 및 지상성과 연결된다. 예수-지혜의 창조적이고 구원적인 역설은 원수끼리의 화해와 반목으로부터 자유롭고 통합된 다양성으로 변화하는 방법을 지적해 준다. 결국, 예수와 신의 구원적 기능 간의 관계에 관한 전망에 따르면, 성은 그리스도의 상징이 지닌 구성요소가 아니다.

성은 인간공동체 안에 있는 그리스도의 정체성을 제한하지 않는다. 가령, 부활 신앙은 육체적·영적 역사성을 지닌 예수가 성령의 능력으로 새로운 생명에 들어섰음을 확인시킨다. 이 주장이 뜻하는 바는 상상을 초월한다. 예수의 생명은 이제 하느님의 영광 안으로 숨었으나 그 현존은 두세 사람이 모인 곳, 빵을 나누고, 주린 이를 먹이는 이 땅에서 인식된다. 이는 성을 포함한 인간성의 변화를 가리키고, 너무 심원하여 우리의 상상을 뛰어넘는다. 부활한 그리스도는 하느님과 함께 살기에, 현존 지상 개체들을 초월하며, 성령의 능력으로 형성된 지상공동체에 생기를 불어넣는다.

예수의 죽음과 부활 후에 계속되는 예수-지혜 이야기의 핵심은, 예수의 구체적인 역사적 삶으로부터 성령에 감화된 형제자매들의 공동체로 옮겨 간다. 처음부터 이 공동체는 예수-지혜가 그리스도이고, 기름부음을 받았으며, 축복받은 분이라는 고백에 주목했다. 이 고백의 본질은, 사랑의 공동체가 그리스도됨을 공유하고 그리스도의 삶과 죽음과 부활에 동참하여 그리스도의 형상을 지닌다는 통찰에 있다. 남성 예수로 그리스도의 정체성을 주저앉히려는 소박한 육신주의의 도전에도 불구하고, 바울로 사도가 말한 그리스도의 몸(1고린 12,12-27 참조)과 요한 복음사가가 말한 포도나무 가지 (요한 15,1-15 참조) 같은 성서적 은유들은 그리스도의 실재가 구원받은 인간 모두를 늘 잠재적으로 포함한다고 상술한다. 역사의 고난과 갈등 속에서도 제자공동체에 속한 이들은 **그리스도 안에 있는 이들**이어서, 그들의 삶은 그리스도의 모습을 지닌다.

그리스도 안에 산다는 그리스도인 정체성의 근본 특성은, 성령 안에서 기름부음을 받은 성서적 상징인 그리스도를 밝혀주고, 역사적 인물인 예수나 공동체가 가려뽑은 사람들로 한정될 수 없으며, 오히려 제자공동체에 참여하여 성령을 받아 모신 모든 이들에게 적용된다. 그리스도는 성령론적 실체이며, 유다인·헬라인·노예·자유인·남성·여성을 가리지 않는 성령의 피조물이다. 부활하신 그리스도의 몸은 그리스도 예수 안에서 모두 하나인(참조: 1고린 12장; 갈라 3,28) 공동체의 몸이 된다. 산드라 슈나이더스는 이를 잘 설명하고 있다.

> 그리스도는 배타적 영광을 입은 예수가 아니라 자신의 몸인 교회에 생기를 주는 영광의 예수다. 그리스도가 바울로에게 "사울아, 사울아, 왜 나를 박해하느냐?"(사도 9,4)라고 말했던 것은 그리스도가 세례를 받은 모든 이들로 구성되어 있다는 분명한 사실 때문이다. 이것은 그리스도가 예수와 달리 남성이 아니거나 더 정확히는 배타적으로 남성일 수 없다는 것을 뜻한다. 그리스도는 아주 정확히 흑인, 노인, 이방인, 여성, 아시아인이나 폴란드인으로 묘사된다. 그리스도는 세례를 받은 모든 이를 포함한다.[17]

이 신학적 진리는 여성들이 그리스도의 삶 안에 완전히 동참한다는 통찰을 확고히 해준다. 그리스도인으로서의 정체성은 역사적 예수의 육체적 특성을 글자 그대로 복사하는 것으로 완성되지 않는다. 비록 예수와 "본성상

---

[17] Sandra M. Schneiders, *Women and the Word* (New York: Paulist Press 1986) 54.

유사성"을 지니지 않은 남성 노인, 흑인 남성 등일지라도 마찬가지이다. 오히려 이것은 그리스도의 삶에 동참하고 성령의 능력으로 사람의 마음 안에 새겨진 그리스도의 사랑 방식을 취하고 제자로서의 길을 걷는 창조적인 방법들을 발휘함으로써 완성된다.

세례의 전통은 여성들과 남성들이 살아 있는 그리스도를 이루는 것이고, 순교의 전통은 순교를 입증하는 피를 흘린 여성들과 남성들 안에서 그리스도의 모습을 늘 인식하는 것이다. 남성성이 그리스도의 본질을 구성하는 것이 아니고, 성령 안에서 구원받았고 구원받는 인간이 그리스도의 본질을 구성한다. 한마디로, 예언자이며 친구이자, 그리스도로 육화하고 기름부음을 받은 지혜 이야기는 여성 그리스도christa와 남성 그리스도christus로 된 지혜공동체라는 온전한 그리스도 이야기로서 역사 안에 지속된다.

## 재천명하는 그리스도론

복음서의 예수 이야기와 그리스도에 관한 성서적 담화는 그리스도론의 남성중심적 구조를 타파하듯이 교리의 전통적인 언어도 타파한다. 수세기의 논쟁을 거쳐 애써 만들어낸 이 언어는 예수 그리스도 안에 인성과 신성이 있다는 가설, 예수 그리스도는 **하나의 위격 안에서 참으로 하느님이신 분이고 참으로 인간이신 분**(vere Deus, vere homo in una persona)임을 긍정한다. 이 말은 육신을 취한 하느님의 신비와 남성성이 본질적으로 연결됨을 의미하는가? 이 표현을 낳은 투쟁의 역사는 그렇지 않음을 보여준다.

하느님의 초월성을 보존하기 위해 로고스를 피조물 중 최상급의 피조물로 분류하여 육화한 로고스/소피아의 참된 신성을 부정한 아리우스의 입장과는 달리, 처음 5세기 동안의 다른 그리스도론적 갈등들 대부분은 예수의 인간성의 진실성 여부에 대한 문제를 중심으로 한다. 아리우스주의로부터, 인간의 실제 몸을 부정하는 가현설, 이성적 영혼을 부인한 아폴리나리우스의 해결, 물질들의 구별을 흐리게 하는 단성론적單性論的 경향, 인간의 의지에 대한 단의론적單意論的 처방까지, 사실상 모든 논쟁적인 입장은 예수의 인간성이 지닌 참된 성격을 무시했다. 문제시된 것은 그의 성·인종·계급이나 다른 특성들이 아니라, 분명히 인간으로서 그의 구체적인 인간성이 지닌 온전성이었다. 그리고 예수가 취하지 않은 것은 구원받지 못하기 때문에 문제가 심각했다.[18]

궁극적으로 그리스도인의 신앙은 지혜의 육화인 참된 인간성을 확인하기 위해 선택되었고 가장 실현성있는 언어 안에서 선택되었다. "하느님으로부터 나신 하느님"이 **인간이 되셨다**는 니체아 고백은 **참된 인간**을 중시하는 칼체돈 공의회로 더 구체화되었다. 이 칼제돈 공의회는 논쟁직인 그리스 용어인 동일 실체, "한 존재"라는 부문을 강조했다. 이 용어는 예수가 하느님과 본성상 동일하고, 또 다른 동일성, 즉 예수는 "자신의 인간성으로 인해 우리와 같은 한 존재"라고 말하는 니체아 신경에서 사용된 것이다. 이렇게 구체화된 인간학이 옳다면, 이처럼 표현된 실제 생명을 지닌 몸은 열정과 고통을 느낄 수 있고, 죽음과 고유한 영적·정신적 능력을 지닌 영혼을 느낄 수 있다. 이 교리적 언어가 무엇을 의미하든, 이 언어에 따르면 육화는 단순히 인간처럼 차려입고 육체적·정신적으로 인간이 아니게 살아가는 하느님의 신비를 내포하지는 않는다. 오히려 자신의 인간성으로 인해 우리와 한 존재인 예수는 기쁨과 고통을 겪는 몸으로서, 교육받지 못했으나 지혜 안에서 성장하고, 위험을 무릅쓰고도 자유로움을 지녔던 창조적으로 유한한 한 생명으로 태어났다.[19] 두 공의회 당시의 역사적 맥락 안에서 이 주제들은 예수의 남성성이 아니라 고통받는 인류 모두와 연대하는 그의 인간성이야말로 교리적으로 중요함을 밝혀준다. 그리스도론적 교리의 취지는 포용적으로 되는 것이었고 지금도 그러하다.

---

[18] 아리우스주의에 대한 해석: Robert Gregg and Dennis Groh, *Early Arianism – A View of Salvation* (Philadelphia: Fortress Press 1981) 참조.

[19] 내가 따르는 이 사고틀은 Karl Rahner, "On the Theology of the Incarnation", *Theological Investigations* (New York: Seabury Press 1974) 4: 105-20과 일치한다.

이런 사실에서, 남성성을 지닌 예수의 인간성을 남성중심적으로 강조하는 육화 교리의 사소한 이론들은, 이를 반대하는 이에게 거침없이 이교라는 비난과 심지어 신성모독이라는 비난을 가하고 이를 충분히 정당화한다.[20] 예수는 진정 초세기 갈릴래아 유다 남성이었고 우리 모두가 그런 것처럼 구원받기 어려운 특정인이었지만, 육화 안에서 모든 인종 및 역사적 조건들과 남녀의 성을 내포한 전 인류의 인간성을 스며나오게 한다. 구세주로서 예수의 능력은 그의 남성성이 아니라 악과 억압의 세력 한가운데서 사랑과 자유를 가지고 살았던 그의 개인사 안에 존재했고, 이 세상 끝날까지 성령의 능력을 품은 지혜공동체 안에 있다.

## 실천적이고 비판적인 결과를 향하여

신학은 예수의 역사적 성이 아니라, 자비롭고 해방을 주는 지혜 하느님의 영 안에서 여성을 포함한 가난하고 소외된 이들을 선택한 스캔들의 특성을 강조하는 지점에서 발생한다. 그것은 정의 안에서 새 질서로 전체를 창조하려는 목표를 지닌, 참으로 중요한 스캔들이다. 지혜의 하느님인 예수에 관한 여성신학적 주장은 이 목표를 지향하며, 남성성으로부터 방향을 바꾸어 그리스도 사건 안에서 밝혀진 신학적 의미 전체에 초점을 맞춘다. 예수는 자신의 인간성과 역사성 안에서 지혜의 육화이며, 여성의 이미지를 띤 해방과 은총을 주는 하느님의 계시로 고백되었다. 즉, 예수-지혜의 친구인 여성들은 늘 구원의 사명을 펼치는 남성과 동등하게, 자신이 성령 안에서 다른 그리스도들로서 그리스도를 충분히 표현할 수 있다. 이는 동등한 제자됨과 동등한 직무를 지향하는 공동체의 교회론과 실천을 재형성한다.

　더 나아가 지혜의 전통을 통해 살펴보고 예수의 의미에 초점을 맞춤으로

---

[20] Patricia Wilson-Kastner, *Faith, Feminism and the Christ* (Philadelphia: Fortress Press 1983) 90; Schneiders, *Women and the Word*, 55; Anne Carr, *Transforming Grace: Christian Tradition and Women's Experience* (San Francisco: Harper & Row 1988) 178.

써 여성들의 체험과 밀접히 연결된 모든 범위의 가치를 존중하게 해준다. 말하자면 우정, 친밀감, 기쁨과 열정, 측은히 여김, 이분적인 관계성보다는 온전한 관계성, 영웅적 행위와 함께 일상의 가치, 진리를 추구하는 정신과 몸, 이 세상과 떨어져서 통치하기보다는 이 세상과 본래부터 연결된 하느님의 알 수 없는 현존, 어디에나 고루 미치는 올바른 질서, 이 모든 것들은 예수 그리스도에 관한 해석과 관련되고 여성들의 동등한 인간적 존엄성을 실천하는 것과 부합하는 근본적으로 새로운 방향에서 교리를 출발시킬 것이다.

예를 들어 전통신학은 오랫동안 가치를 떨어뜨리는 방식으로 여성들을 물질과 육체와 연결시켜 왔다. 그러나 지혜 자신이 인간이 되었다면, 인간의 육체와 여성들 고유의 몸에 해당하는 이 창조물은 지혜에 속하고 그녀에게 귀중한 것이다. 물질과 영혼 간의 이분법이나 하나보다 다른 하나를 더 높이 평가하는 것은 있을 수 없고, 물질 자체가 하느님에 속한 보물이다. 부활은 이러한 사실이 언제나 지속될 것이라고 선포하는데, 왜냐하면 몸 자체는 지혜의 영이 지닌 능력 안에서 버려지지 않고 영광을 입기 때문이다. 더구나 고문받고 처형당했던 예수의 몸이 부활했다. 이것은 죽은 모든 이들과 끝없는 고통의 역사 안에서, 명백히 강탈당하고 고문받으며 부당하게 파괴된 모든 이들의 미래를 위한 그리스도교 희망의 토대이다. 지혜의 선물은 영생이기 때문이다.

여성과 남성의 올바른 관계를 위해 가부장적 사고와 관습을 없애는 것에 덧붙여, 지혜 그리스도론은 여성들의 동등한 인간적 존엄성을 위해 투쟁하고, 가난한 이를 위한 정의, 타송교선통을 존중하며 만나는 것, 지구를 위한 생태학적 염려라는 현대의 세 가지 주요 관심사에 대처하여 올바른 실천을 하도록 돕는다. 첫째, 사회정의란 고대 이스라엘이 올바른 창조질서를 파괴하는 부당한 상태로 여겨져 이에 맞선 지혜 전통의 주된 관심사이다. 이웃을 희생하여 번영이 이루어져서는 안 된다. 잠언에 따르면, "가난한 사람을 억누름은 그를 지으신 이를 모욕함"이지만 가난한 이들의 손을

잡는 것은 하느님에게 경의를 표하는 것이다(14,31 참조). 따라서 지혜 문헌은
과부와 고아와 가난한 이를 돌보라는 조언, 탐욕스럽게 얻으려는 이들은
자기 자신의 덫에 걸릴 것이라는 경고, 통치자는 의인을 사랑하고 그에 따
라 정치하라는 명령으로 가득 차 있다. "착한 사람은 가난한 사람들의 사
정을 돌보지만 나쁜 사람은 아랑곳하지 않는다"(잠언 29,7). 지혜 전통 안에
는 불의에 대한 정치적 비판이 잠재되어 있다.[21]

인격화된 지혜 자체는 정의에 대해 강한 정체성을 드러낸다. "나는 옳은
길을 가고 바른 길 한가운데를 걸으며"(잠언 8,20)라고 지혜는 말한다. 지혜
의 원리는 인격적인 상호 작용뿐만 아니라 사회·정치적인 질서에도 작용
한다. 즉, "임금들이 옳게 다스리고 고관들이 바른 명령을 내리려면 나의
도움을 받아야 한다. 내 도움이 있어야 지휘관은 지휘관 노릇을 하고, 고
관들은 세상을 바로 다스린다"(잠언 8,15-16). 지혜는 모든 해방을 위한 모범
적인 행위로써 자신의 백성을 압박하는 자들의 나라에서 구해 내고, 그들
이 안식처를 찾을 때까지 별빛이 되어 인도한다(지혜 10,15-19 참조).

예수의 역사적 직무와 죽음, 가난한 이를 선택하고 이것 때문에 치른 대
가를 해석할 때, 지혜 전통의 맥락은 하느님의 열정이 사회적 억압을 확실
히 없애며, 올바른 관계의 정립을 지향함을 보여준다. 식탁은 찾아올 이를
위해 차려져 있고, 빵과 포도주는 분투하는 이를 격려하기 위해 마련되어
있다. 필요한 것은 가난한 이와 능욕당한 이와 절망한 이들의 외침을 반향
한 예수-지혜의 커다란 부르짖음에 귀기울이고, 이 땅에 올바른 질서를 세
우기 위해 창조적이고 구원을 주는 하느님의 일을 하는 지혜 공동체와 우
리의 삶을 연결짓는 것이다.

둘째, 지혜 전통의 보편적이고 비배타적인 성격은 이 세상의 모든 종교
전통들의 가치를 인정하는 것과 연관된다. 현자들은 "이스라엘의 하느님"
이나 "우리 선조들의 하느님"에 관해 말하지 않고 어디에나 현존하고 일하

---

[21] Leo Lefebure, *Toward a Contemporary Wisdom Christology: A Study of Karl Rahner and
Norman Pittenger* (Lanham, MD: Univ. Press of America 1988) 199-222 참조.

시는 모두의 창조주에 관해 말하곤 한다. 또, 의인들과 통찰력있는 이들이 유다교 신앙에만 속한다고 제한하지도 않는다. 욥조차도 이스라엘인이 아니었다.

인격화된 지혜 자체는 이스라엘뿐 아니라 전 세계에 현존하고 일하시는 하느님을 상징한다. 그녀는 이 세상을 두루 여행하면서, 자신이 어떻게 모든 민족과 나라를 지배하고 이 모든 것들 틈에서 안식처를 구했는지를(집회 24,6 참조) 밝힌다. 그녀의 친절하고도 사람을 사랑하는 영은 이 세상에 충만하며, 모든 것에 고루 미치고 모든 것을 포함한다(지혜 1,6-7 참조). 그녀는 어둠을 몰아내고 빛을 비추며, 그녀가 하느님의 친구들과 예언자들로 삼은 이들은 모든 나라에서 발견된다.

이런 맥락에서 해석한 예수의 의미는 고유한 예수의 삶과 직무와 운명이 지닌 보편성을 강조한다. 예수-지혜는 인격적으로 모두의 유익함을 위해 하나의 특정한 역사 안에서 지혜의 은혜로운 보살핌으로 육화했지만, 지혜를 찾았고 또 찾고 있는 다양한 문화의 모든 이들이 추구하는 다양한 길에 존재한다. 따라서 그리스도와 다양한 세계종교전통들 간에는 지속적인 신의 행위와 영감이 자리잡고 있다. 예수는 그리스도인들을 위한 지혜에만 집중하지만, 똑같은 실재는 타종교전통 안에 다른 방식으로 집중했다. 그러므로 지혜 이야기는 타종교 신앙들을 지구적이고 세계교회적인 전망에서 존중하는 공동체를 지향한다.

셋째, 전 우주의 관계는 이미 성서적인 지혜 전통 안에서 정립되었다. 그 관심사는 올바른 창조질서에 집중되고 상호 연관된 자연계에 속한 인간 삶에 강력하고 지속적으로 초점을 맞추는데, 이 둘은 더할 나위 없이 조화로운 전체를 형성하고 있다. 지혜가 솔로몬에게 주어졌을 때, 그는 현명하게 판단했을 뿐만 아니라, 이 세상의 구조, 계절의 순환, 별자리, 맹수들의 성질, 바람의 위력, 각종 식물과 뿌리의 가치를 알게 되었다. 즉, "만물을 만드신 하느님 지혜의 가르침을 받아서 나는 드러나 있는 것은 물론 감추어진 모든 것까지도 알게 되었다"(지혜 7,17-22). 인격화된 지혜는 이 모든 선한 것들의 어머니이며(지혜 7.12 참조), 그것들을 지어낸 뛰어난 여성 장인이다(잠언 8.30 참조). 지혜는 세상 이 끝에서 저 끝까지 힘차게 펼쳐지며 모든 것을 훌륭하게 다스리고, 사람들과 같이 있는 것이 즐거워 땅 위에서 기쁨과 알 수 없는 환희로 뛰놀고 있다(지혜 8.1: 잠언 8.31 참조).

지혜의 범주 안에서 해석한 예수의 직무와 죽음과 부활은 지구 생태계와 이 시대 행성의 위기 안에서 활력있게 움직이는 우주 생태학에 맞추어진 인간계 너머의 그리스도론을 정립한다. 구체화된 지혜는 존재하는 모든 것을 만들었고 예수의 구원적 보살핌은 모든 피조물과 전 지구 자체를 번성하게 하는 데까지 미친다. 지혜의 영이 지닌 능력은 사람들이 지구를 위해 이 사랑을 나누고, 풍요로움을 유지하며, 한계를 존중하고, 손상된 것을 복구하며, 파괴하지 못하게 지키는 곳 어디서나 분명하게 드러난다. 이 영 안에서 예수-지혜의 공동체는 지구와 연대하고 생태학적 보존의 최전선에 서라는 요청을 발견한다.

# 결 론

예수 그리스도 안에서 생명을 주는 힘을 발견한 여성들의 신앙과 제자됨이 지닌 종교사는 가부장제로부터 그리스도론적 전통을 해방시키려는 여성신학적 노력을 충분히 보장한다. 하느님에 대한 교리, 그리스도교 인간학, 그리스도교 전통을 통해 흘러나온 "더한 무엇"인 교회의 체계 안에서 남성의 주도권을 지지하는 왜곡된 방식으로 예수 그리스도를 해석해 오는 동안, 해방시키는 예언자인 지혜에 관한 놀랄 만한 기억과 지혜의 영이 지닌 능력은 지구를 새롭게 하는 자유를 가지고 있었다.

이 역사적인 오늘날의 과제는 그리스도의 이름을 해방시키는 것, 즉 수세기 동안 배타적이고 강요적으로 그 이름을 써 온 방식으로부터 해방시키는 것이고, 성령의 능력 안에 있는 지혜의 구원의지인 치유와 온전함을 위해 그 이름을 해방시키는 것이다. 인류 평등적인 틀에서 예수 이야기를 다시 말하고, 지혜와 우정의 범주 안에서 그리스도의 상징을 변화시키며, 그리스도론적 교의가 지닌 본래의 포괄적인 의미를 재천명함으로써, 여성신학은 전 교회가 여성차별주의를 벗어나, 온 세상에 이를 선교하는 동등한 제자공동체로 나아가도록 요청한다.

# 더 읽으면 좋을 책

Rita Nakashima BROCK, *Journeys by Heart: A Christology of Erotic Power*, New York: Crossroad 1988. "그리스도의 여성론적 구원"은 가부장제로 인한 상처를 치유하려는 크리스타 공동체Christa-Community가 강조하여 완성했다.

Anne CARR, *Transforming Grace: Christian Tradition and Women's Experience*, San Francisco: Harper & Row 1988; "Feminism and Christology". 성gender에 관한 학문을 대화로 풀어낸 여성신학 개관.

Mary DALY, *Beyond God the Father: Toward a Philosophy of Women's Liberation*, Boston: Beacon Press 1973. 성차별주의적 그리스도론을 최초로 비판한 진보적 여성론의 관점.

Virginia FABELLA and Mercy Amba ODUYOYE (eds.), *With Passion and Compassion: Third World Women Doing Theology*, Maryknoll, NY: Orbis Books 1988. 아프리카, 아시아, 라틴아메리카의 제3세계 신학자들이 참석한 교회일치 여성위원회 보고서.

Elisabeth Schüssler FIORENZA, *In Memory of Her: A Feminist Theological Reconstruction of Christian Origins*, New York: Crossroad 1983. 여성주의 해석학의 원리를 서술한 최초의 작업이자 이를 적용한 신약성서해석.

Jacqueline GRANT, *White Women's Christ and Black Women's Jesus: Feminist Christology and Womanist Response*, Atlanta: Scholars Press 1989. 인종 차별과 계급 차별을 등한시하는 백인 여성주의 비판, 아프리카계 미국 여성의 체험에 초점을 맞추고 그리스도론을 다룸.

Mary GREY, *Feminism, Redemption and the Christian Tradition*, Mystic. CT: Twenty-Third Publications 1990. 여성들의 인간관계 체험을 통해 구원의 상징들을 재해석.

Elizabeth JOHNSON, *She Who Is: The Mystery of God in Feminist Theological Dis-*

*course*, New York: Crossroad 1992. 여성론적 삼위일체신학에서 나타나는 지혜 그리스도론을 전통신학과의 대화를 통해 고찰.

Sallie MCFAGUE, *Models of God: Theology for an Ecological, Nuclear Age*, Philadelphia: Fortress Press 1987. 어머니요 연인이며 친구인 하느님과, 하느님의 몸인 세계에 관한 독특한 사고 전개. 이와 연결된 성적 사랑과 구원행위를 담은 그리스도론 및 세상과 인간과 지구에 유익한 치유의 윤리학.

Elizabeth MOLTMANN-WENDEL, *A Land Flowing with Milk and Honey*, New York: Crossroad 1986. 상호 관계와 자기 사랑을 강조하는 새로운 시각의 예수와 여성에 관한 성서 이야기.

Rosemary Radford RUETHER, *Sexism and God-Talk: Toward a Feminist Theology*, Boston: Beacon Press 1983. 여성신학의 뿌리를 탐구하는 기초 작업. 새롭게 해석한 기본적인 "영송"tracts 전체에 나타난 예언자적 그리스도론.

Sandra M. Schneiders, *Women and the Word: The Gender of God in the New Testament and the Spirituality of Women*, New York: Paulist Press 1986. 그리스도 안에서 여성이 평등하다는 점을 뒷받침하는 신약성서자료에 관한 명쾌한 분석.

Elsa TAMEZ, *Through Her Eyes: Women's Theology from Latin America*, Maryknoll, NY: Orbis Books 1989. 사례를 통해 새롭게 읽는 그리스도론과 그밖의 주제들. 여성들의 투쟁은 사회적 · 정치적 · 경제적 해방을 위해 투쟁하는 자신의 가난한 공동체들과 풀 수 없이 얽혀 있다.

Susan Brooks THISTLETHWAITE, *Metaphors for the Contemporary Church*, New York: Pilgrim Press 1983. 우리와 관계맺고 있는 그리스도에 초점을 맞춤, *Sex, Race and God: Christian Feminism in Black and White*. 성차별주의와 인종차별주의의 상관 관계.

Patricia WILSON-KASTNER, *Faith, Feminism and the Christ*, Philadelphia: Fortress Press 1983. 로고스 교리에 고유하게 있음직한 교의적 논의 방법.

# 6

# 더불어 사는 인간존재의 신비

인 간 학

*Mary Aquin O'Neill* 메리 오닐

하느님 아버지라는 말이 남성 신을 의미하는 것은 아니다. … 우리가 하느
님을 "우리 아버지"라고 부를 때 어떤 성性을 염두에 두고 하느님을 생각하
지는 않는다. … 성서에서 하느님을 어머니로서의 하느님·부모로서의 하느
님으로 묘사하거나, 영원한 아버지·육화한 아들·선택된 아들들(남자와 여
자)이라고 서술할 때 계시의 참뜻을 왜곡할 수 있다. 이는 전혀 의도되지
않았던 곳에 성을 도입하는 꼴이다.[1]

그리스도교의 본래 정신을 왜곡하는 신학적 주장들에 대해 신학적 인간학
은 새로운 길을 모색한다.

신학적 인간학은 비교적 최근에 관심을 끄는 신학의 새로운 분야인데,
"우리의 신앙은 인간의 신비에 관해 무엇을 가르치는가?"라는 문제를 제기
하고 나서 이에 답하고자 한다.[2] 모든 신앙 전통에는 암시적이든 명시적이
든 신학적 인간학이 들어 있지만, 그리스도교 인간학의 다른 점은 그리스
도교 계시를 기초로 하며 그리스도교 신앙공동체의 삶의 체험을 바탕으로
그 문제에 답한다는 것이다.

그런데 인간을 총칭하여 말할 수 없기 때문에 이 물음은 제기되자마자
곧 불분명해진다. 단순하게 말하자면, 인간은 구체적으로 남성 아니면 여
성이다. 따라서 인간의 신비에 관한 물음은 세 가지 주제를 통해 부각될
수 있다. (1) 인간에 대한 그리스도교의 신앙과 체험, (2) 남성에 대한 그
리스도교의 신앙과 체험, (3) 여성에 대한 그리스도교의 신앙과 체험. 너
무나 오랫동안 그리스도교 인간학은 남성이 중심이 되어 체계화되었기에
첫째 주제와 둘째 주제는 하나로 융합되어 버렸다. 그 결과 남성의 시각에
서 실재를 바라보는 동시에 그리스도교 계시와 체험의 충만성과는 무관한

---

[1] Graham Leonard, Iaian MacKenzie, Peter Toon, *Let God Be God* (London: Darton, Long-
man and Todd 1989) 55-6.

[2] 신학적 인간학의 발전에 관하여: Edward Farley, "Toward a Contemporary Theology of
Human Being", in: J. William Angell and E. Pendleton Banks (eds.), *Images of Man*, (Macon,
GA: Mercer Univ. Press 1984) 55-6 참조.

"인간"을 말하게 되었다. 이 장에서는 서로 다른 관점으로 접근될 수 있고 그럼으로써 새로운 실존방식으로 접근되는 그리스도교 인간학이 얼마나 유용한지 밝히기 위해 이러한 세 주제를 서로 긴장감있게 다룰 것이다.

## 하느님의 모상

인간에 대한 그리스도교 가르침의 핵심에는 인간이 하느님의 모상대로 창조되었다는 믿음이 있다. 이 믿음이 암시하는 것은 창조된 실체들과 창조자가 한 쌍을 이룬다는 것이다. 한편으로는 무한과 전체에 대한 갈망을, 다른 한편으로는 너무도 자명한 육체적·역사적·현실적 인간 실존의 한계들을 함께 지니면서 이 두 양극 사이에 모든 인간의 삶이 걸쳐져 있다.

창세기에 실린 두 가지 창조 이야기는 이러한 가르침에 대한 신학적 보고寶庫다. 첫째 이야기에서 하느님은 당신 모상대로 남성과 여성인 인류를 창조했다(창세 1.27 참조). 하느님은 그들에게 "자식을 낳고 번성하여 온 땅에 퍼져서 땅을 정복하라. … 다스려라"고 명한다(창세 1.28). 만일 그리스도교 공동체가 이 이야기만 가지고 있다면, 진정 인간은 무한한 가능성과 힘을 부여받은 지상의 신이 되었다고 생각될 것이다. 그러나 성서에는 두 가지 이야기가 있으며, 한 이야기는 다른 이야기의 관점에서 읽혀져야 한다.

둘째 이야기에서 하느님은 처음에 한 인간을 창조하시고 그에게 다른 모든 피조물들을 건네주신다. 그러나 이 모든 것을 다스리도록 맡겨준 더할 나위 없는 지배권에도 만족하지 않고 이 존재자가 "외로워"하자, 하느님은 그와 같으면서도 같지 않은 타인, 그러면서도 친교를 나눌 수 있는 존재자를 다시 창조하신다. 이 타인의 현존 안에서만이 그 "외로워"하던 존재자는 실제로 신뢰할 수 있는 존재 가능성을 발견한다.[3] 그렇지만 이 이야기에

---

[3] Phyllis Trible은 성 차이를 확실히 다루고 그 모든 차이가 창조 "질서"와 동시에 일어났다고 말한다. 이전에는 남성도 여성도 아닌 "땅의 창조"가 있었다. "그의 성적 정체성은, 그녀의 성적 정체성이 그로 말미암은 것처럼 그녀로 말미암은 것이다." *God and the Rhetoric of Sexuality* (Philadelphia: Fortress Press 1978) 98-9 참조.

따르면 하느님은 그 둘이 함께 무한한 힘과 가능성을 가지고 있다고 생각할까 우려하여, 에덴 동산의 삶에 제한을 가하는 명령을 내리신다.

따라서 이 본문은 인간이 하느님의 모상대로 창조되었다고 믿는 이유를 다음과 같이 언급한다. (1) 인간의 실존은 하느님으로부터 받은 선물이다. (2) 모든 다른 피조물을 다스릴 책임이 주어졌다. (3) 자신과 같은 "타인"과의 친교를 통해서만 자신의 실존을 누린다. (4) 성적으로 다른 타인이 있을 때에만 남성이나 여성인 인간은 자신의 자아를 알게 된다. (5) 자신의 통치권이 하느님의 명령에 의해 제한받고 있음을 알고 있다. 따라서 처음부터 하느님의 모상은 남녀로 창조된 인간공동체이며 인산 안에 긴직된 것임을 반영한다. 이 공동체는 부여받은 통치권과 제한하는 명령 모두를 수용한다. 이 공동체는 자신이 창조되었다는 사실을 잊지 않을 때 창조적이 된다. 인간은 하느님의 모습을 지녔지 하느님 자신은 아니다.

## 죄의 결과

창세기의 첫째 죄 이야기(창세 3장 참조)에서 밝히는 바는 더욱 크다. 악한 세력의 대표자는 유혹할 때 인간공동체가 아닌 한 명의 개인에게 접근한다. 그리고 본질적으로 그 유혹은 하느님이 하지 말라고 한 것을 하느님과 "같은" 존재가 된다는 의미로 아주 다르게 해석하게 만든다.[4] 하느님과 남자와의 유대를 끊은 여자는 자신의 행위가 그들과의 친교를 벗어났다고 이해한 후 남자 없이 일을 저지른다. 하나의 행위는 연속된 각각의 결단을 이끄는 다른 행위의 서곡이었고, 하느님과 동등해 보이도록 하는 게 아니라 하느님을 피하고 인간끼리도 피하는 수치심을 가져왔다.

최근 몇 년간 둘째 창조 이야기에는 남성중심적 편견이 가미되어 왔다. 이 본문에 따르면 남자가 먼저 창조되고 여자는 남자에게서 나왔으며, 이

---

[4] 이 점, *The Symbolism of Evil* (Boston: Beacon Press 1967)에 실린 Paul Ricoeur의 연구에 힘입은 바 크다. 금지의 "현기증 나는" 영향력에 대한 논의: 252-5 참조.

여자야말로 악마가 처음으로 유혹하려고 접근한 존재이다. 그러나 누군가 말한 것처럼 우리가 만일 진화론적인 관점을 취한다면 첫째 창조와 둘째 창조는 매우 다른 의미를 지니며, 남자는 생각 없이 단순히 선악과를 받아 먹었지만 여자는 최소한 악마와 논쟁한다는 것 또한 사실이다.[5] 이 본문에 대한 이런 식의 논쟁은 성서가 얼마나 깊숙이 역사적 맥락 안에 서 있으며, 하나의 본문을 읽으면서 독자는 얼마나 많은 것을 그 문화에서 취하는 가를 상기시켜 준다. 우리는 문학 안에서, 심지어는 공동체가 영감을 받았다고 생각하는 문서 안에서 문화적 편견이 드러나는 것에 결코 놀라서는 안 될 것이다. 그러나 영의 식별에 의하면 그리스도교 공동체 안에 계시된 것은 문화적 영향력에 따라 설명될 수 없다. 계시를 인식하기 위해서는 "도래하는 사건"을 확인할 필요가 있고, 그것은 문화적 예측을 깨고 우리의 시선을 인류를 위한 하느님의 전망과 뜻 안에 뿌리박힌 가능성으로 끌어올린다.

따라서 이 경우에는 어떤 굉장한 놀라움이 있다. 그리고 이 놀라움은 예기치 않은 곳, 즉 하느님이 내린 처벌에서 드러난다. 첫째, 금단의 과일을 따 먹은 공범자들 각자 ― 뱀·여자·남자 ― 는 적절한 처벌을 받는다. 성서 본문의 사고체계 안에서 보면, 이는 각자가 도덕적 행위자이며 자신이 저지른 행위에 책임을 지고 있음을 가리킨다. 이후 전통에서 여자는 남자의 소유물로 생각되었고 자신을 드러내는 행위를 하지 않는 아이처럼 취급되었기에, 여자가 처벌을 받았다는 것은 놀랄 만한 일이다.[6] 둘째, 여자가 받은 처벌을 가만히 들여다보면, 여성의 종속을 정당화해 온 역사와는 다른 방식의 해석이 숨어 있음을 알게 된다. 하느님은 여자에게 "남편을 마음대로 주무르고 싶겠지만, 도리어 남편의 손아귀에 들리라"(창세 3,16)고 말

---

<sup>5</sup> 한동안 여성론자들은 자동차 범퍼에 "아담은 우악스런 병사였다"라는 스티커를 붙이고 다녔다.

<sup>6</sup> Phyllis Bird, "Images of Women in the Old Testament", in: Rosemary Radford Ruether (ed.), *Religion and Sexism* (New York: Simon and Schuster 1974) 49.

한다. 이 본문은 여자가 남자에게 종속된 것이 죄의 결과이지 타락 이전의 창조질서에 속하는 것이 아님을 밝혀준다. 인간은 모두 하느님의 모상이 되도록 부름받았다는 인간학의 이러한 통찰은 매우 중요하다. 이것은 흔히 남녀 관계의 본질로 여겨지는 열망과 군림의 결합이 실은 하느님의 뜻에서 벗어나 있음을 여실히 보여준다. 인간을 위한 하느님의 뜻이 실현된다는 것은 한 사람이 다른 사람에게 "지배되어" 자아상실을 초래하는 것은 아니기 때문이다.[7]

따라서 하느님이 정한 한계를 범한 것은 땅과 남성, 출산과 여성의 관계에 변화를 가져왔을 뿐 아니라 남녀 관계의 핵심에도 근본적인 혼란을 가져왔다. 그때부터 삶을 지속시키는 과정 자체, 삶을 지탱하는 땅 자체, 삶을 덜 외롭게 했던 타인 자체를 미워하는 일이 생겼다.[8] 더구나 그 증오는 후대가 의식하기도 전에, 또 그리스도교 공동체가 개인의 죄라고 여기는 것이 저질러지기도 전에 구체적인 태도와 행위로 굳어지게 되었다.[9]

이러한 방식으로 성서는 현대 여성론자들이 점점 명확하게 열정을 가지고 말하는 바, 즉 땅과 몸과 여성에 대한 부정적 태도는 모두 한가지임을 밝혀준다. 성차별주의라는 사회적 죄는 아직 그리 널리 받아들여지지 않은 다른 사회적 죄들과 분리될 수 없고, 우리의 어머니인 땅이 주는 인간의 능력 및 땅과 가장 친밀하게 연결되어 있으면서 이 땅을 통해 전체 우주와도 연결된 인간의 몸이 지닌 능력의 한계를 무시하는 처사이다.

---

[7] Phyllis Trible은 이 회복된 관계에 관한 통찰력이 아가서에 나온다고 한다. "Love's Lyrics Redeemed", in: *God and the Rhetoric of Sexuality*, 144-65 참조. 나는 학생들이 아가서를 거의 모르며, 읽게 했을 때 대개는 삼싹 놀란다는 시실을 강의실에서 여러번 경험했다.

[8] 이러한 경험을 더 "긍정적인" 방식으로 보는 이들이 있다. 예를 들어 리꾀르는 "죄는 자아인식의 확실한 진전을 나타낸다"고 제안하면서 "이는 되돌릴 수 없는 모험이며, 사람을 형성시키는 위기로, 정의로운 최종 단계에 이를 때까지는 대단원을 맞이할 수 없는 것"이라고 말문을 연다. *Symbolism of Evil*, 253 참조.

[9] 이 진술은 성차별주의를 죄로 보는 새로운 논쟁을 불러일으킨다. 성차별주의는 원죄의 구체적 모습 중 하나다. 성관계와 성행위에 미치는 성차별주의의 영향력에 관한 설득력있는 분석: Catharine A. MacKinnon, "Sexuality", in: *Toward a Feminist Theory of the State* (Cambridge: Harvard Univ. Press) 126-54 참조.

그러나 이 말은 남성을 비난하려는 것이 아니다. 성서는 하느님이 남성뿐 아니라 여성에게도 책임을 부여한다고 언급하며, 뱀의 모습으로 벌받은 악의 신비도 역시 인정한다. 공존하는 인간의 신비에는 뱀의 꼬임에 빠진 역사, 한계를 시험당한 역사, 왜곡된 관계의 역사, 하느님에 관한 거짓된 모상을 참된 모상이라고 판결하고 하느님과 인간의 거짓된 관계를 참된 관계라고 정해버린 역사가 들어 있다. 우리는 모두 추방당한 인간역사 안에 얽혀 있다.

## 구원의 의미

그러나 인간의 역사를 말하는 그리스도교적 방식은 추방 이상의 것을 제시한다. 또한 그것은 약속으로 가득하며, 그 약속이란 원래 모습으로 돌아가고 새롭게 변화되어 귀향하는 것이다. 따라서 이야기의 핵심에는 하느님의 은혜로운 초대로 인간이 하느님과 새로워진 관계를 회복한다는 계약이 들어 있다. 그 계약은 "하느님 다음가는"(시편 8,5ㄱ) 창조물에 맞갖은 인간이 자신의 고유한 창조성과 행동방식을 보여줄 새로운 동산, 새로운 나라이다. 이것이 뜻하는 바는 다음과 같다. 인간의 경험에 비추어 볼 때 인간은 스스로 죄지을 수 있는 존재임을 알지만, 그 죄로 말미암아 자신이 누구인지, 자신이 어떤 존재인지를 망각하지는 않는다. 죄는 자유가 아니라 근본적인 불신을 뜻하는데, 그들 스스로 자유롭게 맺은 약속을 깨뜨림으로써 죄를 짓기 때문이다. 이 구원의 진리는 인간의 죄 많음에 관한 이야기뿐 아니라 인간의 위대함에 관한 이야기로 이해할 수 있다. 남녀가 그 계약에 충실하고 이를 통해 계약의 하느님에게 충실할 때, 하느님의 백성은 적으로부터 해방되고 하느님의 얼굴을 뵈올 최후의 고향으로 가는 길에서 보호받는다.

그러므로 역사 안에서 온갖 악에 직면하는 인간에게 희망을 주는 것은 하느님의 이 약속이다. 믿기 위해서 이 약속은 구체화되고 인간이 볼 수 있어야 한다. 어딘가에서 이 서약받은 것들을 살짝 엿보거나 미리 맛볼 수 있어야 한다. 이러한 방식으로 이해할 때, 선택받은 백성 이야기는 다른 공동체들도 하느님의 약속을 믿을 수 있다는, 삶을 내맡긴 공동체의 이야기가 된다. 이것이 바로 토라의 목적이다.

인간의 이야기를 말하고, 하느님의 계시로 받아들인 것을 펼쳐 보이는 것은 내용과 형식의 치밀함과 다양성을 요구한다. 따라서 우리는 구약성서에서 우리가 아는 문학양식인 설화와 시, 법조문과 속담, 신화와 묵시문학을 발견한다. 시간 속에서 이해되어 온 여자와 남자의 본성과 운명을 보전하려는 신앙공동체 구성원의 선물로서 이 문학양식들은 지속된다.

그러나 그리스도인은 하느님이 온갖 창조물과 아울러 인간과 함께 인간을 통하여 새로운 차원의 계약을 연 충만한 시간 속에 있다고 믿는다. "하느님이 전에는 여러 번 여러 모양으로 예언자들을 통해 조상들에게 말씀하셨으나 이 마지막 날들에는 아드님을 통해 우리에게 말씀하셨습니다. 하느님은 이 아드님을 만물의 상속자로 삼으셨고, 그분을 통해 온 세상을 만드셨습니다. 하느님 영광의 광채요 하느님 본체의 표상이며 힘있는 말씀으로 만물을 보존하시는 이 아드님은 …"(히브 1,1-3ㄱ).

나자렛 예수를 통해 하느님은 가까이 다가오신다. 곧 하느님은 남녀와 아이들이 당신의 존재를 각자 고유한 방식과 각자 고유한 인간성 안에서 보고 듣고 만지며 알게 되도록 허락하신다. 그래서 이번에는 하느님의 방식과 하느님의 모상과 하느님의 영 안에서 하느님의 뜻을 따르는 인간 삶의 계시적 모범인 예수라는 한 인물을 중심에 두고, 인간 이야기가 다시 시작된다. 한 번 더 그 동산은 광야라는 시험 징소가 되고, 이번만은 ㄱ 인간 주인공이 하느님처럼 되고자 하는 주제넘는 관념에 사로잡히지도 않고 당대인에게 허용되지 않은 잡신들을 숭배하지도 않는다(나는 여기서 이 남자와 함께 여인이 있지도 않았고 그것이 성서의 주류처럼 보이는 것에 주목하고자 한다). 그러나 예수가 자신의 몸으로 체현하고 밝힌 하느님을 닮은 존재의 모습과, 자신이 영과 진리 안에서 숭배한 하느님은 누구에게나

타당하게 받아들여지지는 않았다. 그는 사람들을 일치시킨 것이 아니라 오히려 새 길을 따라 새로운 방식을 행하도록 분열시킨다. 인간을 창조하신 하느님은 여전히 인간의 자유, 심지어는 배신하는 자유까지도 존중하신다.

예수 자신은 그 고유한 소명을 자신의 방식으로 풀어 나가는 과정에서 씨름하는 동안 이러한 자유의 신비를 맛본다. 그는 사람들이 얼마나 절박하게 지도자를 갈구하며 그 지도자가 그들의 기대를 충족시켜 주지 못할 때는 또 얼마나 재빨리 돌변하는가를 알게 된다. 그는 하느님의 법을 율법에 몸바치는 인간의 왜곡과 교묘한 조작으로부터 구별하면서 식별의 어려움을 발견한다. 궁극적으로 과거에 살았던 예언자들과 신비가들의 깨달음, 즉 오로지 고통을 겪는 사랑만이 사람의 마음을 돌릴 기회를 준다는 데 이끌린다. 제자들은 예수를 저버렸고 군중들은 등을 돌렸으며 종교지도자와 정치권력가들은 그의 죽음을 선고했다. 그럼으로써 예수는 혼자만의 두려움과 혼자만의 어둔 밤까지 맞이하게 되었고, 마침내 그를 완성으로 이끌 참된 신앙에 "예" 혹은 "아니오"라고 말해야 하는 지점에 다다른다.

하느님을 닮으려는 자신의 존재방식에 충실했던 예수는 십자가에서 사회가 혐오하는 범죄자와 부랑자처럼 죽고 만다. 그리고 죽어서까지 분열을 가져와 그의 제자들은 뿔뿔이 흩어진다. 어떤 이는 두려움에 떨며 달아나 숨어버린다. 또 어떤 이는 그가 단말마의 고통을 당하고 죽은 후 그의 시신을 매장하는 것을 시의적절히 준비할 만큼 가까이 머문다. 예수의 부활을 처음으로 알린 이들은 후자이다. 부활하신 주님에 대한 그들의 체험과 증언은 다시 살아난 그리스도를 통해 하느님을 알게 된 이들의 모퉁잇돌, 바로 교회가 된다.

예수를 믿고 그의 길을 따르게 된 이들은 자신이 예수의 삶의 이야기로 변화되고 예수로 말미암아 이루어진 일들에 관해 이야기했다. 초세기에 그들은 이 이야기야말로 자신들에게 가장 기쁜 소식이었기에 복음이라고 불렀다. 복음서·서간들·사도행전으로 불리는 역사적 서술, 묵시록이라는 환시에 대한 기록에서 그들은 자신이 본받으려는 예수 생애의 의미를 놓치지 않고 보전하려고 했고, 예수 그리스도와의 만남을 통해서, 또 그 안에서 그들이 겪었던 하느님 체험을 증언하려고 했으며, 예수 주위에 형성되었고 그의 죽음과 부활로 형성된 공동체를 함께 유지하려고 노력했다.

그리스도인은 선택받은 민족에게 하신 하느님의 약속이 예수의 오심과 교회의 설립으로 성취되었다고 설교했다. "예수 그리스도 안에" 있는 것은 살아 있는 하느님과 연결되어 있는 것이요, 하느님의 영에 따라 사는 것이었다. 그의 몸을 통해 죄와 죽음의 세력이 파괴되었기에, 그리스도 예수는 이 세상에 그의 구체적인 현존으로 변모할 이들에게 새로운 삶을 알려 줄 수 있었다. 그의 편에 서고 그의 보호 아래 있으며 그와 함께 있고 그 안에서 살고 움직이며 자신의 존재를 이해하는 것보다 더 중요한 것은 아무것도 없었다. 이러한 방식으로 하느님의 모습은 그리스도의 모습이라는 뚜렷한 특징을 띠게 되었다. 하느님을 따른다는 히브리 전통은 그리스도를 따른다는 그리스도교적 방식으로 바뀌었다.

이미 이때 그리스도교 신앙을 변질시키는 문제와 이원론적 인간학이 시작되었다. 구약성서에서 이어지는 믿음은 인간이 하느님의 모습대로 창조되었고 하느님의 모습은 남녀 모두 안에 구체화되어 있다는 것이다. 이는 또한 남녀 모두가 죄에 책임을 지며 죄의 역사로 영향받았다는 믿음, 즉 양자 모두가 용서·해방·회복·구원을 필요로 한다는 믿음이다. 함께 창조되고 추방되었다면, 함께 계약을 맺고 구원받을 것이다. 또한 각자는 육신을 가지고 구원받은 인간의 모습을 부여받을 것이다. 그러나 신약성서가 씌어질 무렵, 또 다른 하나의 모습이 이 세상에 그려진다. 죄로 인한 창세기 본문의 위계성은 이제 창조질서로 읽혀진다. 이때문에 성에 기초한 전체 신학이 발전할 수 있었고, 그리스도와 교회의 관계에 뿌리박고 이를 반영하는 신학은 남자가 주인이요 여자는 복종한다고 선포하기에 이른다. 따라서 창세기의 창조설화 본문과 예수가 맺은 남녀관계 방식이 세워놓은 상호적인 인간학은 남성의 우위성과 지배력을 드러내는 인간학과 직접 갈등을 빚는다. 후자는 다음과 같이 구원을 이야기하는 방식을 통해 나온다.

즉, 인류는 남성 구원자가 구원해 주고, 하느님의 완전한 모습을 갖춘 새로운 존재는 남성이라는 것이다. 이 모순은 바울로 서신들에 나오는 교회 안의 남녀 삶에 관한 견해에서 가장 뚜렷하게 드러난다.[10]

> 이제는 유다인도 그리스인도 없고 종도 자유인도 없으며 남자도 여자도 없습니다. 여러분 모두가 그리스도 예수 안에 하나이기 때문입니다(갈라 3,28).

> 모든 남자의 머리는 그리스도이시고 여자의 머리는 남자이며, 그리스도의 머리는 하느님이시라는 것을 알기 바랍니다. … 그는 하느님의 모상이요 영광이기 때문입니다. 그러나 여자는 남자의 영광입니다. 실상 남자가 여자에게서 난 것이 아니라 여자가 남자에게서 났습니다. 또한 남자가 여자 때문에 창조된 것이 아니라 여자가 남자 때문에 창조되었습니다(1고린 11,3.7-9).

> 아내 여러분은 주님께 순종하듯 남편을 대해야 합니다. 남편은 아내의 머리이기 때문입니다. 그것은 그리스도께서 교회의 머리이신 것과 같으니 그분은 당신 몸의 구원자이십니다. 교회가 그리스도께 순종하는 것처럼 아내도 모든 일에서 남편에게 순종하시오(에페 5,22-24).

신약성서의 남성중심주의는 구약성서의 그것 못지않게 우리를 경악시킨다. 또한 여기에서 우리는 앞서 제시한 계시의 동일한 표준인 "도래하는 사건"에서 기대하는 것, 즉 문화로는 설명할 수 없는 인간존재의 새로운 가능성을 적용해야 할 것이다. 이에 관한 위대한 진일보를 신약성서의 여성론적 해석자들이 이루어냈으며, 그들은 예수가 당대의 문화적 기대와 유형을 무시하고 여성들과 관계맺은 방식들을 충분히 열거한다. 그러나 전문 연구가

---

[10] Julia O'Faolain and Lauro Martines, *Not in God's Image* (New York: Harper & Row 1973) 참조. 128-9에서 그들은 사도 바울로가 "이중 노선"을 걷는다고 지적한다.

들이 생기기 오래 전부터 사려 깊은 여성들은 예수가 여성을 존중했으며,
새로운 무언가를 주장했다고 보았다.

> 여자들이 처음 예수의 요람에서부터 마지막 십자가에 달리실 때까지 함께
> 있었다는 사실은 의심의 여지가 없다. 그들은 예수 같은 남자를 예전에 안
> 적이 없다. 그와 같은 분은 결코 없었던 것이다. 예언자이자 스승이었던 그
> 분은 결코 여자를 비난하거나, 추어올리거나, 유혹하거나, 선심을 쓰는 체
> 하지 않으셨다. 그들에게 교활한 농담을 하지도 않으셨다. 성냄 없이 꾸짖
> 으셨고 생색냄 없이 칭찬하셨다. 그는 여자들의 질문이나 주장을 진지하게
> 다뤘다. 그들의 활동영역을 제한하지 않고 그들을 여성스러워지라고 부추기
> 거나 여성스러워진 것을 보고 조롱하지도 않으셨다. 그는 사사로운 속셈이
> 전혀 없었으며 불안정한 남자의 방어적 근엄성도 지니고 있지 않았다. 그는
> 여자들을 만났을 때 그들과 동행했고 전혀 꺼려하지 않았다. 전체 복음서
> 안에는 여자의 타락을 신랄하게 비판하는 어떤 행동이나 설교나 비유도 없
> 다. 예수의 말과 행동을 본다면 그가 여성의 본성에 어떤 "의심스런" 점이
> 있다고 여겼을 것 같지 않다.
>
> 그러나 우리는 이러한 것들을 당시 사람들이나, 그보다 앞선 예언자들에
> 게서, 그리고 이 시대 교회에서까지 쉽게 찾아낼 수 있다.[11]

도로시 세이어스의 통찰은 중요하지만 충분치는 않다. 여성과 올바른 관계
를 맺었던 예수의 비범한 능력이 여성들과는 아무런 관련성이 없고 페미니
스트였던 예수의 개인적인 능력으로만 이해될 수 있기 때문이다. 게다가
여기서는 창조주 하느님이 여성과 남성 안에 형상화되어 있음은 다루지 않
고, 구원자 하느님은 남성의 모습으로만 나타난다는 문제를 다룰 뿐이다.

---

[11] Dorothy L. Sayers, *Are Women Human?* (Grand Rapids: Eerdmans 1971) 47. 이 논고는
원래 1947년에 출판되었다.

# 신학의 혼란

바울로 서간에서 볼 수 있는 이중적 흐름은 그리스도교 인간학의 연속된 역사 속에서 새로운 형태로 나타난다. 그리스도인 남성은 옛 아담을 그리스도 안에서 벗어버린 반면, 옛 하와에 대해서는 어떤 보장도 얻지 못한다.[12] 물론 마리아가 있지만 신학자들은 그녀의 존재가 아니라 그녀의 자궁 안에서만 하느님이 육신을 취했다고 확정지었다. 성서에 기반한 신앙은 그리스 철학의 사고방식들과는 매우 상이한 창조신화들과 직면했기에, 남성과 여성의 본성에 대한 여러 사변들이 제기되었다. 남성 안에 하느님의 모습이 있음을 전혀 의심하지 않았던 신학자들은 여성 안에 하느님의 모습이 있는지 의문시하면서 여성이 생물학적·사회적·지성적, 심지어는 영적으로 열등하다는 관점을 내세웠다. 우리는 여성이 실제로는 인간이 아니라는 이론을 발전시킨 신학자들이 있었음을 알아야 한다.[13]

비록 교회가 여성의 인간성을 부정하는 입장을 공식적으로 취하지는 않았지만, 중세로부터 현대에 이르기까지 가톨릭 교회에서 가장 영향력있는 신학자인 토마스 아퀴나스는 남성성이 인간성의 표준이며 여성은 불안정한 인간의 예라고 단언했다. 이 인간학은 교회 내 여성의 역할을 재고하게 할 뿐만 아니라 여성의 사제수품을 금지하는 그의 주장을 뒷받침한다. 그러나 동시에 아퀴나스는 "영광의 상태"에 관한 전혀 다른 결론을 도출해낸다. "만일 여성들이 더 큰 자비심에 불타오른다면, 그들은 신의 통찰로부터 더 큰 영광도 얻을 것이다. 여성들은 주님을 기리는 사랑이 더 변함없어서 … 영광 안에서 부활하신 그분을 처음으로 보았기 때문이다."[14]

---

[12] Bernard P. Prusak, "Woman: Seductive Siren and Source of Sin? Pseudepigraphal Myth and Christian Origins", in: Rosemary Radford Ruether (ed.), *Religion and Sexism* (New York: Simon and Schuster 1974) 89-116.

[13] Alvin John Schmidt, *Veiled and Silenced: How Culture Shaped Sexist Theology* (Macon, GA: Mercer Univ. Press 1990) 69-95에서는 이 역사를 재고한다. 반론: Maryanne Cline Horowitz, "The Image of God in Man: Is Woman Included?" *Harvard Theological Review* 72 (July-Oct. 1979) 175-206 참조.

1950년대에 와서야 이 신학은 "세상은 남성의 것이지만 천국은 여성의 것이 될 것이다"[15]라는 대중적 형태의 격언으로 지속된다. 메리 댈리가 교회와 제2의 성의 역사를 "모순의 기록"이라고 부른 것은 당연하다.[16]

그러한 맥락 안에서 그리스도가 인류에게 베푸신 구원이라든가, 그분의 이름으로 세례받아 새로운 존재가 되었다든가, 우리 마음에 성령이 부어져 새로운 법이 새겨졌다든가, 새 계약을 맺은 공동체의 가르치고 다스리고 성화하는 힘이라든가 하는 말들은 오로지 남자들에게만 해당된다고 보아야 할 것이다. 남자들은 노동하는 고통이 있긴 하지만 땅을 지배하고 길들이는 것이 허용되고 장려되기까지 한다. 그러나 여자들은 남자의 지배를 고분고분하게 받아들여야 하고 그 지배를 전복시키려는 어떤 시도도 마치 하느님의 뜻에 불성실한 것처럼 여기도록 사회화되어 왔다.[17] 여성의 본성은 본질적으로 남성의 본질과 다르다는 시각과, 여자가 특정한 일에는 맞지만 그 외의 일에는 맞지 않는다는 시각이 발전한다. 20세기에 접어들면서 여성해방을 위한 교회 밖의 노력은 이러한 신학적 배경에 근거한 완고한 저항에 직면한다. 교황 비오 11세가 남녀 공학을 반대한 이유를 예로 들어 보자. **"본성 자체가 전혀 다른 두 유기체·기질·능력으로 이루어져 있고**, 그 두 성을 교육시키는 데에는 어떠한 혼란도 평등함도 있을 수 있거나 있어야 한나고 제안할 수 없다."[18]

이러한 생각과 가르침은 두 본성의 인간학, 즉 인간은 두 개의 다른 종류로 구별되며 각각은 성을 규범으로 삼아 차이가 판정된다는 관점의 인간

---

[14] Thomas Aquinas, *Summa theologiae* III, q.55 a.1, trans Fathers of the English Dominican Province (New York: Benziger Brothers 1947).

[15] 어린 시절, 왜 여자애들은 제대에서 봉사할 수 없는지 물었을 때 선생님이 하신 대답.

[16] Mary Daly, *The Church and the Second Sex* (New York: Harper & Row 1968) ch. 2, 32-75 참조.

[17] 여성들은 분만의 고통까지도 사랑하도록 교회에 의해서 사회화되었다. 비오 12세는 Women of Catholic Action에서 "원죄 때문에 어머니는 아기를 낳고 기르는 수고로 인한 고통에 묶여 더 결속될 것이다. 어머니는 자신을 희생하게 하는 고통을 더욱 사랑하게 된다". Mary Daly, *The Second Sex*, 72에서 인용.

[18] *Divini Illius Magistri*, Dec. 31, 1929. Daly, *The Second Sex*, 67에 재인용.

학이다. 이 보완적 인간학은 알려진 바와 같이 하나의 신학을 가정하며, 그것은 성이란 재생산의 차원에서뿐만 아니라 사회적·지적·심리적·영적인 인간실존의 전 영역에서 서로를 보완해 준다는 것이다. 남성적 존재방식과 여성적 존재방식이 있으며, 이는 두 성의 신체를 관찰함으로써 알 수 있고 그 특성을 파악할 수 있다. 이리하여 남성은 본성적으로 능동적·이성적·의지적·자율적 존재이며, 그 지향점은 세계를 향해 밖으로 나아간다. 반면 여성은 수동적·직관적·감성적·관계지향적 존재이며, 그 본성적 경향은 내면을 향한다. 성에 대한 이 양극단적 견해는 그들 각자의 자리가 세계와 가정이라는 똑같이 양극단적 견해로 이끈다.[19]

본질적으로 현대 여성해방운동은 이 의견에 대한 강력한 대응이라고 볼 수 있다. 여성이 신학을 연구하고 여성의 고유한 체험으로 전통을 되돌아봄으로써 보완적 의미에서 성을 해석하는 신학적 타당성에 의문을 제기하게 되었다. 특히 여성이 복음화된다는 의미가 남성의 완성을 위해 여성이 희생된다는 뜻을 담고 있으면서 역으로 여성의 완성을 위해 남성을 희생한다는 의미는 포함하고 있지 않다는 점을 문제삼는다.[20]

인간본성과 이성 간의 관계를 이해하는 새로운 방식이 이 논쟁 밖에서 나타난다. 한 본성을 여성과 남성이 공유한다는 생각이, 하나는 우월하고 다른 하나는 열등한 두 개의 다른 인간본성에 관한 개념과 대립한다. 이와 동시에 하나의 인간본성을 표현하는 방식에 관한 논쟁도 있었다. 현대 문화의 강력한 조류는 양성적androgynous 관념이나 단성적unisex 관념이냐를 선택하는 것이고, 이는 창세기의 옛 창조설화와 양립할 수 없다.[21]

---

[19] Elizabeth Janeway, *Man's World, Woman's Place* (New York: Dell 1971)는 이러한 견해의 원인과 결과를 분석한다.

[20] Catherine Mowry LaCugna, "Catholic Women as Ministers and Theologians", *America* 167 no.10 (Oct. 10, 1992) 238-49.

[21] 나는 이들 조류를 보완적 인간학과 비교하면서 "Toward a Renewed Anthropology", *Theological Studies* 36, no.4 (1975) 734-6과 "Imagine Being Human: An Anthropology of Mutuality", in: *Miriam's Song II: Patriarchy, A Feminist Critique* (West Hyattsville, MD: Priests for Equality 1988) 45-8에서 더 자세히 다루었다.

그러나 현대 서구 가톨릭 교회는 여성 사제수품운동의 일환인 이러한 인간학적 문제에 전혀 관심이 없다. 여기서 본성에 관한 물음은 전면에 부각되며, 신학하는 방식들은 서로 날카로운 대립을 보이기 때문이다.

여성 사제수품을 반대하는 신학자들은 불변하는 본성 구조의 인간학에 토대를 두며, 이원론적 계시 · 전통 · 신학 · 윤리학은 과거를 지향한다고 이해한다. 앤 카가 말하듯, 이 신학적 인간학은 다음과 같이 주장한다. "하느님이 자연에 부여하신 것을 바꿔놓아선 안 된다. 생물학과 인문학이 도출해낸 인간에 대한 새로운 지식은 신학적 토론과는 무관하다. 왜냐하면 신학의 목표는 자연 그대로의 과거 질서이고, 창조질서로서의 과거 질서이며, 따라서 하느님이 계시해주신 과거 질서를 보전하는 것이기 때문이다".[22]

다른 한편, 여성의 사제수품에 관한 주장을 뒷받침하는 신학은 일원론적 인간학을 주장한다. 이 신학적 인간학은 본성보다는 역사와 경험을 강조하며 다른 인문학과 열린 대화를 한다. 계시 · 전통 · 신학 · 윤리학은 현실과 연관되며 역동적 실체로 이해된다.[23] 그리스도교 신학자에게 이 문제는 한 본성의 인간학을 택하느냐, 두 본성의 인간학을 택하느냐 하는 것이 아니다. 하나의 본성이나 공통된 인간성에 관한 개념은 미국 가톨릭 주교들이 여성의 관심사에 관해 다룬 사목서한의 넷째 초안을 통해 바로잡아 받아들여졌기 때문이다. 문제는 오히려 두 성이 보유한 단일성을 어떻게 표현하는가이다. 다른 말로 그것은 개인적으로 실현되는 통일성인가, 아니면 각자 재능과 유한성을 지닌 사람들의 공동체 안에서만 실현될 수 있는 것인가이다. 양성적 이미지와 단성적 이미지는 로마 가톨릭 교회의 보완적 전통과 문화에 보급된 개인주의 다음으로 상상되는 인간성의 단일함을 가정

---

[22] Anne E. Carr, *Transforming Grace: Christian Tradition and Women's Experience* (San Francisco: Harper & Row 1988) 125.

[23] 이 신학적 차이에 관한 더 광범위한 분석: Sara Butler (ed.), *Research Report: Women in Church and Society* (Mahwah, NJ: Catholic Theological Society of America 1978) 참조.

한다.[24] 양성성은 남녀를 전통적으로 구분해 온 모든 것을 자아 안에 수용한 사람 개인의 발전을 옹호한다. 단성성은 자아의 자연적 성에 상관없이 둘 중 하나의 성을 이상적인 것으로 선택하고 자아를 이에 순응시키고자 한다. 그리고 보완신학은, 남성은 이성과 지성의 자리인 머리이며 여성은 그 머리의 지배를 받는 종이라는 통찰에 근거한다.

이에 반해 창세기와 성서 전통의 계시를 제대로 이해하면 인간의 단일성은 친교로 이루어진 단일성이며, 인간의 모범은 독자적이고 고립된 개인이 아니라, 타인은 물론 하느님과 연결되어 자유로운 계약을 맺는 인간이다. 이는 남녀 차이가 인간의 한계와 가능성을 증거하고, 하느님을 닮은 존재는 타인에게 자아를 주고 자아가 타인에게 받아들여짐으로써만 성취되는 상호 관계의 인간학을 요구한다. 이 인간학에서 차이는 기쁘게 받아들여질 수 있으며, 인간의 성숙은 관계를 통한 열매요 열의를 다한 보상이다.

참된 관계에 들어가려면, 인간은 무언가를 주고 어떤 가치를 추구하는 방식으로, 인간의 존재방식에 신뢰할 만한 확신을 가져야 한다. 신학적으로 보면, 참된 관계는 창조된 인간이 선하며 진정 하느님의 모습을 지닌다는 깊은 신뢰를 필요로 한다. 그리스도교 전승은 하느님이 남성이라는 관념이 지배했고, 악은 여자가 주도했음을 강조했으며, 한 남성 구원자가 구원을 성취했다고 전한다. 이러한 전승에서 여자는 교회공동체에 활력을 주는 성사의 모든 면을 전적으로 남자에게 의존해야 하고, 남자는 여자들을 전혀 필요로 하지 않는다. 여기서는 참된 관계를 위한 깊은 신뢰가 형성될 여지가 없으며 참된 상호 관계란 불가능하다. 여자는 자신이 하느님의 모습대로 창조된 존재라는 확신을 가질 수 없고, 남자는 자신을 너무 쉽게 하느님과 동일시하기 때문에 여기서 진정한 상호 관계는 생겨나지 않는다.

---

[24] 나의 이러한 통찰은 캐서린 라커그나와의 대화에 힘입은 바 크다. 그녀의 삼위일체 연구는 인간을 개인주의적으로 이해하는 방식에 대한 신학적 도전이다.

# 마리아 신심의 기여

또 다른 전통이 있다. 시와 노래, 시각 예술, 전례와 신심 기도, 높이 치솟은 성당과 길가의 경당에 또 다른 구원 이야기가 자라났다. 이 전통은 남성 구원자에게 동반자를 주고 공동 구원자로서 보조를 맞추게 했다. 마리아 신심은 교회사 안에서 오래고도 복잡한 발전을 거듭해 왔다. 확실히 마리아 신심은 마리아라는 인물 안에 고통받는 종의 이미지도 들어 있음을 본 여성들의 마음이 작용했다. 마리아의 슬픔은 여성들의 슬픔이었고, 여성들은 이 슬픔을 묵상해 왔다. 마리아의 삶은 여성들의 삶이 그렇듯이 아이들을 낳고 기르며 모든 전통을 전해 받고 좋은 날을 기념하며 상처를 치유하는 삶의 사적 공간 안에 숨겨져 있었다.[25]

마리아의 슬픔에 관한 묵상은 그리스도교의 이야기를 여성의 삶과 존재 방식에 적용함으로써 그녀의 승리를 기대케 했다. 그녀는 은총이 충만하고 죄에서 자유로우며 강력한 변호자요 하늘과 땅의 여왕으로 맞아들여졌다.

그리하여 원죄 없으신 잉태와 성모 승천이 마리아에 대한 교의로 선포되기에 이른다. 그러나 오늘날 로마 가톨릭의 지식인들은 마리아 신심에 대한 이 엄청난 선언을 놓고 매우 당혹해하는 듯하다. 2차 바티칸 공의회 이후 주류 가톨릭 신학자들은 마리아를 인간성에만 관련지으며 예수의 어머니이자 "첫 사도"라는 것만 강조하고 그 외에 그리스도와 관련지으려는 추세를 한사코 가로막는 듯하다.[26] 나는 그리스도론 교의가 신학적 인간학의 기초가 된 것처럼 마리아 교의가 그 기초로 고려된 예를 전혀 찾지 못했다. 도발적이고 독창적인 메리 댈리만이 여성의 자기이해를 위해 마리아의

---

[25] 내가 반더빌트의 학생이었을 때 개신교 여성 교회 단체에서 자주 강의를 요청받았다. 강의한 날 저녁 끝 무렵에 여성들은 그들의 사목자들이 그런 행위를 비난했음에도 불구하고 자신이 마리아에게 기도했음을 놀랄 만큼 정규적으로 내게 "고백"하곤 했다. 그들이 마리아에게 기도한 까닭은 마리아가 한 사람의 어머니였고 어머니들이 경험한 바를 이해했기 때문이라고 말했다. 나는 이때 많은 것을 배웠다고 생각한다.

[26] 마리아에 관한 현대의 문학 작품에 관한 고찰: Elizabeth Johnson, "Mary and the Female Face of God", *Theological Studies* 50, no.3 (1989) 500-26 참조.

잠재력을 염두에 두었다. 그러나 이것도 그리스도교가 여성의 구원을 가져다줄 수 없다고 그녀가 결정한 한참 후의 일이었다. "(물론 공식적으로 로마 가톨릭이 항상 거부하는) 마리아를 하느님과 같은 지위에 올려놓곤 하는 것은, 시몬느 보바르가 제시하듯이, 어머니 여신이라는 고대 이미지의 자취로, (그리스도교가 옭아매고 종속시켜 버린) '하느님의 어머니'이다. 그러나 그것이 남은 부스러기인 한, '하느님을 꼭 닮은' 여성들의 미래 모습을 가리키는 예언적인 표상일 수 있다."[27]

물론 마리아 전승은 다른 전승 못지않게 신학의 남성중심적 편견의 영향을 받아왔다. 사려 깊은 여성은 위험하다는 식으로 마리아를 묘사하기도 한다. 내가 가장 관심을 가지는 하나는 출산과 양육이라는 분명 성적 체험을 했을 마리아가 신학적 전통 안에서는 성관계를 가지지 않았기에 성적 체험의 더러움으로부터 보호받은 존재로 묘사되어 왔다는 것이다.

따라서 마리아에 관한 신학적 전승은 확실히 비판적으로 검토될 필요가 있다. 적어도 메리 댈리는 오늘날 발전시켜야 할 부분을 정확히 간파해 냈다. 즉, 마리아의 모습 속에서 그리스도인은 여성적 존재로 나타나는 하느님의 구원적 모습을 취하며, 이 모습은 여성뿐 아니라 남성도 구원해 준다는 것이다.

## 몸을 통한 성화

신학적 인간학의 개관 마지막 부분에 남겨 둔 것은, 인간이 하느님의 모습대로 남성과 여성으로 창조되었다는 것이다. 이 창조는 각자에게 한계와 가능성을 남겨준다. 남녀 모두 타인과 다른 피조물에게 죄지어 끼친 폐해에 책임이 있다. 그들 모두 두 성 사이의 관계를 왜곡시킨 길고도 슬픈 악의 역사에 책임이 있다. 그렇지만 그리스도인은 죄와 그 결과인 손상이 그

---

[27] Mary Daly, *Beyond God the Father* (Boston: Beacon Press 1973) 83-4.

리스도 안에서 세례를 받고 그리스도교적인 삶을 살면 극복될 수 있다고 믿는다. 예수 그리스도는 하느님과 일치하여 인간성을 회복하고 성사적 표지인 이 세상과 통합되어 회복된 인간공동체를 세우도록 보내진 하느님의 모상이다. 따라서 그리스도의 삶은 남성들뿐만 아니라 여성들에게도 본보기가 된다.

그러나 여성들은 성사적 방식으로 그리스도를 표현하지는 않을 것이다. 현 교회의 가르침을 따르는 한, 여성은 그럴 수 없기 때문이다. 즉, 그리스도는 한 남성이었고 따라서 성사라는 절차에서 인격적으로 그를 대표하는 사제 또한 남성이어야 한다. 이 점에서 여성들은 존엄성의 근거가 그녀의 모성성에 있는 마리아를 닮으라고 격려받는다.

이렇게 본다면 교회의 신학적 인간학은 교회가 인간의 존엄성이라고 말하는 모든 것을 남녀 모두에게 적용시킬 수 없다.[28] 성사제도는 남성중심적 구원론에 입각한 다른 인간학을 가르친다. 즉, 여성은 남성의 직무를 통해 그 안에서 구원받지만 남성은 여성의 직무를 통해 구원받지 않는다. 이처럼 모순된 신학적 주장을 화해시키려는 시도들은, 남자가 그리스도를 대표하고 따라서 하느님을 대표할 수 있기 때문에 남성이 우월하다는 구체적 표현을 깎아내리거나 아니면 이를 은밀하게 암시하는 성직개념을 추천하는 것으로 끝난다.

나는 교황 요한 바오로 2세가 이 신학적 난제의 실타래를 푸는 방법을 제시했다고 평가한다. 「몸의 신학」이라는 교서를 살펴보면, 신학을 남성중심주의에서 해방시키고 전체 전통을 철저히 재고할 수 있게 하는 전망을 볼 수 있다.[29] 첫째, 교황 요한 바오로 2세는 인간의 몸을 하느님의 계시가

---

[28] 이것은 여성 문제에 관해 미국 가톨릭 주교들이 작성한 사목서간의 중요한 신학적 결함 가운데 하나였다. 조악한 넷째 초안에까지 남아 있던 문서 첫 부분의 신학적 인간학은 문서 나머지 부분에 명시된 교회 안의 삶에 대한 시각과 모순된다.

[29] "몸의 신학"은 1979년부터 1981년까지 수요일 오후의 강연을 통해 발전했다. 이 강연은 Daughters of St. Paul (Boston)에서 세 권으로 출판되었다: *Original Unity of Man and Woman: Catechesis on the Book of Genesis* (1981); *Blessed Are the Pure of Heart: Catechesis on*

드러나는 중심으로 놓는다. "몸은 그 남성다움과 여성다움에 있어서, 처음부터 영을 표현하도록 부름받았다"고 교황은 단언한다.[30] 따라서 몸은 "진리를 알려주고 어떤 점에서는 성사적 표지"를 지니고 있다. 부부의 결합이라는 인간 체험에 대해 생각하면서, 교황은 그 안에서 드러나는 바가 구별된 인간 몸의 의미, 즉 "혼인의 의미"라고 주장한다. 그가 여기서 의도하는 바는 모든 사람이 부부의 결합을 이루어야 할 운명에 있다는 것이 아니라, 부부의 결합에 대한 해석학을 통해 그 안에서 신자들이 인간의 몸에 관한 심오한 의미를 발견할 수 있다는 것이다. 남녀로 구체화된 존재의 의미는 남성과 여성 모두가 주는 자와 받는 자로서 존재할 수 있다는 것이다. 인간이란 몸을 통해서 몸 안에서 서로 줄 것과 받을 것을 가지게 되기 때문이다. 다음으로 교황은 모든 인류가 그들의 몸을 가지고 생명을 선물하고 사랑을 선물하는 이중의 증여를 하도록 부름받았다고 말한다.

이것은 인간의 소명이며 남녀 모두에게 해당하는 것이다. 그렇지만 두 성 중 어느 한 성도 다른 성이 없이는 모든 것을 취할 수 없다는 부부에 관한 해석학에서 밝힌 대로, 인간의 소명은 구체적인 체험의 일부이기 때문에, 개인 혼자서만 성취할 수 없다. 만약 부부의 결합이 모든 인간 삶의 범례라고 한다면, 이 진리는 항상 성에 의한 구별에만 적용되지 않고 더 폭넓게 적용될 것이다. 이것이 의미하는 바는 한 인간으로서 우리는 다른 시대, 문화, 인종, 계층 및 죄인들의 색다른 체험에서까지도 항상 주고받을 것이 있다는 것이다. 아우구스티누스가 이해했듯이, 이 체험은 다른 방식으로 사랑하는 이들에게 효과적으로 작용한다.[31]

둘째 단계에서 교황은 도대체 무엇이 한 인간을 남성 또는 여성으로 "만드는가"라는 근본적인 질문에 답한다. 이 질문에 대한 생물학적·결정론적

---

*the Sermon on the Mount and Writings of St. Paul* (1983); *Reflections on* Humanae Vitae: *Conjugal Morality and Spirituality* (1984).

[30] 1980년 10월 22일. James V. Schall (ed.), *Sacred in All Its Forms* (Boston: Daughters of St. Paul 1984) 125의 번역을 따름.

[31] 이것은 성인의 신비한 몸(Mystical Body)이나 통공을 새로운 방식으로 말하게 해준다.

답변에 맞선 요한 바오로 2세는 창세기에서 남성됨이나 여성됨은 인식의
문제라는 구원의 진리를 끌어낸다. 신학적 인간학의 뜻깊은 입장들 중 한
입장에서 교황은 자신을 여성이나 남성으로 인식하는 것에 대해 이렇게 말
한다. "이는 인간 각자의 몸의 의미에 관한 더 심화된 발견이요, 공통되고
서로 유익한 발견이다. 마치 '하느님이 남성과 여성으로 창조했던' 인간의
실존이 처음부터 공통되고 서로 유익했던 것처럼 말이다."[32]

교황의 생각이 함축하는 의미는 우리가 성이 다른 타인과 관계맺지 않으
면 성적으로 다른 존재인 자아를 인식할 수 없다는 것이다.[33] 따라서 하나
의 성의 세계에서 자란 소녀들은 자신이 타인과 같다고만 알고 몸이 다르
다는 인식은 결코 하지 못할 것이며, 이는 소년들도 마찬가지다. 그러므로
인간의 몸과 그 성적 잠재력을 인식한다는 것은 성적으로 다른 사람이 주
는 선물이다. 인간이 충분히 자아인식을 한다는 것은 다른 성을 가진 사람
들과의 관계라는 형식을 필요로 한다.[34] 가톨릭 교회는 그러한 남녀 간의
상호 관계를 제도화하지 않은 까닭에, 남성들은 자신이 여성과 분리되어
하나의 성의 세계를 창조하는 힘을 가졌다고 여겼고 이 세계는 남성에게서
자아인식을 박탈해 버렸다. 교황의 생각을 여기 적용시키면 남성 사제와
수사에게서 표면화된 일종의 불구와, 남성의 도움 없이 여성은 성사적 삶
을 살 수 없고 구원받지 못한다는 불구를 재고하게 해준다.

몸의 신학에 대한 교회의 교서가 지적하는 마지막 논점은 혼인을 했을
경우와 안 했을 경우에 남녀의 의미와 생명과 사랑을 주는 것의 의미와 연

---

[32] 1980년 3월 12일. *Sacred in All Its Forms*, 137.

[33] 따라서 교황은 필리스 트리블이 자신의 해석 작업에서 발견한 것과 똑같은 진리를 교황
자신이 반영했다고 가르친다. 위의 셋째 책을 보라.

[34] 신학은 남성을 표상화한 하느님과 관계맺은 신앙인들의 의미만을 고려했다. 이런 표상
화로 남성들은 성적 차이를 체험하지 않은 하느님을 자신들과 동일시하고 자신들을 하느님
에 관한 언어 안에서 기꺼이 바라보게 되었다. 다른 한편 이런 표상화는 동일화를 체험하지
않은 성적으로 다른 이들의 관계 모델인 하느님과 여성들의 관계를 제한한다. 따라서 여성
들은 자신을 하느님에 관한 언어 안에서 바라보는 것이 매우 어렵다. 하느님 안에서 다른 것
을 발견할 수 없다고 말하는 이가 굉장히 힘이 세다고 하여, 그녀나 그로 존재하는 타인을
사랑할 수 없단 말인가? 나는 그렇지 않다고 생각한다.

관된다. 교황은 말한다. "몸으로 인간은 '남편'과 '아내'가 된다. 동시에 몸의 여성다움와 남성다움을 통해 '인식'하는 각자의 행위로 '순수한' 주관성을 갖고, 주는 행위로 서로의 자아성취를 이루게 해준다."[35]

가톨릭 신자에게 혼인은 하나의 소명이지 법이 아니므로, 혼인은 그리스도교적 삶에 꼭 필요한 것일 수는 없다. 그러나 혼인이 가지는 특성인 자아의 증여는 필요한 것이요 배워야 할 것이다. 앞서 언급한 대로 우리 모두는 생명과 사랑이라는 선물을 주도록 부름받았기 때문이다. 따라서 교황의 통찰은 "주는 행위로 서로의 자아성취를 이루게 해준다"에 관한 편협한 해석에 도전한다.

## 그리스도교 인간학 바로잡기

이제 예수와 마리아라는 인물에게 돌아가 보자. 신학자들은 마리아를 배제하고 남성중심적 그리스도론이나 가현적 그리스도론을 전개하는 데 집중했다. 나는 남성중심적 그리스도론을, 예수가 자신 안에 남성과 여성의 가능성들을 끌어안아 완결시켜서 표현해 냈다는 의미로 썼다. 또 가현적 그리스도론을, 예수의 몸은 현실의 인간 몸이라고 볼 수 없고, 그 몸은 그의 존재에 아무런 영향을 주지 못한다는 의미로 썼다. 교황이 인간의 자아인식과 자기증여에 관해 말한 것이 진실이고 예수의 참된 인간성에 관한 주장이 예수에게도 해당하는 존재의 상호성을 요청하는 한, 그는 한 남자·남성·남성다움이라는 자기인식을 여성으로부터 부여받아야 한다.[36] 그가 자기 생애의 좋았던 때를 마리아와 함께 집에서 보내거나 세례자 요한과 지냈던 것으로 보이기에, 마리아는 생물학적 모성성으로 설명할 수 있는 것보다 예수의 인격적 성장에 훨씬 더 중요하다. 그녀는 그가 추구했던 것을

---

[35] *Sacred in All Its Forms*, 138-9.

[36] 나는 예수의 완벽한 인간성에 관한 가톨릭의 확신에 이러한 자아인식이 필요하다고 제안한다. 왜냐하면 예수는 자신을 결핍된 남성으로 이해하지 않았기 때문이다.

할 수 있게 하고 그가 행했던 것을 행할 수 있게 했음에 틀림없다. 그녀는 본질적으로 예수의 사명과 존재에 동참했다고 말할 수 있다.

이 두 사람은 우리에게 계시의 또 다른 차원을 열어준다. 비록 남자나 여자로 구체화되는 것은 유한성을 가리키지만, 타인과 사랑한다는 상호 작용은 기대하지 않았던 가능성을 열어줄 수 있다. 우리가 알기로 예수에게는 자녀가 없다. 그러나 그는 성찬식을 통해 자신의 몸과 함께 생명과 사랑을 준다. 마리아는 자신의 몸으로 아기를 낳고 키웠지만 동정녀로 기억된다. 이 두 사람이 함께할 때만이 약속된 분이 오셔서 인도하는 새 시대에 남자와 여자, 자식을 낳은 처녀, 사랑과 생명의 증여성에 관한 근본적인 구원의 진리가 밝혀질 수 있다. 남자와 여자인 두 사람과 그들을 해석해 온 전통에 관한 해석학만이 구원이라는 공통되고 상호적인 이야기를 발견할 수 있도록 해준다.

문제는 어떠한 인간의 삶도, 예수의 삶조차도 인간체험의 두 측면을 동시에 포괄할 수는 없다는 것이다. 인간은 남자이면서 동시에 여자거나, 양육자이면서 동시에 양육받는 자, 배우이면서 동시에 관객, 고통당하면서 동시에 타인의 고통을 느끼는 자일 수는 없다. 신학의 남성중심적 편견은 계속해서 행위자만을 조명하고 그렇게 행위하도록 가르친 자는 가려버린다. 가나의 혼인잔치에서 일어난 기적을 예로 들어 보자(요한 2,1-12 참조). 이는 누구의 기적인가? 그 필요성을 알아차린 자인가 아니면 도전받고 마음을 일으켜 술동이에 술이 차도록 행위한 자인가? 이러한 방식으로 본다면 이는 잘못된 질문이다. 이 기적은 수용과 행위, 질문과 대답, 준비함과 준비됨 모두의 결과인 것이다. 인간 삶의 신성함이라는 구원적 행위의 지표인 전자와 후자의 진가를 인정하는 신학을 할 때만이 여자들뿐만 아니라 남자들도 서로와 이 세상을 위해 자신의 재능을 가지고 선물을 자유롭게 나눌 것이다.

이러한 통찰은 여자와 하나의 존재방식을 연결짓고 남자와 다른 하나의 존재방식을 연결짓지 않는다. 예수가 여성들에게 모범이 되는 것만큼이나 마리아는 남성들에게 모범이 된다. 그러나 이 중 어느 하나가 없이는 불완전한 신학적 인간학으로 남는다. 이 두 가지를 모두 인정하는 그리스도인이야말로 그들을 통해 인간 성숙의 신비와 부활절 신비를 밝힐 것이다. 때때로 고통, 죽음, 부활을 예수 안에서 직접 체험할 것이다. 종종 이 세 가지는 마리아 안에서 대리 체험될 것이다.[37] 앞의 체험이 나중 것보다 더 나은 것은 아니다. 그리고 앞의 체험이 더 신성한 것도 아니다. 이 모든 체험이 하느님의 모상 안에서 이루어지기 때문이다.

여성해방운동은 수많은 방식으로 신학적 인간학을 새로운 영역으로 끌어들였다. 남성적인 것으로 여겨졌던 존재방식과 활동영역들이 여성들에게도 열렸고 여성적인 영역들이 남성들에게도 가능하리라는 기대가 커졌다. 남자가 가진 인간성도 똑같이 생명과 사랑을 주는 능력이 있음을 가톨릭은 교육을 통해 밝혀야 한다. 모성만큼 부성에 대해, 미혼모만큼 미혼부에 대해, 일정 기간 태아를 품은 어머니만큼 아이를 양육하는 아버지에 대해서도 이야기해야 한다. 무엇보다도 가톨릭은 2차 바티칸 공의회가 가정이라고 칭한 작은 교회에서, 교구 교회의 성사적으로 참된 삶을 발견해 내야 한다. 이를 위해 교회는 가정의 어머니들뿐만 아니라 아버지들, 제대 위의 아버지들뿐만 아니라 어머니들도 필요로 할 것이다. 일전에 어떤 교구 단체로부터 교회 안의 여성이라는 주제로 강연을 부탁받았을 때, 나는 청중들에게 질문했다. "여러분은 남성으로는 채울 수 없는 교회의 한 가지 역할이 무엇인지 아십니까?" 한 여성이 소리쳤다. "예, 하느님의 어머니입니다." 이에 힘을 얻어 나는 계속 질문했다. "그러면 그 역할은 교회의 공식적 삶 안에 어떻게 상징화되고 있습니까?" "그건 없어요." 그녀는 자신이 말한 것의 의미를 뚜렷이 되새기면서 대답했다.

가톨릭 사상만큼이나 몸을 지극히 강조하는 교회, 소위 "성찬의 원칙"을

---

[37] 여기서 폴 리꾀르의 "제2 위격의 죽음"(= 사랑하는 타인의 죽음)이란 말이 떠오른다. *Freedom and Nature: The Voluntary and the Involuntary*, trans. Exrahim V. Kohak (Chicago: Northwestern Univ. Press 1966) 460 참조.

고수하는 교회에서 "여성"의 부재는 심상치 않은 결과를 발생시킨다. 몸 자체가 성사적 표징의 가치를 지니고 인간의 몸이 읽어야 할 하나의 본문인 한, 신학자들이 여성을 속임으로써 재촉해 왔던 것과 교육시켜 온 것에서 찾아야 할 것은 부지기수이다.

더불어 사는 인간존재의 신비 속으로 새로운 단계들을 신학자들이 숙고하기 시작함에 따라 모든 것은 진전되고 있다. 하느님은 당신의 모습대로 여자와 남자인 인간을 창조하시고, 구원하시며, 성화를 이루시는데, 그것은 권위가 있으면서도 한계를 지닌 말씀을 통해서이다. 이 세상의 구원은 열린 마음으로 그 말씀을 식별하는 데 달려 있다.

# 더 읽으면 좋을 책


Anne E. CARR, *Transforming Grace: Christian Tradition and Women's Experience*, San Francisco: Harper & Row 1988. 신학적 인간학에 관한 뛰어난 설명.

Sally CUNNEEN, *Mother Church: What the Experience of Women Is Teaching Her*, New York: Paulist Press 1991. 이 특이한 책에서 커닌은 어머니들을 가르치기 시작한 것이나 대학으로 되돌아간 자신의 경험으로부터 지혜를 뽑아내어 이를 교회에 능숙하게 적용한다.

Elisabeth Schüssler FIORENZA, *In Memory of Her: A Feminist Theological Reconstruction of Christian Origins*, New York: Crossroad 1987. 그리스도교의 기원에 관한 획기적인 이 저술은 전체교회에 이야기해 온 종래의 방식을 재고한다.

JOHN PAUL II, *Original Unity of Man and Woman: Catechesis on the Book of Genesis*, Boston: Daughters of St. Paul 1981. 몸의 신학에 관한 요한 바오로 2세의 수요일 오후 강론 모음집 삼부작 중 첫 책. 태초의 일치를 기초로 신학적 인간학의 기반을 정초.

Catharine A. MACKINNON, *Toward a Feminist Theory of the State*, Cambridge: Harvard Univ. Press 1989. 현대에 미친 성차별주의의 영향에 대한 독창적 분석.

Sara MAITLAND, *A Map of a New Country: Women and Christianity*, London: Routledge & Kegan Paul 1975. 저술가·여성해방운동가·성공회 사제 부인인 저자가 여성의 포용성으로 철저하게 변화된 그리스도교의 통찰력을 지적한다.

Uta RANKE-HEINEMANN, *Eunuchs for the Kingdom of Heaven: Women, Sexuality, and the Catholic Church*, trans. Peter Heinegg. New York: Doubleday 1990. 가톨릭 교회 내 여성 이상화의 이면에 도사린 것들을 가장 잘 모아 놓았다.

Rosemary Radford RUETHER (ed.), *Religion and Sexism: Images of Women in the Jewish and Christian Traditions*, New York: Simon and Schuster 1974. 여성 신학의 중요한 고전.

Marie-Eloise ROSENBLATT (ed.), *Where Can We Find Her? Searching for Women's Identity in the New Church*, New York: Paulist Press 1991. 여성 문제에 관한 미국 가톨릭 주교회의 사목서간의 시도를 실패로 돌아가게 한 문제점들을 다룬 논문 모음집.

Alvin John SCHMIDT, *Veiled and Silenced: How Culture Shaped Sexist Theology*, Macon, GA: Mercer Univ. Press 1989. 그리스도교 전통을 불구로 만든 여성에 관한 사회문화적 영향의 역사를 추정한 최상의 작업.

Phyllis TRIBLE, *God and the Rhetoric of Sexuality*, Philadelphia: Fortress Press 1978. 초기 문헌들에 관한 학문적이고 독창적인 연구. 성차별주의로 말미암아 연속해서 나타나는 태도를 구체적으로 밝히고 새로운 저술들은 말씀이 주는 힘을 드러내야 한다고 주장.

# 7

# 해방을 위한 공동체

교 회 론

*Mary E. Hines* 메리 하인즈

로마 가톨릭 전통 속에서 여성론적 관점으로 다루기 가장 어려운 조직신학 분야가 교회론일 것이다. 교회전통과 구조는 가부장적이고 위계적이라는 점에서 완고해 보인다. 교회 문헌들은 단지 여성이라는 이유로 교회생활의 중요한 영역들, 특히 지도력을 가지는 역할에서 여성을 배제시켜 왔다. 이에 용기를 잃고 소외된 일부 여성들은 가톨릭 교회를 떠나 여성의 충분한 참여를 북돋아주는 다른 교파들로 가거나, 여성중심의 여신 전통으로 옮겨 갔다.[1]

다른 한편으로 교회 내의 변화를 도모하거나 구조적인 개혁을 이루기 위해 노력하는 가톨릭 여성들도 있다. 현실적으로 여러 분야의 활농 식무에서 여성들이 배제된 상태이므로 여성론자들은 교회를 새롭게 바라보는 신학적 이론 작업에 더 몰두하고 있다.[2] 가톨릭 여성론자들은 해방을 주는 교회의 사명에 비추어 가톨릭 교회를 제도적 차원에서 재구조화하도록 부름받는 다른 소외된 사람들과 뚜렷하게 한목소리를 낸다. 그런데 그 임무는 이론적이면서도 실천적이다. 다른 해방신학들과 마찬가지로 교회론에 관한 여성론적 접근들은 뚜렷한 목적을 가진 소공동체들이 경험한 교회에 대한 성찰을 우선으로 풀뿌리 차원에서 시작된다. 이로써 현 교회 구조에 대한 비판 및 변화를 위한 건설적인 제안들을 이끌어낸다.

---

[1] 탈그리스도교를 자처하는 메리 댈리는 『교회와 제2의 性』에서 최초로 교회 안의 가부장제와 성직자중심주의에 대한 비판을 주제로 다루었다. 그녀는 오늘날 그녀의 관찰이 실현 가능성이 없으며 부적절하다고 여긴다. "비록 그 씨앗은 그리스도교 공동체의 살아 있는 신앙과 희망, 용기 안에 존재하고 있지만, 개혁되고 민주화된 미래의 교회는 아직 여기에 있지 않다"(213/한국어판 239). 그녀는 교회가 가부장제로 너무도 희망 없이 왜곡되어 여성들을 해방시키는 공동체가 될 수가 없다고 본다. 쇄신된 가톨릭 교회에 희망이 있다고 확신하는 여성론자들은 댈리의 초기 작품에서 개혁을 위한 가치있는 자료를 발견하며, 지금도 여전히 교회에 적절한 비판거리를 준다는 점에서 변화하지 않는 교회를 애석해한다. 탈그리스도교적 여성주의 서론과 신(新)고대적 후기(New Archaic Afterwords)가 붙은 *The Church and the Second Sex*, Boston: Beacon Press 1968/1975/1985 참조.

[2] Catherine Mowry LaCugna, "Catholic Women as Ministers and Theologians", *America* 167 (Oct. 10, 1992) 238-48 참조. 그러나, 여성론적 관점의 특별한 교회론적 질문들에 대한 문학에 속하지는 않는다. 사제수품 논의에 관한 초기 저술이 쏟아져 나온 후에, 많은 가톨릭 여성신학자들의 관심은 가톨릭 신학을 재조명하는 다른 근본적 질문들로 옮겨갔다. 철통 같은 교회 구조와 충돌한 여성신학이 교회를 주제로 한 저술의 부족을 낳았는지도 모른다.

비록 교회에는 제도적 차원을 넘어서는 것이 있지만, 2천 년이라는 교회 역사에서 이 제도적 측면은 교회의 자기성찰을 지배했으며, 교회 내뿐만 아니라 국가 안에도 권력과 권위 행사를 주장했다. 이 제도적 교회론은 1차 바티칸 공의회가 정의내린 교황 무류성에서 절정에 이른다.[3] 교회는 흔히 로마의 중앙집권적 지도력과 동일시되어, 교황성 및 주요 성성聖省에서 나온 다양한 문헌들을 통해 지역교회들을 더욱 통제하라고 명했다.[4] 평신도들은 점점 더 교회의 공식적 입장에 거의 개입하지 못하고 교회의 공식적인 가르침의 수동적 수용자로 여겨지기에 이르렀다. 이토록 과도한 제도적 교회론이 예전에 도전받지 않았던 것은 아니지만,[5] 칼 라너, 앙리 드 뤼박, 프랑스의 위대한 교회론 학자인 하와 꽁가르 같은 신학자들의 역사·신학적 연구는 20세기 전반부에 와서야 심각하게 그 문제를 제기했고, 2차 바티칸 공의회의 쇄신된 교회론을 위한 기초 작업을 시작했다.

이 공의회는 **친교** 교회론[6]을 회복시키고 교회가 하느님의 백성이라는 성서의 강력한 표상을 강조하는 맥락에서 교회의 제도적 측면을 보았다. 2차 바티칸 공의회 문헌인 「교회헌장」에서는 이 표상들로서 교회에 관한 이해, 심지어 교회에 관한 해석 자체의 주요 변화를 간단히 진술한다. 「사목헌장」에서도 마찬가지로 세상을 향한 교회의 공식적인 태도에 나타난 중요한 변화의 전조를 의미깊게 다룬다. 「사목헌장」은 세계에 부정적으로 접근한 19세기 교회의 특징으로부터 벗어난다. "시대의 징표들을 읽으라"는 이 헌

---

[3] 제도적인 발전과 그 결과에 대한 간단한 논의: Avery Dulles, *Models of the Church* (New York: Doubleday 1974) 31-42와 Edward Schillebeecks, *Church: The Human Story of God*, trans. John Bowden (New York: Crossroad 1990) 198-207 참조.

[4] Yves Congar, *Lay People in the Church*, trans. Donald Attwater (Westminster MD: Newman Press 1965) 286.

[5] 예를 들어 19세기 튀빙엔 신학자들은 가톨릭 신학교 교수단이었는데, 낭만주의의 영향을 받았고, 신비적이고 성령론적인 교회론을 발전시켰다. 이들 신학자 중 Johann Adam Möhler는 가장 영향력이 컸다.

[6] 교회론에 대한 이 접근은 교회를 우선적으로 그리스도와 서로 일치하는 인격체들의 친교나 공동체로 이해한다. 이는 제도적 측면을 반드시 배제하는 것이 아니라 교회의 공동체적 측면에서 이차적이라고 본다. 상론: Dulles, *Models of the Church*, 43-57 참조.

장에 힘입어, 공식 교회는 현대 세계 및 그 동향들과 기꺼이 대화하도록 지시하고 있으며, 그 안에는 사회의 변화된 여성의 역할과 여성해방적 의식도 들어 있다.

시대의 징표 가운데 이러한 사회적 변화를 언급한 공의회 문헌들은 교회의 자기이해와 충돌을 빚지 않을 수 없어서, "남녀 평등이 이루어지지 않는 곳에서는 법률과 실제에서 여자들이 남자들과 같은 평등권을 요구하고 있다"(「사목헌장」 9)라고 인식했다. 여성이 삶의 모든 영역에 포함되어야 하고 "여성들은 **고유한 특성에 따라 자기 역할**을 완전히 수행할 수 있어야 한다"(「사목헌장」 60). 그러나 이 문헌의 이원론적 인간학은 여성이 본성상 남성과 다르며 이 다른 본성이 남녀에게 걸맞은 사회적이고 교회론적인 역할을 결정한다는 위험한 결론을 반영한다.[7] 교회생활의 모든 측면에 여성들이 완전하고 동등하게 참여하도록 찬성하는 가장 힘있는 문헌은 "인간 기본권에서 모든 형태의 차별, 사회적이든 문화적이든, 또는 성별, 인종, 피부색, 사회적 신분, 언어, 종교에서 기인하는 차별은 하느님의 뜻에 어긋나는 것이므로 극복되고 제거되어야 한다"(「사목헌장」 29)고 강조한다. 그러나 이러한 개별 문헌은 여성의 고유한 권리를 간혹 애매하게 언급할 뿐이어서 여성을 불확실하게 둘러댄 것으로 남아 있다.

교회에 비판적인 여성신학은 2차 바티칸 공의회를 교회론의 출발점으로 생각하는 것이 낫다고 보는데, 근본적으로 교회를 하느님 나라의 궁극적 완성을 향해 역사 안에서 순례하는 하느님 백성의 공동체라고 이해하며 교회의 제도적 측면이 가지는 맥락을 설명하기 때문이다. 이처럼 역동적이고 역사적인 교회 이해는 공의회를 따르는 가톨릭 신자들에게 상상력을 불어넣었다. 평신도, 특히 여성들은 "우리가 교회다"라는 확신으로 행동하기 시작했다. 이 신념은 1960년대에 다시 일어난 여성해방론과 융합하여, 여성들이 교회생활 전반에 온전히 참여할 것을 기대하고 요구했으며, 특별히

---

[7] 여성론적 인간학에 대한 개념과 대안적 제안들에 대한 폭넓은 논의: 이 책 6장 참조.

여성의 삶에 엄청난 영향을 미치는 데도 여성의 경험을 배척하는 직무와 윤리적 정책결정에 참여할 것을 요구했다. 여성들과 다른 소외된 이들의 비판적 목소리는 교회를 "아래로부터" 변화시키기 시작했다.

사제직과 다른 정책결정의 역할에서 배제된 여성과 평신도들은 자신의 경험을 성찰하고, 성서에 대해 숙고하며, 현대 세계에서 교회의 새로운 실존을 계획하는 풀뿌리 운동들과 연대했다. 이 성찰로 많은 이들은 오늘날 실행되는 사제수품에 여성을 포함시키는 것만이 능사는 아니라는 확신을 가지게 되었다. 만민을 해방시키는 임무에 투신할 동등한 제자들의 예언적 공동체가 되는 것을 방해하는 가부장적이고 위계적이며 사제중심적인 억측들로부터 자유로워지기 위해서는 교회 구조들을 상당히 변형시킬 필요가 있다. 만일 너무 오랫동안 이 변형을 지연시킨다면, 공동체로서의 교회와 제도로서의 교회 사이의 명백한 균열은 심각해질 것이다. 이미 많은 이들은 애석하게도 자신의 삶이 교회 구조나 교회의 공식적 가르침과 무관함을 알아챘다. 현존하는 교회 구조의 불변성을 주장하는 사람들은 교회의 구조들이 교회의 사명에 공헌하는 기능을 해야 한다고 주장하는 사람들과 논쟁의 핵심에서 부딪친다. 교회의 구조들은 변화하는 세상 안에서 교회의 사명을 원활하게 수행하도록 변할 수 있고 변해야만 한다.

이 장에서 나는 우선 세상 안에서의 교회 사명과 교회 구조들에 대한 여성론적 비판의 관계를 숙고하겠다. 둘째로, 교회의 본질에 대해 고찰하고, 교회 쇄신을 위한 다양한 자료들로부터 해방을 사명으로 하는 공동체인 교회의 현실성을 잘 표현해 줄 건설적 제안들을 하고자 한다.

## 세상 안에서의 교회 사명

과거 교회론은 흔히 교회의 본질과 구조를 진술하는 데서 시작된다. 그러나 세상 안에서의 교회를 강조하는 2차 바티칸 공의회 이후로는 교회의 사명을 먼저 숙고하고 난 다음 그 사명과 관련된 교회의 본질과 구조들을 이해하는 것이 더 적절하다고 본다. 교회는 다양한 태도로 세상과 관계맺는다. 즉, 세상과 가시적 교회가 매우 밀접하고도 통합적으로 연관되어 있기에 이 세상의 자율성과 동떨어질 수 없다고 보는 사람들이 있는가 하면, 교회와 세상은 완전히 분리되고 대립된 것으로 보는 사람들까지 매우 다양하다. 2차 바티칸 공의회는 이 두 극단 사이에서 절충점을 찾는다.

1차 바티칸 공의회 이후부터 2차 바티칸 공의회 직전까지, 공식 교회는 근대성에 대한 부정적 평가를 견지하면서 세상에 대해 강하게 의심하는 태도를 보였다. 교황령 몰수에 항의하여 비오 9세가 "바티칸의 죄수"라고 자처한 입장은 세상으로부터 물러서는 것이 구원적인 태도라고 보았다. 특히 프로이트, 마르크스, 다윈의 이론으로 상징되는 현대 사상들과 대면하면서 세상을 악하고 위험하며 죄의 원천으로까지 보았다. 또 은총의 세계와 인간 역사의 세계를 분리된 실재로 보았다. 교회는 은총의 영역으로서 지상의 하느님 나라와 동일시되기까지 했다. 가장 확실하게 이 세상을 "떠난" 사람들인 봉헌된 수도자들은 좀 더 완전한 그리스도인이며 수도생활은 진정 더욱 완전한 상태로 보였다. 그 결과 교회론은 교회로 하여금 세상을 두려워하고 방어하게 만들었다.

분명한 변화가 2차 바티칸 공의회로부터 시작되었다. 「사목헌장」은 이 불명료한 세상과 더 폭넓게 대화하라고 선포했고(3항 참조), 이 세상을 죄의 세상인 동시에 은총의 세상으로 보았다. 여러 면에서 공의회의 가장 근본적인 변화는 교회와 세상과의 관계를 재평가한 것이었다. 이것은 교회의 사명을 이해하는 데 중요한 의미를 던져준다. 이는 또한 교회 안의 평신도, 특히 여성의 역할과 임무들을 새롭게 이해하는 출발점과 동인을 제공했다. 「사목헌장」은 교회가 인간역사라는 극장 안에 있는 한 명의 배우라고 공표했다. 교회는 현대의 대중사회 및 문화적 변이 속에 포함될 수밖에 없고, 더 이상 현대세계와 떨어질 수 없다. 이 새로운 맥락에서 어떻게 행동할 것인가가 2차 바티칸 공의회 이후 교회의 사명과 본질에 관한 논의의 상당 부분을 차지해 왔다.

이 극적인 변화의 신학적 토대는 칼 라너에서 찾아볼 수 있다. 그는 세상의 역사와 구원의 역사를 같은 선상에서 바라본다. 구원은 **이** 세상 삶의 기쁨과 갈등 속에서 일어나는 것이며, 이 세상이야말로 은총의 세상이라고 말한다![8] 라너의 신학 및 당시 유행했던 세속화 신학들은[9] 세상과 대화하는 것을 공의회에서 긍정적으로 평가하도록 영향을 주었다. 이는 과거의 입장에 비해 놀랄 만한 반전으로서, 교회가 세상에서 배울 수 있다고까지 제안했다. 이 낙관적인 관점은 세상이 죄와 억압과 착취의 장소이기도 하다는 것을 상기시킨 "정치"신학자들에 의해 누그러졌다. 교회는 세상으로부터 배울 수 있다. 그러나 하느님의 미래 영역이라는 유토피아적 전망에 비추어 볼 때, 교회는 또한 하느님께서 약속하신 정의와 평화가 아직 온전히 이루어지지 않았다는 것을 만인에게 알리는 예언자적 입장에 서 있다. 인간의 미래에 관한 하느님의 이 전망은 이 세상 문제에 대한 인간의 모든 해결책을 철저하게 상대화시켜 버린다.[10]

라틴아메리카의 해방신학자들은 세상을 향한 교회의 사명에 인간을 억압하고 소외시키는 불의한 정치와 사회 구조들에 도전하는 것이 포함된다고 확신한다. 과거의 신학들이 근본적으로 미래와 피안의 구원에 초점을 두는 데 반해, 해방신학자들은 "현실화"라고 부르곤 하는 종말론을 공유하는데, 이 종말론은 교회가 하느님 나라의 표징으로서 이 세상 안에 도래한 대리인이 되어야 한다고 명한다. 비록 구원이 사회적 죄뿐 아니라 개인적 죄로

---

[8] "History of the World and Salvation History", trans. Karl-H. Kruger, *Theological Investigations*, vol.5 (New York: Seabury Press 1975) 97-114.

[9] 이 용어들은 1·2차 세계대전 중에 생겨났고 하와 꽁가르나 칼 라너 같은 공의회에 영향을 준 가톨릭 신학자들 사이에서 관심을 얻은 다양한 신학들에 적용된다. 다양하긴 하지만, 이 신학들은 인간이 "그 시대에 속한다"는 동일한 확신을 공유한다. 이는 인간의 재간과 노력이 실패할 때 간격을 채워 주시는 분으로 이해하곤 했던, 하느님이 계속 필요한가라는 문제를 제기한다. "사신"(死神) 신학자인 D. Bonhoeffer와 J.A.T. Robinson (*Honest to God*)은 이 이론을 유행시켰다. 상론: *Encyclopedia of Theology: The Concise Sacramentum Mundi*, s.v "secularization" 참조.

[10] Johannes Baptist Metz, *Faith in History and Society*, trans. David Smith (New York: Seabury Press 1980).

부터 해방되는 것을 포함하고 하느님 나라가 곧 하느님의 자유와 미래의
선물임을 인정한다 하더라도, 해방신학은 이 세상 안에 하느님 나라를 위
한 조건들을 세우는 데 인간이 개입하는 것을 강조함으로써 과거의 불균형
을 시정한다. 이전에는 태평한 낙관론을 가지고 세상에 순응했던 반면, 정
치신학과 해방신학은 2차 바티칸 공의회로 시작된 세상과의 대화에서 물러
서선 안 된다고 주장한다. 예를 들어 스힐레벡스는 전통적으로 "교회 밖에
는 구원이 없다"라는 말을 "세상 밖에는 구원이 없다"라는 말로 바꾼다.[11]
그리스도인들은 세상 안에서 긍정적인 요소들을 발견할 것이다. 그러나 그
들은 이 세상의 많은 것이 예언적으로 비판받아야 할 필요가 있다는 것과,
세상으로부터 도피하는 것이 더 이상 진정한 그리스도인의 선택으로 여겨
지지 않는다는 것도 알게 될 것이다.

2차 바티칸 공의회 이후 교회 문헌들도 이 세상이 구원의 장이라는 확신
을 반영한다. 1971년 시노드 문서인 「지상의 평화」는 정의를 위한 활동이
교회 사명의 본질적 차원임을 강한 어조로 진술한다.[12] 공의회 이후 교황의
사회 회칙들은 지속적으로 세상 안에서의 교회의 책임을 강조해 왔다.

이러한 강조는 성직자가 정치에 직접 개입하는 것을 삼가야 한다는 교황
요한 바오로 2세의 확신과 다소 갈등을 빚는 것처럼 보인다. 교황의 입장
은 성직자와 수도자들이 교회의 내부생활과 제도에 참여하는 한편, 평신도
는 세상 안에서의 교회 사명에 책임이 있다고 보는 것으로, 여기에 문제가
있음이 점점 드러나고 있다. 이는 2차 바티칸 공의회의 관점을 반영하고
있지만(「교회헌장」 31 참조), 지난 25년의 경험은 이 패러다임에 의문을 던진다.
많은 평신도들이 본당 일이나 사목활동같이 교회 내에서 봉사하기 위해 전
문적으로 준비하고 헌신해 온 반면, 성직자와 수도자들은 일반적으로 폭넓
고 다양한 사회·정치적 상황 속에서 사목하며 어떤 이들은 교회와 전혀

---

[11] Edward Schillebeeckx, *Church: The Human Story of God*, trans. John Bowden (New York: Crossroad 1990) 5.

[12] *Justice in the World* (Washington, DC: United States Catholic Conference 1972) 34.

무관한 일에 종사한다. 교회와 세상의 밀접한 관계를 재조명하는 2차 바티 칸 공의회는 교회 구성원을 단지 평신도와 성직자로 나누는 기존의 구조적 계층화에 바탕을 두고 간단히 일을 분담하는 것을 지지하지 않는다.[13]

성직자와 평신도의 구분은 과거 교회와 세상의 철저한 분리로 인한 성과 속의 구별이나 자연과 은총을 분리한 옛 신학의 근본적 이분법에 기초한 다. 이는 교회의 종교적 사명과 사회적 사명 사이의 분리를 의미하지만, 앞서도 언급했듯이 교회와 세상의 밀접한 관련은 뗄 수 없는 것으로 보아 야 한다. 교회의 고유한 사명은 이 세상 안에 하느님 나라의 표징을 만드 는 데 있다. 교회의 내적 직무는 이 근본 목표에 봉사하는 것이다. 2차 바 티칸 공의회가 천명했듯이(「교회헌장」 33 참조), 만인이 세례로 이 교회의 사명 과 직무에 참여하도록 부름받았다면, 직무의 배분은 "삶의 형태"에 따라 계층으로 확정짓기보다는 각자의 특은과 능력에 따라 이루어져야 한다. 영 구적으로나 일정 시기 동안 교회의 성직자나 공동체의 지도자로 봉사하도 록 부름받은 이들은 끊임없이 교회 구조가 이 사명을 수행하는 데 효율적 인지를 재평가해야만 한다. 그리하여 교회 안의 봉사는 모든 이의 목소리 와 경험을 포함하고 그들에게 선물이 되어야 한다. 교회의 내적 구조는 모 든 사람을 해방시키는 교회의 사명을 원활히 하기 위해 있기 때문이다. 교 회생활 에서 평신도의 목소리와 경험을 완전히 배제한다는 것은 제도로서 의 교회와 그 권위 및 구조를 평신도의 삶과는 점점 더 무관한 것으로 만 들고 만다. 교회의 사명은 이같은 현 구조로 인해 잘 수행되지 않고 있다.

## 교회 구조들에 대한 여성론적 비판

모든 해방신학 가운데서도 여성신학은 가장 강한 목소리로 만인을 해방시 키고 힘을 북돋아 주는 일에 교회가 관심을 가지도록 그 내부 구조들을 고

---

[13] Joseph Komonchak, "Clergy, Laity and the Church's Mission in the World", *Official Ministry in a New Age* (Washington, DC: Canon Law Society of America 1981) 168-93.

치라고 요구한다. 여성신학은 교회의 사명과 그 구조들 사이의 연계성을
인식하면서, 세상에 정의를 요구하려면 무엇보다 교회 자신이 먼저 정의로
워야 한다고 거듭 강조한다.[14] 교회가 그 사명을 다하기 위해 구조가 필요
하다면, 그 내부 구조가 정의롭지 못할 때 이 세상에서 교회는 신뢰받지
못할 것이다.

  류터는 교회가 만인을 위한 해방공동체가 되어야 하며, 특히 여성을 가
부장적 억압으로부터 해방시켜야 한다고 강력하게 주장한다. 류터는 교회
가 가부장제로부터 회심하는 과정을 실천하고 그 방식을 지지하라고 촉구
한다. 이러한 회심은 홀로 이룰 수 없기에 공동체가 필요하다.[15] 교회 자체
도 가부장제의 영향을 깊이 받았기에 교회가 변화를 이끌어 갈 수 있을지
는 가톨릭 여성신학자들의 심각한 의문거리이다. 류터는 이 변화가 위로부
터 오는 것이 아니라 여성 기초공동체의 공동체험으로부터 온다고 주장한
다. "여성 기초공동체란 가부장제로부터 해방되는 것을 구원이라고 이해하
면서, 성찰하고 축복하며 행동할 책임을 가지는 자발적이며 자생적인 공동
체이다."[16] 가부장제에서 해방되는 길은 여성이 교회 안에서 자유롭게 행동
하고 책임감있는 성인이 되는 것을 방해하는 성직 중심의 힘의 구조를 없
애는 것이다.[17] 여성 기초공동체에서 여성들은 성직계급이 보전해 온 성사
생활을 체현한다.[18] 이 공동체는 제도로서의 교회와의 관계 및 자기네 공동
체 구성원의 삶 안에서 이루어지는 역할에 변화를 준다. 어떤 공동체는 자
신들을 자주 소외시키고 거부한다고 느끼는 교회를 바꾸는 데 계속 동참하
여 일하도록 공동의 지지를 보낸다. 또 어떤 공동체는 예배, 연구, 정치적
이고 사회적인 활동을 포함한 전반적인 교회 경험을 하게 한다. 여성교회[19]

---

[14] 1971년 시노드 문서 *Justice in the World*, 44는 이런 필요성을 인정했다.

[15] Rosemary Radford Ruether, *Sexism and God-Talk* (Boston: Beacon Press 1983) 193.

[16] *Ibid.*, 205.

[17] Rosemary Radford Ruether, *Women-Church: Theology and Practice of Feminist Liturgical Communities* (San Francisco: Harper & Row 1985) 86.

[18] *Ibid.*, 87.

라고 불리곤 하는 이들 공동체의 구성원들은 제도로서의 교회가 역사적으로 여성과 여성의 경험을 억압해 왔음을 의식하고 고칠 때까지 더는 기다릴 수 없다고 진술한다. 류터는 이렇게 말한다.

> 현대교회 여성들은 언어의 박탈과 성체성사의 결핍으로 고통받고 있다. 자신의 존재를 무시하고 구조적으로 부정하는 따돌림의 언어로는 여성들이 자신의 영혼을 살찌울 수가 없다. 그들은 가부장제를 넘어서 미래의 가능성을 이야기하고 성차별주의의 해악에 맞서 진실을 이야기하며, 그들의 인품을 온전히, 온 마음으로 인정하는 생명의 언어와 상징 형태에 목말라한다.[20]

예언자 전승 같은 그리스도교 유산의 유용한 요소들뿐 아니라 여성의 체험을 인정하는 다른 전승들에서도 해방하는 요소들을 찾아 삶과 예배에 연결시키는 것이 여성교회의 특징이다. 여성교회의 많은 참가자들은 성령이 충만한 평등 공동체인 이 교회의 경험이 결국 역사적 제도를 바꿀 수 있으리라 희망한다. 우선 여성교회는 신앙을 성숙시키고 여성의 경험을 정당화할 수 있는 장소를 제공한다. "여성교회는 하나의 소종파로서 교회를 떠나는 것도, 교회라는 조건에 맞추어 가는 것도 아니다. 그것은 기존 체계로부터 다소 자율적인 여성론에 따라 비판적 문화와 찬양 공동체의 기초를 세운 교회를 의미한다."[21] 비록 공식적인 여성교회운동이 미미하긴 해도, 여성교회는 교회 사명의 목표인 평등한 인간관계를 더 생생하게 밝힐 수 있는 새

---

[19] 류터는 여성교회를 아래와 같이 묘사한다. "여성교회는 여성의 경험을 여성의 시각에서 집대성하고 문화를 비판하는 형성 단계의 신학적 표현이다. 이는 가부장적 교회(ecclesia)를 정당화하는 신학적인 신화들을 비합법화하고 가부장제로부터의 해방을 중재하는 전례들을 만들기 시작한 것을 의미한다. 그들은 해방하는 여성의 모임을 구원 공동체로서 경험하기 시작했다. 그들은 새로운 존재 안에 뿌리를 두고, 해방시키는 성령에 의해 그들 스스로 힘을 주고 또 힘을 받는다. …"(*Women-Church*, 61). "여성교회는 가부장적 교회에 대한 여성론적 대안문화(counterculture)이며, 현존하는 교회제도들의 겉과 안 양쪽에서 출애굽으로 예상되는 미래를 향해 지속되어야 한다"(*Women-Church*, 62).

[20] *Ibid.*, 4-5.

[21] *Ibid.*, 62.

로운 교회질서를 함께 구상하는 남녀 여성론자들의 덜 공식적인 또 다른 모임들을 특징짓고 있다.

이 모임들의 경험으로부터 현 교회 구조를 비판하게 되었고, 이 세상에 해방을 가져오는 교회의 사명을 원활히 할 "시대의 징표들"이라는 견지에서 교회 구조들을 다시 생각하도록 했다. 특히 교회의 공식적 가르침과 그 위계질서는 문제가 있는 두 영역이다.

오늘날 교회공동체는 가르치는 자와 배우는 자로 양분되어 있다.[22] 이러한 분리는 문제가 있는데, 권위를 가진 교사인 주교들이 모두 독신 남성이기 때문이다. 모든 분야, 특히 성적인 측면에서 제한받는 이들의 경험은 한계를 지니고, 많은 가톨릭 여성들에게 자신의 삶과 교도권의 가르침이 가지는 관계에 의문을 갖게 한다. 진리를 고정된 것으로 이해하면, 교회 구성원의 작은 단위인 교도권이 진리를 소유하고 있으며, 나머지 더 크고 다양한 공동체 사람들은 그 진리에 자신의 경험과 신념을 맞추어야 한다고 여겨진다. 이러한 이해는 성령이 교회 전체와 함께한다는 신념을 구체화하는 데 엄청난 갈등을 야기시킨다. 그러나 「교회헌장」은 "성령께 도유를 받는 신자 전체는(1요한 2.20.27 참조) 믿음에서 오류를 범할 수 없으며, '주교부터 마지막 평신도에 이르기까지' 신앙과 도덕 문제에 관하여 보편적인 동의를 보일 때에, 온 백성의 초자연적 신앙 감각의 중개로 이 고유한 특성을 드러낸다"(12항)라고 정의하면서 성령이 교회 전체 구성원과 함께하고 있음을 명백히 표현한다.

신앙인의 의식을 확인하는 과정은 분명 어렵지만, 파악해 볼 만한 창의적인 작업이다. 교회의 가르침은 모든 이의 목소리를 공식 입장으로 포함

---

[22] 가르치는 교회(ecclesia docens)와 배우는 교회(ecclesia discens)로 해석되곤 하지만, 이론적이고 실제적으로 교도권 — 교황과 주교들 — 과 평신도를 따로 언급하는 다른 해석들은 하느님의 말씀에 응답하는 전체교회의 기능으로 가르치고 배우는 것 모두를 주목한다. 상론: Yves Congar, *Lay People in the Church*, 209-94; Leonardo Boff, *Church: Charism and Power*, trans. John W. Diercksmeier (New York: Crossroad 1985) 138-43 참조. 교회의 가르치는 장소(teaching office)의 변천과 실행의 상세한 연구: Francis Sullivan, *Magisterium: Teaching Authority in the Catholic Church* (New York: Paulist Press 1983) 참조.

시킬 때까지 만장일치를 이루어야 한다고 요청하지는 않을 것이다.[23] 준비 과정에서 교회의 폭넓은 대표자들의 자문을 구한 미국 주교들이 평화와 경제에 대한 사목서한에서 제시한 방법들은 지지할 만한 시작이다. 그러나 이 방법들은 교회의 내부생활에 영향을 주는 문서와 성윤리에 관한 문서들에도 적용되어야 한다.

현대의 많은 논의들은 교회의 가르침을 발전시키고 권위적인 교회 가르침에 반대하는 상황을 해결하려는 주교와 신학자들 간의 관계에 초점을 맞추고 있다.[24] 모든 이가 교사요 배우는 자라고 보는 교회의 포용적인 관점에서는 이러한 토론이 불필요할 것이다. 교회란 진리를 향해 함께 노력하는 공동체이기에, 서로 상반된 입장을 취하는 현재 상황은 교회에 도전으로 다가온다. 교회의 가르침은 오히려 대화하는 공동체 안에서 발전된다. 대화에는 반드시 전문적인 신학자나 주교가 아니라, 가난한 이들, 다양한 인종과 민족으로 구성된 단체 사람들, 여성들, 기혼자들, 동성애자들, 이혼한 가톨릭 신자 등 교회를 구성하는 많은 사람들의 경험과 "신앙심"이 포함되어야 한다. 교회 인구의 대다수를 소외시키고 교회의 공식적 가르침의 기능을 밝혀줄 교회의 끊임없는 자기성찰에서 그들의 목소리를 배척해 버리면 교회는 빈곤해지고 만다.[25]

교회에서 가르치는 일뿐 아니라 일반적인 정책결정과정에서 계속 신자들을 배제시킨다면 여성 사제수품은 물 건너 간 일이다. 왜냐하면 교회사 초기부터 공동체 지도자는 수품과 상관관계에 있기 때문이다. 가톨릭 교회의 여성운동 초기에는 여성의 사제직 허용에 초점이 맞춰졌다. 2차 바티칸 공

---

[23] Schillebeeckx, *Church*, 209.

[24] 불일치 가능성과 조건들에 대한 신학적 연구의 예: Sullivan, *Magisterium*, 153-73; Patrick Granfield, *The Limits of the Papacy* (New York: Crossroad 1987) 153-68. 미국 주교들은 다음 책에서 반대조건들을 제시한다: *Human Life in Our Day: A Collective Pastoral Letter of the American Hierarchy* (Washington, DC: United States Catholic Conference 1968).

[25] 이 "소외된 이들의" 목소리를 포함하여 교회에 끼친 영향에 관한 논의: Mary Ann Hinsdale, "Power and Participation in the Church: Voices from the Margins" (Warren Lecture Series, no.13, The University of Tulsa, Oct. 28, 1990).

의회 이후에 교회에서 일한 여성들은 시의적절한 성사를 베풀지 못하거나 사목적인 활동을 못하거나 병자를 보살필 수 없음에 좌절했다. 이러한 경험에 바탕하여 제1차 여성 사제수품에 대한 회의가 1975년 디트로이트에서 열렸다. 회의 참석자들은 사제수품 문제가 생각보다 심각하고 복잡한 문제와 얽혀 있음을 알아차리게 되었다. 단순히 교회직무체계에서 여성을 배제시키는 차원이 아니라 그 체계 자체에 깊이 뿌리박힌 불의가 문제였다. 이 회의에 이어 바로 바티칸의 「여성 교역 사제직 불허 선언」*Inter Insigniores*(1976)이 나왔고, 교회는 여성에게 직무적 사제직을 허용하도록 인가하는 것 자체를 고려하지 않는다고 공표했다.[26] 이것은 대화를 더욱 과격하게 만드는 결과를 가져왔다.

평등권이나 자유주의적 페미니즘[27]의 영향으로 사제수품을 위한 첫 노력이 여성들을 평등하게 대하라고 기존 체계에 요청한 데 반해, 「여성 교역 사제직 불허 선언」 이후의 토론들은 교회의 직무체계와 사제직을 철저히 재조명하라고 요청했다. 이 체계들은 여성과 다른 소외집단의 경험으로 말미암아 바뀌어야만 한다. 현 교회질서는 위계적이며, 보통 "단계적으로 상승하는 신분과 권위의 등급으로 이루어진 조직"으로 정의된다.[28] 성품성사에서 수품자의 등급과 지위의 상승을 언급하는 것은, 이런 정의가 교회를 이해하는 데 적용되지 않는다는 제안을 문제시한다.[29] 이에 비추어 보면 대부분의 가톨릭 여성신학자들은 더 이상 이러한 체제 안에서 수품받는 것을 이상적인 것으로 보지 않는다. 사제수품을 받으려는 노력은 체제변화를 위한 일보다 뒤로 밀려나게 되었다. 그러나 사제수품에서 계속 여성을 배제시킨다는 사실은 로마 가톨릭 교회가 여성들을 전반적으로 배척하는 강력

---

[26] 이 입장에 대한 논의들은 이 책의 여러 장에서 언급된다.

[27] Maria Riley, *Transforming Feminism* (Kansas City, MO: Sheed and Ward, 1989) 46-9.

[28] *Oxford American Dictionary*, s.v. "hierarchy".

[29] "Ordination of a Priest", *The Rites of the Catholic Church* (New York: Pueblo Publishing 1980) 2: 62-3 참조.

한 상징임을 부인할 수 없다.[30]

여성론적 비판은 이제 위계 자체에 도전한다. 교회직무의 위계질서를 문제시하는 것이 어떤 이에게는 구조의 필요성과, 예수 안에 기초한 교회의 뿌리를 실제로 의심하는 것처럼 보인다. 이 입장은 위계적 구조가 성스럽게 수품된 것이고 예수가 교회에 내린 것이며 바꿀 수 없는 것이라고 고집한다. 그러나 성서 및 역사 연구들은 이러한 입장에 도전한다. 예수는 자신의 가르침을 제자공동체가 전수하리라고 예견했을지 모르지만 공동체의 구조는 사회·문화적 환경의 변화에 조응하여 발전되었기 때문이다.

교회 구조에 관한 토론은 교회 안의 가변 요소와 불변 요소들을 판정하고 교회의 어떤 구조들이 지상 예수의 지향점과 연관되는지 알아보는 데 초점을 맞춘다.[31] 그러나 예수의 확실한 의도를 알기는 어렵다. 현대 해석학 이론은 어떤 이의 행동에서 나올 수 있는 정당한 결과라도 반드시 그가 행동할 당시에 파악되는 것은 아니라고 지적한다. 행동 이후의 역사적 상황이나 질문들은 예견되진 않았으나 합리적인 다른 의미들을 끌어낼 수 있다.[32] 쉬쓸러 피오렌자는 교회와 그 구조를 세우는 데 예수의 의도가 있었건 없었건, 더 중요한 문제는 오늘날의 교회가 예수의 사명과 사도직을 계승하고 있음을 증명할 수 있는가 하는 점이라고 한다. 이 판단은 초기 그리스도교 공동체의 증언인 신약성서에 나타난 지속성의 규범에 기초를 두어야 한다. "성직의 수여는 신약성서에 규범적으로 묘사된 예수와 교회의 관계를 비춰주는 정도에서 이루어져야 한다."[33] 한번에 모든 것을 창립한 사

---

[30] Anne E. Carr, *Transforming Grace: Christian Tradition and Women's Experience* (San Francisco: Harper & Row 1988) 21.

[31] Karl Rahner, *Foundations of Christian Faith*, trans. William V. Dych (New York: Seabury Press 1978) 326-35; "Basic Observations on the Subject of Changeable and Unchangeable Factors in the Church", *Theological Investigations*, vol. 4, trans. David Bourke (New York: Seabury Press 1976) 3-23.

[32] Francis Schüssler Fiorenza, *Foundational Theology: Jesus and the Church* (New York: Crossroad 1984) 108-22.

[33] *Ibid.*, 168.

건에 관한 고정된 질문보다는 지속성과 신뢰성에 관한 역동적인 질문이 관건이다. 교회의 사명이야말로 중요하다. 교회 구조들은 교회의 사명을 원활히 수행하기 위해 있는 것이므로 변경될 수 있고 잠정적인 것이다.[34] 교회의 공식기관들이 위계구조의 타당성을 끝까지 유지시키려 해도 대안적 구조에 관한 논의는 풀뿌리 신학 차원에서 잘 진행되고 있다.

## 교회의 본질: 설명에서 표상으로

교회 구조에 대한 대안들은 교회의 본질을 설명이 아니라 상징으로 설명하는 2차 바티칸 공의회에서 그 원천을 발견할 수 있다. 2차 바티칸 공의회는 교회가 지닌 가시적이고 제도적인 차원들로 교회를 적절하게 설명하거나 정의할 수 없다고 보았으며, 교회의 현실이 가지는 다른 측면들을 자유롭게 상상할 수 있도록 여러 가지 표상들을 제공해 준다. 현재 진행중인 논의들은 공의회의 이러한 기초 위에서 이루어지고 있다.

교회의 제도적 측면에 관해 설명하던 첫 시기에서 벗어나, 2차 바티칸 공의회는 주로 성서와 교부들이 환기시킨 다양한 표상들로 교회를 표현함으로써 교회의 현실을 상대화하고 맥락화했다. 초기의 가시적 측면에 집중하던 것에서 극적으로 전환하여, 공의회는 우선 교회를 신비로서 표상했다. 즉, 인간의 언어로는 완전히 규정하거나 정의내릴 수 없고, 어떤 초월적 차원을 가진 새롭고도 놀라운 방식으로 교회를 이해하도록 열어놓고 있다(「교회헌장」 1 참조). 교회의 가시적 측면과 비가시적 측면은 "하느님과 이루는 깊은 결합과 온 인류가 이루는 일치의 표징"(「교회헌장」 1)으로 이해되는 성사의 표상으로 제시되었다. 그러나 그리스도의 몸이라는 전통적 표상은, 교황 비오 12세의 회칙 「신비체」에서 그랬던 것처럼, 교회의 제도적인 면과 명백하게 조화시키려고 하지 않는다. 그 초점은 그리스도의 몸이라는

---

[34] 제도들의 우연성에 관하여: Schillebeeckx, *Church*, 230-1.

표상이 나오는 바울로 서간의 본문에 함축된 구성원들 사이의 상호 의존과 공동체적 차원에 맞춰진다.

아마도 어떤 하나의 표상보다 「교회헌장」에 나오는 다원적인 표상들이 더 중요할 것이다. 신비로서의 교회는 어떤 절대적 개념으로 한정될 수 없다. 그러나 권한을 부여받은 하느님 백성으로서의 교회 모습이야말로 가장 먼저 대중적으로 받아들여졌던 교회의 표상이었음을 부정할수 없다고 「교회헌장」은 진술한다. 「교회헌장」 1장에서 신비로서의 교회나 "위로부터의 교회"가 초월적 실재임을 인정한다면, 2장은 하느님 나라를 향해 역사 안에서 함께 여행하는 사람들의 공동체나 "아래로부터의 교회"인 인간의 역동적 활동에 초점을 맞춘다. "우리가 교회이다"라는 구호는 세례로 새롭게 힘을 얻은 평신도들의 흥분과 진화하는 인류 공동체 일부로서의 책임감을 나타낸다. 공의회 참가자들이 예견한 것보다 더 진지하게 채택된 이 확신은, 평신도와 특히 여성들이 강조한 자신들의 목소리를 듣고 자신들의 기여를 인정하는 것에 토대를 두고 교회를 재건해야 한다는 것이다. 또한 이는 많은 여성들과 그밖의 소외된 집단들이 교회의 공식 구조들과 의견을 달리하고 거기서 배제되었음에도 불구하고 자신들을 가톨릭 신자로 끊임없이 규정지으려는 끈기를 설명해 줄 것이다.

이것들은 단지 2차 바티칸 공의회 문헌들에 나온 교회에 관한 몇 가지 핵심적 표상에 불과하다. 라너는 공의회 직후에 쓴 논문에서 몇 가지를 더 열거한다. 라너는 교회를 가난하고 억압받는 자의 교회, 죄 많은 교회, 믿음과 희망과 사랑의 친교가 이루어지고, 자유로운 특은이 있는 교회, 순례하는 교회로 나타낸다.[35] 이 수많은 표상들은 공의회가 참으로 교회를 위해 새로운 방향을 정하려고 한다는 것을 나타내는데,[36] 이 방향은 교회의 제도

---

[35] Karl Rahner, "The New Image of the Church", *Theological Investigations*, vol. 10, trans. David Bourke (New York: Seabury Press 1973) 28-9.

[36] 회복을 시도한 이 시기에 공의회 문헌에 대한 해석을 놓고 갈등이 있었다. 이 문헌들은 과거의 해석을 따르는 사람들과 교회를 위해 새로운 방향을 세워야만 한다고 느끼는 사람들 사이에서 나온 절충의 결과이다. 공의회의 논쟁들을 자세히 다루는 주석들을 찾아 그 주석

적 측면이 부적합하고, "완벽한 사회"로서 가시적이고 자립적이며 국가 구조와 유사한 것으로 개념화된 것을 부각시킨 교회의 자기이해가 부적합하다는 것을 분명히 알려준다. 라너는 "이 모든 것 ― 즉, 제도적 요소들 ― 은 … 교회를 기본적으로 이해하게 하고 이에 적용되는데, 이에 따라 교회는 하느님의 은총으로 한데 모인 하느님 백성으로 간주된다. … 교회는 흔히 우리를 일하게 하는 제도가 아니라, 하느님의 은총이 우리를 움직이고 생기를 주며 일치로 한데 묶는다는 사실 덕분에 우리 모두를 **존재하게** 하는 것으로 나타난다".[37] 종말론적 미래를 향해 역사 속에서 여행하는 순례자로 비치는 교회의 모습은 철두철미 교회 자체가 목적이 되는 것을 배제하며, 현재 존속하기 위한 어떠한 승리주의도 거부한다.

라너는 공의회 직후 교회에 관한 가장 오래되고 중요한 새 표상은 지역교회에 대한 이상을 시험적으로 소개한 「교회헌장」에서 왔을 것이라고 했다. 그는, 지역교회의 중요성을 인식한 「교회헌장」이 과거의 보편주의적 교회론을 보류하는 한편, 교회의 미래 지향점을 지적한다고 한다. "우리는 교회에 밀어닥칠 미래, 지역교회의 특징에 장점이 더해진 미래에는 교회의 가난과 왜소함, 존재의 '뿔뿔이 흩어짐'이 현재보다 훨씬 더할 것임을 고려해야 한다. … 미래가 요청할 새로운 형태의 교회는 예측컨대 먼저 **여기** 지역교회에서 경험하는 것이다."[38] 1966년 라너의 언술은 현대의 그리스도교 기초공동체나 목표를 지닌 소공동체들의 풀뿌리적인 발전을 볼 때 특이하게 선견지명이 있는 것으로 보인다.[39] 몇 년 후 지역교회에 대한 이상은 라너의 후기교회론의 중심 주제로서 더욱 그의 사상에서 중심을 이룬다.

---

들에 비추어서 전체적으로 읽어 보라. 특히 「교회헌장」과 「사목헌장」 같은 주요 문서들은 이 교회를 위해 새로운 방향을 세우고자 시도하고 있음을 분명하게 보여준다.

[37] Rahner, "The New Image of the Church", 27-8.

[38] Rahner, "Image of the Church", 11.

[39] 라너는 주로 공의회가 상상했던 지역교회 혹은 특정 교회는 곧 주교 관구에 관한 이해임을 염두에 두었고, 이를 주시하는 것은 중요하다. 그의 후기 저서들을 보면 그의 생각은 풀뿌리 차원에서 형성된 다른 그리스도교 소공동체들로 확장되며, 그것들이 생겨난 사회적이고 문화적인 상황에 주목한다.

# 새로운 표상, 새로운 구조: 건설적 제안

2차 바티칸 공의회의 정신을 이어받아 교회의 면모를 의미깊게 바꿔놓은 이 다양한 표상들은 오늘날 문제가 있다고 인식되고 있다. 2차 바티칸 공의회는 교회의 이상적인 모습을 실현하기 위해 필요한 구조적 변화는 제시하지 않고, 교회의 본질을 극적으로 재구상했다.[40] 교회의 제도적 측면들은 이러한 표상들에 의해 상황에 맞게 변화되고 상대화되었지만, 다른 한편으로 여전히 변화되지 않고 남아 있다. 낡은 구조들 안에서 새로운 이상을 모색하면서 어려움이 증가하자, 오늘날 많은 이들은 최소한 풀뿌리 차원에서 실현 가능한 교회의 새로운 형태의 모습을 상상하고 설계하는 방향으로 관심을 돌린다. 가톨릭 여성론자들은 교회 안에서 쇄신되고 참여적이며 정의로운 공동체를 구상하는 다른 이들과 손잡는다. 특히 서로 배척하지 않는 세 가지 방향, 즉 평등하게 제자직을 수행하는 교회, 민주적인 교회, "세계교회"로서의 교회를 모색한다.

쉬쓸러 피오렌자는 비위계적 교회질서를 재조직하는 하나의 강력한 표상을 제시한다. 예수운동과 초기 그리스도교를 여성신학적 입장에서 다시 보면서 그녀는 예수 주변의 평등한 남녀 제자들 사이에 널리 퍼져 있던 가부장제에 대한 도전을 발견한다.[41] 예수와 관계맺은 사회의 소외계층들 중 여성들은 분명 초기 공동체에서 탁월한 지도력을 발휘했다. 그리스도교는 계속 확산·발전하면서 사회에 만연한 가부장제 질서에 순응해 갔으나, 동등한 제자들의 공동체라는 "위험한" 기억은 초기의 평등주의적 이상을 다시 회복하라는 요청으로 들려온다. 류터와 마찬가지로 쉬쓸러 피오렌자는 여성교회가 이러한 이상을 살리고 고무시킬 수 있는 장場으로 본다.

---

[40] John Beal, "Toward a Democratic Church: The Canonical Heritage", in: Eugene C. Bianchi and Rosemary Radford Ruether (eds.), *A Democratic Catholic Church* (New York: Crossroad 1992) 60; Schillebeeckx, *Church*, 207.

[41] Elisabeth Schüssler Fiorenza, *In Memory of Her: A Feminist Theological Reconstruction of Christian Origins* (New York: Crossroad 1983) 105-53.

우리는 하느님의 백성으로서 여성들의 **교회**_ekklesia_, 즉 우리 자신의 종교적 힘을 주장하고 교회의 의결과정에 온전히 참여하며, 여성 신자로서 서로를 돌보는 교회로 모이기 시작했다. 세례는 우리를 동등한 이들의 제자직으로 부르는 성사이다. 그 외에 특별한 성소가 주어지는 것도 아니고 더 "완전한" 그리스도인의 생활방식이 있는 것도 아니다.[42]

이러한 공동체에서 모든 남녀는 존재론적인 성사적 신분에 따라서라기보다는 각자가 가진 다양한 은사에 따라서 일하고 온전히 참여하도록 부름받는다. 직무의 이 기능적 관점을 인정하지 않은 신학자 덜레스도 교회의 참모습과 직무에 관한 가장 적절한 표현을 동등한 제자직에서 찾는다.

제자직은 모든 그리스도인을 묶는 공동요소다. 왜냐하면 예수 그리스도와의 관계에서 그들은 모두 그의 추종자요 그분께 배우는 자 이상이 아니기 때문이다. 제자로서 모든 이는 자신의 재능을 다른 사람들의 이익을 위해 사용하면서 도와야만 한다. 모두가 봉사자이고 봉사해야 한다. 이러한 제자직의 개념은 교회 안에서 누가 주인이고 누가 스승이라는 환상을 깨버린다.[43]

교회를 동등자 제자직으로 표상하는 것은 교회 위계구조에 함축된 가부장제의 전반적 영향력을 무너뜨린다. 모두가 예수의 추종자이고 그분의 해방을 위한 직무를 공유하기 때문에, 소수의 지배적 남성이 절대권력을 독점할 여지는 없다. 지배와 종속 관계를 합법화하는 구조는 동등한 제자공동체 안에 자리잡을 수 없다.

문제는, 교회는 민주제가 아니며 그렇게 될 수도 없다는 자명한 가설이다.[44] 스힐레벡스는 교회가 당대의 사회구조들을 반복·적용해 왔고 심지어

---

[42] Schüssler Fiorenza, _In Memory of Her_, 344.

[43] Avery Dulles, _A Church to Believe In_ (New York: Crossroad 1984) 12.

[44] Rahner, _The Shape of the Church to Come_, 119-22.

는 그 구조들을 옮겨 왔다고 주장한다. 그는 "교회의 위계제가 하느님의 계획과 일치하는 것이라는 가정은 교회 안에 어떤 민주적 구조들도 허용하지 않겠다"[45]는 주장이며 교회의 민주제에 저항하는 것이라고 말한다. 이 견해가 성서해석학에 근거를 두었다 할지라도 오늘날 민주적 사고방식에 길들여진 현대인에게는 먹혀들지 않는다.[46]

사실 교회사에 민주적 요소들이 전혀 없지는 않다.[47] 그러나 교회는 현대 민주주의의 영향을 거부했고 하느님이 그 위계구조를 인정한다고 주장해 왔다. 교회의 민주화를 주장하는 사람들은 민주적 이상을 낭만적으로 묘사하거나 자유주의시장경제와 결합된 미국 민주주의와 동일시하지 말라고 경고한다. 그들은 "피지배자가 찬성한 정의사회 건설을 위하여"[48] 현대 민주주의 이론의 원천으로 돌아가라고 격려한다. 민주적 이상은 어떤 특정한 사회질서를 모방하지 않으면서 교회의 재건에 영감을 주어야 한다.

교회 구조를 재건하는 핵심요소에는, 선거나 다른 참여과정들이 있건 없건, 모든 단계에서 교회 지도력을 불러모으는 폭넓은 참여가 포함된다. 이 점에서 주교 시노드, 자문회의, 집회는 교회를 동등자 제자직으로 더 분명히 표상하도록 역사적으로 뿌리내리게 하는 방식을 제공할 수 있다. 그러나 이들은 의사 결정권을 가져야 하며 세상에 퍼져 있는 교회에서 진정으로 포용해야 한다. 이 포용성은 여성이 교회생활의 모든 차원, 특히 의사 결정의 역할에 적극적으로 참여할 때까지 성취되지 않을 것이다.

비앙키와 류터는 교회의 민주적 재건을 위해 교회사에 근거한 다섯 원칙, 참여·조정·다원성·책임감·대화를 제시한다.[49] 변화를 가져오기 위해서는 이 원칙들에 따른 구체적 전략들이 필요하다. 이 전략들에는 이 세상의 교회 사명을 방해하는 구조들과 권력자들의 억압에 대한 비폭력적 저항, 교육 계획, 교회 안에서의 대안적 직무 실행을 포함시켜야 한다.[50]

---

[45] Schillebeeckx, *Church*, 188.　　　[46] *Ibid.*, 188.

[47] Bianchi and Ruether (eds.), *A Democratic Catholic Church*, 249-51.

[48] *Ibid.*, 12.　　　[49] *Ibid.*, 253-60.　　　[50] *Ibid.*, 259.

구조적 변화를 위한 제안들은 아직 초기의 애매모호한 단계로 남아 있다. 이 이상을 태동시킨 풀뿌리 공동체들과 가톨릭 교회의 완고한 권력구조 사이의 분열은 점점 더 커졌다. 2차 바티칸 공의회 이후 지역교회에 집중적으로 초점이 맞춰졌지만, 오늘날은 보편교회를 지향하는 로마와 로마의 지역교회에 대한 중앙집권적 통제가 강화되고 있다. 이는 풀뿌리 수준에서 자라난 일치 및 새로운 생명, 새로운 전망, 새로운 구조가 지역교회의 경험에서 나오리라고 생각하는 많은 신학자들과 대조를 이룬다.

그중 한 명인 라너는, 지역교회라는 장을 회복시킨 2차 바티칸 공의회가 교회의 미래 모습을 앞당겼다고 확신한다. 자신의 후기교회론 저서들에서 그는 "세계교회"라는 두드러진 상징에 몰두하여, 마침내 교회의 자기의식에 있어서 "질적 도약"을 이뤘다고 보는 것을 요약하고 있다.[51] 그가 의미한 세계교회란 지역의 토착교회들의 친교요, 각기 완전한 교회로서, 교회를 결합시킨 모습이 전체교회나 보편교회를 이룬다는 것이다.

2차 바티칸 공의회로 교회는 교회사의 셋째 단계에 들어섰을 뿐이라고 라너는 말한다. 그 첫 단계는 유다 그리스도교라는 매우 짧은 시기였고, 둘째 단계는 초기교회가 헬레니즘에 적응하여 결국은 유럽 문화와 문명에 동화되고 만 그리스도교국으로 불리곤 하는 상당히 오랜 시기이다. 이 둘째 시기에 그리스도교는 서구 유럽의 표현과 너무나 동일해져서 그리스도교를 수용하는 것은 곧 서양 문화와 사회는 물론이려니와 서양의 생활방식을 수용하는 것까지 포함하게 되었다고 라너는 말한다.[52] 2차 바티칸 공의회로 시작된 새 시대에는 더 이상 유럽을 전 세계에 수출하는 "유럽(과 북미) 서구 교회"가 될 필요가 없어졌다.[53] 세계교회에서 그리스도교의 생생한 자리는 진정 전 세계이지만, 다양한 문화 **속에서** 진실로 육화되는 것이

---

<sup>51</sup> Karl Rahner, "Basic Theological Interpretation of the Second Vatican Council", *Theological Investigations*, vol. 20 (New York: Seabury Press 1981) 80.

<sup>52</sup> *Ibid.*, 20: 83.

<sup>53</sup> Karl Rahner, "The Abiding Significance of Vatican II", *Theological Investigations*, vol. 20 (New York: Seabury Press, 1981), 91.

어야 한다. 말하자면 참으로 아프리카의 그리스도교, 아시아의 그리스도교, 북아메리카의 그리스도교가 되어야 한다. 이러한 세계교회 개념을 가정할 때 많은 전제들이 나온다. 분명 교회는 역사 너머에 있거나 역사 밖에 있는 것이 아니라 역사 안에 깊이 자리잡고 있음에 틀림없다. 교회는 특정한 시간과 장소 안에 있는 구체적인 역사적 모습으로 도래한다고 표상된다. 이것은 지상의 역사적 모습을 얼렁뚱땅 숨긴 채 교회를 하느님 나라와 동일시하던 교회론이 무너졌음을 뜻한다.

라너는 새로운 교회의 특징을 몇 가지로 요약한다. 이 세계교회는 현재도 앞으로도 소수인의 공동체들이 세상에 흩어져서diaspora 존재하는 교회이다. 세계교회는 만인을 구원하고 해방시킬 하느님 은총의 가시적 **표지**로서 세상에 존재하지만, 구원을 위한 유일의 장소는 아니다. 세계교회는 다양한 사회와 문화의 한복판에 자리잡고 있다. 세계교회는 신스콜라주의처럼 하나의 철학, 하나의 신학으로 표현할 수 있는 사회적 실재에 대한 단일한 관점에 기대지 않는다. 세계교회는 합리적으로 사고하는 사람들이 모두 동의할 수 있는 보편적 자연법에 의지할 수도 없다.

첫째, 지역교회로서의 세계교회는 온전하고도 진실하게 각기 특수한 지역성을 띤 교회다. 세계교회는 친교 중의 친교로, 지역교회의 모임을 통해 철저하게 보편적 교회를 이룬 교회이며, 획일성이 아닌 일치라는 특징을 지닌 다양하고 다원적인 공동체이다. 이처럼 도래할 교회는 구시대의 특징인 위계적 권력 구조로는 제대로 일할 수 없다. 새로운 교회 상황에서는 더 협력적이거나 민주적인 형태의 행정이 필요할 것이라고 라너는 말한다. "현실의 세계교회에 무언가가 필요한 까닭은 세계교회를 비오 12세 당시에 일반적이던 로마 중심주의만으로는 다스릴 수 없기 때문이다."[54]

더욱 평등하고 민주적인 교회 구조는 풀뿌리 공동체들의 연결망 안에서 시작된 것이 최상이라고 라너는 확신한다. 이 확신은 폭넓은 공감을 얻고

---

[54] Rahner, "Basic Theological Interpretation", *Theological Investigations*, 20:89.

있다.[55] 류터와 비앙키는 이렇게 말한다. "다양한 사회 관계들 한가운데에서 목표를 지닌 공동체들의 모임을 우선시한 교회의 꽤 단순한 구조는 … 밝혀질 필요가 있다. … 그리스도 교회라는 공동의 정체감을 가지고 모인 이들 공동체를 이어주는 단순한 형태들은 조직과 문화적 표현의 다양성을 유지하면서도 거대 정부 같은 초超구조보다 더 적합할 것이다".[56]

남미 해방신학자들은 진정한 교회론적 성찰이 공동체의 삶에서 나와야 한다고 오랫동안 주장해 왔다. 즉, 신학은 실천에 따라 형성된다는 것이다. 앞으로 교회론을 전개하는 출발점은 지역교회이고, 그 지역교회는 그리스도교 공동체가 살아온 다양한 현실을 포괄한다. 여성신학자들도 현재의 힘의 구조에서 소외된 여성들과 다른 이들의 경험을 이 새로운 교회가 포용해야 한다고 강조하면서 이를 찬성한다. 예수의 정신에서 이어받은 근원적이고 끊임없는 영감에 충실한 가운데 새롭게 태어날 이 교회는 모든 이의 재능을 받아들이고 축복해 주어야 할 것이다. 이처럼 쇄신된 교회는 현재의 방식보다는 덜 법적이면서도 상징적으로 베드로의 직무를 중심으로 일치를 이루게 될 것이다.

분명 현재의 비타협적인 중앙집권적 구조들이 이러한 변화를 취할 것인가는 심각한 질문으로 남는다. 스힐레벡스는 교회공동체가 역사적 실재로서 인간이 세운 구조들 안에 육화할 것이라고 말한다.[57] 풀뿌리 차원에서, 특히 그리스도인으로서 자신의 온전한 성숙과 책임감을 새롭게 확신하게 되었지만 로마 가톨릭 교회 안에서 정착할 장소를 발견하지 못한 평신도들 사이에서 공동체의 성장이 이루어지는 한, 평신도와 특히 여성들은 공동체

---

[55] 수많은 대중적 교회론은 목표를 지닌 소공동체들의 체험에서 영감을 얻었다. 예: Virginia Hoffman, *Birthing a Living Church* (New York: Crossroad 1988); Vincent J. Donovan, *The Church in the Midst of Creation* (New York: Orbis Books 1989); Bernard J. Lee and Michael A. Cowan, *Dangerous Memories: House Churches and Our American Story* (Kansas City, MO: Sheed and Ward 1986).

[56] Bianchi and Ruether (eds.), *A Democratic Catholic Church*, 12-12.

[57] Schillebeeckx, *Church*, 213.

의 성장을 육성시킬 수 있는 다른 공동체들을 찾게 될 것이다. 그러나 교회는 성령이 충만한 공동체라는 신념을 가졌기에 교회가 새롭게 탄생할 수 있다는 희망을 저버리지 않는다. 교회는 세상 안에서, 세상을 위해, "성차별로부터 해방되는 복음을 선포하고, 성령을 통해 우리에게 가부장제를 무너뜨리도록 힘을 주며, 상호 공존의 새로운 삶에 투신하도록 우리를 모이게 하고, 성장시키며, 다른 이들과 더불어 이러한 이상을 퍼뜨리고 이를 위해 투쟁하도록 이끄는 공동체"의 장이다.[58]

이러한 희망을 간직하고서 가톨릭 여성론자들은 해방을 가져오는 교회 사명에 비추어 현재의 가부장적이고 위계적인 구조들을 비판하면서 제자들의 동등한 공동체라는 교회의 본질을 더 잘 구체화할 대안적 구조들을 제시한다. 교회에 관한 이 여성해방적 전망을 성취하려면 그리스도교 전통의 해방적이고 예언적인 면을 발견해 내고, 다른 유용한 전승도 찾으며, 가부장제로 말미암은 기형적 영향에서 전통을 해방시키도록 애쓰고, 이제까지 배척해 온 여성의 경험을 포함시킬 때 비로소 교회는 진정 모든 인류를 위한 해방공동체가 될 것이다.

---

[58] Ruether, *Sexism and God-Talk*, 213.

# 더 읽으면 좋을 책

Eugene C. BIANCHI and Rosemary Radford RUETHER (eds.), *A Democratic Catholic Church: The Reconstruction of Roman Catholicism*, New York: Crossroad 1992. 교회 행정의 민주적이고 참여적인 가능성을 다양한 관점에서 탐구한 논문 모음집.

Leonardo BOFF, *Church Charism and Power: Liberation Theology and the Institutional Church*, trans. John W. Diercksmeier, New York: Crossroad 1985. 남미 해방신학의 통찰에 비추어 교회의 제도적 개혁을 강하게 요구. 대안적인 교회 구조는 기초교회공동체의 공동 실천을 성찰함에서 나온다고 제안.

Anne E. CARR, *Transforming Grace: Christian Tradition and Women's Experience*, San Francisco: Harper & Row 1988. 교회 안의 여성과 사제수품 문제에 관한 가치있는 논문들. "모든 인류 안에 그리스도가 육화되어 있는 성사"로 교회의 본질을 좋게 설명하면서 독점적 형태의 직무구조를 포용적인 봉사직무로 개혁하라고 요구.

Rebecca S. CHOPP, *The Power to Speak: Feminism, Language, God*, New York: Crossroad 1989. 말씀의 해방하는 능력이 자유롭게 선포되었다는 데 초점을 맞춘 연구. 교회가 해방공동체로 변화되어야 한다고 주장. 여성교회의 대안적 전망은 이 해방을 주는 이상이 실현될 수 있다고 알려준다.

Mary DALY, *The Church and the Second Sex: With the Feminist Postchristian Introduction and New Archaic Afterwords by the Author*, Boston: Beacon Press 1985. 원래 1968년에 출판된 이 책은 로마 가톨릭 교회의 성차별주의와 기부 장제에 대한 비판을 연관지어 다룬다. 댈리가 통찰한 탈그리스도교에 대한 소개와 그 이후의 행로는 이 새로운 고전의 출판으로 이어진다.

Elisabeth Schüssler FIORENZA, *Bread Not Stone: The Challenge of Feminist Biblical Interpretation*, Boston: Beacon Press 1984. 이 논문 모음집에는 성서에 대한 여성신학적 연구와 교회를 동등한 제자들의 공동체로 이해한 여성교회에 대

한 논의가 실려 있다.

——, *Discipleship of Equals: A Critical Feminist Ekklesia-logy of Liberation*, New York: Crossroad 1993. "동등자 제자직"이라는 논점을 다룬 논문 모음집. 여성해방공동체에서 가장 영향력있는 진술의 발전과정을 통찰하고 여성론적 관점에서 제기된 교회론의 문제를 개관한다.

Virginia HOFFMAN, *Birthing a Living Church*, New York: Corssroad 1988. 대중적 문체로 씌어진 이 저서는 의도적인 소공동체의 체험에서 나온 새롭고 비위계적이며 비성직주의적인 교회 구조에 관한 전망을 제시한다.

Ada María ISASI-DÍAZ and Yolanda TARANGO, *Hispanic Women: Prophetic Voice in the Church*, San Francisco: Harper & Row 1988. 억압적인 교회 구조의 근본적인 변화를 요구하는 히스패닉계 여성들의 중요한 발언과 체험을 다룬 논문이다. 교회공동체 안에서 여성들의 역할이 중요함을 예언적으로 이야기한다.

Rosemary Radford RUETHER, *Sexism and God-Talk: Toward a Feminist Theology*, Boston: Beacon Press 1983. 서로에게 권한을 주어 직무를 수행하는 여성해방공동체들의 체험에서 나온 교회의 새로운 표상을 구상한다. 교회를 상징적으로 여성형으로 이해하고, 하느님은 모든 사회에 속한 여성들 중에서도 가난하고 억눌린 이들의 편이라는 확신을 밝히는 해방 마리아론liberation Mariology.

——, *Women-Church: Theology and Practice of Feminist Liturgical Communities*, San Francisco: Harper & Row 1985. 역사적 · 신학적 관점에서 여성교회의 출현을 설명한다. 교회가 성차별주의로부터 해방된 공동체를 실현시킬 수 있다는 목표를 지닌 신앙공동체의 발전을 요청한다.

Letty RUSSELL, *Church in the Round: Feminist Interpretation of the Church*, Louisville, KY: Westminster/John Knox 1993. 해방공동체를 발전시키고 이 공동체에 참여한 자신의 오랜 경험을 설명하는 러셀은 지도력이 공유되고 포용적인 둥근 탁자, 다원성을 환영하고 정의를 실현하는 호의적인 탁자 등, 탁자라는 핵심 상징을 사용하여 교회를 재구상한다.

Edward SCHILLEBEECKX, *The Church with a Human Face: A New and Expanded*

*Theology of Ministry*, Translated by John Bowden, New York: Crossroad 1985. 주로 교회직무 체계의 기원과 발전을 역사적으로 연구한 이 저서는 오늘날의 현대적 비판들을 파악하고, 특정 환경에 따라 역사를 통해 발전된 직무 체계들은 복음에 비추어 새로운 사회와 교회의 필요에 조응하여 끊임없이 바뀔 수 있고 바뀌어야 한다고 주장한다.

——, *Church: The Human Story of God*, trans. John Bowden, New York: Crossroad 1990. 권위적이고 위계적인 체계로 발전된 교회는 예수 그리스도의 해방하는 자유를 구현하는 교회의 참된 본질을 잃어버렸다고 주장한다. 교회의 권위를 더 민주적이고 참여적으로 발현시키려면 세상 안에 해방을 가져다주는 교회의 사명을 더 잘 이루어야 한다는 신학적 주장을 편다.

# 8

# 하느님의 체현과 여성



Susan A. Ross 수잔 로스

어두컴컴한 마구간에서
피 흘리는 고통의 비명을 지르고 나서
처음으로 그녀가 그를 안았을 때
"이는 내 몸이요 이는 내 피다"라고 말하지 않았던가?

음산한 비가 내리던 언덕 위에서
피맺힌 고통의 죽음과 마주하고 나서
마지막으로 그녀가 그를 안았을 때
"이는 내 몸이요 이는 내 피다"라고 말하지 않았던가?

그때에는 그녀가 그에게 그 말을 했지만
이제는 무미건조한 남성 노인네들이
생명과는 무관한 자신을 비단 예복으로 감추고는
그녀가 그를 두고 그렇게 말한 것이 아니라고 규정짓는다.

— 프란시스 크로우크 프랭크

이 도전적인 시는 강력한 이미지들인 성찬례 축성문, 아기 탄생과 죽음의 피, 성사 직무에서 제외된 여성의 분노와 아픔을 상기시키며, 많은 중대한 신학적 논제들을 제기한다. 가톨릭 전통의 "성사적 원칙"은 모든 창조물들이 하느님을 드러낸다고 주장한다. 그리고 하느님이 육화하여 인간과 함께 살고자 선택했기 때문에, 인간 삶의 모든 것이 바뀌었다고 본다. 특히 성사는 하느님이 교회 안에서 자신을 전달하시고, 교회공동체가 하느님이 주신 은총에 응답하며 하느님의 현존을 밝히는 것 전체를 꿰뚫는 사건들이다. 따라서 성사성은 눈에 보이는 현실을 매우 진지하게 다룬다. 그런 까닭에 여성신학은 인간의 신체적 차이가 고유한 신학적 의미를 지니는 것이 분명한가라는 질문을 심각하게 제기한다. 이 시는 이 논문에서 다루려는 성사신학에 관한 여성론적 접근의 근간을 이룰 네 가지 논제, 곧 육화, 구체화의 핵심과 내용, 여성들의 살아 있는 체험, 사회적 성역할과 "참된 현존"이라는 주제와 맞닿아 있다. 이 장에서는 여성론이 현 체제에 몇 가지 작은 대안을 제안했던 것처럼, 여성론이 "영향"을 끼친 성사신학에 대해서는 토의하지 않을 것이다. 나는 오히려 여성의 경험을 고려하는 그리스도교의 성사적 관점의 중요성을 재숙고하고, 이 성찰이 주류를 이루는 성사신학의 기본적 전제들에 어떻게 도전하는지를 살펴볼 것이다.

성사에 관한 이 글에서 수품 문제를 간략하게 언급하는 것은 중요하다. 여성을 수품에서 제외한 것은 여성신학과 여성론적 성사신학에 특별히 삽입된 "부정적 기준"으로 기여해 왔기 때문이다. 그러나 여성 수품 금지가 여성과 성사에 관한 논의를 멈추게 하지는 않는다. 오히려 이는 육화와 성별의 의미, 상징적 표현의 의미, 세속적인 것과 거룩한 것 사이의 구별이 가지는 의미처럼, 심도있는 토론을 유도한다. 반어적으로, 현재 가톨릭의 수품에 관한 공식적 주장이 여성 사제의 출현을 금지하기 때문에 가톨릭 여성신학자들은 현 체제를 단순히 수용하기보다는 성사들에 더 창의적으로 접근하는 기회를 가진다. 사제의 감소로 평신도들이 점점 더 사목적인 봉사를 하면서 교회의 전례적 삶에 참여함에 따라, 여성론적 관점이 성사신학적 영역을 넘어 신자들의 일상생활에까지 스며 있다.

여성신학은 비판적이고 건설적이기 때문에, 나는 성사적 전통의 역사 안에 대두된 중요한 문제 몇 가지를 먼저 지적하려고 한다. 이 문제들은 많은 측면에서 여성들이 교회의 성사생활에 참여하는 것과 밀접하게 연결되는데, 가장 최근의 여성운동과 2차 바티칸 공의회 개최가 동일한 시기에 일어났기 때문이다. 둘째로, 나는 여성론적 사고가 성사신학과 그 실천에 영향을 미치고 있음을 논할 것이다. 이 분야의 여성학이 그리스도론이나 영성 등의 다른 학문 분야보다 폭넓지는 않지만, 점점 이 연구는 심리분석이나 문학비평 등의 분야로 확대되어, 이 두 분야가 성사신학의 중심적인 흐름을 비판하는 동시에 성사들에 관한 새롭고 창의적인 접근방식을 제시하고 있다.

마지막으로, 나는 더 생각하고 실천해야 하는 몇 가지 영역을 제안하고자 한다. 신학의 가장 중요한 부분인 성사신학에 여성론적 사고를 불어넣는다는 것은 기존 현실에 "여성을 포함시키고 자극을 주는 것"보다 더 큰 일이다. 여성론과 성사성을 아우르는 신학은 지금 존재하는 성사신학과는 아주 다른 것을 보여줄 것이다.

## 전통적인 가톨릭 성사론

성사론의 역사는 길고 복잡하다. 중세 말까지는 칠성사가 일반화되지 않았다. 그러나 초대교회로 돌아가 보면, 주님의 만찬, 세례식, 지도자 안수, 공동 참회 예절들을 자주 실행했음을 알 수 있다. 이러한 전례적 실천들이 성사라고 알려졌다. **성사**는 신비, 혹은 하느님이 계시하신 비밀을 뜻하는데, 그리스어 **미스테리온***mysterion*의 라틴어 번역이며, 로마 군인들이 황제에게 충성을 맹세할 때 사용했던 용어이기도 하다.

바울로 서간들은 여성들이 초대교회의 지도자들 속에 포함되어 있었다고 언급하지만, 1세기 말경 여성의 지도자적 역할에 반대한 보수적 움직임이 그 이전의 관행을 말살시켰다는 증거도 전한다. 이 보수주의는 특히 신약성서의 사목적 서간들 안에서 볼 수 있다.[1] **디다케**, 리옹의 이레네우스의 글, 히폴리투스의 **사도적 전승**에는 초대교회의 성사생활을 더 엿볼 수 있는 자료가 들어 있다.

성사신학에 대해 처음으로 체계적인 글을 쓴 사람은 히포의 아우구스티누스(354~430)이다. 그는 신의 존재를 형이하학적으로 미숙하게 이해하는 사람들을 반대하면서 성사들을 하느님 은총의 **표징**들로 서술했다. 아우구스티누스는 성사가 교회공동체의 근간이라고 보았다. 사목자의 신심이 성사로부터 나오는 은총에 효력을 미칠 수 있다고 주장한 도나투스주의자들에

---

[1] Elisabeth Schüssler Fiorenza, *In Memory of Her: A Feminist Theological Reconstruction of Christian Origins* (New York: Crossroad 1983).

반대한 그는 성사의 내적 힘을 강조한다.[2] 그의 목적은 성사들이 개인 사목자의 행위가 아니라, 교회의 행위들임을 확언하려는 것이었다. 당시에 혼인은 아직 성사로 확립되지 않았지만, 성과 혼인의 장점에 대한 아우구스티누스의 이해는 연이은 교회사에 심대한 영향을 미친 가치있는 발언이 되었다. 아우구스티누스에게 성이란 육욕에 가장 휘둘리기 쉬운 인간적 차원이자 자신의 성적 만족을 채우려는 자아의 욕구로서, 원죄의 뿌리라고 보았다. 혼인에서 성의 역할은 본래 자녀 출산을 위한 것이기에, 모든 산아제한은 곧 죄악이었다. 게다가 수도원의 성장과 사제의 독신생활 관행은 로마 가톨릭 교회의 제도화 경향과 아울러, 평신도와 사제의 분리를 조장하고 사제직을 그 의례적 측면에 치중하여 이해하게 만들었다. 성사 집행은 점점 더 성직을 보전하는 것으로 되었다.

중세는 성사신학의 발전기이자 논쟁기였다. 성체 안에 계시는 그리스도의 "참된 현존"에 관한 문제가 성사의 상징성을 다루는 두 가지 중대한 논쟁의 초점이 되었다. 성사는 "단지" 하느님 은총의 표징인가? 만일 그리스도가 성체 안에 참으로 현존한다면, 우리의 치아로 그분의 몸을 씹어야 하는가? 이 질문들은 당시에 실제성과 상징성 사이의 분열을 증폭시켰으나, 이 분열은 아우구스티누스의 글에서조차 의도하지 않은 것이었다. 이러한 질문의 속내와는 달리, 토마스 아퀴나스(1225~1274)가 성사를 이해하고자 아리스토텔레스의 인과율과 실체 범주를 사용한 것은 성사신학과 실천에 깊고도 끈질긴 영향을 끼쳤다. 성사가 의미하고 표현하는 것을 제쳐두고, 기능적인 측면에서 성사를 상징적인 것보다 도구적인 것으로 정의내림으로써, 성사는 점점 더 인격적이고 교회적인 차원으로부터 멀어지게 되었다.[3] 바꿔 말하면 성사신학에 사용된 철학적 범주들은 추상화되어 그리스도교적 삶의 맥락으로부터 멀어져 갔다. 아퀴나스의 위대한 능력은 학문적인 명료함에 있었고, 이를 그리스도교적인 삶과 사고방식에 관한 성찰에 도입한

---

[2] Augustine, *Letters* (Washington, DC: Catholic Univ. Press 1966) 2: 100-2.

[3] Thomas Aquinas, *Summa Theologiae*, III, qq. 60-3.

것이었다. 그러나 이 명료성은 특히 그의 저서를 해석하는 사람에게 값비
싼 대가를 치르게 했다. 분명하고 정확한 묘사를 거부하는 넘치도록 겹겹
이 쌓인 상징의 복합성은 거의 무용지물이 되었다. 교회법의 법률적 범주
들이 점점 더 성사의 가장 의미있는 범주가 되고, 참된 현존에 관한 형이
하학적인 해석이 규범으로 되었다.

그러나 성사신학과 그 실천의 역사는 교도권의 문헌이나 신학자의 연구
뿐 아니라, (여성) 평신도의 실천을 통해 이해되어야 한다. 중세 후기에는
공식적 신학과 평신도의 신념 및 실천 사이에 놀라운 차이들이 나타난다.
성체 신심이 풍요롭고도 때로는 이상하게 변했던 시기에 성체성사는 부분
적으로 신학의 대상으로 전락했고, 더러는 교회론의 발전을 가져오는 마법
과 같은 중대성을 띠었다. 평신도는 축성하려고 높이 치켜든 성체를 쳐다
보려고 아우성쳤고, 성체 자체가 불충실한 자를 회심시키고 병자를 치유하
는 기적적인 힘을 가졌다고 보았다. 캐롤린 워커 바이눔은 여성들이 성체
안에서 인간이 되신 하느님의 육체성이 가지는 의미를 어떻게 확립해 가는
가를 서술하고 있다.[4] 여성들은 수세기 동안 남성보다 더 육적이고 따라서
덜 영적이라고 회자되었기 때문에, 그리스도의 몸과 피가 진정 실제로 현
존하는 성체는 여성들의 신심에 아주 중요한 것이 되었다. 시에나의 카타
리나와 같은 몇몇 사람은 성체만을 먹고 살다가 요절하고 말았다! 그러나
대다수 사람들은 성체 안에서 몸의 거룩한 의미를 확인했고, 이는 교회가
가르친 여성성에 대한 모욕을 상쇄시키는 역할을 했다.

종교개혁기는 서방세계 전체를 뒤흔든 시기일 뿐만 아니라 성사신학에
대해서도 논쟁기였다. 유아 세례, 사제직의 본질, 성사의 수數, 죄의 용서
등에 대한 토론은 그리스도교 공동체를 갈라놓았다. 레지스 더피는 이 시
기를 "과거 시대의 고전적 가르침을 일부는 복원하고 때로는 의도함 없이

---

[4] Carolyn Walker Bynum, *Holy Feast and Holy Fast: The Religious Significance of Food to
Medieval Women* (Berkeley/Los Angeles: Univ. of California Press 1987); Bynum, *Fragmenta-
tion and Redemption: Essays on Gender and the Human Body in Medieval Religion* (New York:
Zone Books 1991).

왜곡한 때"라고 특징지었다.[5] 종교개혁자들은 성서에 기초한 성사신학과 아울러 성사 안에서 당신의 약속을 성취하시는 하느님의 권능을 강조했다. 로마 가톨릭은 성사적 은총의 고유성과 객관성을 강조했다. 죄와 용서의 법률적 이해에 기초한 대사 제도를 지킴으로써 로마 가톨릭 교회는 성사신학과 그 실천에 관련된 법적 사고방식을 지켜 나갔다.

종교개혁자도 로마 가톨릭도 여성의 역할에 대한 자신들의 이해를 전혀 바꾸지 않았으나, 어떤 신학적 입장들은 수세기 후에야 의미를 띠는 내용을 담게 되었다. 만인 사제직을 강조한 루터는 별 의식 없이 남성뿐만 아니라 여자를 포함한 모든 사람이 서로에게 사제가 된다고 언급함으로써, 여성에게 사제수품의 길을 열어주었다.[6] 그렇게 함으로써 루터는 가정의 영역을 포함한 소명개념으로 확장시켰다. 사목자는 개인의 내적 자질에 의해서가 아니고 신자 공동체에 의해 지도자로 받아들여졌다. 로마 가톨릭 전통 안에서 영적이고 물질적인 자비행의 강조는 더 넓은 세상을 향하여 교회의 직무를 수행하려고 결심한 남녀들에게 영감을 불어넣어 주었다.[7]

트리엔트 공의회(1545~1563)와 2차 바티칸 공의회(1962~1965) 사이의 400년은 성사신학과 그 실천에 변화·발전이 거의 없던 시기였다. 성사신학과 성사 집행은 대개 성직자에게 떠넘겨졌고, 이 기간에 득세한 위계적 교회 모델은 평신도와 거룩한 신비 사이의 거리감을 고착시켰다. 이 거리감은 물리적으로는 제대 난간과 봉쇄구역의 설치로 강화되었고, 심리적으로는 성역과 세속의 분리개념으로 유지되었다. 이러한 분리의 결과로 9일 기

---

[5] Regis Duffy, "Sacramental Theology", in: Francis Schüssler Fiorenza and John Galvin (eds.), *Systematic Theology: Roman Catholic Perspectives* (Minneapolis: Fortress Press 1991), 198.

[6] Martin Luther, "The Pagan Servitude of the Church", John Dillenberger (ed.), *Selections from the Writings of Martin Luther* (New York: Doubleday 1961) 345ff.와 더불어 "The Estate of Marriage", Walter I. Brandt (ed.), *Luther's Works* (Philadelphia: Muhlenberg Press 1959)도 참조.

[7] 예: *Journey into Freedom: Mary Ward, Essays in Honour of the Fourth Centenary of Her Birth* (London: The Way 1985) 참조.

도·40시간 기도·성체강복식·순례·성모와 성인 성녀 신심 같은 대중신심이 성장했고, 스카플라·묵주·상본·이콘 같은 성물의 사용도 늘어났다. 성사 안에서 하느님의 은총에 다가가는 것은 거의 배타적으로 남성 사제의 중재를 통해 이루어졌으나, 가톨릭 교회의 신심활동은 종교적 신심과 통찰력을 지닌 여성들이 남성들의 지배와 무관하게 이어져 갔다.

## 20세기 성사신학의 변천

20세기에 들어서서 60년 동안 에드워드 스힐레벡스와 칼 라너 같은 신학자들은 전례운동의 지도자들과 함께 하느님과 인간의 관계에 관한 역동적인 이해에 바탕한 새로운 성사신학을 발전시켰다. 스힐레벡스의 선구적 연구 『그리스도, 하느님과 만나는 성사』는 하느님과 함께하는 삶이 세상 속의 삶에 뿌리내리고 있다는 그의 기본적 통찰을 발전시킨 것이다.[8] 구체적인 경험의 표현을 강조하는 20세기 현상학적 사조에서 강한 영향을 받은 스힐레벡스는 성사에 대한 구체적 표현과 역사성을 강조한다. 하느님의 궁극적인 자기계시는 하느님을 압바로 체험한 나자렛 예수에게서 발견되며, 이 압바 체험은 하느님과의 더욱 새롭고 친밀한 관계를 가능케 해주었다. 스힐레벡스의 성사신학의 핵심은 성사가 인격체험을 통해 하느님을 만나는 계기를 마련해 준다는 통찰에 있다. 성사는 단지 하느님 은총이 "관통하는 선"이 아니다. 그의 후기 작업을 보면 성사는 구원을 "선취하게 하는 표징들"로서, 인간이 복음적 삶을 상징적으로 사는 데서 비롯된다.

최신 아퀴나스 해석에서 영향을 받은 칼 라너 역시 인간실존이 본질적으로 표현력을 지닌다는 지적에 기초한 상징신학을 발전시켰다.[9] 1959년 「상

---

[8] Edward Schillebeeckx, *Christ the Sacrament of the Encounter with God*, trans. N.D. Smith (New York: Sheed and Ward 1963).

[9] Karl Rahner, "The Theology of the Symbol", in *Theological Investigations*, vol. 4, trans. Kevin Smyth (New York: Seabury Press 1974).

징신학」을 발표한 라너는 이 표현력이 삼위일체 및 육화를 통한 하느님의 자기-표현에 근거한다고 논했다. 성사신학에 사용된 상징 언어는, 상징적인 것이 "실재하는 것"으로부터 점점 더 멀어진다는 이유로 중세 초기부터 의심받았다. 라너의 기여는 교회의 성사적 본질이 육화에 기초하며, 상징적 표현이 인간의 지식과 사랑의 핵심이라는 점을 밝힌 데 있다. 이 두 신학자의 연구성과는 성사신학의 언어를 더욱 인격적이고 역동적인 개념으로 바꾸고, 성·속의 철저한 구별에 도전했으며, 상징적인 언어를 다시 소개하고, 성사 집행이 성직자의 전유물이 아니라 전체교회의 행위임을 확인한 데 있다.

2차 바티칸 공의회의 많은 변화는 스힐레벡스와 라너의 연구에서 도움을 받은 것이고, 이 변화들은 공의회가 개최된 1962년 가을에 이미 일어나고 있었다. 공의회의 첫 중요 문헌인 「전례헌장」은 전례 때에 자국어의 사용을 허용하고 신자들의 참여를 격려함으로써 전례의 대대적인 변화를 가져왔다.[10] 그 이래로 모든 성사는 공의회가 꾀한 변화에 힘입어 크게든 작게든 영향을 받았다. 「교회헌장」과 「사목헌장」에서 가장 중요한 변화는 교회를 하느님 백성으로서 새롭게 이해한 점일 것이다. 성직자와 평신도 사이의 위계적 구별은 지속되었으나, 주요 강조점은 교회의 전체 공동체가 이때부터 함께 사목을 하게 되었다는 점이다. 교회의 성사적 차원에 관한 새로운 강조점이 받아들여지게 된 것이다.

성직자와 평신도, 성·속 구별의 타파는 2차 바티칸 공의회 이후의 성사신학에 지대한 영향을 주었다. 성사를 도구로 본 과거의 이해는 인간 삶의 모든 영역이 성사성을 띤다는 인식을 고양시켰다. 스힐레벡스와 라너의 작업은 오늘날 성사신학을 연구하는 신학자들에게 지대한 영향을 주었다. 어떤 성사들은 실제로 바뀌었다. 과거의 고해성사는 "화해"의 성사가 되어, 인간의 죄를 처벌하는 것보다는 사목적인 접근을 하도록 상징화된 것이다.

---

[10] Walter M. Abbott (ed.), *The Documents of Vatican II* (New York: Guild Press 1966).

성인을 위한 그리스도교 입교예식은 발전적인 접근방식을 사용하여 예비신자를 교회의 구성원으로 다시 소개한다.

## 여성운동과 성사신학

2차 바티칸 공의회에 이어서, 1960~70년대의 여성운동을 통해 그리스도교 신학에 확산된 성차별주의와, 교회 내 대부분의 권력직에서 여성을 배제한 부당성이 자각되기 시작했다. 1970년대의 여성 사제수품위원회 창립과 많은 개신교파의 여성 목사직 안수 결정은, 가톨릭 신자들에게 바티칸이 이 문제에 대한 입장을 바꿀 것이라는 희망을 품게 했다. 그러나 1976년 바티칸 교황청이 발표한 「여성 교역 사제직 불허 선언」은 여성과 남성이 영적으로 평등하다고 인정하면서도 그것을 역사적으로 판결할 만한 토대에는 이의를 제기하여, 남성 수품의 "깨지지 않는 전통"과 "자연적 유사성"을 내세운 성사신학으로 철저히 여성 수품을 반대했다.[11] 토마스 아퀴나스의 성사신학 해석에 기초한 이 문헌은 성차이가 인종이나 민족의 차이와 달리 "본질적"으로 다르다고 주장한다. 예수는 남성이고 그가 "뽑기로 결정"한 열두 사도도 남성들뿐이기 때문에, 교회는 그 입장을 바꿀 "자유를 잃게" 되었다는 것이다. 그리스도의 남성성은 이와 같이 사제 직분에 관한 신학의 본질적 요소로 여겨졌다.

일부 현대 여성신학자들은 교회직무의 현 구조에 여성을 포함시키라고 주장하지만 막상 가톨릭 여성론자들 자신은 궁지에 빠져 있다. 성차별 없는 예배생활을 선호하여 교회의 남성시배직 싱사생활에 참여하는 것을 포기할 것인가, 아니면 남성지배적인 성사체제에 계속 참여하면서 교회 안에서 변화를 위해 일할 것인가 하는 문제로 갈등하기 때문이다.

류터는 『여성교회』에서 "현대교회에서 여성들은 언어적 박탈과 성체성사

---

[11] Arlene Swidler and Leonard Swidler (eds.), *Women Priests: A Catholic Commentary on the Vatican Declaration* (New York: Paulist Press 1977) 참조.

의 빈곤으로 고통받고 있다"고 주장한다.[12] 그녀의 본래 의도는 동등한 이들의 공동체인 새로운 교회, 즉 여성교회로 안내하는 것을 돕고자 쓴 책이다. 류터는 유다교와 그리스도교의 유산을 거부하지 않는 한편, "성서에 기반을 둔 종교로 되돌아가는 동시에 그것을 뛰어넘는 양면을 추구한다. 여성교회는 억눌려 온 종교성을 포용한다."[13] 이 책은 초경, 자연유산과 낙태로 인한 임신 실패, 고통스러운 체험의 치유 같은 여성의 일생에 포함된 사건들을 경축하는 예배공간과 전례지침을 제시한다. 류터는 교회를 완전히 거부하는 사람과 교회 구조 안에서 일하고자 하는 이들 사이에 위치를 정하고 자신의 생각이 여성들에게 성차별주의가 여전히 만연한 교회와 세상 안에서 살아가는 데 필요한 힘을 줄 수 있다고 제안한다.

크리스틴 구도르프는 여성들이 자연스럽게 몸으로 체험하는 출산과 양육과 배려를 마음으로 경축하는 것이 성사이며, 남성들이 이 점을 취해서 성례화했다고 사례를 들어 말한다.[14] 이렇게 남성들은 여성들이 하는 일을 더 고차원에서 더 영적으로 행할 수 있기 때문에, 여성들의 신체적 체험은 남성의 체험보다 덜 거룩하다고 보게 되었다. 그녀가 제안하는 해결방법은 성사를 일상생활과 다시 연결시켜서 남성들이 구체적인 체험에 더 익숙해지고 여성들이 가진 의례적 힘을 인식하도록 하는 것이다.

메리 콜린스는 현대 여성들이 중세 여성들에게서 배우기를 제안한다. 중세 여성들은 위계적이고 성직주의적 관점에서 성사를 이해하거나 받아들이기를 거부했는데, 콜린스는 이러한 체험들을 새롭게 정의했다.[15] 중세 여성들은 자신이 지닌 인간성의 진가를 감지하기 위해 성사를 사용했는데, 바

---

[12] Rosemary Radford Ruether, *Women-Church: Theology and Practice of Feminist Liturgical Communities* (New York: Crossroad 1985) 4.

[13] Ruether, *Women-Church*, 4.

[14] Christine Gudorf, "The Power to Create: Sacraments and Men's Need to Birth", *Horizons* 14 (1987) 296-309.

[15] Mary Collins, "Women in Relation to the Institutional Church" ("여성종교지도자회의"에서 한 강의. Albuquerque, NM, 1991. 8. 26).

로 이 점에 콜린스는 초점을 맞추어, 성직자들이 성사를 독점하지 못하게 여성들이 막아야 한다고 지적한다. 즉, 성사들은 전체교회에 속하므로 성체성사를 독점한 남성들에게 도전하는 것은 여성들이 현 상황에 기여할 수 있는 것 중의 하나라고 지적한다.

그러나 어려움은 여전히 남아 있다. 여성론적 성사신학의 난점 중 일부는 그것이 사변적이고 학문적일 뿐 아니라 현실적이라는 데 있다. 여성신학의 다른 각 분야들처럼 성사에 관한 여성론적 시각은 여성들의 경험이라는 관점에서 문제를 이해하고 이를 기초로 재숙고하는 것과 연관된다. 또한 성사제도가 본질적으로 성차별적인가, 여성론적 성사신학이 가능하고도 필요한 것인가를 더욱 철저히 질문하는 것과도 연관된다.

## 성사신학의 여성론적 과제

모든 여성론자들은 조금씩 다르긴 해도 동일한 질문을 던진다. 즉, 특정 연구 분야들은 여성을 어떤 식으로 진술해 왔는가? 여성들의 체험은 어떻게 특정 분야의 구성요소가 되는가? 성사신학의 혁신은 누가 사목자가 되느냐와 같이 현실적 차원에 속할 뿐 아니라 상징적인 연상에 깊숙이 뿌리 박고 있기 때문에, 여성론적 접근방식은 성사들을 발생시킨 인간체험의 토대를 주시하면서 시작해야 한다. 2차 바티칸 공의회 이후, 인간의 의례 행위에 대한 인간학적 기초인식은 현대의 기준이 되고 있다. 아놀드 반 게네프와 빅터 터너의 통과 의례에 관한 이론들 및 폴 리꾀르와 게오르그 가다머의 인간적 상징론에 관한 이론들은 폭넓게 다루어지고 있다.[16] 여성주의자들은 그동안 많은 이론들이 남성의 체험에만 근거하고 있었음을 지적하

---

[16] Arnold van Gennep, *Rites of Passage*, trans. Monika B. Viaedom and Gabrielle L. Gaffe (Chicago: Univ. of Chicago Press 1969); Victor Turner, *The Ritual Process: Structure and Anti-Structure* (Ithaca: Cornell Univ. Press 1969); Paul Ricoeur, *The Symbolism of Evil*, trans. Emerson Buchanan (Boston: Beacon Press 1967); Hans Georg Gadamer, *Truth and Method* (New York: Seabury Press 1975).

면서 인간행위와 사고방식에 널리 퍼져 있는 가설들에 도전한다. 마찬가지로 여성의 관점에서 성사신학을 살펴보면, 성사신학의 기초를 놓아주는 인간의 체험들이 제대로 이해되어 왔다고 가정하기가 어렵다. 오히려 인간 내면의 깊은 곳에서 상징적이고 의례적인 체험의 뿌리에 어떤 역동성이 자리잡고 있는지를 묻게 된다.

## 자연과 역사

많은 종교전통의 의례나 상징들은 자연의 주기적인 과정과 더 넓게는 인간의 발달과정에 기초한다. 종교의례들은 새 생명이 움트는 봄, 가을의 추수 및 자연의 일시적인 죽음에 주목한다. 그리스도교 전통은 자연과의 관계를 인정하면서도 자연의 주기성보다는 **역사** 안에서 일하시는 하느님의 행위에서 의례와 상징의 토대를 찾아내곤 한다.

전체 유다-그리스도교 전통은 물론 그리스도교 성사신학에서 강조하는 것은 하느님이 역사 안으로 들어오셨고, 자연을 역사적으로 탈바꿈시켰다는 것이다. 인간은 더 이상 자연계의 주기성과 폐쇄성에 얽매이지 않는다. 성사가 이교도들과 자신을 구별시켜 준다고 그리스도인들이 말하는 까닭은, 성사를 통한 경축이 단순하게 자연발생적인 것이 아니라 하느님으로 말미암아 변화된 진실과 접한 것이기 때문이다.

여성신학은 자연적인 것과 역사적인 것 사이의 이 대조점에 이의를 제기하고, 이 구분은 이원적인 체계의 일부이기에, 남성과 여성, 성품과 본성, 역사와 자연, 영혼과 육신의 분리를 반대한다고 주장한다.[17] 여성론자들은 유다교와 그리스도교가 자연종교를 배척한 것을 지적한다. 자연종교는 상징적으로 여성과 연결되는 다산多産과 여신女神 신앙을 지향하기 때문이다.

---

[17] Rosemary Radford Ruether, *New Woman/New Earth: Sexist Ideologies and Human Liberation* (New York: Seabury Press 1975); Carol Christ, "Rethinking Theology and Nature", in: Judith Plaskow and Carol Christ (eds.), *Weaving the Visions: New Patterns in Feminist Spirituality* (San Francisco: Harper & Row 1980).

여신에 관해 연구하는 여성론자들은 특히 땅과 자연을 기초로 삼아온 전통으로 되돌아가고자 하며, 여성이 지닌 본질적 성스러움의 의미를 삭제하려는 역사적 종교들을 변화시키고자 한다.

자연/역사, 몸/정신, 여성/남성과 같은 이원론은 한편이 다른 편을 지배해야 하는 위계성을 띨 뿐 아니라, 한편이 다른 편 위에 있고 대립한다는 상호 적대성을 띤다. 지구 안에 사는 모든 생명체를 떠받치는 여성, 아이, 자연이라는 동물의 세계와 연약한 생태계에 대한 폭력은 한편이 다른 편을 악하다고 거부할 때 발생할 수 있는 결과이다. 가톨릭의 여성론적 시각은 이 이원론적 개념의 비판을 기초로 하여 하느님이 자신을 표현하고자 스스로 인간이라는 삶의 조건을 택했다는 육화의 의미를 되찾고자 한다. 성사성은 인간의 구체적 표현 및 자연세계와의 연관관계를 통해 발전하는 것이지 그 대립으로 발전하는 것이 아니다. 따라서 여성신학은 자연과 역사, 몸과 영혼의 밀접한 연결을 주장한다.

성사신학이 변천되어 온 배경에는 자연과 역사 사이의 연관성을 대오 각성한 데 있고, 이는 인간학·사회학·종교심리학의 연구로부터 커다란 영향을 받은 결과이다. 여성신학자들은 이 이론적 기초를 신중하게 다룬다. 이 이론들 모두가 여성들의 체험에는 거의 무지하고, 인간과 자연, 그리스도교와 이방 종교들 간의 관계에 대해서도 검토하지 않은 가설들을 적용시키기 때문이다. 계절의 자연적 주기에 뿌리박고 있는 여신 종교들, 자의식이 강한 여신 종교들이 제시하는 것은 이 이론들을 물리칠 때 더 잘 이해될 수 있다.

## 심리학과 여성론

인간 발달과정이 끼친 영향은 2차 바티칸 공의회 이후의 성사신학에 또 하나의 결실을 맺게 했다. 전환이 "과정"이라는 인식은 그리스도교 성인 입문 예절과 같은 쇄신된 관행들에 영향을 주었고, 이로써 화해의 예절과 혼인성사, 특히 혼인무효선언 관행들의 변화가 지난 25년간 이루어져 왔다. 오늘날 이것은 인간의 성장 과정을 인정하는 핵심요소가 되었고, 이에 따라 성사예절이 거행되고 있다. 발달심리학의 영향을 받은 종교심리학자들은 성숙한 신앙의 발달 단계들을 인식할 수 있다고 지적한다.[18]

여성학에 기초한 문학과 심리분석 이론에 관한 최근의 연구는 여성의 경험에 초점을 둔 발달과정을 새로운 방식으로 보고 있으며, 상징의 역할에 대해 다소 도전적인 질문을 던지고 있다. 특히 금세기의 인간발달이론들은 주로 프로이트와 그의 제자들의 연구에 의존하고 있다. 오늘날 "순수 프로이트주의자"는 소수이지만 프로이트의 영향력은 끊임없이 확산되고 있다. 인간조건에 대한 연구로 훌륭한 문헌을 출간한 에릭 에릭슨조차도 프로이트가 맨 처음 초안을 작성한 인간 성숙과정의 전환점들에 관한 연구에서 지대한 영향을 받았다.[19]

여성론자들이 제안한 한 가지 분야는 대상관계이론으로, 주로 어머니와 아이의 관계에 초점을 맞춘다.[20] 대상관계 이론가들은 프로이트와 그의 후학들이 소년들의 체험에 초점을 맞추고, 남성의 발달을 인간 발달과정의 표준으로 삼았다고 지적한다. 더욱이 그들은 아기와 어머니 사이의 초기 관계를 거의 무시했다. 대상관계 이론가들은 소년 소녀들이 어떻게 서로 다른 방식으로 사회적 성역할을 동일시해 가는지를 보여준다. 분리가 소년들의 중요한 삶의 형태가 되는 까닭은 그들이 흔히 첫 양육자인 어머니와 같지 않다고 배우기 때문이다. 대신에 소녀들은 어느 날 자신들도 어머니가 될 것임을 배우고 자신들이 첫 관계를 맺은 어머니와 동일해질 것임을

---


[18] James Fowler, *Stages of Faith: The Psychology of Human Development and the Quest for Meaning* (San Francisco: Harper & Row 1981).

[19] Erik Erikson, *Identity and Life Cycle* (New York: Norton 1980).

[20] Nancy Chodorow, *The Reproduction of Mothering: Psychoanalysis and the Sociology of Gender* (Berkeley/Los Angeles: Univ. of California Press 1978); Dorothy Dinnerstein, *The Mermaid and the Minotaur: Sexual Arrangements and Human Malaise* (New York: Harper & Row 1976); Margaret Homans, *Bearing the Word: Language and Female Experience in Nineteenth Century Women's Writing* (Chicago: Univ. of Chicago Press 1986).

보게 된다. 어머니와 자신을 구별한 결과, 소년들은 자기 자신과 자신의 세계를 명백한 단절과 객관성을 통해 보게 된다. 소년들의 행위는 규칙에 매이는데, 그들은 놀이에서 갈등을 체험할 때 규칙에 의존한다. 심리학자 캐롤 길리건의 잘 알려진 연구에 의하면, 소년들은 윤리적 곤경을 해결하기 위해 정의와 진위라는 추상적 원리에 의존한다.[21] 여기서 중심개념은 **분리**이다. 소년이라는 자기 정체성을 발전시키고, 커서는 남성으로서의 정체성을 발전시키기 위해, 남아는 자기 어머니로부터 분리되고, 어머니를 상징하는 것으로부터 진정으로 떠나야 한다.

한편 소녀들은 소년들보다 자아에 더 깊이 침잠해 들어가고, 타인들과 더 잘 동화되며 감정이입도 잘 하도록 사회화된다. 말괄량이가 되는 것은 많은 소녀들에게 다반사로 일어난다. 소녀들은 놀이에서 갈등을 체험할 때 규칙에 의지하는 대신 관계를 유지하기 위해서 놀이를 중단해 버리는 일이 흔하다. 길리건의 연구를 보면 윤리적 함정에서 빠져나오기 위해 소녀들은 돌보고 관계를 유지하는 데 가치를 두며 진위와 정의라는 원리의 사용을 불편해한다. 여기서 핵심개념은 **동일화**로서, 소녀는 어머니와 자신을 동일시하고, 타인을 향하는 존재가 됨으로써 자아의식을 가지게 된다.

이 이론에서 성사신학 및 그 실천과 연결지을 수 있는 것이 나온다. 중요한 점들 가운데 하나는 남성과 여성, 공적인 것과 사적인 것, 영적인 것과 물질적인 것 사이의 경계가 분명하게 묘사되어 있다는 것이다. 구도르프는 성사가 의미와 효력을 유지한다고 보며 (일상의 실제 행위에서 의미와 효력이 나오지 않는다고 생각될 때), 성사성과 일상적인 것 사이의 구별은 많은 문제점을 야기시킨다고 지적했다.[22] 관계를 지닌 깃은 문지보다는 상징성에 가치를 두고 있기에, 참으로 실재한다고 여겨지는 것은 구체적인 것이 아니고, 구체적인 것을 상징할 뿐이다. 더욱이 이상적인 남성성

---

<sup>21</sup> Carol Gilligan, *In a Different Voice: Psychological Theory and Women's Development* (Cambridge: Harvard Univ. Press 1981).

<sup>22</sup> Gudorf, "The Power to Create", 304.

을 특징짓는 개인성과 자율성의 강조는, 하느님과 자신의 개별적 관계가 자아상의 본질이 아니라고 보는 이들끼리 관계맺는 독립적이고 자율적인 인격체들의 모임으로서 교회공동체를 이해하는 것과 연관될 수 있다.

인간 발달과 상징적 표현의 역할에 관하여 이러한 질문들을 제기함으로써, 성사들이 그리스도교 공동체 생활의 중요한 순간을 표현하는 방식과 연관되는지를 물을 수 있게 되었다. 성체나 성사의 효력 안에 있는 그리스도 현존의 힘과, 수품받지 않은 이들 안에 계신 그리스도의 현존을 가려온 교회법의 정당성은 어느 정도나 되는 것인가? 더 나아가서, 상징적이고 의례적인 행위들은 여성들에게 해당하지 않는 남성들의 임무이기만 한 것인가라고 물을 수 있다. 다시 말하면, 특정한 순간들, 행위들, 장소들을 거룩한 것으로 제쳐놓을 필요가 있는가 말이다. 만일 대상관계이론이 제시한 자아에 더 깊이 침잠해 들어가는 여성의 심리학적 체험, 개인적인 것과 정치적인 것의 관계 및 사적인 것과 공적인 것의 관계에 관한 여성의 심리학 체험이 옳다면, 이것은 일상생활로부터 유리된 의례행위인 성사들의 토대 자체에 의문을 제기하는 것이 아닌가? 또한 이는 인간 삶 안의 하느님의 현존에 다르게 접근할 필요가 있다고 제안하는 것은 아닌가?

이러한 질문들은 그리스도교 메시지의 핵심을 찌른다. 그리스도교 성사성의 핵심이 남성의 분리를 말하고 삶의 성과 속의 차원을 갈라놓는 것인 한, 여성론적 성사신학은 불가능하다. 그러나 성사성이 육화를 통해 "우리를 위한 하느님"의 신비와 현존을 표현하는 한, 또 한 여인의 몸 안에서 잉태되어 인간이 되신 하느님이 그리스도교 신앙의 핵심인 한, 여성들의 체험은 성사신학과 실천에 다른 빛을 던져준다. 성사의 수와 내용까지도 바뀔 수 있겠지만, 그 모든 것을 한꺼번에 버릴 필요는 없다. 여성들이 거룩한 것 및 일상과 맺는 관계들은 성사신학을 확장하고 심화시킬 것이며, 성사적 전통을 비판하고 개선시킬 것이다.

나는 이 장의 후반부에서 많은 가톨릭 여성들의 확신에 기초하여 복음 메시지가 대단히 포용적이고, 위계적이 아니며 억압적 구조에 반대하는 방

향이라는 것, 남성들뿐 아니라 여성들도 전통을 형성해 왔다는 것, 성차별
주의적인 교회 구조를 변혁하라는 소명이 자기 신앙의 상징적 표현들을 재
조명하도록 남녀 모두에게 도전한다는 것을 다루어 보고자 한다.

## 여성론적 성사신학

이 장 서두의 시는 성사의 핵심이 구체적 표현임을 환기시킨다. 성사성이
그리스도교의 전통에만 있는 것은 아니지만, 육화를 통해 이루어진 하느님
과 인간의 철저하고도 다소 수치스런 결합이 성사신학의 근저를 이룬다.
한때 하느님이 우리의 인간조건을 공유하면서 우리 가운데 머물기로 선택
했고 온갖 창조물이 심대한 영향을 받았기에, 신적인 것과 인간적인 것 사
이의 철저한 구별은 더 이상 도움이 되지 않는다.

  그리스도교 신학에 여성론이 주는 도전은 "그리스도 안에서"뿐 아니라
사회와 교회 안에 여성과 남성의 충만한 인간성을 표현하려는 데 있다. 가
톨릭 신학에서 특히 이를 실현하지 못하게 가로막는 것은 자연법에 기초한
신학에 역사적으로 의존한 데 있다. 이 신학은 인간본성의 본질적 요인을
생물학적 성차이로 보고, 여성과 남성을 다르게 대접하는 결과를 가져왔
다. 여성의 "본성"은 (요한 바오로 2세의 글을 보면) 본래 아이를 낳고 기
르는 것을 지향하기에 가정이라는 틀에 속한다고 이해했다.[23] 여성 수도자
의 소명은 요한 바오로 2세가 지적한 대로, 이 세속적 임무를 연장시킨 것
으로 보이곤 했다. 종교적 상징주의의 첫째 특징은 성차별주의에 광범위하
게 물들었다는 것이었다. 하느님에게 여성석 상징을 부여히는 것에 반대하
는 많은 남녀들은 우리의 언어나 시각을 교정해야 한다고 주장한다.[24]

---

[23] John Paul II, "*Mulieris Dignitatem*: On the Dignity and Vocation of Women", *Origins* 18, no.17 (Oct. 6, 1988).

[24] Margaret Miles, *Image as Insight: Visual Understanding in Western Christianity and Secular Culture* (Boston: Beacon Press 1985).

성사신학을 여성신학적으로 접근할 때 초기에는 여성의 충만한 인간성에 대한 확신이 기본적으로 깔려 있었고, 성차별과 연결되는 의미들은 일단 의혹의 대상이었다. 일반적으로는 남녀의 차이를 보완성으로 보는 시각이 역사와 문화에 깊이 뿌리내리고 있었기에 여성의 본질적인 본성을 주장하기가 어려운 분위기였다. 그렇지만 여성의 충만한 인간성을 내세움으로써 삶의 상호 연관성과 인간 및 다른 생명체와의 상호 연계성을 분명하게 주장할 수 있다. 지난 20여 년 동안 여성주의자들은 여성의 체험이 가지는 고유한 본질을 지적해 왔고, 남성들이 고정관념으로 여성에게 부여해 온 여성성을 의심하듯이 이 고유한 본질을 의심하는 비판론에 스스로를 개방해 왔다. 그러나 이 신학은 첫째, 여성의 체험을 이해하고 이에 가치를 부여하려는 것이지 남성의 체험만을 가지고 여성을 대하려는 것은 아니다. 둘째, 여성들이 체험한 것의 불확실성을 인정하는 것이다. 이는 여성이 **인간**의 범주에 포함되기도 제외되기도 했기 때문이며, 공식적 권력에서는 배제되었지만 가정을 이루는 문화·사회 구조에는 포함되어 왔기에 양면 의식, 즉 "이중성"에 대한 자각이 발달한 까닭이다. 이 철저한 불확실성이라는 의식 자체는 분리시키고 소외시키려는 전략에 쉽게 휘둘리지 않는다.[25]

여성이 자아의 심연으로 침잠해 들어간다고 단정짓는 심리학자들과, 여성은 윤리적 특성을 구별해낼 수 없다고 단정짓는 윤리학자들은 여성을 불리한 입장에 처하게 했다. 그러나 여성의 불확실성에 대한 감각과 분리에 대한 혐오, 타인과의 동일시 경향은, 무수한 성사신학 및 실천에 확산된 엄격한 분리보다는 그리스도교 성사성의 핵심적 요소에 더 가깝다. 이 상호 연관성 및 갈등을 빚는 현실에 관한 올바른 인식이 서로 엮여서 공존한다는 것이 심리학, 문학 이론, 역사와 윤리에 관한 현대 여성론의 특징을 이룬다. 이러한 관념은 성사신학에도 중요한 암시를 준다.[26]

---

[25] Elizabeth Fox-Genovese, *Feminism Without Illusions: A Critique of Individualism* (Chapel Hill: Univ. of North Carolina Press 1991).

[26] Susan A. Ross, "Sacraments and Women's Experience", *Listening* 28 (1993) 52-64.

여성론적 성사신학은 여성의 체험을 가지고 두 가지 확신을 제시한다. 즉, 하느님이 우리 인간성 안으로 들어 오셨다는 그리스도교의 핵심 신조와 이 신조를 밝혀줄 중요한 원천으로서 몸과 영혼, 육적인 것과 영적인 것이 서로 연결되어 있다는 점이다. 아마 현재의 성사들을 살펴봄으로써 우리는 비판적이고도 건설적인 제안을 할 수 있을 것이다.

전통적으로 **세례성사**와 **견진성사**는 그리스도교적인 삶을 소개하고 정당화하려는 의도를 지녔다. 또 세례성사는 원죄를 깨끗하게 씻어 내고, 그리스도와 함께 죽고 부활하여, 전례 공동체 안에 들어오는 것을 의미했다. 견진성사는 성령이 주시는 선물과 복음을 증거하기 위한 영속적 투신을 강조한다.

그리스도교 공동체가 제안하는 "새 생명"은 "단순한 신체적" 탄생과는 다르고, 가끔은 반대된다고 여겨졌다. 구도르프가 지적한 대로, 이러한 생각들로 말미암아 성사의 바탕적인 틀을 제공하는 일상생활이 그에 상응하는 영적인 것보다 가치가 적은 것으로 여겨지게 되었다. 여성론적 시각에는 이러한 구별에 대한 비판과 여성들의 삶과 투쟁이 있는 일상의 생물학적 삶을 성사와 재결합시키려는 노력이 들어 있다. 오늘날 실천되는 이 모든 성사들은 너무나 자주 그 구체적 내용을 충분히 실현하지 못한 채 과정의 문제로 이행될 뿐이다. 견진성사 준비는 중학생 때 습관적으로 가르치며, 젊은이들은 성사의 의미를 거의 모른 채 견진성사를 받는다. 성사 집행에는 상당한 주의를 기울이지만 성사생활을 할 때 따라오는 **끊임없는** 도전은 불충분하게 다루어지고 있다. 우리가 성사들을 인간의 육체적 체험을 강화시켜 주는 것으로 본다면, 인간의 탄생과 성장과정을 통한 선수은 크게 강조할 필요가 있다. 예를 들어, 새 생명을 탄생시키는 양수羊水와 세례수의 상징적 연관이 성사신학과 실천으로 더욱 분명해진다면, 성사와 출산이라는 육체적 행위 사이의 연계는 뚜렷해진다. 성사를 집행하는 순간을 가장 중요하게 여기는 경향이 있으나, 똑같이 중요한 것은 매일매일 요구되는 그리스도인의 삶이다. 종교교육 — 이 분야를 여성들이 다루어 왔다

는 데 놀라지 마시라 — 에서 더 크게 관심을 두어야 할 부분은 일상생활을
성사적인 투신과 동일시하도록 돕는 것이다. 세례와 견진성사의 핵심적 요
소는 예수의 메시지가 전해준 약속을 지키는 새로운 공동체의 일원이 되는
것이다.

**고해성사와 병자성사**는 상처받고 병든 인간실존을 어루만진다. 이들
성사의 목적은 우리를 하느님과, 인간과, 교회와 화해시킴으로써 우리의
분열된 삶을 치유하는 데 있다. 여성신학자들은 죄에 대한 신학적 이해와
교회의 실천을 비판해 왔다. 30여 년 전 발레리 세이빙이 주장한 대로, 죄
가 교만이라는 이해는 여성보다 남성에게 해당되는 말이다.[27] 여성들은 헌
신하라는 권고를 받음으로써, 교만이 아니라 자신을 너무 낮추고 자신을
발전시키지 못하며, 다른 사람의 의견에 너무 의존해 있기 때문이다.

더구나 참회자들을 위한 윤리신학의 전통적 입문서에는 성윤리에 관한
죄들이 상당부분 불균형적으로 다루어져 있다. 이러한 점은, 메츠가 비난
한 대로, 죄를 사적인 것으로 보는 경향에 있다. 그리스도인의 삶은 가정
안에서 이루어지는 것이지 더 넓은 사회 안에 있는 것이 아니라고 강조하
기 때문이다.[28] 근래에도 가톨릭 교회는 신앙의 사회적 차원을 인식하는 데
상당기간을 보냈고, 개인이 져야 할 신앙생활의 수많은 짐을 사회적 윤리
성보다는 성적 윤리성에 할애하고 있다. 여성신학은 죄의 사회적 특성을
강조해 왔다. 인간의 성과 사회적 관습은 본질적으로 상호 연관되어 있기
에 "개인적인 것은 정치적인 것이다"라는 말은 여성운동의 핵심 주장 중
하나이다. 그러므로 화해의 실천은 인간의 죄와 고통이 지닌 모든 차원에
더욱 주의를 기울일 필요가 있다. 고대교회에서 참회는 흔히 훔쳐온 재산

---

[27] Valerie Saiving, "The Human Situation: A Femine View", *Journal of Religion* 40 (1960),
repr. in: Carol Christ and Judith Plaskow (eds.), *Womanspirit Rising: A Feminist Reader in Reli-
gion* (San Francisco: Harper & Row 1979) 25-42.

[28] Johannes Baptist Metz, "Messianic or Bourgeois Religion?" in: *The Emergent Church: The
Future of Christianity in a Postbourgeois World*, trans. Peter Mann (New York: Crossroad
1981).

의 반환을 포함했고, 공동참회는 그 죄가 전체 그리스도교 공동체를 위반한 것이었다는 사실을 예시했다. 이 고대의 관행을 되돌아보는 것은 가치있는 일이지만, 적어도 인간이 범하는 죄의 상당부분이 사회적이라는 대오각성과 인간의 성에 대한 긍정적 역할을 높이 평가하는 것은 화해성사를 계속 변화시키도록 돕는다.

병자성사는 기도와 주의깊은 인간적 접촉의 치유능력을 발휘하게 하는 효력을 지닌다. 여기서 또 한번 모든 사람이 교회의 화해하고 치유시키는 역할에 참여하는 것은 성사의 개인적 실천에 반하여 이루어진다. 구도르프는 남성들이 얼마나 자주 인간의 병과 치유라는 측면에서 간호자이기보다는 학문적 결정자이었는지를 지적한다. 보살핌을 별 가치 없이 바라본 것은 죄와 상처에 대한 우리의 이해가 불균형상태에 있음을 뒷받침한다.

투신의 성사인 **혼인**과 **성품**은 사회적 성역할에 대한 불균형적인 이해에서 커다란 영향을 받았고, 이 신학들은 대개 여성들의 경험을 제외시켜 왔다. 여성들은 주부와 어머니라는 역할에 자신의 개인성을 함몰시키도록 장려되었고, 남성중심적 성의 신학으로 가장 큰 상처를 받았다. 여성들은 인간의 상호성에 기초한 더 적합한 혼인신학과 여성들이 구체적으로 표현한 사회적 경험과 관계된 더 적절한 성의 신학에 큰 기여를 한다. 2차 바티칸 공의회 이전까지 바티칸 문서로 확정지었던 전통적인 혼인신학은 혼인한 남자가 "머리"이고 여자는 "가슴"이라고 가르쳤다. 그리스도는 신랑이요 교회는 순결한 신부라는 관계에 기초한 가톨릭 혼인신학은 근본적으로 위계성을 띤다. 가톨릭의 교회론이 사제와 평신도의 관계를 특징짓는 데 흔히 이 은유에 의존해 왔다는 것은 놀랄 일이 아니다.[29]

대화를 중심으로 삼는 혼인신학은 배우자를 가치있는 존재로 여기는데, 이러한 신학은 아직도 너무나 자주 여성들이 가정폭력에 희생되고 있기에 필요하다. 너무나도 오랜 세월 혼인에 관한 위계적 신학을 지지해 온 그리

---

[29] Susan A. Ross, "The Bride of Christ and the Body Politic: Body and Gender in Pre-Vatican II Marriage Manuals", *Journal of Religion* 71 (July 1991) 345-61.

스도 교회는 남자가 여자보다 우위에 있다고 생각했고, 결과적으로 남성에게 부인과 자녀들을 학대하도록 허락해 준 셈이다. 이 신학은 사회적 성역할을 고정시키는 부당함까지도 동반하고 있다. 혼인을 대화로 보려는 이해는 배우자의 발전은 물론이려니와 두 부부 및 자녀들과 공동체의 관계를 무르익게 해준다. 혼인에 관한 진보적 신학은 인간의 수명이 거의 두 배나 증가한 금세기에 특히 필요하다.

교회의 성에 관한 신학은 항상 혼인신학의 맥락에서 이해되었기에, 여성의 목소리를 경청할 필요가 있다. 여성에게 임신중절 문제를 자문한 위클랜드 대주교처럼 성에 관한 여성의 고유한 체험을 들으려던 몇 번의 시도는 불행하게도 반대에 부딪치게 되었다. 가장 최근에 발표된 여성의 관심사에 관한 미국 주교들의 사목교서 (넷째) 초안에도 여성의 목소리를 직접 인용하는 것은 생략되어 있다.[30] 성의 성사적 차원은 혼인성사로 인해 인정되었지만, 성에 대한 교회의 관심은 협소하게도 피임법과 임신중절의 부도덕에 초점을 둔 것이지, 인간의 성이 가진 장점과 인간의 몸을 돌보는 책임에 관한 폭넓은 차원에 있지 않다. 부부관계를 평등한 동반자로 보는 것은, "활동적"인 신랑과 "수용적"인 신부가 불균형한 관계로 존재한다는 전통적인 위계적 모델과는 다른 모델을 교회에 제안한다.[31]

성품성사에 관한 토론을 폐지하려는 교도권의 노력에도 불구하고, 이 문제는 성사직무에서 여성을 배제하는 불의를 강하게 각인시킨다. 남성만의 사제제도는 전통적 근거를 왜곡하면서, 성사적 은혜가 항상 남성에 의해서 중재되는 것이라는 공통 가설을 강화시킨다. 사제가 "그리스도의 인격 안에서" 행동한다는 견해는 신성神性과 남성성의 오랜 연관을 지속시킨다.

여러 본당이나 수도 공동체의 경험에서 볼 때 여성들은 성찬례를 제외한 모든 일에서 영향력있는 사목자로서 봉사하고 있다. 사목 행정가, 병원 원

---

[30] 미국 주교들은 논의와 반론의 와중에 사목교서 넷째 초안을 놓고 투표를 했다.

[31] 이러한 신랑 신부 이해에 입각하여 여성 사제수품을 반대한 여성의 주장: Sara Butler, "The Priest as Sacrament of Christ the Bridegroom", *Worship* 66 (1992) 498-516 참조.

목, 학교 교목으로 봉사하는 여성들의 숫자가 점점 증가하고 있다. 상담과 설교 같은 다양한 방면에서 여성의 직무능력을 체험한 많은 가톨릭 신자들은 남성이 사제직을 독점함으로써 여성들의 재능을 십분 발휘할 수 있는 폭넓은 공동체를 잃어버린다고 말한다.

게다가 최근의 많은 신학자들은 반복해서 남성성과 사제와 신성 사이의 연관성에 이의를 제기하고 있다. 그들은, 토마스 아퀴나스가 『신학대전』[32] 에서 설득력있게 진술한 모든 종교적 표현의 은유성 및 남성만의 사제직이 발전시킨 역사적·사회적·정치적 요인이 그리스도교 공동체에 남겨준 것을 추적해 왔다. 1976년에 발표된 「여성 교역 사제직 불허 선언」에 대해서도 라너와 스힐레벡스 같은 저명한 신학자들이 문제를 제기한 바 있다.

최근에는 사제의 본질에 관한 상당히 진지한 검토를 하고 있다. 2차 바티칸 공의회가 주장한 원천으로의 복귀는 미사 드릴 때의 사제의 역할이 사제직의 제사적 개념을 발달시키는 데 끼친 요인들을 더 의식하게 했다. 사제직이 종의 본질을 지니고 공동체와 연관된다는 최근의 강조는 사제직의 자아상을 변형시키기 시작했다. 이것은 위계적 방식에 의존했던 신학교 교육을 받은 많은 사제들에게는 뼈아픈 체험을 하게 했지만 사제직이 바뀔 가능성을 현실화하도록 물꼬를 텄다.

수품받은 이의 직무를 논하는 여성신학은 인간이 하느님을 만나는 온갖 다양한 형태의 장소에서 발생하는 인간의 구체적 표현을 진지하게 다룬다. 예수의 포용적이고 전복적이며 반위계적인 직무의 실례[33]가 그 모범이다. 직무에 관한 이러한 이해는 포용적이며, 여기서 성, 인종, 계급을 구별하는 것은 부적절하다. 특정인만이 특정한 임무를 완수할 특은을 입었음에도, 많은 이들이 지도자와 설교의 직무를 위해 부름받았다. 직무에 대한 이러한 접근방식은 인간이 만든 모든 구조들이 유익한가를 묻는다는 점에

---

[32] Thomas Aquinas, *Summa Theologiae*, I, q.13.

[33] Sallie McFague, *Models of God: Theology for an Ecological, Nuclear Age* (Philadelphia: Fortress Press 1987) 참조.

서 전복적이다. 구조나 기관은 복음의 메시지를 전하는 기능을 지닐 뿐이다. 그리고 이 직무에 관한 접근방식은 소수인에게 권력이 집중되는 위계질서를 비판한다. 직무에 관한 여성신학은 공동체를 지배함 없이 권한을 부여하고 공동체가 활성화되도록 도와준다.

직무에 대한 새로운 시각은 이미 형태를 갖추기 시작했다. 설교를 하는 여성들의 발언 속에서, 남녀가 동참하는 소공동체 안에서, 사제가 아닌 여성들이 지도력을 발휘하는 데서 시작되고 있는 것이다. 그러나 이 시각은 여성들이 사제수품에서 제외되는 한, 완성되지 못한 채로 남게 될 것이다. 아주 가톨릭적인 성사 전통은 비록 여성의 몸이 육화를 담고 있음에도 불구하고 그리스도를 온전히 대리할 수 없다는 메시지를 주장하기 때문에, 여성들은 사제로서 봉사할 수가 없다.

그러나 여성들이 비록 사제수품을 받지는 않았으나 교회 안에서 여러 가지 직무를 담당하고 두드러지게 활동함으로써 사람들의 의식에 많은 영향을 미치고 있다. 많은 사람들이 이제는 여성 수품에 호의적이다. 이러한 일이 교회의 미래에 어떤 결과를 가져올지는 미지수지만, 여성들의 의식혁명과 여성들에 대한 의식혁명은 무시할 수 없는 것이 되었다. 여성의 수품은 하느님 앞에서, 교회 안에서, 그리고 인간 몸의 거룩함에 대하여 근본적인 성평등을 인정하는 것이 될 것이다.

**성체성사**에 관한 신학은 여러 면에서 볼 때 수품의 문제와 분리될 수 없다. 평신도 여성 단체들뿐 아니라 여성 수도자 공동체는 성체성사가 은총과 일치의 원천인 그만큼 고통과 분노의 원천임을 점점 더 발견해 가고 있다. 여성 단체들은 성체성사의 효력을 보장하기 위해 흔히 모르는 사제를 단체에 "수입"해야만 한다. 이때 이루어지는 일치의 성사는 수많은 이들로 하여금 자신의 고유한 영성생활의 핵심에 의문을 던지게 만드는 불평등한 성차별의 상징으로 여겨진다. 그 결과 많은 평신도 여성 단체는 성체를 자신의 손으로 받아모시게 되었다. 그리스도의 현존을 지역교회 안에서 발견했던 고대 전통을 기억하는 단체들은 빵과 포도주를 함께 나누고 성서 본문(과 다른 본문들)을 성찰하기 위해 함께 모인다. 그러나 많은 단체들은 보편교회와의 연결을 잊는다. 성체성사를 위계적으로 지배해 온 이해방식을 받아들이지 않겠다고 거부한 중세 여성들에게 현대 여성이 배울 수 있다는 콜린스의 주장이 여기에 도움을 준다. 그녀가 지적하는 것은 수품에 대한 문제를 깨끗이 잊어버리라는 것이 아니고, 도리어 성체성사는 성직자나 성직계급이 독차지해선 안 된다는 것이다.

핵심을 들여다보면 성체성사는 그리스도의 놀라운 자기헌신 및 온갖 다양성과 불확실성을 내포한 공동체의 일치를 상징한다. 콜린스는 한계를 지닌 현실 상황들을 하느님 나라와 등치시킬 때 "상징적 환원주의"가 일어난다고 보았다. 이는 "인간적으로 이해할 수 없는 어둔 밤과 가려진 빛의 도가니가 하느님 안에서 이해됨을, 믿을 수 없는 곳에서 발견하는" 사고방식이다.[34]

성찬신학과 실천에 대한 여성론적 비판은 성체 자체가 권력의 상징이 되고, 남성 성직계급이 이를 완고하게 고수하는 것을 비난한다. 여성론적 성만찬신학은 중심을 집전자가 아닌 회중에게 둔다. 핵심이 회중에게 있을 때 성체성사는 자격있는 사람들만을 위한 희귀한 금덩어리가 아니라 만인이 공유하는 선물이 된다. 빵과 물고기가 불어난 것처럼, 성찬례는 그리스도교 공동체의 개방되고 관대한 살아 있는 상징이 되어야 한다.

더 나아가 해방신학은 성체성사를 세상의 굶주린 이들과 연결짓는 관점을 발전시켜 왔다. 음식에 굶주리는 우리 몸은 하느님 말씀에 굶주리는 우리 영혼과 분리될 수 없다. 세상 사람들을 먹이는 여성의 역할이 무시되어선 안 된다.

마지막으로 몸의 거룩함과 인간의 일상생활이 지닌 거룩함을 여성들이 사제로서 자각하여 비공식적인 방법으로 예배드리는 것에 관해 언급하겠다. 1981년에 산드라 슈나이더스가 쓴 중요한 글은, 여성을 지도자의 역할

---

[34] Collins, "Women in Relation to the Institutional Church", 8.

로부터 제외시킨 후의 반응과 그것이 여성의 영성에 끼친 영향에 대하여 묘사하고 있다. 이 배척이 여성에게는 아픔을 안겨주고 교회에는 많은 것을 잃게 했음을 슈나이더스는 이의 없이 인정한다. 그러나 거기에는 이런 관행의 반작용으로 의도하지 않은 긍정적 결과들이 생기게 되었다. 공직으로부터 여성들을 제외시킨 데 따르는 부정적인 결과가 있었지만 그럼에도 불구하고 사적 공간에서 이루어진 여성들의 위대한 체험들과 평등한 구조를 창출하려는 자발성 같은 긍정적인 측면도 발견되었던 것이다. 그녀의 통찰에서 본다면, 여성들은 공적인 사제직무를 경험하지 않았기 때문에, 하루하루의 거룩함을 더 잘 감지하고, 성체성사 안에만이 아니라 매일의 식사를 준비하는 일상 안에 계신 참된 존재를 의식하며, 아픈 아이를 치유하는 인간적 접촉을 전수하고, 부모와 자녀, 부부, 친구들의 화해를 위해 매일 일하는 위치에 있다. 그러나 이러한 통찰은 여성들도 공동체에서 사제직무를 행한다는 보완적 개념을 제시하려는 것이 아니라, 여성이 사제직에 부여하는 여러 다른 체험과 선물들이 필연적으로 사제직의 임무를 변화시킬 것이라고 제안한다. 아이삭 디너슨의 소설과 이를 영화화한 「바베트의 만찬」에서 바베트 요리장의 요리가 이를 제공한 공동체에게 성사가 되었던 것과 같이, 여성들의 활약은 거의 인식되어 오지 않았지만 전체교회사를 관통하는 성사적 직무를 **수행해 왔다**. 지금은 가톨릭의 성사성이 표현하는 공적인 것과 사적인 것을 더 긴밀하게 엮을 때이다.

## 결 론

이 장(章)에서 나는 여성과 관련되고 여성론적 성사신학을 세우게끔 한 로마 가톨릭 성사신학의 중요한 쟁점 몇 가지를 개괄해 보았다. 어떤 논점들은 교회 안의 여성과 성사생활을 끊임없이 성찰하는 가운데 비판받을 것이다.

　1. **육화의 의미**. 육화와 신학적 인간학과의 관계는 성사신학의 핵심이다. 하느님이 (정확히 남성이 아닌) **인간**의 몸을 취했다는 인식이 핵심이

다. 성역할은 역사와 사회 속에서 형성되었기에 교회 안에서 여성들에게 합당한 역할을 주어야 한다. 150여 년 전에야 여성이 그동안 온전한 인간으로서 다루어지지 않았음이 밝혀졌다. 남녀 간의 차이는 여전히 논쟁거리로 남아 있지만, 보완성이라는 전통적 개념은 더 이상 타당하지 않다. 차이점들은 흔히 남성의 시각에서 보아온 것이기에, 자신의 체험에 대한 여성의 자각은 최근에야 생겨나기 시작했다. 인간체험의 복합성과 다양성에 초점을 두는 탈현대는 보완성이라는 정형화된 범주 없이, 차이점을 말하는 힌 기지 방법을 제공하고 있다. 이 초점 역시 성역할뿐 아니라 인종과 계층의 전망에서 인간의 체험을 고려하도록 열려 있다.

2. 상징적 표현의 강한 영향력과 그 안에 내포된 성차별이 제대로 인식되지 않았기 때문에 앞으로 주의깊은 학제 간 연구가 필요하다. 문학적 비판, 심리분석적 비판, 사회적 비판은 소설에 나오는 인간체험의 소위 보편적 표현들 안에, 인간발달에 관한 심리적 분석들 안에, 그리고 사회단체들의 역동적인 활동들 안에 숨겨진 편견을 드러내 왔다. 신학자들은 이 분야의 동료들이 기여한 바에 특히 주목할 필요가 있는데, 이들이 핵심적인 신학적 문제에 요청되는 통찰의 빛을 던질 수 있기 때문이다. 성사신학은 상징 · 은유에 관한 연구들에 의존하고 인간 발달과정 안에 뿌리내리고 있기 때문에 특히 학제 간 연구를 통해 도움을 받을 수 있다.

3. 성사적 실천과 사회정의 간의 연관관계는 1960년대에 해방을 위한 운동들이 일어난 이후 다시 새롭게 중요한 문제로 수용되었다. 티샤 발리수리야는 "성체성사가 그 기원 및 해야 할 바를 충실히 다하는 한, 인간 삶과 긍정적으로 관계맺을 것이다"[35]라고 지적했나. 전통적인 언어로 표현하자면 성사들은 그것이 상징하는 바를 성취해야 한다. 사회적 실천과 교회론 사이의 분열은 "성사적 성차별"을 적절히 설명하기에는 더 이상 충분치 않은 「여성 교역 사제직 불허 선언」 안에 나와 있다. 성사신학이 계속해서

---

[35] Tissa Balisuriya, *The Eucharist and Human Liberation* (Maryknoll, NY: Orbis Books 1979) 86.

여성보다는 남성의 체험에 특권을 부여하는 한, 정의로운 성사의 실천은 불가능할 것이다.

여성과 성사들에 관한 대부분의 성찰은 아주 초기 단계에 있을 뿐이다. 상징적 의미가 지닌 깊이는 빠른 변화나 명령에 의한 변화를 가로막지만, 상상의 조직들이 뿌리깊다는 이해는 모든 변화를 막지는 않는다. 새로운 발전에 대한 개방성, 여성 체험에 대한 지속적인 성찰, 우리의 신학적이고 상징적인 유산에 관한 조심스런 음미는 교회라는 유기체 안에서 그리스도가 우리 가운데 사신다는 그리스도인의 믿음을 가지고 살아가는 우리의 생활방식에 변화를 가져올 것이다.

**더 읽으면 좋을 책**

Carolyn Walker BYNUM, *Holy Feast and Holy Fast: The Religious Significance of Food for Medieval Women*, Berkeley/Los Angeles: Univ. of California Press 1987. 성찬례를 둘러싸고 중세 여성들을 다스려 온 다른 영성이 어떻게 발전했는지 탐구하고, 그것이 여성들의 신앙생활을 통제하는 데 어떻게 사용되었는지를 밝혀준다.

Nancy CHODOROW, *The Reproduction of Mothering: Psychoanalysis and the Sociology of Gender*, Berkeley/Los Angeles: Univ. of California Press 1978. 여성론적 심리학과 철학에 관한 가장 영향력있는 저서 중 하나로, 여성을 자녀의 양육의 범주에 묶어두는 한 현대의 성차별주의적 사회체제는 영속될 것이라고 주장한다.

Christine M. GUDORF, "The Power to Create: Sacraments and Men's Need to Birth", *Horizons* 14 (1987) 296-309. 성사는 여성들이 일상생활에서 행하는 것 — 아기를 낳고, 먹을 것을 주고, 편안하게 돌보는 것 — 을 제도화하고 남성지배적으로 변형시킨 것의 표현이라고 주장한다.

Francis Schüssler FIORENZA and John GALVIN (eds.), *Systematic Theology: Roman Catholic Perspectives* , 2 vols. Minneapolis: Fortress Press 1991. 로마 가톨릭 신학에서 현재 다루는 "계급 문제"를 포괄적으로 개관한다. 한 장에는 성사들 일반과 개인 성사를 분리해서 논의한다. 피오렌자가 살핀 혼인성사는 특히 사회적 성역할 문제를 논의하는 데 도움을 준다.

Marjorie PROCTER-SMITH, *In Her Own Rite: Constructing Feminist Liturgical Tradition*, Nashville: Abingdon Press 1990. 전례에 관한 명쾌하고도 일관적인 여성론적 비판으로 설교, 하느님 언어 및 몸에 관한 설명을 새롭게 하는 데 초점을 맞춘다.

Karl RAHNER, *Theological Investigations*. Vol. 4, trans. Kevin Smyth, New York: Seabury Press 1974. 2차 바티칸 공의회의 성사신학에 커다란 영향을 미친 중

요 논문 네 편 수록.

Rosemary Radford RUETHER, *Women-Church: Theology and Practice of Feminist Liturgical Communities*, San Francisco: Harper & Row 1985. 현 교회론과 전례 관행을 비판하고 그 변화의 근거가 되는 원전. 여성들의 체험과 주기적인 의식을 위한 의례들을 제시.

Leonard SWIDLER and Arlene SWIDLER (eds.), *Women Priests: A Catholic Commentary on the Vatican Declaration*, New York: Paulist Press 1977. 교회가 끊임없이 여성의 사제수품을 금지한 성서적 · 역사적 · 윤리적 이유들을 공표한 「여성 교역 사제직 불허 선언」, 성서위원회 보고문, 로마 가톨릭 신학자들의 46가지 답변을 모음.

Barbara G. WALKER, *Women's Rituals: A Sourcebook*, San Francisco: Harper & Row 1990. 여성의 영성과 여신상을 사용한 데서 생긴 운동을 이해하는 유익한 자료. 여성들의 의례가 "어떻게 전개되는가"를 보여준다.

# 9

# 어성론과 그리스도교 윤리



*Lisa Sowle Cahill* 리사 캐힐

여성론의 윤리는 가톨릭의 미래를 위해 매우 중요하다. 가톨릭의 정체성을 형성해 온 수많은 윤리적 가르침들이 여성과 남성이 가지는 사회적 성역할의 기대치 및 임무와 직접 연관되기 때문이다. 생물학적 성sex과 사회적 성역할gender뿐만 아니라, 여성과 남성에게 주어질 수 있는 사회적 기회들을 다루는 이 윤리적 차원은 특히 근대 서구사회에서 여러 면으로 격렬하고도 급속한 변화를 겪어온 그리스도교 윤리의 문제들이다. 이러한 변화는 문화에 상응하는 변천을 반영한다. 즉, 여성들도 공적인 일들을 담당하고, 남성들은 가정사의 중요함을 깨닫게 되었으며, 그리스도교는 이러한 새로운 사회적 현실에 부합하고자 한다. 윤리라는 측면에서 여성신학은 가장 구체적이고 또 어쩌면 가장 도전적인 면모를 지닌다.

지난 30년간 가톨릭 교회의 윤리는 전반적으로 성서에 더 다가서고 역사적으로도 더 민감하면서 다소 융통성을 띠게 되었다. 이러한 변화는 토마스 아퀴나스가 체계화한 윤리의 토대인 자연법학설을 수정하면서 필연적으로 따라왔다. 가톨릭 윤리신학에서 한 가지 매우 중요한 변화는 전통신학에서 거의 인정하지 않았던 사회적·윤리적 관점들이 포함되고, 특히 경제적으로 소외된 사람들과 계층 및 여성들의 관점을 포함시킨 점이다. 이러한 포용적인 흐름은 특히 해방신학의 영향 아래, 윤리가 점차 세계화되어 가는 표시이기도 하다. 여성론적 윤리신학은 여성의 개인적·사회적 체험에 충분히 주의를 기울이지 않고서는 인간 본성을 제대로 이해할 수 없다고 주장한다. 여성론적 윤리신학은 그리스도교 여성들을 위하는 길들을 넓히고 다른 억압받는 사람들까지도 긍정적으로 포용하면서 논의들을 전개한다. 또한 성性이라는 소위 개인윤리에 속하는 주제늘이 남녀의 사회적 성역할처럼 개인의 결정과 행동에 직접적이고도 커다란 영향을 미치는 사회적 맥락 및 사회제도들과 분리해서 이해될 수 없다고 주장한다.

여성신학은 가장 직접적이고 확실한 방식으로 여성들의 관심사와 관점을 옹호한다. 윤리적으로 표현하자면 여성을 위한 정의라 하겠다. 여성을 위한 정의란 여성을 남성과 도덕적·사회적으로 동등하다고 생각하며, 공동선에 기여하는 사회적 역할에 동등하게 참여하도록 도와줄 뿐 아니라, 역할에 따르는 이익을 동등하게 분배하는 것을 뜻한다. 예를 들어, 미국 가톨릭 주교들은 최근 경제에 관한 사목교서[1]를 내면서 여성들의 실태에 많은 관심을 보였다. 이전의 가톨릭 사회교리에는 들어 있지 않았던 여성들의 사회적 · 경제적 소외와 그것이 여성들과 그 가족에 끼친 악영향들을 이 사목교서는 직접 다루고 있다. 이와 대조적으로 과거의 문헌들은 대개 "남성"의 권리와 의무에 대해서만 언급해 왔다.[2] 여성의 관점은 소위 개인윤리라는 전통 분야에서 더 중요하게 다루어진다. 가령, 낙태는 태아의 살 권리 대對 산모의 생명이나 개인 관심시의 문제로 단숨에 처리할 수 있다고 보았다. 그러나 이제는 여성들의 상황이 낙태 문제의 복합성으로 인해 이 상한 구조에 말려들고 말았다는 인식이 더 강하다. 교황 요한 바오로 2세는 아기의 아버지에게 버림받아 낙태할 수밖에 없는 미혼모를 동정하는 글을 썼다.[3] 여기서 눈여겨볼 것은, 여성들 스스로가 낙태에 관한 윤리적 논의를 하는 데 꼭 필요한 인물로 부각된다는 점이다.[4]

더욱이 여성론은 윤리신학의 문제점과 방법론을 제시함으로써 더 근본적인 차원에서 윤리신학에 영향을 주었다. 이 점에서 여성론의 영향력은 특별하다. 달리 말하면 여성론적 사고의 두드러진 공헌은 흔히 윤리신학의 한 분야로 이해되어 온 여성신학의 윤리, 특히 해방신학의 윤리와 윤리학적 접근들을 관련짓고, 다른 윤리학적 접근들을 반영한다는 것이다.

---

[1] "Economic Justice for All: Catholic Social Teaching and the U.S. Economy", *Origins* 16, no.24 (1986) 409-55.

[2] 『새로운 사태』(1891) 이래 지속된 교황의 사회적 가르침이 가장 중요한 사례이다. 교황 레오 13세는 경제적 정의를 이루기 위해서는 "누구나 자신의 몫으로 할당된 일을 해야 하며", "자본가와 고용주는 자신의 의무를 기억해야 하고", "모든 사람들은 진정한 그리스도교로 돌아서는 것이 가장 우선적으로 필요한 일임을 깨달아야 한다"고 말한다.

[3] "*Mulieris Dignitatem*: On the Dignity and Vocation of Women", *Origins* 18, no.17 (1988) 261, 263-83.

[4] Patricia Beattie Jung and Thomas A. Shannon (eds.), *Abortion and Catholicism: The American Debate* (New York: Crossroad 1988).

여성론이 윤리신학에 근본적으로 기여한 점들은 세 가지 범주로 나눌 수 있다. (1) 윤리의 기초인 자연법을 수정하고, (2) 비교문화적 관점을 포함하여, 윤리의 사회·역사적 맥락을 강조하며, (3) 윤리의 원천인 성서를 새롭게 해석한 것이다. 여성해방을 강조하는 여성론의 특별한 공헌과 윤리학 방법론을 위한 이 세 가지 근본적이고도 상호 연관된 공헌을 이제 차례로 살펴볼 것이다. 그리고 나서 생물학적 성과 사회적 성역할, 전쟁과 평화라는 두 가지 분야를 윤리에 적용시켜 논의함으로써 여성론이 실천적인 측면에서 그리스도교 윤리에 기여한 점들을 살펴보겠다.

## 여성신학과 기초윤리

앤 패트릭은 여성론을 다음과 같이 정의한다. "(1) 여성주의는 여성과 남성의 동등성에 대한 확고한 신념이며, (2) 여성의 동등성을 온전히 존중하고자 사회개혁을 위해 투신하여 종교계를 비롯하여 불의한 현 사회질서를 합법화해 온 사고체계까지도 개혁하라고 요구한다."[5] 여성신학은 이론적일 뿐 아니라 언제나 실천적이다. 이론과 실제 — 마르크스 사상의 용어로는 **실천** — 의 통합적인 관계는 정치신학과 해방신학의 전제이다. 정치신학과 해방신학은 억압의 상황을 체험하면서 생겨났고, 그 주요 목적은 불의한 사회 구조와 제도를 해체 구축하는 것이다. 그러므로 해방신학은 동시에 윤리학이라고 정의된다.

여성신학은 사회적 기회와 권력으로부터 배제되어 온 여성들의 경험에서 출발했기에 사회변혁을 목표로 삼는다. 다양한 여성론의 입장이 지닌 해방적인 특징은 여성을 억압받는 집단과 동일시할 뿐만 아니라, 여성들이 중요하게 내세우는 주장을 사회적 중대사로 제시하고자 노력하는 점이다. 여

---

<sup>5</sup> Anne E. Patrick, "Authority, Women, and Church: Reconsidering the Relationship", in: Patrick Howell and Gary Chamberlain (eds.), *Empowering Authority* (Kansas City: Sheed and Ward 1990).

성신학은 여성의 구체적 현실에서 출발하며 주로 남성지배적 가부장제에 매여 있는 전통적인 여성관을 비판하기 위해 여성의 현실을 드러낸다. 마가렛 팔리가 주장하는 것처럼, "여성론적 윤리학은 전통적으로 주입되어 온 여성의 정체성 및 기능에 대한 해석들과 자신의 고유한 체험과 삶 사이의 불일치에 관하여 여성이 스스로 깨달아 가는 과정을 근원에까지 추적해 간다". 그 자체로 그것은 "명백하게 불리한 입장에 처해 있는 여성들의 경험에 초점을 맞출 수 있다는 이점"을 지닌다.[6] 여성론적 관점에서 윤리적 검증은, 여성들의 실제 삶에 미치는 윤리적 입장, 윤리적 결정 혹은 정책에 미치는 영향력에 있다. 여성론적 윤리의 이상理想은 여성과 남성이 인간으로서 동등한가를 성찰함으로써, 더 긴밀한 협력관계를 맺을 수 있도록 개인과 사회를 변화시키는 일이다.

## 윤리학의 근본인 자연법: 여성론적 수정

여성론자들은 여성의 온전한 인간성을 주장하고 이를 윤리적 표준으로 인정하라고 요구한다. 팔리는 여성론의 "가장 근본적인" 원칙이 "여성들은 온전한 인간이고 또 온전한 인간으로서 존엄성을 지닌다는 것"[7]이라고 주장한다. 이 주장은 류터의 윤리학에서도 근간을 이룬다. "여성신학의 비판적 기준은 여성의 온전한 인간성을 고양시키는 것이다. 그러므로 여성의 온전한 인간성을 부인·축소·왜곡시키는 것은 무엇이나 구원적이지 않다."[8] 가톨릭의 탁월한 두 신학자가 제안한 이 표준은 자연법 전통과 만나는 중요한 지점이요 자연법 전통을 쇄신하기 위한 원천을 제시한다.

---

[6] Margaret A. Farley, "feminist ethics", in: *Westminster Dictionary of Christian Ethics*.

[7] Margaret A. Farley, "Feminist Consciousness and the Interpretation of Scripture", in: Letty M. Russell (ed.), *Feminist Interpretation of the Bible* (Philadelphia: Westminster Press 1985) 44.

[8] Rosemary Radford Ruether, *Sexism and God-Talk: Toward a Feminist Theology* (Boston: Beacon Press 1983) 18.

　로마 가톨릭 교회의 전통적인 윤리가 지닌 가장 두드러진 특징은 토마스 아퀴나스의 자연법 윤리에 그 기초를 두고 있다는 점이다. 13세기에 아퀴나스는 창조와 구원 사이에 윤리를 자리매김하고자 아우구스티누스의 신학과 아리스토텔레스의 철학을 결합시켰으며, 특정한 윤리적 가치와 행위들을 식별하는 데 있어서 이성과 인간 경험에 큰 비중을 두었다. 완성을 향한 인간의 천부적 성향이라고 아퀴나스가 정의를 내린 자연법은, 하느님이 피조물 안에 넣어준 것이며 이성을 통하여 알 수 있는 것이라고 했다. 경험 자체를 성찰함으로써 어떤 개인적·정치적 삶이 인간을 가장 완성시킬 수 있는지를 이해할 수 있고, 이보다는 불확실하지만 인간의 행동에서 일반화시킬 수 있는 보편적 윤리가치를 구체적으로 가장 완전하게 이행하는 특정한 행위들이 어떤 것인지도 알 수 있다고 주장했다. 예를 들면, 모든 인간은 자신의 생명을 보호하고 자손을 낳아 교육하며, 사회에서 다른 사람들과 함께 살아가고 하느님에 관한 진리를 알려고 한다.[9] 이러한 일반 원칙이 사회생활에서 특별히 쟁점이 되는 것과 관련될 때, 정당방위, 전쟁, 사형이나 일부일처제, 피임, 낙태와 같은 문제들에 관한 윤리적 규범이 생겨난다. 그러한 규범의 정확한 형태와 그 적용은 문화와 상황에 따라 다양하지만, 아퀴나스의 자연법 윤리는 문화를 초월하고 개인과 사회를 통합시켜서 윤리적 대화를 나눌 수 있는 공동체 건설의 바탕을 제공한다. 이러한 의미에서, 자연법적 윤리는 객관적인 윤리이다.

　아퀴나스는 일반적 원칙들로부터 나온 특수한 결론들의 절대성을 제시할 때에 귀납적이고 융통성있는 방식으로 자연법에 접근했다. 그러나 신新스콜라 철학의 계승자들은 명확한 개념과 절대적 규범을 이상으로 삼는 데가르트와 칸트 철학의 영향을 받아들여 자연법적 윤리를 경직되고 탈역사적인 제도로 변질시켰다. 그리하여 경험을 반영하기보다는 경험을 통제하거나 단죄하게 되었다. 성윤리와 생명윤리에 관한 처리가 이 사실을 예증한다.

---

[9] Thomas Aquinas, *Summa Theologiae*, I-II, q.94, a.2.

윤리적 성찰은 그 권위를 출산의 우위성이나 무죄한 모든 인간 생명의 불가침과 같은 절대적 원칙들에 두려는 경향이 있다. 그러고 나서 그 원칙으로부터 (피임과 낙태는 비도덕적이라는 식의) 구체적인 결론을 이끌어내려고 하고, 그 결론에 동일한 절대성을 부여했다. 윤리학자들은 어떤 관점이 다른 관점들보다 우선시될 수 있는 역사적 배경, 사회적이고 윤리적 문제를 다루어야 하기 때문에 표면적으로는 보편가치들을 왜곡시킬 수 있는 역사적 배경 속에서 첫째 원칙의 공식화가 야기된다는 사실에 주목해 왔다.[10] 그러나 아퀴나스와 최근 해석자들은 객관성이 역사적이고 귀납적인 방식에 따라 도달하는 것이므로 언제나 편파적이라고 인식한다. 자연법적 접근은 인간의 진리가 공유된다는 이상을 지지하면서도 경험윤리의 바탕을 이룬다는 점에서, 그리고 인간을 위하시는 하느님의 뜻은 인간의 삶 속에서 하느님을 발견해 가는 지속적인 과정인 창조 안에서 드러난다는 확신을 분명히 한다는 점에서 오늘날에도 계속 가치를 지닌다.

윤리적 규범이나 평가를 가지고 "온전한 인간성"을 말하는 여성론자들은 다음과 같은 몇 가지 사실로 자연법적 전통에 기대를 건다. 즉, 윤리를 객관적인 것으로 보고 인간의 삶 자체를 성찰함으로써 기본적이고 공유되는 인간 특성에 대한 이해를 쌓아 가며, 인간 특성의 실현이 도덕적 가치에 힘입어 이루어진다고 보는 점에서 자연법적 전통을 따르는 것이다.

또한 여성론자들은 남녀 간의 생물학적 차이와 역사적으로 이를 분리시켜 온 지나친 성역할에도 불구하고 남녀가 하나의 인간성을 공유한다고 주장한다. 남녀 모두 인간 본성을 공유하기에 윤리적 대우에 있어서도 동일해야 한다는 것이다. 여성과 남성의 미덕과 악덕에도, 그들이 행하는 기본적인 사회적 기여·의무·주장들에 공평하게 대처해야 하는 것처럼, 공평하게 대처해야 한다. 대다수 여성론자들은 "두 가지 본성"을 주장하는 이

---

[10] John T. Noonan은 이 주제를 제안하고 강력하게 옹호한다: *Contraception: A History of Its Treatment by the Catholic Theologians and Canonists*, enl. ed. (Cambridge: Harvard Univ. Press 1986).

론을 거부한다. 그 이론은 남성과 여성을 분리시켜서 한 성의 지배와 다른 성의 복종을 고착시키는 결과를 가져오기 때문이다. 반대로 그들은 불평등을 지속시키는 불의한 사회구조들에 도전하고, 이를 변화시키기 위한 인간의 목적·목표·가치들을 합의해 낼 수 있을 것이라고 확신한다.

많은 가톨릭 여성론자들의 관심사는 자연법적 접근방식에 동의하지만 몇 가지 새로운 강조점도 도입한다. 여성론자들에 의하면, 신스콜라적 윤리를 지배한 가부장적 덕의 모델은 감정·관계·대화보다는 합리성·절제·확실성을 강조한다. 그것은 상호 의존성과 공동체를 희생시키는 대신 개인에게 초점을 맞추었다. 오늘날 소수 여성론자들이 여성들은 **본래** 애정 관계를 맺는 성향이 있고 남성들은 합리적인 개인주의적 성향이 있다고 주장하려고 하지만, 이처럼 다른 특성은 **역사적으로** 사회가 남녀에게 장려해 온 것이고, 여성의 관점이 인간의 도덕적 자질에 관한 더 완전한 시각을 윤리학에 도입시킬 수 있다는 것을 인정한다. 그리스도교 여성론자들에게 덕은 이성적인 자아의 완전무결함과 순수함에만 있지 않다. 모두가 더불어 완성에 기여할 수 있는 공동체, 정의의 바탕 위에 안정되고 사랑 안에서 완성과 변혁을 향해 마음을 드높이는 공동체를 건설하고자 상호 관계에 관심을 기울이는 덕을 여성론자들은 요청한다.

여성론자들은 남녀가 감정적·인지적·윤리적 특성상 두 본성을 지닌다는 이론을 부인하는 동시에, 정의와 사랑이 여성에게는 본질적으로 다른 의미를 가진다는 견해도 거부한다. 류터는 "참된 여성성 예찬"이 19세기 서구 산업화의 산물이며, 여성을 이상화하여 가정의 울타리 안에 가두어 놓는 이데올로기가 되었다고 지적한다. 여성은 남성보다 더 종교적이고 영적이며 도덕적인 존재로 여겨져 남편과 자식을 위하여 자신을 희생하는 것이 여성의 운명이 되었다.[11] 여성과 남성의 영역을 이렇게 분리하여 여성의

---

[11] Rosemary Radford Ruether, "Home and Work: Women's Roles and the Transformation of Values", in: Walter J. Burghardt (ed.), *Woman: New Dimensions* (New York: Paulist Press, 1977) 71-83.

재능을 가정에 예속시키는 것은 남녀에게 똑같이 적용되었던 자기희생이라
는 그리스도교적 사랑의 특별한 이상으로 강화되었다. 발레리 세이빙은 그
녀의 대표적인 글에서 자기주장을 죄로, 자기희생을 미덕으로 여긴 그리스
도교의 주된 정의가 역사상 여성보다 남성들의 상황에 더 해당되었으며,
여성은 다른 유혹들에 직면하므로 그 유혹들을 거슬러 다른 덕을 닦아야
할 필요가 있다고 지적했다. 이상적으로 모든 그리스도인은 희생적이고 자
기초월적인 사랑을 체험해야 한다. 동시에 어머니와 아내로서의 희생에 대
한 예찬은 여성의 의지력을 기르게 하기보다는 오히려 자신을 부정하는 죄
를 기르게 한다. 세이빙이 지적한 것처럼 "여성은 자신을 너무 많이 내주
어 자기 것은 하나도 남지 않는다. 그녀는 거의 무無가 되어 자신과, 동반
자 남성과, 하느님에게까지도 무가치한 빈껍데기로만 남는다".[12]

그리스도교 윤리학자들은 오늘날 사랑의 순수한 상호 인격적이고 관계적
인 차원을 가능하게 하고 완성시키는 상호성을 새롭게 강조하는 한편, 자
기를 주는 사랑의 측면을 간직한 채 사랑을 정의내리려고 한다.[13] 사랑의
개념을 이렇게 재정립하는 것은 윤리신학에 큰 영향을 미쳐 왔다. 예를 들
어, 요한 바오로 2세는 피임에 대한 전통적인 금지를 옹호하기 위해서이긴
해도, 여성 고유의 역할이 가정 안에 있다고 주장하지 않고 "남편과 아내
의 전적인 상호 내줌"에 있음을 강조했다.[14] 요한 바오로 2세가 여성이 가
정 밖에서 하는 역할 때문에 약화되어서는 안 된다는 "참된 여성성"[15]에 관
해 언급할 때면 본인이 시인한 상호적인 부부 사랑이 불명확해지지만, 교

---

[12] Valerie Saiving, "The Human Situation: A Feminine View", *Journal of Religion* 40 (1960)
108.

[13] 여성론적 문학의 신학적 기초는 마가렛 팔리가 제시한 이 윤리적 변천을 따르고 있다.
팔리는 가부장적 관계방식에서 평등한 관계방식으로 바뀌는 것을 지적하며, 삼위일체적 상
징주의와 일치시켜서 재해석한다. Margaret A. Farley, "New Patterns of Relationship: Begin-
nings of a Moral Revolution", in: Burghardt (ed.), *Women: New Dimensions*, 64-7.

[14] John Paul II, "On the Family", Apostolic Exhortation, Dec. 15, 1981 (Washington, DC:
United States Catholic Conference 1982) no.32.

[15] John Paul II, "On the Family", no.23.

황은 윤리신학의 주요 미덕 중 한 가지 전제에 있어서 괄목할 만한 변화를 예시해 주었다. 이러한 변화는 크리스틴 구도르프와 같은 저자에 의해서 유지되고 있다. 구도르프는 그리스도교의 사랑은 무관심이 아니라 연대임을 주장하기 위한 출발점으로 어버이로서의 자신의 체험을 내세운다. 모든 사랑은 희생뿐만 아니라 상호성과 사랑의 관계를 넓히고 함께 나누려는 목표를 가진다고 그녀는 말한다.[16]

오늘날 그리스도교 윤리는 서로 공유하며 보편적이기도 한 인간적 가치들이 윤리를 위한 합리적이고 객관적인 바탕을 제공할 수 있는지를 새롭게 고찰하고 있다. 이 문제는 다음에 명확히 살펴보겠지만, 문화와 역사적 다원주의에 대한 의식이 고조됨에 따라 더욱 시급하게 제기된다. 여성주의 이론들은 그동안 사람들이 당연시해 온 주장들이 실은 부분적이고 제한된 경험들에 바탕하고 있음을 밝혀낸다. 인간의 경험에 윤리적 통찰을 가함으로써 객관적 윤리가 성립되는 바, 자연법 이론가들은 이러한 점을 완전히 무시하지 않는다. 그렇다 하더라도 일반 윤리나 그리스도교 윤리를 제시할 때 사람들의 비판적 점검과 수정을 충분히 거쳐야 한다. 예를 들어 여성론자들은 윤리신학에서 여성에게 부여한 특정한 미덕 전통, 특히 아내와 어머니로서의 자기희생에 대해 재검토했다. 그러한 자기희생이 사실은 여성들이 온전한 인간성을 지니지 못하는 방향으로 가 버렸다. 자연법적 윤리 자체가 문제되는 것이 아니라, 자연법적 윤리가 바탕하고 있는 경험과 관심사만을 절대적인 것이라고 주장하는 거짓보편주의가 문제인 것이다. 여성론과 다른 사회운동들은 이러한 편협성을 비판하는데, 덕분에 윤리신학의 방법론은 귀납적이고 대화적인 방식으로 바뀌게 되었다. 자연법적 방법론이 수정됨으로써 윤리신학은 인간을 위한 선익에 바탕을 두고, 자유, 상호간의 사랑·정의·공동선을 위한 연대와 같은 주제들을 내세운다. 따라

---

[16] Christine E. Gudorf, "Parenting, Mutual Love, and Sacrifice", in: Barbara Hilkert Andolsen, Christine E. Gudorf and Mary D. Pellauer (eds.), *Women's Consciousness, Women's Conscience: A Reader in Feminist Ethics* (Minneapolis: Winston Press 1985) 175-91.

서 그 자연법적 윤리는 이러한 선익의 구체적인 요구들에 비추어 현 상태
를 끊임없이 재검토할 것이고, 특히 인간의 근본적인 선익에 관한 다양한
해석들을 놓고 대화할 것이다.[17]

## 사회적 맥락과 윤리학의 내용

모든 윤리는 사회적 윤리이다. 우리가 지금까지 한 자연법에 관한 토론은
모든 윤리가 사회 안에 위치하고 있음을 명백하게 보여준다. 더구나 소위
개인의 윤리적 결정, 윤리적 관계조차도 사회적 측면을 지닌다. 여성론자
들의 구호 중에 "개인적인 것은 정치적인 것이다"라는 말이 있다. 윤리적
동인動因이나 윤리적 주체에 대한 관심은 그 주체가 처한 사회적 맥락에 대
한 이해를 수반해야 한다. 20세기 중반부터 가톨릭 신학은 임마누엘 칸트
의 영향을 받아 "주체로 돌아가기"의 특성을 띠게 되었고, 이는 칼 라너의
저서에 잘 드러나 있다. 라너의 사상을 보면, 개인은 하느님과의 관계에서
자유로운 주체로서 신학적 인간학의 준거점이며 도덕성, 특히 하느님을 사
랑하기 위해 끊임없이 부름받는 개인의 응답으로서 이웃사랑을 그려낸다.
그러나 최근의 윤리학은 개인의 사회적 본성에 대해 많은 관심을 기울이고
자유롭게 행위하는 주체를 강조한다. 사회구조와 그 가능성은 경제 분야든
성의 측면이든, 정당한 전쟁이든 의학적 치료의 중단이든, 사람과 그들의
모든 윤리적 결정에 영향을 준다.

　여성론은 가부장제에 비추어 성적 행위와 가정의 관례들을 비판적으로
평가하고 그 관례들이 파생시킨 경제적·정치적 결과를 보여주면서 모든
윤리의 사회적 측면을 강조한다. 이리하여 여성론은 그리스도교 윤리 안에
서 개인적 결정을 그 개인의 사회적 위치 및 결정 행위의 사회적 반향과
통합시키는 총체적 변화를 도와준다. 그리스도교 윤리에서 공동선, 상호

---

[17] Thomas L. Schubeck, "The Reconstruction of Natural Law Reasoning: Liberation Theology as a Case Study", *Journal of Religious Ethics* 20 (1992) 149-78.

의존, 사회성은 모두 자유로운 개인주의적 성향을 억제하는 데 사용되곤 했다. 가톨릭 여성론자들의 글에서 공공의 것과 사회적인 것에 대한 이러한 강조는 개인의 권리라는 측면보다는 공동선의 견지에서 사회적 문제를 보는 토마스의 전통과 꼭 들어맞는다. 인간은 "자율적이고 자유로운 존재일 뿐만 아니라 근본적으로 관계적인 존재이다".[18]

그리스도교 윤리 방법론에 관한 글에서 오코너는 사회성에 관한 주제들을 수정된 자연법적 인식론에 관한 주제들과 함께 이끌어낸다. 윤리가 의식적으로 경험된 것이라는 사실은, 이성 말고도 더 통찰할 자료들이 있으며 경험과 윤리적 통찰이 이어져 있다는 것을 인정해야 함을 의미한다. 오코너는 현대의 종교윤리학이 애정과 감정같이 측정할 수 없는 윤리적 통찰에 주목한다고 지적한다. 현대 윤리학은 우리가 현실을 보는 무수한 관점들이 성찰하기도 전에 형성되기에, 그것들이 제시하는 사회적 근거들과 그 의미를 비판적으로 검토해야 한다고 주장한다. "여성들을 대하는 태도를 상세한 부분까지 검토하여 사회를 비판하는 여성론은 개인의 행동과 사회 정책들을 꼴지어 나간다."[19] 또한 여성론적 사상은 (수도회든지 아니든지) "신앙공동체"가 삶의 가치와 전망을 세우고 윤리를 모색할 때 "타문화를 넘나드는 의식"이 요구된다는 것을 보여준다.[20]

윤리의 사회적 차원을 충분히 인정했을 때는 추상적인 절대화가 이루어지기보다 그 사회적 여건 및 영향과 연관된 윤리규범을 보게 된다. 가톨릭 사회교리와 사회윤리는 윤리의 일반 원칙들이 특정한 사회·정치적 상황에 따라 다르게 적용되어야 함을 이미 오래 전부터 인정해 왔다. 정치조직, 경제 혹은 전쟁과 평화에 관한 저술들을 보면, 규범적인 윤리는 특정한 절대적 제도보다는 일반적인 기본 틀을 제공하고 있다. 예를 들어, 노동자의

---

<sup>18</sup> Farley, "Feminist Consciousness", 45; Elizabeth Fox-Genovese, *Feminism Without Illusions: A Critique of Individualism* (Chapel Hill: Univ. of North Carolina Press 1991) 참조..

<sup>19</sup> June O'Connor, "On Doing Religious Ethics", in: Andolsen, et al. (eds.), *Women's Consciousness*, 265.

<sup>20</sup> O'Connor, "On Doing Religious Ethics", 276.

최저임금 액수를 정확하게 제시하지 않거나, 그 임금의 보장이 고용주에게
달려 있는지 정부에게 달려 있는지 제대로 밝히지 않거나, 혹은 한 사람
이상의 봉급자가 있는 가정은 어떻게 처리해야 할지 말하지 않으면서, 노
동자들이 생존에 필요한 기본 생계비를 받을 권리가 있다고 주장하는 경우
이다. 이와 비슷하게 정당한 전쟁이론은 구체적인 정책·행위·결정들이
정해진 기준에 맞는지 아닌지를 명확하게 밝히려 하지 않고 (예를 들어 공
동선, 최후 피난처, 올바른 지향, 국가 간 힘의 균형, 시민의 면책성을 방
어하고자) 무기 전쟁을 합법화시키는 몇 가지 기준을 명문화한다. 그러나
특히 성이나 도덕성 같은 개인영역에 관하여 가톨릭 윤리는 절대적 규범이
라는 기본원리를 특정한 육체적 행위들에 적용시킨다. 이렇게 일관성없는
접근은 윤리신학자들[21]에게 널리 알려져 있으며, 성윤리는 그것이 제안된
상황에 따라 더 차이가 난다.

같은 문제를 다른 각도에서 볼 수 있는 시각은 개인윤리 행위를 강조하
는 규범주의를 대신하여 "덕"윤리가 부흥함으로써 생겨났다. 금세기 초반
신학교 교육의 주요 과목인 윤리신학의 지침은 결정하는 일을 윤리생활의
전체적 틀로부터 분리시켜 놓았다. 그러나 덕윤리는 개인의 결정과 행동으
로 표현되는 윤리적 특성이 연속된 것이라고 강조한다. 여성론적 관점은
행위자 자신의 올바름뿐만 아니라 관계의 측면에서 이해되는 덕의 수양을
권장한다. 윤리적 행위들은 다른 사람과 함께 사는 공동체 안에서 실현된
윤리생활 전체의 특성 안에 그 의미를 드러내고, 개인적·사회적·종교적
가치들을 기르는 데서 발견된다.

요약하면, 오늘날 가톨릭 윤리는 적어도 두 가지 차원에서 사회적으로
중요하다. 첫째, 가톨릭 윤리는 윤리적 사고방식이 언제나 사회적·역사적
맥락 안에서 일어난다는 사실을 인정한다. 이 맥락이 개인의 윤리적 관점,

---

[21] 미국 신학자 가운데 특히 Richard A. McCormick, *The Critical Calling: Reflections on Moral Dilemmas Since Vatican II* (Washington, DC: Georgetown Univ. Press 1989) 참조; Charles E. Curran, *Transition and Tradition in Moral Theology* (Notre Dame: Univ. of Notre Dame Press 1979) 및 *Tensions in Moral Theology* (Notre Dame: Univ. of Notre Dame Press 1988).

통찰, 해결을 틀 짓는다. 윤리적 원칙, 규범 및 결정은 그 사회와 역사가 요구하는 바에 더 잘 응답하고 다른 사회사적인 맥락에서 이루어진 체험과 사상이 연관됨을 밝힐 때 확인되고 재정의된다. 둘째, 오늘날 가톨릭 윤리는 순수한 개인윤리나 대인관계윤리 대신 사회적 차원의 윤리를 논한다. 모든 윤리는 사회적이다. 윤리는 사회적 맥락에서 발생될 뿐만 아니라, 개인의 선택과 관계가 항상 사회적 관례, 제도, 공동선과 영향을 주고받기 때문이다. 개인윤리와 사회윤리를 분리시켜 온 과거의 이원론은 잘못된 것이다. 개인생활과 사회생활에 모두 규범이 필요하고, 그 규범을 상황과 맥락에 따라 민감하게 달리 적용시킬 필요가 있을 뿐 아니라, 전체적인 덕행생활에 구체적으로 적용시켜야 함을 인정하는 일관된 윤리적 방법론이 가톨릭 윤리에 여전히 요청되고 있다.[22]

## 성서와 여성론적 윤리

성서 속의 여성상과 역할에 수정적 · 인습타파적 · 혁신적으로 접근하는 것이 그리스도교 여성론의 주요 관점이다.[23] 여성론적 성서해석도 여성신학처럼 그 영감과 목적이 본질적으로 정치적이며, 따라서 윤리적이기도 하다. 여성론적 윤리는 성서 안에서 새롭게 부각된 관심사를 성찰하며, 이는 2차 바티칸 공의회 이래 가톨릭 윤리신학 안에서 점진적으로 진행되었다.

　가톨릭 윤리는 근본적으로 자연법적 윤리이기 때문에, 성서적 원천을 포함시킴으로써 두 가지 특별한 도전을 받아 왔다. 첫째, 제자직에 관한 예수의 가르침은 합리적이고 객관적인 윤리적 사고에서 나온 명명백백한 결

---

[22] Jean Porter, *The Recovery of Virtue: The Relevance of Aquinas for Christian Ethics* (Louisville, KY: Westminster/John Knox Press 1990).

[23] 가톨릭 여성이 쓴 가장 중요한 두 저서: Elisabeth Schüssler Fiorenza, *In Memory of Her: A Feminist Theological Reconstruction of Christian Origins* (New York: Crossroad 1983); Sandra M. Schneiders, *The Revelatory Text: Interpreting the New Testament as Sacred Scripture* (New York: Harper San Francisco 1991).

론과는 정면으로 위배된다. 원수까지도 사랑하라는 이웃사랑에 대한 예수의 계명이며, 비폭력에 대한 예수의 가르침은 너무나 분명하다(산상설교: 마태 5-7장 참조). 예수는 청중에게 비록 자신을 따름으로써 거부나 박해를 받을지라도 하느님 나라의 새로운 생활방식을 따르라고 명했다. 신약성서의 윤리적 내용들은 개인의 인권, 자기방어, 혹은 동등한 존경이나 대우라는 통상적 의미의 정의에 바탕을 둔 윤리와는 다른 방향을 제시한다.

이와 관련된 둘째 도전은, 성서가 중립적이지 않고 편을 들고 있다는 사실이다. 예수는 철저하게 죄인·가난한 사람·부랑자·여성 등 소외된 사람들이 새로운 자리를 차지한다고 선포하고, 하느님의 눈에는 더 어여쁘기까지 한 이들을 포용하는 공동체를 세운다. 더욱이 성서는 객관적이고 보편적인 자연법적 전통윤리에 문제를 제기한다. 이로써 성서는 초대 그리스도교 공동체들이 상호성과 용서, 사랑의 포용적인 공동체를 건설함으로써 그 당시 지배적인 역학 관계를 어떻게 약화시키는지를 보여준다. 이것은 초대 그리스도인들이 그들의 삶 속에서 하느님 나라를 완벽히 체현했다는 말은 아니다. 그러나 많은 학자들은 성서 본문의 배경을 살펴보고 이 본문을 통해 초대교회와 주위 문화의 관계를 판독하기 위하여 사회학과 사회사를 응용한다. 그 결과 초대 그리스도교 공동체들은 부자들이 가난한 사람을 지배하고, 혁명적인 운동으로 인해 갈가리 찢겨졌으며, 종교 단체와 인종 집단들 사이에는 증오가 난무하고, 악행을 시정하려는 피의 복수로 얽히고설킨 그러한 사회에 비판적인 대안을 제시함으로써, 비폭력과 재화의 공유를 실천했다[24]고 볼 수 있다.

가톨릭 윤리는 이러한 도전을 받아들이는 과정중에 있으며 아직 다 소화해내지 못한 상태에 있다. 가톨릭 윤리신학자들은 자연법이 보장하는 공동체 윤리와 예수의 가르침의 독특한 영감을 동시에 보존하려고 한다. 그러므로 종교적 투신은 윤리적 규범을 이행하기 위한 유일한 동기를 제공하지

---

[24] 더 완벽한 참고 자료: Lisa Sowle Cahill, "The New Testament and Ethics: Communities of Social Change", *Interpretation* 44 (1990): 383-95 참조.

만, "인간"의 윤리와 "그리스도인"의 윤리는 본질적으로 같다고 그들은 주장한다. 그리스도인은 하느님의 구원적 사랑의 초월적 전망을 거스르는 윤리적 상황에 처한다 해도, 윤리적으로 엄격하고 신중한 무신론자와 별다른 행동을 취하지 않을 것이다.[25]

해방신학은 "가난한 이들에 대한 우선적 선택"이라는 주제를 통하여 성서적 도전에 다소 다르게 응답해 왔다. 가난에 허덕이는 이들에 대한 이 우선적이고 특별한 관심은 여성신학에서 확실히 강화되었다. 이 우선적 선택은 특별히 경제윤리 — 가령 미국 주교들의 사목교서 「모든 이를 위한 경제정의」 — 에서 나타났고, 가난하고 억압받는 이들 중에서도 제일 먼저 여자와 아이들에게 적용되곤 했다. 미국 주교들이 말했듯이, 가난한 여자와 아이들이 남자들보다 훨씬 더 많기 때문에, 소외된 이들에 대한 예수의 선호는 특별히 그들에게 미쳤던 것이다.

요약하면, 성서는 2차 바티칸 공의회 이후 가톨릭 윤리쇄신에 중요한 역할을 했다. 성서의 윤리는 추상적인 윤리규범을 지키는 것보다는 회개 및 모든 윤리적 행위의 초월적 의미와 목적, 그리고 도움이 필요한 이들에게 사랑으로 응답하는 것을 더 강조한다. 또한 신약성서는 자연법의 몇 가지 주요 원칙들에 이의를 제기하고, 복음을 철저히 따르는 자비와 사랑의 공동체를 제안한다. 가톨릭 사상에서 해결되지 않은 문제는, 하느님 나라를 선포하는 신약성서에 온전히 충실하면서 동시에 윤리적 보편성과 객관성을 견지하는 전통적 자연법에 어떻게 통합하는가이다.

## 그리스도교 여성론과 응용윤리

우리는 여성론적 윤리가 여성을 옹호하는 입장을 취하고 자연법적 윤리의 경험적 기초 위에 세워지며, 인간관계의 사회성을 강조하고, 윤리적 가치로

---

[25] Josef Fuchs, *Personal Responsibility and Christian Morality* (Washington, DC: Georgetown Univ. Press 1983) 특히 6장 "Autonomous Morality and Morality of Faith".

서 연민과 연대를 강화하기 위해 성서로 눈 돌리는 것을 보았다. 이제 생물학적 성과 사회적 성역할이라는 문제를 놓고, 여성론적 윤리가 성윤리에는 어떻게 기여했으며, 전쟁 문제에는 어떤 영향을 미쳤는지 살펴보자.

## 성과 성역할

생물학적 성sex과 사회적 성역할gender이라는 범주는 여성론적 사고가 미친 윤리적 영향력 중 가장 두드러진 것이다. 여기서 가장 중요한 것은 "경험에 눈을 돌리는 것", 특히 여성들의 경험에 눈을 돌리는 일이다. 1960년대까지 가톨릭 윤리는 출산을 성의 첫째 목적으로 규정했고, 여성의 주된 역할을 모성과 연관시켜서 이해하길 고집했다. 이러한 가르침의 근거는 성의 "본질"이 출산이라는 육체적 기능에 있고, 기쁨을 주며 친교와 사랑을 증가시키는 성의 잠재력은 부차적인 것이라고 이해했던 데 있다. 성윤리의 핵심으로 성의 출산적 중요성을 따로 떼어 내는 것은 다양한 역사적 요인의 영향 아래서 진행되었다. 그중 가장 중요한 요인은 육체의 선성善性을 부인하고 성관계와 출산을 억제했던 고대 · 중세 철학적 · 종교적 이원론자들의 공격으로부터 성과 출산을 방어해야 할 그리스도교의 필요성 때문이었다. 물론 신학자들도 가부장제적 친족관계 및 여기서 전승된 양식과 관련시켜서 혼인과 출산과 여성에게 가치를 매기는 문화적 틀 안에서 연구했다. 이 부수적 요인들은 성체험의 특정 부분을 추상적인 성의 "본질"로 절대화시켜서 성윤리를 마무리짓자 흐지부지되고 말았다.

2차 바티칸 공의회와 그 이후 성에 관한 가톨릭의 가르침은, 혼인이 현대에는 경제적 · 가정적 협력과 부모가 되는 것뿐만 아니라 사랑을 나누는 동반자가 될 수 있게 해준다고 응답한다. 그것은 서구문화에서 남성과 동등하게 여성의 존엄성을 인식하는 시초였고, 이 인식은 혼인을 통해 남자와 여자가 진정한 우정관계에 들어서고 성적 결합이 그 우정을 증대시킬 수 있음을 확인시켜 주었다. 공의회 문헌 「사목헌장」과 산아 조절에 관한 바오로 6세의 회칙 「인간 생명」은 성과 혼인이 사랑과 출산이라는 동등한 두 가지 목적을 지닌다고 제시했다. 교도권은 원래부터 (인공 피임 금지령과 같이) 과거 출산에 초점을 맞춘 특정한 성규범을 계속 옹호하고 있지만, 성에 대해서는 근본적으로 변화된 이해를 제시한다. 물론 그 구체적인 효과는 아직 완전히 실현되지 않았다.[26]

성에 대한 그리스도교의 태도 중 또 다른 중요한 발전은, 이제 성과 성 관계를 성행위와 동일시하지 않고, 생식기를 통한 표현은 단지 일부에 불과하다고 이해하는 점이다. 이러한 발전은 엄격한 규범으로 통제해 온 행위윤리로부터 거리를 두고 개인적이고 사회적인 윤리를 덕스러운 그리스도인 생활과 통합시키려는 윤리의 전반적인 변화를 반영한다. 폴 리꾀르나 안드레 귄동 같은 학자들은 성을 일종의 "언어"로 규정하고[27] 교회의 공식 가르침도 이 새로운 표현을 사용했다. 교황도 성이 "'육체의 언어'이며 대인관계, 특히 남녀 상호 관계에서 중요한 의미를 지닌다"고 말한다.[28]

성에 관한 여성들의 저서는 지속적인 관계나 우정에 적절히 가미된 성적 표현의 중요성을 명백히 보여준다. 그리스도교 여성론자들은 성이 경제와 친인척과 출산의 관계만 강화시키는 것이 아니라, 친밀과 헌신을 뒷받침하는 관계로 보려 한다. "성적 친밀의 핵심에는 … 헌신적인 관계의 상호성을 온전히 표현하고 촉진시키려는 갈망이 있다. 헌신은 … 동반자로서의 다른 모든 관계와 마찬가지로 육체관계에서도 상처받기 쉬움, 개방성, 위험부담, 신뢰를 요구한다."[29]

---

[26] Lisa Sowle Cahill, "Catholic Sexual Ethics and the Dignity of the Person: A Double Message", *Theological Studies* 50 (1989) 120-50.

[27] 특히 중요한 문헌: André Guindon, *The Sexual Language: An Essay in Moral Theology* (Ottawa: Univ. of Ottawa Press 1976).

[28] John Paul II, *Reflections on Humanae Vitae: Conjugal Morality and Spirituality* (Boston: St. Paul Editions 1984) 30.

[29] Katherine E. Zappone, *The Hope for Wholeness: A Spirituality for Feminists* (Mystic, CT: Twenty-Third Publications 1991) 82; Mary E. Hunt, *Fierce Tenderness: A Feminist Theology of Friendship* (New York: Crossroad 1991).

출산에서 애정의 나눔으로 성의 목적을 바꿔보는 것은, 동성애자에 대한 윤리학자들의 해석이 다양하긴 해도, 동성애적 관계를 점점 더 개방적으로 보는 전조가 되었다. 이성 간의 혼인을 우선시하는 윤리학자들은 양쪽 집안의 문화교류적인 성의 인간적 의미를 중시하면서도, 점차 동성 부부들이 맺는 성적 관계를 윤리적으로 수용 가능하다고 받아들인다. 동성애자들을 단죄하지도 않고 독신으로 남으라고 요구하지도 않는다는 것은 성적 본능이 인간됨을 확인시켜 주는 중요한 구성요소라는 사실과, 이성애자異性愛者들의 삶이 인간이자 그리스도인으로서 가치를 증명할 수 있는 것만큼이나 동성애자들도 그들의 삶으로 이를 실현할 수 있다는 사실에 쉽게 다가가게 한다.[30]

생물학적 성과 사회적 성역할 사이의 관계는 "자연법"적 윤리가 근본적으로 문젯거리임을 알 수 있게 하는 한 분야이다. 본성에 관한 정의는 관점에 따라 다르므로 경험을 바탕으로 폭넓게 해석해야 한다는 인식이 오늘날 중요하게 부각된다. 위에서 살펴본 바와 같이 20세기는 성이 지닌 애정과 우정 및 헌신을 표현하는 능력을 전면에 드러냄으로써 성의 의미에 대한 그리스도교적이고 철학적인 이해가 현저하게 바뀌었음을 증언한다. 부부의 결합을 자녀 교육의 수단으로 보아 온 것까지 포함하여 출산을 성의 목적이라고 간주한 과거의 생물학적 기준은 인간의 온전한 성체험을 밝히기에는 부적합하다는 판단이 일반적이다.

그러나 현대 그리스도교 성윤리에서는 부모 직분을 적극적으로 성과 연결시키는 과제가 미결로 남아 있다. 현실에서 피할 수 없이 뒤틀리더라도, 부모 직분은 부부를 일치시키고 자손들을 결속시키는 인간관계를 맺어 준다. 그러나 많은 개성주의자들의 성에 관한 해석은 출산을 성이 가지는 규범적 목적에서 배제시키면서 그 총체적인 시각을 잃어버린다. 만일 출산을

---

[30] 동성애에 대한 최근 입장의 개요: McCormick, *The Critical Calling*, ch. 17. 동성애자를 옹호한 가톨릭의 드문 예: Robert Nugent and Jeannine Gramick, *Building Bridges: Gay and Lesbian Reality and the Catholic Church* (Mystic, CT: Twenty-Third Publications 1992) 참조.

성의 절대적 규범으로 보지 않는다면, 실제로 성의 윤리적 임무를 합법화
하는 것은 무엇인가?

부모 직분을 성윤리와 재통합시키는 첫걸음은, 과거의 "행위"윤리라는
범주 밖에서 임신과 출산을 다루고 그것들을 새로운 관계에 놓는 것이다.
자녀의 출산과 양육은 생물학적 생식에 국한시킬 수 없으며, 영속적으로
의무가 부과되는 **관계**로서의 **부모 직분**에 들어가는 것이다. 부모의 기본
적 모범은 서로에게 헌신하는 두 남녀가 자녀를 잉태하고 양육하는 것이지
만, 많은 유사한 형태의 부모 직분, 특히 입양은 윤리적으로 칭찬할 만한
일이다. 새로운 성윤리에 관한 주제 중 하나는 윤리적으로 바람직한 형태
의 부모 직분을 어떻게 정의내릴 것인가 하는 문제이고, 좋은 의도에서일
지라도 부부 결속의 온전성과 같이, 다른 중요한 가치와 갈등을 빚는 것은
어떤 것인가 하는 문제이다. 이 주제는 특히 "대리모"나 난자, 정자, 태아
의 "증여성"을 취급하는 새로운 생식기술 및 불임치료들과 관련된다.

여성론적 사고는 성-부모 윤리의 진전에 중요한 역할을 해 오고 있다.
여성론자들은 여성들이 체험한 부모 직분이 가부장제 문화 속에서 어떻게
제도화되었는지를 밝히면서 특별히 모성의 인간적 의미에 대하여 조사하고
비판하고 재해석했다. 여성론자들은 부모 직분이 남성보다 여성들을 위한
천부적 역할인지를 의문시할 뿐 아니라, 부모 직분에 대한 축소된 사회적
해석이 어떻게 다른 영역에서 여성들의 기여를 축소시켰는지를 폭로한다.
많은 여성론자들은 "생물학은 운명이다"라는 이데올로기의 속박을 끊는 한
편 어머니로서의 실제 경험에서 긍정적인 해석을 모색한다.

많은 가톨릭 윤리신학자들이 모성성을 강의식으로 새고칠하여 제시한 철
학자 사라 루딕의 저서에 주목했다. 루딕은 본성의 윤리성에 대한 가톨릭
윤리신학의 귀납적 재구성과 유사하게 지식의 "실용적" 개념이라는 것을
내놓았다. 루딕은 모성의 두드러진 특성, 특히 모성에게 요구되는 덕을 밝
히기 위해 자신의 경험을 토대로 모성의 실천을 검토했다. "모성의 실천은
이중의 전망을 가지고 시작된다. 즉, 생물학적으로 인간은 태어나면서부터

상처받기 쉬운 위치에 놓이며 다른 한편으로 인간은 사회적으로 보살핌을 필요로 한다는 사실이다."[31] 이러한 "보살핌"에 대해 여성들은 임신과 출산을 통해 더 잘 깨닫게 되지만 "모성적 필요"란 부모 모두에게 해당되는 소명이라고 루딕은 보고 있다. 어머니의 고유한 일은 보호하는 사랑·양육·숙달시킴이며, 그 특징적인 덕은 "모성적 분별"을 통한 "사려 깊은 사랑"이다. "사려 깊은 사랑"은 자아상실에로 퇴보할 수도 있고 "걱정하거나 심문자처럼 낱낱이 캐묻고 통제하며 간섭하고 변덕을 부리며 자기보호적인 지독함을 드러내는" 모성의 괴팍한 악습 때문에 거부될 수도 있다. 그러나 모성의 절정에서 사려깊은 사랑은 (시몬느 베이유에 의하면) "강렬하고 순수하며, 사심없이 거저 내주는 관대한 관심"[32]이다. 부모 직분을 통해 길러지는 덕들은 다른 삶의 영역을 위한 소중한 윤리 교육이 된다.

구도르프는 여러 문화권에서 여성들이 억압받는 상황을 언급하면서, 모성에 대하여 긍정적인 윤리를 세우기에는 전 세계적으로 아직 분위기가 조성되지 않았다고 개탄한다. 다양한 문화 속에서 여성들은 그들의 가장 근본적인 경험인 모성에 대하여 성찰할 기회가 부족하고, 부모로서의 역할과 사회적 역할을 구체화할 기회가 부족하기 때문이다. 아직까지도 여성들은 "혼인할 때 물건처럼 주고받는 대상이 되고, 강간과 구타에 매여 있으며, 정책에 관한 일에서 부족하고 무능하다고 여겨지고, 남성보다 많은 일을 해야 하는" 경우가 허다하다. 모성이 바람직하게 실천되기 위해서는 다음과 같은 조건들이 필요하다. 여성의 몸과 성, 그들 자신에 관한 결정을 존중해 주어야 하고, 어머니가 되는 것 외에도 다른 역할을 할 수 있도록 개방되어야 한다. 자녀와 가정을 돌보는 데 남성과 동등한 책임을 나누고, 모든 부모가 가정에서의 역할과 공적인 역할을 성공적으로 수행할 수 있도록 산후 휴가 같은 사회적 후원이 이루어져야 하고, 대다수 여성과 아이들

---

[31] Sara Ruddick, *Maternal Thinking: Toward a Politics of Peace* (Boston: Beacon Press 1989) 18.

[32] 루딕이 인용한 베이유의 글: *Maternal Thinking*, 120.

에게 영향을 미치는 가난을 퇴치하는 사회적 방안들이 마련되어야 한다.[33]

요약하면, 생물학적 성과 사회적 성역할을 구별하는 여성론적 관점은 오늘날 가톨릭 윤리신학에서 인간 경험을 바탕으로 자연법의 범주를 새롭게 검토하는 데 도움을 준다. 윤리는 실제로 그 문제에 관련된 사람들의 경험을 중시하는데, 특히 과거에 무시했거나 제외시켜 온 사람들의 경험에 집중한다. 또한 오늘날 성에 대한 이해는 여자를 위해서나 남자를 위해서나 부모 직분이라는 매력적인 윤리적 개념으로 성적 관계를 체계화시키면서도, 출산능력을 넘어서서 관계맺는 능력을 강조한다. 이러한 과제는 여성론자들이 가부장적 사회제도화를 초월하는 중대한 인간관계로 모성을 읽어냄으로써 진전되었다.

## 전쟁과 평화에 관한 윤리

미국 주교들의 평화를 위한 사목교서 「평화의 도전」[34]에 나타난 그리스도교의 평화주의적 진술을 여성론자들이 지대한 관심을 가지고 지지하는 것은 놀랄 일이 아니다. 사목교서는 핵무기 저지를 위해 그 위험성을 언급하고 비전투원 면책 원칙의 주장을 주요 주제로 다루었지만, 성서가 말하는 이상적인 평화를 설명하면서 역시 성서에로 눈을 돌렸다. 이 사목교서는 가톨릭 전통이 제한적으로 방어전쟁의 정당성을 지지해 온 것을 강화시켰으나, 평화주의야말로 그리스도교 역사의 중요한 증언임을 인정했다.

류터가 지적한 대로 여성론과 평화 사이의 관계는 1830년대에 전쟁 폐지론을 주장한 여성론으로 거슬러 올라간다.[35] 류터는 가부장제와 전쟁 사

---

[33] Christine Gudorf, "Women's Choice for Motherhood: Beginning a Cross-Cultural Approach", in: Anne E. Carr and Elisabeth Schüssler Fiorenza (eds.), *Motherhood: Experience, Institution, Theology*, Concilium 206 (Edinburgh: T. & T. Clark 1989) 61.

[34] National Conference of Catholic Bishops, *The Challenge of Peace: God's Promise and Our Response* (Washington, DC: United States Catholic Conference 1983).

[35] Rosemary Radford Ruether, "Feminism and Peace", in: Andolsen, et al. (eds.), *Women's Consciousness*, 63.

이의 연관성도 이끌어 냈다. "남성신화에서 여성들은 공포에 약함·수동성·연약성을 상징하는데, 그 속성들은 전쟁 의례를 통하여 남성 심리로부터 추방시켜서 말끔히 제거해야 하는 것들이었다. 여성론자들은 미국 군대의 전형적인 기초훈련 과정에 군사교육과 성차별주의 간의 밀접한 연관성이 삽입되어 있음을 지적했다."[36]

모든 여성론자들이 정당한 전쟁이론을 버린 것은 아니며, 대다수 여성론자들은 남성에 필적할 만한 정치적 권력의 지위를 여성이 획득할 경우 마치 분쟁을 피할 수 있을 것처럼, 여성에게 남성보다 높은 윤리성을 부여하는 데 신중을 기한다. 그러나 여성론이 지닌 관계적·감정이입적 가치들은 역사상의 희생자들을 변호함과 동시에, 평화주의적 가치에 친밀감을 표한다. 루딕은 모성적인 실천이 "폭력에 저항하고 폭력을 포기하며, 반대자들과 화해하고, 부당한 침략에서 해방된 평화유지"[37]를 계속 시도하고 있음을 확인했다.

전쟁과 평화를 다룬 최근 논문에서 리처드 밀러는 정당한 전쟁이론과 평화주의 사이의 접점이, 손상을 입히는 것에 과감히 맞서는 것, "희생자들에 대한 동정, 고통에 대항함, 잔인한 행위의 불허를 의미한다"[38]고 지적한다. 여성론자들이 받아들인 대로, 권력의 하수인들과 밀담을 나누고 동일화하는 것이야말로 자기방어권이나 전쟁에서의 손해 제한 원칙보다 정당한 전쟁이론의 발단으로 판정된다는 점은 눈여겨볼 만하다.

평화주의를 선택하고자 많은 조정을 거쳤음에도, 전쟁과 평화에 관해 가톨릭 신학이 중시하는 사회적 전통은 평화주의가 아니라 정당한 전쟁이론이다. 가톨릭은 언제나 책임감을 가지고 공적으로 참여해 왔으나 절대적 평화주의가 요구하는 것과 같은 종파주의 교회론의 특성을 결코 띠지 않았

---

36 Ruether, "Feminism and Peace", 71.

37 Sara Ruddick, *Maternal Thinking*, 161.

38 Richard B. Miller, *Interpretation of Conflict: Ethics, Pacifism and the Just-War Tradition* (Chicago: Univ. of Chicago Press, 1991), 9.

다.[39] 그러나 일반적으로 전쟁에 관한 로마 가톨릭의 윤리는 정당한 전쟁 기준에 바탕을 둔 전쟁일지라도 이에 과감히 맞서는 예외를 허용하는 데 더 주의를 기울이고 있다. 1963년 교황 요한 23세는 "핵무기 시대에 정당한 전쟁이란 상상할 수 없는 것"이라는 유명한 말을 남겼다.[40] 1990년대에 들어서면서 두 초강대국 사이의 핵위협은 사라지고 있어도, 핵무기의 위협은 무시할 수 없고 세계적으로 대량 살상 무기가 계속 사용되고 있다.

소위 정당한 전쟁이론을 말하는 경우에 "의심의 해석학"을 적용할 때 그리스도교 윤리는 여성론적 가치를 반영하는데, 이는 걸프전 이후에 널리 행해졌다. 윤리학자들은 흔히 군사적 공격이 동반하는 시민과 주민 전체를 "담보로 한" 경악스런 결과들이 최후 수단, 국가 간 힘의 균형, 바른 지향, 공동선을 위해 진정 필요한 기준과 대치될 수 있다는 주장을 더 자세히 검토해야 한다고 강조한다. 유명한 가톨릭 평화주의자 고든 찬이 말한 대로, 정당한 전쟁에 관한 기발한 이론화는 치명적인 현실적 결과를 가져오는 탁상공론일 수 있다. "윤리학자들이 군사적 결정에 제한을 가할 때 전쟁의 영향을 가장 적게 받을 것 같은 개인이나 기관들은 비인간적인 전쟁의 새로운 확대를 정당화시켜 줄 온갖 윤리적 탈출구나 예외를 언제라도 이용하려 할 것이고 이용할 준비가 되어 있을 것이다."[41]

윤리학자들은 윤리적이기보다는 기회주의적인 결정을 내릴 수 있는 공무원들과 군사지도자들을 규제하도록 시민들을 고무시킨다. 합법적 권력이 발발시킨 온갖 전쟁을 시민들은 지지해야 한다는 이론 — 아우구스티누스에게서 비롯하여 제2차 세계대전 동안 유효했던 이론 — 을 이제는 아무도

---

[39] 모든 평화주의자들이 정치적 참여에서 뒤로 물러서려는 종파주의자는 아니지만, 비폭력이라는 이상이 문화 안에서 수용된 것이나 역사의 흐름을 바꾸는 영향력을 넘어선 것이라고 증언한다. 정당한 전쟁 전통에 관한 논의: J. Bryan Hehir, "The Just-War Ethic and Catholic Theology: Dynamics of Change and Continuity", in: Thomas A. Shannon (ed.), *War or Peace? The Search for New Answers* (Maryknoll, NY: Orbis Books 1980) 15-39.

[40] John XXIII, *Pacem in Terris*, no.127.

[41] Gordon C. Zahn, "Afterword", in: *War or Peace?*, ed. Shannon, 236.

받아들이지 않는다. 종교지도자들과 신학자들은 이제 정당한 전쟁 기준에 비추어 볼지라도, 의혹의 소지가 있는 전쟁들에 양심적으로 맞서라고 시민들을 독려한다.[42]

전쟁과 평화에 대한 현대 그리스도교 윤리의 두 가지 특징은 여성론의 사안과 공통된다. 첫째, 단순히 국가적 차원이 아닌 전 지구적 관점이 토론의 바탕을 이룬다는 점이다. 둘째, 폭력에 관한 정의定意와 폭력이 미치는 결과들이 전쟁 자체를 훨씬 뛰어넘어 사회구조와 네트워크를 형성시킨다는 점이다. 앞에서 보았듯이 여성론은 윤리적 관점을 만들어 온 사회적·역사적 맥락에 아주 민감하다. 그리고 여성론은 어떤 윤리적 문제점, 정책, 결정도 그것이 야기하는 사회적 파장들과 동떨어질 수 없다고 인식한다. 이러한 사회적 접근을 통하여 폭력에 대한 전 지구적이고 구조적인 시각이 드러나는 것이다.

첫째, 전쟁은 더 이상 개인의 윤리행위와 유사하게 이루어지는 민족국가의 일이라고 여길 수 없다. 전쟁을 벌이려는 국가 수반들의 결정은 세계적인 힘의 균형 안에서 이루어지며 그 영향 역시 여러 나라에 두루 미친다. 오늘날 교황의 사회 회칙들은 "공동선"을 전 지구적인 개념으로 인식해 가고 있으며, 회칙들에 "보편적 공동선"이라는 용어를 사용한다. 이러한 기반 위에 요한 23세는 전쟁과 무기 경쟁에 강경하게 비판적으로 접근했다. 왜냐하면 전쟁이 돌발적으로 일어나지 않은 상태에서도, 군대가 지속적으로 자원을 소모함으로써 세계의 모든 사람들, 특히 개발도상국 주민들에게 억압적인 영향을 미치기 때문이다. 전 지구적인 관점에서 다음과 같은 질문은 중요하다. 왜 어떤 나라들은 군사적으로 강한가? 왜 어떤 나라들은 침략자가 되는가? 왜 그들은 어떤 동맹국들은 지켜 주면서도, 부패와 폭력, 약탈로 가장 시달리고 있는 나라들의 무고한 주민들은 방어해 주지 않는가?

---

[42] Eileen P. Flynn, *My Country Right or Wrong? Selective Conscientious Objection in the Nuclear Age* (Chicago: Loyola Univ. Press, 1985).

전쟁의 범지구적 의미를 강조하다 보면 우리는 무수한 형태의 폭력이 자행되는 현실을 깨닫는다. 경제제재조치라든가, 식량·의약품 등의 생필품 공급 중단도 가난한 이들에게 고통을 주고 폭력을 행사하는 것이라는 점에서 전쟁상태와 다를 바 없다. 또 다른 폭력은 해방신학자들이 비난하는 구조적 폭력으로, 세계의 부자들이 가난한 사람들을 착취하고 그들의 고통을 영속시키며 죽음을 앞당기게 한다고 말한다. 여성론적 관점은 특정 행위와 정책의 배후에 관계성과 상호 의존성이 작용한다고 지적한다. 그러한 여성론적 관점은 윤리문제가 사회 전체적 차원과 같이 가며 전쟁과 마찬가지로 폭력도 동떨어진 것이 아니라고 이해한다. 전 지구적인 경제적·정치적 동맹을 통하여 파고드는 폭력은 죽음까지도 초래하기 때문이다.

재차 강조하거니와 성서에서 고통당하고 박해받는 이들에 대한 관심은 여성론적 해방주의자들이 폭력에 접근하는 방식을 특징짓는다. 그 폭력은 전쟁이나 정치적 대학살과 같이 직접 체험한 것일 수도 있고 아니면 풍족한 삶이나 생존을 위한 생활필수품을 박탈당한 상황일 수도 있다. 가톨릭 평화운동가 아일린 이건은 참된 행복의 힘과 특히 전쟁을 말살시키는 자비라는 과제를 우리에게 상기시킨다.[43]

구조적 폭력에 대한 대응은 비폭력을 넘어서서 사회변혁을 위한 적극적인 활동으로 진행된다. 코스타리카의 한 여성론자는 다음과 같이 질문한다. "거대한 회사의 주주들이나 생산수단을 독점하고 그렇게 치명적인 방식으로 노동자들을 착취하는 사람들이 어떻게 그리스도인일 수 있는가? 인권을 이야기는 동시에 독재 정부에 대한 군사적인 원조를 찬성한 후 다국적 기업에 문호를 개방하게 만드는 사람늘이 어떻게 그리스도인일 수 있겠는가?"[44] 성서는 예수가 시작한 하느님 나라에 살기 위하여 그리스도인들이 노력해야 하며, 하느님 나라란 저 멀리 초자연적인 왕국에만 있는 것이 아

---

[43] Eileen Egan, "The Beatitudes, the Works of Mercy, and Pacifism", in: Shannon (ed.), *War or Peace?*, 169-87.

[44] Elsa Tamez, *Bible of the Oppressed* (Maryknoll, NY: Orbis Books 1982) 80.

니라 인간생활 한복판에 존재하기에, 바로 여기에서 억압에 대항하고 정신적 고통뿐 아니라 물질적 고통으로부터 사람들을 해방시키는 포용적인 공동체를 건설하기 위하여 투쟁하라고 요청한다.

　요약하면 가톨릭의 주류 전통은 정치분야에 윤리적으로 참여할 임무가 있다고 주장하면서, 공동선을 지키고 무고한 이들을 옹호하기 위한 일시적인 필수수단으로서 폭력을 허용한다. 그러나 전쟁의 최종윤리적 결정권자인 정권을 허용하는 견해는 점차 거부당하며, 오히려 정당한 전쟁의 기준이 실제로 온갖 구체적 상황과 진실로 부합하는지를 의심하는 입장에서 건전한 토론을 유도한다. 가톨릭의 주류 전통은 한 걸음 더 나아가 평화주의가 그리스도교를 증거하는 한 부분이며, 더 정의로운 국제질서를 향한 촉매라고 이해한다. 정당한 전쟁의 기준과 평화주의는 둘 다 폭력을 금지하거나 제한적으로 허용하는 윤리적 규범보다는 인간적 연민에 뿌리박고 있는 현대윤리학의 특징으로 뻗어 가고 있다. 여성론자들은 폭력적인 분쟁이 인간 생명과 인간관계와 공동체에 파괴적 영향을 미친다고 보았다. 이러한 생각에 동조하면서 윤리학자들은 성서가 지금까지 고지식하게 이해해 온 정의의 방식에 새롭게 도전할 수 있는지 검토하고 정당한 전쟁과 평화주의를 수호하기 위해 노력한다. 여성주의에서 성서의 제자직을 가부장제와 지배체제를 전복시키는 동인으로 사용하듯이, 가톨릭 평화주의는, 정당한 전쟁을 허용했을 때라도, 무장 병력으로 민족 국가를 전복할 수 없다는 전제를 지닌다.

<h1 style="text-align:center">결 론</h1>

로마 가톨릭 윤리의 두드러진 특징은 윤리를 말할 때 합리성과 객관성을 분명히 밝히는 것이다. 합리성과 객관성을 자연법 전통의 보증서로 여기기 때문이다. 20세기 후반 이 전통은 지식이 상황에 따라 그때그때 이해되어야 한다는 인식론으로 한정지어진다. 그 결과 현대 철학은 더 폭넓은 합의

와 잠정적인 주장이 낳은 보편주의적 주장이 신뢰할 만한가를 신중하게 따진다. 또한 아퀴나스에 대해서도 새로운 관심을 가지게 되었는데, 아퀴나스가 아주 특수하고 우연적인 윤리 문제들에 원칙을 적용하는 것으로는 절대적인 확신에 도달하기 어렵다고 인정했기 때문이다. 더 근본적으로, 아퀴나스는 사회란 공동선을 위해 사람들이 함께 모인 것이고, 궁극적으로 하느님 안에 뿌리를 내리고 있다는 전제에서 출발하며, 인간의 숭고한 본성을 완전히 개발하며 하느님의 사랑에 응답하는 덕을 강조했기 때문이다.

로마 가톨릭 윤리의 특별한 신학적 지평은 윤리생활이 지닌 성서적 영감을 복원해낸 2차 바티칸 공의회의 지침으로 쇄신되었다. 성서를 통한 윤리신학의 쇄신은 신앙으로 이성을 보완할 뿐만 아니라 예수가 가장 관심을 기울인 가난하고 소외당한 이들에게 특별히 헌신하게 한다는 점에서 자연법적 윤리신학을 수정해 왔다. 자연법과 가톨릭 윤리의 성서적 재해석은 윤리가 사회적 환경과 직접 연관되어 있음을 반영한다. 인간 본성은 전 지구적인 대화 안에서만 이해될 수 있고, 사회에서 소외된 이들에 대한 우선적 선택은 국제적인 차원에서 다루어져야 한다.

가톨릭의 윤리적 틀 안에 있는 여성론적인 유일한 주장은, 생물학적 성과 사회적 성역할 윤리에서 직접 입증된 대로, 여성들의 경험과 여성들의 관심사를 옹호하는 것이다. 윤리학의 다른 분야들인 생명윤리, 전쟁과 평화 윤리, 경제윤리에서 여성론은 사회성, 인간관계, 연민, 권력의 희생자들을 위한 증언이라는 주제들을 부각시키는 데 간접적이지만 중요한 역할을 담당하고 있다.

# 더 읽으면 좋을 책

Barbara Hilkert ANDOLSEN, Christine GUDORF, and Mary D. PELLAUER (eds.), *Women's Consciousness, Women's Conscience*, Minneapolis: Winston Press 1985. 19개의 논문이 원천으로서의 여성의 경험, 특별한 규범적 주장, 윤리학의 여성론적 방법론으로 나뉘어 실려 있다. 몇몇 특별한 주제로는 경제학과 여성과 계급, 히스패닉계 여성론, 반유다주의, 흑인의 영성과 성, 여신 종교, 여성론과 평화, 여성의 우정, 낙태, 부모 됨, 생명 윤리학 등이 있다.

Walter BURGHARDT (ed.), *Woman: New Dimensions*, New York: Paulist Press 1977. 원래는 *Theological Studies*의 논제인 이 책은 여성론에 관한 몇 가지 기본적인 신학적 논제인 해방신학으로서의 여성신학, 희생보다는 상호 관계로 사랑을 재정의하기, 역사상 여성에 대한 그리스도교의 이미지들과 진부한 사회적 성역할에 맞선 여성들의 용기, 신약성서의 여성들, 신학의 성차별주의적 언어, 신학적 인간학을 설명한다.

Anne E. CARR and Elisabeth Schüssler FIORENZA (eds.), *Motherhood: Experience, Institution, Theology*, Concilium 206, Edinburgh: T. & T. Clark 1989. 국제적인 문제를 다루는 총서인 Concilium의 이 논제는 유럽인, 아메리카인, 캐나다인, 라틴아메리카인, 아프리카인의 논문을 포함한 폭넓은 관점에서 모성성에 관한 학회를 열게 했다. 모성성에 관한 교회의 가르침을 여성들의 체험 및 사회적 현실과 비교했다. 또한 모성성의 개념을 신학적 상징들, 역사적 관행들과 연결짓고, 재생산 기술, 군국주의, 생태학의 실제 문제들과도 연결지었다.

Charles E. CURRAN (ed.), *Moral Theology: Challenges for the Future*, New York: Paulist Press 1990. 가톨릭의 지도적인 윤리학자 몇 사람이 근본적인 문제들 ― 신학, 성서와 윤리, 개성주의, 양심, 도덕적 규범들, 교회의 가르치는 권위-교도권 ― 뿐 아니라 응용윤리학 ― 성과 혼인과 이혼, 낙태, 죽음과 임종, 재생기술들, 전쟁과 평화 ― 을 다룬다.

Margaret A. FARLEY, *Personal Commitments: Beginning, Keeping, Changing*, San Francisco: Harper & Row 1986. 새로운 상황에 따라 형성되고 변하는 관계들

의 일상사를 다루는 중요성을 밝힌다. 서약·사랑·책임·충성에 관한 경험적
이해를 제시하고, 이것들이 종교적 신앙심에 의해 어떻게 변하며 계약관계라는
성서적 모델이 인간의 서약들을 어떻게 설명할 수 있는가를 보여준다.

Jean GRIMSHAW, *Philosophy and Feminist Thinking*, Minneapolis: Univ. of Min-
nesota Press 1986. 철학을 하는 여성론자들뿐 아니라 신학을 하는 여성론자들
이 품어 온 근본적 의문점들을 다음과 같이 철학과 여성론 분야로 다룬 중요
저술이다. 여성들과 "남성의" 지적 전통, 경험과 실재, 인간의 본성과 여성들의
본성, 자율성과 개인주의, 여성적이거나 세속적 — 육체적 — 인 윤리 관념. 이
연구의 중요한 전제는, 모든 이론이 역사와 상황을 따르지만, 온갖 도덕적 입
장과 이론들이 연관되거나 똑같이 타당한 것은 아니라는 점이다.

Jean PORTER, *The Recovery of Virtue: The Relevance of Aquinas for Christian
Ethics*, Louisville: Westminster/John Knox Press 1990. 현대의 도덕이론은 비
판적이고 역사적인 의식을 일깨우는 데 있어서 객관성이 결여되고 일관성을 담
보하기가 어렵다고 지적한다. 아퀴나스의 이론이 도덕이론의 재구성 작업을 위
해 가능한 기초라고 제시한다.

# 10

# 영적 성숙을 향하여



*Joann Wolski Conn* 조앤 콘

누구나 영성을 이야기한다. 비신앙인들이나 수녀들 사이에, 교수들이나 미용사들 사이에, 파티석상이나 피정 중에 영성에 관한 대화가 오간다. 더이상 교회에 나가지 않겠다고 말하곤 하는 사람들이 영성에는 상당한 관심을 보인다. 12년간 가톨릭 학교를 다닌 졸업생들은 자신의 일상 속에 "종교적 체험"이라 할 만한 무언가가 있음을 발견하고 놀란다. 종교서적 출판사에서는 그 어떤 분야보다 영성 서적들이 더 많이 팔린다. 종교적 체험에 기초한 신학은 오늘날 신학적 방법론의 주류를 이루고 있다. 영성에 초점을 맞춘 종교 간의 대화가 동양과 서양을 잇고자 노력하는 무수한 대화들 안에서 가장 많이 등장한다. 국제영성지도자 위원회에는 3년 사이에 몇백 명에서 거의 천 명에 이르는 회원이 증가했다. 왜 영성이 그토록 많은 주목을 받고 있는가?

영성은 체험과 학문 분야에 모두 관련되므로, 이 장에서 나는 삶의 체험과 연관될 수 있는 **영성적**이라는 용어의 여러 사용방식을 검토할 것이다. 그 다음에 학문 분야에서 최근에 주목하게 된 이 체험을 어떻게 연구하는지 고찰할 것이다. 끝으로 영성에 관한 이론적 방법론을 사용하여, 영적 성숙의 문제라는 하나의 관점을 통해 이 분야의 쟁점들과 논점들을 살필 것이다.

## 체험으로서의 영성

바울로 서간들은 성령의 "영적인" 영향을 받는 실재를 묘사한다. 거기에는 영적인 은총, 영적인 재능, 영적인 사람들이 포함된다. 바울로가 서간에서 영적인 사람들을 일반인과 구분할 때는 영적인 것을 물질적인 것이나 악과 대비시키려는 것이 아니라 단지 영의 영향을 받아 행동하는 사람과 그렇지 못한 사람을 대비하는 것뿐이다.[1]

---

[1] 이 용어를 역사적으로 더 풍요롭게 다룬 예: Sandra Schneiders, "Spirituality in the Academy", *Theological Studies* 50, no. 4 (1989) 684-7 참조.

형용사 **영성적**spiritual이나 명사 **영성**spirituality이라는 신학 용어는 12세기까지 정확한 뜻이 없었다. 철학에서 영적인 것은 물질적인 것과 대립되었다. 교회법에서는 **영적인** 것이 현세적인 것을 가리키는 **세속적인** 것과 반대된다고 언급했다. 17세기에 **영성**은 그리스도인의 내면생활과 관련되었고, 수상쩍은 열광을 의심스럽게 볼 때에는 심지어 이단과 연관지었다. **신심**이란 용어를 선호했는데, 그것은 전통 및 교회의 표준이 되는 관례 범위에서 신앙심을 표현하는 진지한 충성을 의미했기 때문이다. 18세기까지 **영성**은 "일상적인" 신앙생활과 대조되는 신비주의로 안내할 수 있는 완전한 삶과 연관되었다. 19세기와 20세기 중반까지 **영성**은 습관적으로 완성을 갈구하는 이들의 내적 삶을 의미했다. 1950년대 이후 **영성**의 의미는 그리스도교나 심지어 종교적 영역을 훨씬 넘어서서 실존하는 인간의 정신과 영혼의 차원을 포함하는 체험과 실천의 모든 영역을 언급하는 데까지 확장되었다.

**영성**은 이제 세 가지 방식으로 쓰인다. 첫째, 그것은 자기초월, 즉 단순한 자기보존이나 사리사욕을 넘어서서 행위하는 일반적인 인간의 능력과 관련된다. 일부 철학적·심리학적·인류학적 연구들이 이 용어를 사용한다. 융 학파 심리학자들이 "영혼의 돌봄"을 말하고 남성적 영혼이나 여성적 영혼에 관해 말할 때는 이러한 일반적 의미로 영성이란 용어를 쓰는 것이다. 경영자문위원들이 생산과 관련된 인간의 잠재력을 최대화하고자 개인적인 도움을 주려고 할 때는 일의 영성에 관해 말하곤 한다. 이러한 쓰임들은 어떤 종교적 의미들을 지향하기에, 일반적인 의미를 넘어서서 확장된 의미들을 명확하게 밝히는 것이 필요하다. 둘째, 영성이란 용어는 어떻게 이해되든 간에 삶의 종교적 차원, 거룩한 것이 실현시켜 주는 자기초월을 향한 자질과 관련될 수 있다. 셋째, 그것은 유다인, 그리스도인, 이슬람인, 불자들의 독특한 종교적 체험과 연관된다.

자기초월은 영성을 정의내리는 열쇠이다. 자기초월이란 사람이 자아를 이탈하거나 벗어나는 것, 혹은 자신에 대한 관심과 보살핌을 멈추는 것을 의미하지 않는다. 오히려 자기초월은 사람이 사랑과 자유와 진리 안에서 다른 이들에게 다가가고, 자신의 고유한 자질 중에서 아직 인식하지 못한 차원에 접근하면서 자아의 핵심이나 중심에서 작용하는 것이다. 사람은 궁극적인 것이라고 상상하거나 판단한 모든 것의 지평 안에서 자기초월을 감행한다. 따라서 영성이란 궁극적 가치라고 판단내린 것을 믿는 것이다. 그리스도교 영성은 그러한 궁극성이 예수의 죽음과 부활 안에 계시되었으며, 공동체 안에 쏟아부어진 성령의 성화하는 힘 안에서 밝혀지는 하느님이라고 전제한다. 인문주의적 영성은 개성화된 자아의 궁극성에서 시작한다. 자기초월로 영성을 정의내리는 것은 종교적일 뿐만 아니라 비종교적인 영성의 전체 범위를 다루는 데 적합하다.

　비록 영성에 대한 정의는 일반적이지만, 일반적인 영성이란 없다. 모든 영성은 구체적이고, 특수한 체험을 구체화한 것이다. 예를 들어 여기에는 상징들과 이야기들, 사회의식의 한계, 인권에 초점을 맞추는 것, 인식과 느낌의 양상, 사회적 성역할과 인종에 대한 기대치가 포함된다. 이 장에서는 가톨릭적인 그리스도교 영성에 초점을 맞추고 있지만, 일반적이거나 동일한 형태의 가톨릭 영성이란 존재하지 않는다. 체험으로서의 영성에는 성, 인종, 계층, 심리적 발달의 특수성뿐만 아니라 각 개인이 처한 역사적이고 문화적인 배경 및 그 사람의 개성에 내재된 신적 은총의 독특한 작용 모두가 복합적이고 풍요롭게 들어 있다. 나는 이 논점들과 쟁점들을 학문 분야로서의 영성을 통해 검토하면서 더 자세히 상술할 것이다.

## 학문 분야로서의 영성

"영 안에서" 삶을 성찰한다는 의미에서 보면, 중세 후기까지 모든 신학은 영성신학이었다. 당시의 신학은 성서, 전례, 개인지도, 공동생활이나 사목적 관심에서 표출된 신앙체험을 전하려는 시도로서 수도원이나 사목 현장에서 발생했다.

수도원보다 대학교가 신학의 본산지가 되었을 때, "거룩한 학문"은 점차 그 명백한 토대인 영성적인 체험을 떠났고, 철학이나 논리적 변론, 심지어 논쟁이라는 토대에 초점을 맞추었다. 예를 들어 성체성사를 다룬 개혁신학은 그리스도 안의 일치나 나눔이라는 종교적 체험을 설명하려고 하기보다는 오히려 그 반대자들이 성서를 활용하는 데서 나타낸 모순점들을 들춰내려고 애썼다.

종교적 체험들에 관한 명백한 성찰은 수도원과 사목 현장에서 계속 이루어졌으나, 학문적으로 높이 평가할 만한 것은 아니었다. 14세기 노르위치의 줄리앙은 삼위일체에 관한 자신의 체험을 여러 해 동안 신중하게 고려하여 자신의 저서인 『계시』에 기록했지만, 최근까지도 그녀의 책은 종교적 학문 분야로 연구되지 않는다. 역사를 통해 살펴보면, 영성적인 삶에 대한 신중하면서도 체계적이기까지 한 많은 설명들이 정규 신학 밖의 수많은 문학양식인 종교적 규칙서, 성서 주석, 자서전, 영적 충고의 편지들, 시, 강론을 통해 이루어져 왔다.

18~19세기에 와서야 비로소 학문적 신빙성을 영성생활 연구에 부여했으나, 이는 오직 윤리신학이나 윤리학이라는 다른 분야를 통해서 허용된 것일 뿐이다.[2] 교의신학과 스콜라적 어원에 비추면, 금욕주의적 신비신학은 윤리학의 일부로 드러난다. 그 이전 사람들은 "주입관상"infused contemplation이나 "신비주의"라고 알려진 발달 단계에까지 도달한 평범한 그리스도인의 "정화의 길"을 연구했다. 신비신학에서는 "조명의 길"이라는 수동적 관상생활로부터 위대한 거룩함으로 특징지어지는 "일치의 길"에까지 그 영성생활을 연구대상으로 삼았다. 모든 연구들은 연구자들이 몸담고 살았던 시대적 문화를 반영한다. 18세기 이전 사람들은 영성을 학문적으로 접근하여 위계적·영적 단계를 설정하는가 하면, 그리스도교적 완성에 도달하는 데 독신 수도자가 유리하다는 엘리트주의에 물들어 있었고, 하느님과 인간에

---

[2] 슈나이더스는 학문 분야로서 영성을 정의하고 그 방법론을 밝히는 데 가장 중요한 기여를 했다. "Spirituality in the Academy", 676-97에 슈나이더스의 입장이 잘 드러나 있다.

대한 교의들에 대해 확신을 가지고 결론을 내렸다.

성서와 전통의 원천으로 돌아가자는 2차 바티칸 공의회의 정신에 따르면 이러한 학문적 접근방식은 부적절한 것이다. 쇄신을 지향한 공의회 추진력의 여파로 그리스도교 영성은 그리스도교적 체험뿐만 아니라 모든 영성적 체험, 정확히 체험으로서의 새로운 학문 분야로 태어났다. 이는 영성을 모든 구체성 안에서, 사회적이고 문화적이며 우주적인 세상과의 다양한 상호작용 안에서 이해하는 것을 목표로 삼는다.

비록 학문 분야로서의 영성은 오래되지 않았고 그 특성과 방법론에 관한 논의는 아직도 분분하지만, 몇 가지 합의점들이 나오고 있다. 학문 분야로서 영성은 규정적이고 규범적이기보다는 설명적이고 비평적이라고 이해된다. 학자들은 영성연구가 반드시 교회일치적이고 여러 종교들 및 문화들 사이에서 이루어져야 한다는 데 의견을 모은다. 이러한 학문적 연구가 독특하게 이바지하는 것 중 하나는 전체성에 초점을 둔다는 것이다. 인간의 영성체험은 육체적 · 심리적 · 역사적 · 정치적 · 심미적 · 지성적 · 사회적인 모든 측면에 걸쳐 형성된다.

영성의 특성들로부터 그 실천으로 눈을 돌리는 것은 영성의 특별한 **목적**, 그 **방법론적 양식**, 이상적 **과정**과 그 **목표**에 주목함을 뜻한다. 이러한 것들이 영성을 다른 분야들과 구별짓는다. 영성의 목적은 그 독특하고도 시시각각 변하는 특수한 영적 체험에 있다.

영성이라는 학문 분야는 **방법론적으로** 여러 학문에 걸쳐 있다. 종교적이고 세속적인 여러 분야의 기제들이 영적 체험을 영적인 것이자 체험으로 논증하는 데 필요하다. 단순한 관찰이 아닌 참여를 수반하는 연구방법들이 심리학과 인류학에서 발견된다는 비슷한 이유로, 영성은 개인 체험이나 이와 연관된 연구자료를 제외하고는 개인적으로 체현해낸 이해할 수 없는 요소를 다룬다.

이 참여적 양식은 학문의 "객관성"이라는 점에서 문제를 지니기에, 많은 학자들은 영성에 관해 불신을 드러내면서 심각한 의문을 제기해 왔다. 그들은 종교적 실천이 연구를 대신하거나, 종교적 투신이 비판적 판단을 약화시키거나, 선교 직무가 숨겨진 사안이 아닐까 염려한다. 나는 이 질문들 배후의 진짜 문제는 종교적 투신 대對 객관성이 아니라 객관성이라는 신화에 있다고 생각한다. 학문 분야가 가지는 공정함이나 객관성이라는 목표는 연구자와 연구대상 간의 거리로 측정되어 왔다. 나는 연구자가 자신의 실제적 투신과 가정들을 비판적으로 인식하고, 그것으로 직관을 막기보다는 오히려 직관을 돕기 위해 행위할 때만이 그 연구자가 객관적일 수 있다고 생각한다. 이러한 방법론이 현재 이루어지는 최선의 영성연구 방법이다.

영성연구들은 세 가지 양상으로 탐구되고 있다. 첫째 양상은 체험과 연관된 자료에 관심을 가진다. 즉, 표현된 자료에 관심을 기울이는 방식이다. 둘째 양상은 분석적이고 비판적인 것으로, 연구대상을 설명하고 평가한다. 여기서는 신학, 인문학과 사회과학이 매우 중요한 역할을 한다. 셋째 양상은 종합적이고 건설적인 것으로, 더 폭넓은 세상에 관해서뿐만 아니라 연구된 체험에 관한 학자의 고유한 지평을 크게 변화시키는 인격적 지식으로 이끈다.

예를 들어 현대 가톨릭 여성에게 영적 생활을 위한 전략의 탐구는 그들의 좌절과 소외, 영적인 추구의 표현으로 시작된다. 둘째 양상은 이 상황들에 처하게 된 이유를 설명하고 이 이유를 신학적으로나 심리학적으로 타당한 기준에 따라 평가하는 것이다. 셋째 양상은 여성론적 전례, 또는 신적 신비나 영적 어둠에 관한 여성론적 재해석 같은 창조적 전략들을 세우는 것이다.

마지막으로 학문이나 연구 분야로서의 영성은 세 가지 **목표** 내지는 **목적**을 지닌다. 비록 수많은 사람들이 영성이란 주로 더 위대한 자기초월적 삶을 지향하도록 돕는다고 생각하지만, 영성연구의 첫째 목표는 이 종교적 체험을 체험으로 인식하는 것이다. 그 이후 둘째와 셋째 목표, 즉 연구자 자신의 영성을 발전시키는 것과 다른 이들의 영성을 성숙하게 하는 것을 제대로 도울 수 있다. 자아를 변화시키고 이 세상을 변화시키려는 목표를 포괄한 이 세 가지 목표는 자연과학과는 무관하지만, 심리학 같은 사회과학들 및 좁은 지평으로부터 인류를 해방시켜 주고 성숙한 관계를 맺도록 사람들을 자유롭게 해주는 예술과 철학 같은 인문학과는 공유된다.

## 영적 성숙

체험이자 학문 분야로서의 가톨릭 영성과 연관된 많은 논점들은 다음과 같은 핵심적 문제에 주목함으로써 중심을 잡는다. 우리는 어떻게 영적으로 성숙해질 수 있는가? 즉, 우리는 어떻게 우리의 영적 잠재력을 현실화시킬 수 있는가? 지금부터는 현대 가톨릭의 관점에서 나온 모든 연속된 논의들을 받아들인 채, 체험에 관한 이 한 가지 질문이 어떻게 다른 많은 문제들을 낳았는지 숙고하고, 학문 분야로서 영성이 가지는 포괄성·복합성·학문 간 연계성을 고찰하는 데 주목하고자 한다. 영적 성숙은 은총과 자연의 관계라든가, 기도를 통한 성장, 관상과 활동, 영적 어둠의 역할 같은 문제들로부터 분리될 수 없다. 또한 영적 성숙에 관한 이해는 신학, 심리학, 역사가 주시하는 것과도 떨어질 수 없다. 예를 들어 위대한 영적 지도자들은, 영적으로 성숙하려면 자기인식에 뿌리내린 식별과 관상이 필요하다고 말한다. 그러나 동시에 비판적인 질문을 장려하는 문화와는 매우 다른 방식으로 수동적인 여성의 역할에 순응하라고 주장하는 심리학적 풍토가 있다. 성숙은 신학적 문제이기도 하다. 성숙은 세 위격이 서로 생명을 나누고 모든 인류와도 동등하게 생명을 나누는 신적 위격들의 삼위일체적 삶의 나눔으로 이해된다. 이러한 삼위일체적 나눔은 가부장적 성부로부터 위계적 방식으로 나온다고 이해되는 삼위일체적 삶의 체험과는 다른 것이다.[3]

영성의 역사에 대해 개관해 봄으로써 우리는 영적 성숙과 관련된 전통의 풍요로움을 맛볼 수 있었고 여성론적 연구로 인한 기대가 이루어질 것임을

---

[3] Catherine Mowry LaCugna, *God for Us: The Trinity and Christian Life* (San Francisco, Harper San Francisco 1991) 참조.

알 수 있다. 계속해서 나는 그리스도교적인 영적 성숙의 시각에서 여섯 가지 여성론적인 학문 과제를[4] 영성에 적용시켜 보겠다. 첫째, 남성중심적 편향으로부터 영성의 전통을 해방시키고, 남성들의 체험과 마찬가지로 여성들의 체험을 포함시키기 위해, 여성신학자들은 이 분야에서 여성들이 무시당해 왔음을 가장 먼저 지적한다. 예를 들어 프란치스코회 영성은 글라라가 아시시의 프란치스코와 더불어 프란치스코회의 공동 설립자임을 인정하기 시작한 최근까지도 그녀를 무시해 왔다. 그러나 오늘날 글라라는 수도 생활 규칙서를 저술한 최초의 여성으로 평가되기에 이르렀다.

둘째, 여성신학자들은 여성들이 흔히 아주 심하게 위축되거나 공상적이거나 적개심을 품고 있다는 인식에 대해 논증한다. 예를 들어 중세 시대 가족을 떠나 피눈물을 흘리면서 세상을 떠돌아다녔던 마저리 켐프Margery Kempe는 정신이상자로 몰렸지만, 오늘날의 연구는 그녀가 회개하는 눈물의 은사를 지녔고, 혼자 여행하는 여자들을 매춘부나 미친 사람으로 여기던 세상에서 순례자가 되려고 했던 그녀의 소명을 밝혀낸다.[5]

셋째, 여성신학자들은 남성으로 구성된 선구자들과 지도자들과는 달리 알려지지 않은 여성들을 학문적으로 발굴하여 발표한다.

넷째, 여성신학자들은 여성들을 탄압하고 배척해 온 옛 본문들과 전통의 힘을 없애고자 이를 수정하여 읽게 한다. 예를 들어, 히브리 성서와 신약 성서에 관한 여성론적 해석학은 이미 성서연구에는 물론이려니와 점점 더 영성연구에도 괄목할 만한 학문적 영향을 미쳤다. 수정론적 독서법은 포용적인 신의 언어라는 성서의 또 다른 전통과 여성들의 동등한 제자직에 관한 주장을 밝힘으로써 성서의 성차별주의에 도전한다.

다섯째, 여성신학자들은 방법론적으로 영성이라는 학문의 범위와 목표와

---

[4] 이 여섯 가지 과제는 Mary Jo Weaver가 *New Catholic Women* (San Francisco: Harper & Row 1985) 154-5에서 처음 명명하고 발전시켰다.

[5] Clarissa W. Atkinson, *Mystic and Pilgrim: The Book and World of Margery Kempe* (Ithaca: Cornell Univ. Press 1991).

결론을 재정의하라고 도전한다. 예를 들어, 그리스도교의 금욕적인 신학의 토대는 성서로서, 이는 성차별주의와 인종차별주의의 도전들에 전혀 거리낌이 없는 신적 영감을 지녔다고 주장해 왔다. 이 토대는 지금 상당한 도전을 받고 있다.

여섯째, 학자들은 여성들, 밑바닥 계층들, 다양한 성적 선호자들이나 그 밖의 사람들을 적대시하는 편견들로 격하되지 않을 진정 통합된 학문 분야를 지향하며 연구에 임한다. 미래 세대들은 이것이 성취되는 것을 볼 것이나 지금은 시작단계에 있을 뿐이다. 통합을 향한 이 헌신은 (호칭기도를 바치는 신자들의 행렬, 하느님께 드리는 서약, 성모 신심 같은) "대중신심"으로부터 유래하며, 교회의 권위자와 신학자들이 미신적인 것이라고 조롱해 온 영적 재원을 가진 가난한 히스패닉계 여성들의 종교적 체험 같은 주제들을 연구하는 데 도움을 준다.

마지막 한 마디가 이상의 가정들을 돌아보는 데 중요한 법이다. 여성의식처럼 지금 여기서 전개되는 통찰들을 "현재지상주의"presentism라는 궤변과 혼동하지 않는 것이 중요하다. 나는 오늘날 의미있다고 보는 것을 과거에는 그러지 않았다고 비난하거나, 과거 사람들이 중시했던 것을 최근에서야 중요하게 다룬다고 주장하려는 것이 아니다. 예를 들어, 비록 고대 그리스도교 작가들은 거의 전적으로 여성의 체험을 무시했고 흔히는 여성을 열등한 사람으로 믿었지만, 달리 **볼 수 있었음**에도 불구하고 마음대로 눈을 가려버린 그들을 비난하려는 것이 나의 강조점은 아니다. 오히려 이제 그리스도인은 여성이라는 인간성이 자신의 영적 성숙을 위한 잠재력을 체현했다는 가설들을 유산으로 가지게 되었으며, 이 가설들은 오늘날 비판적인 평가를 기다리고 있다. 다른 예로, 비록 빙엔의 힐데가르트가 하느님의 여성적 표상들을 사용했고 당대의 많은 여성들이나 남성들보다 음악과 치료술에 출중했을지라도, 그녀를 여성론자로 부르는 것은 부정확하고도 부적당하다. 그녀는 여성들이 남성에게 복종해야 하며 세상은 본질적으로 위계적이라고 보았다. 곧, 그녀는 여성론의 구성요소인 가부장제에 대한 비판적 사고방식을 가지고 있지 않았던 것이다.

여성학을 위한 여섯 가지 과제로 영성을 말하면서 나는 이들 과제를 하나의 논점인 영적 성숙에 적용할 것이다. 나는 성숙을 설명하고 그 결론을 그리스도교적인 성숙을 문제시한 영성사를 개관하면서 평가할 것이다. 개인적 발달 및 사회적 발달을 다루는 심리학적 문제들과 인류와 하느님의 관계를 논하는 신학적 관심사들을 통합시킴으로써 학문 분야로서의 영성을 분명히 밝히는 것이 내 목표이다.

## 성서의 영성

오늘날 여성신학은, 성서가 그리스도인의 영성을 위한 기초 자료일지라도 조심스럽게 접근해야 한다고 일러준다. 혹자에게는 성서가 너무 성차별적이라, 더는 이들의 영적 전통을 근거짓는 계시가 되지 못한다. 이들은 인격의 본래 모습을 유지하기 위해 그리스도교에서 벗어나 다른 영적인 길을 찾아야 한다고 결론짓는다. 한편, 몇몇 여성론자들은 죄 많은 성차별주의에 대한 체험과 아울러 인간을 억압하거나 하느님의 사랑을 방해하는 모든 것으로부터 해방시키는 체험의 계시를 담은 성서신학을 의심의 해석학이 재건할 수 있다고 확신한다.[6] 나는 후자의 관점에서 이 글을 전개한다.

우리는 바울로와 복음서 저자들이 속한 초기 그리스도교 공동체를 살핌으로써 그리스도교 영성을 개관할 것이다. 바울로 서간들은 부활하신 주님을 보고, 그리스도 안에서 모든 남녀를 재창조하신 하느님을 증거하라는 성령의 권한을 받았다고 느꼈다. 바울로 자신의 고유한 종교체험에 바탕하여 유다인과 그리스인, 노예와 자유인 사이의 모든 영적 장벽을 무너뜨렸다. 어떻게 이 영적 동등함이 새로운 사회구조들 속에서 이루어졌는가는 바울로 당대의 문화로는 거의 납득할 수 없었던 문제였다. 그러나 당시 가

---

[6] 이에 관한 간결하면서도 풍부한 자료: Sandra M. Schneiders, *Beyond Patching* (New York: Paulist Press 1991) 37-71 참조.

부장적 문화의 전제들을 무너뜨리는 요소들이 그리스도교의 새로운 창조에 관한 가르침 안에 이미 잠재해 있었다.

바울로는 그리스도 안에서 매일 체험하는 삶은 서로의 무거운 짐을 져 주는 것을 포함하며, 이것이 율법 전체를 완성시킨다고 가르쳤다. 즉, 그리스도의 몸을 살리는 성령의 은사들을 주고받으며, 일치와 사랑의 음식을 먹고 그리스도와 우리 안에서 이루어지는 하느님의 재창조 행위를 기억하고, 그리스도 안에 사는 우리에게 넘치는 사랑을 주시는 하느님께 찬미와 감사를 드리는 살아 있는 제물로 우리 자신을 봉헌하라고 가르친 것이다. 우리가 그리스도 안에서 구원받는 사랑은 어떤 고통으로도 갈라놓을 수 없는 사랑이었다.

고통의 길에 관한 이 이해는 참된 힘이란 통제가 아닌 사랑에 있으며, 온 인류와의 관계는 바울로 자신이 체험을 통해 깨달은 것임을 밝혀준다. 바울로는 자신의 사명을 처음 수행하면서 부활하신 주님을 체험했고 부활의 힘을 선포하는 데 혼신의 힘을 쏟았다. 훗날 좌절과 박해의 체험들은 그리스도의 십자가 수난의 신비를 더 깊이 식별하고 초점을 변화시키도록 이끌었다. 그의 성숙해진 체험은 파스카 신비 전체 안으로 더 깊이 침잠하게 했으며, 하느님의 권능이 예수의 약함 안에 드러났듯이 바울로 자신의 약함과 우리의 약함 안에서도 드러날 것임을 죽기까지 확신하게 되었다.

마르코 공동체의 종교적 체험은 수난받는 종인 메시아로서의 예수에게 중심을 두는데, 이는 예수의 제자들이 박해를 받았고 왜 이 일들이 자신들에게 닥쳤는지를 질문했기 때문이었다. 마르코 복음은 만약 어떤 사람이 예수의 제자라면 반드시 스승의 충실한 사랑의 길을 따르기로 되어 있고, 예수가 그랬듯이 마지막 숨까지도 내놓아야 한다고 답한다.

마르코는 남성 제자들이 하느님의 참된 종으로서 죽음에 이르도록 하느님을 사랑해야 함을 배우기에는 특히 겁이 많고 매우 굼뜨다고 묘사한다. 마르코는 베드로조차도 그랬던 것처럼, 공동체 구성원들이 신앙 안에서 투쟁할 때 예수의 인내로운 자비를 이해할 수 있을 것이라고 가르쳤다. 여성

제자들은 예수가 활동하던 시기뿐만 아니라 십자가 수난 현장에도 있었으며, 예수 부활을 맨 먼저 전한 이들이었음을 마르코는 전한다. 마르코 복음은 다른 제자들처럼, 결국에 그녀들도 두려워했다고 묘사했다.

루가 공동체는 나눔과 관심의 범위를 확장시켜 나가는 교회였다. 그들은 그리스도 안에서의 삶이란 가족과 친구의 범위를 넘어서서 더 큰 공동체로 부름을 받는 것임을 서서히 그리고 고통을 경험하면서 깨쳐나갔다. 예수가 성령에 의해 가난하고 억눌린 이들에게 하느님의 사랑의 계약인 기쁜 소식을 전했던 것처럼, 그들도 모든 이를 향한 관대함과 봉사의 삶을 살도록 부름받았다. 섬김을 받기보다 다른 이들을 섬기는 예수를 따르는 데서 권위를 지닐 수 있었다. 탕자 이야기를 통해, 다스리는 가부장적 존재가 아니라 인간의 선택을 존중하고 신실한 사랑을 아낌없이 보여주는 하느님이 예시된다.

마태오 공동체는 여러 율법해석가들의 도전을 물리치고 예수가 가장 으뜸가는 율법해석가라는 관점을 가지고 있다. 그리하여 스스로를 모세의 가르침을 가장 잘 따르는 공동체로 이해한다. 그들은 예수를 이스라엘의 정의를 체현하는 지혜의 인격적 모습으로 생각했다. 행복선언에서는 박해 가운데서도 자비와 용서와 믿음을 전해주고 있다. 이 가르침에 따라 사는 것은 하느님과 협력하며 정의와 평화의 관계로 지배관계를 대체시킴으로써 하느님의 새로운 계약을 세상에 전파하는 것을 뜻한다.

요한 공동체는 소외뿐 아니라 일치도 체험했다. 그 구성원들은 다른 어떤 공동체의 구성원들보다 예수가 이룬 하느님과의 깊은 일치, 하느님의 아들딸로 다시 태어남으로써 하느님 안에 머물러 있음을 깨달았다. 그들은 자신을 예수의 친구요 형제자매로 체험했다. 그들은 자신 안에 거하며 끊임없이 예수 말씀의 의미를 공동체에게 가르치는 성령과 새로운 관계 안에서 살았다. 유다 공동체 보수집단의 거부로 말미암아 그들의 소외감은 후기 그리스도교 세대들에게 상당한 오해를 불러일으켰고, 여기서 파생된 반유다적 태도들은 요한 복음의 오용을 합법화시킨다.

넷째 복음의 사도적 영성의 중심에는 예수가 아버지로부터 보내진 것처럼 파견된 존재에 관한 체험이 들어 있다. 계속해서 이 복음은 "아버지께서 … 것처럼, 나도 … 보냅니다"라는 구절을 반복한다. 모든 제자들은 그들 고유의 방식으로, 예수가 그의 아버지와 맺었던 것과 동일한 관계, 예수와 동일한 일, 동일한 영, 동일한 기쁨, 동일한 삶을 체험한다.

마침내 바울로와 복음서 저자가 속한 공동체들은 자신들의 예수 그리스도 체험에 비추어 해석된 유다 경전을 통하여 자신들의 종교적 체험을 이해했다. 오늘날 그리스도인은 히브리 성서 안에 고유한 방식으로 나와 있는 계시와의 끊임없는 통합을 중시함으로써, 자신의 유다교적 뿌리를 인정해야 한다. 이 통합의 가치를 인정하기 위해서 유다교 해석자들을 포용하는 것은 현명한 일이다.

요약하면, 성서의 전통은 영적 성숙을 깊고 포용적인 사랑의 체험이라 말한다. 영적 성숙이란 하느님, 그리스도, 성령과 맺는 사랑의 관계다. 삼위일체가 어디서 어떤 방식으로 공동체 안에, 활동 중에, 고통 속에, 종교적이고 정치적인 분열 가운데, 사람들의 죄 안에 현존하는지를 식별하려고 애쓰면서 생겨나는 온 인류의 사랑의 관계이다. "영의 시험"을 위한 지침에는 자신의 소명을 확신하지 못한다 해서 신뢰할 필요가 없다고 잘라 말하지는 않는다. 성숙은 무엇보다 관계에 관한 일이다. 그러나 우리가 자기 지향과 성숙한 자유라고 부르는 태도는 영적 혼란의 와중에도 회심하고 충실하라고 요청하는 성서 말씀에 들어 있다.

## 초기 그리스도교

모두 남성들에 의해 씌어진 자료에 근거하여 일반적인 판단을 내려야 하지만, 당시 그리스도인들은 자신의 삶을 그리스도의 신비에 개인적으로 참여하는 것으로 이해하고 있었다. 그들은 주님의 만찬을 나눔으로써 성숙해 갔으며, 성령 안에서의 삶을 증거하고 다른 이들을 신앙으로 이끄는 포용적 사랑을 표현하였다. 이 신앙체험은 동서양 문화와 신학의 중심지였던 후기 로마 제국의, 사회적 성역할과 인종 및 계급을 위계적으로 배열하고 지배적 문화에 동화되거나 이를 거부하는 복잡다단함 가운데서 이루어졌다.[7]

그리스도교 영성은 하느님의 표상들, 공동체, 금욕주의라는 통합된 요소들로 이루어져 있기 때문에, 이 시기의 역사가 밝히듯이, 한 요소의 재조정은 다른 모든 요소에 영향을 준다. 일요일 성만찬은 가정교회에서 거행되거나 아니면 가난한 이들과 부자들·무식한 이와 지식인들·여성들과 남성들로 구성된 더 큰 공동체에서 거행되었고, 다양성·화해·희망·관대한 사랑 같은 신뢰할 만한 통찰들을 강화시켜 주었다. 공동체에 깊숙이 뿌리내린 확신은 부활하신 주님을 그 주요한 장소에서 만난다는 데 있었다.

순교에 대한 초기의 강조 역시 그리스도인의 체험에 관한 모든 후기 해석들에 영향을 미쳤다. 바울로가 직무를 그리스도를 모방하는 것으로 보았던 것에 비해, 초기 순교자들은 고통스런 죽음을 예수를 가장 모방하는 것으로 이해했다. 따라서 순교 예찬은 육체와 세상을 부정하는 그리스 문화의 경향을 강화시켰다. 순교가 더 이상 불가능해지자 완전한 자기부정이 금욕주의와 수도생활을 통해 추구되었다.

금욕주의는 정치적 제도들과 지나치게 동일해진 교회에 대항하는 반문화적 운동으로 일어났다. 주로 평신도들이 펼친 이 운동은 육체를 경멸하는 독단적인 측면과 단순한 기도를 강조하는 공공의 측면을 지녔고, 성서를 음미했으며, 성서를 적절히 해석하는 데 필요한 태도로서 자비심과 양심의 순수함을 장려했다. 여성들은 오직 금욕주의를 통해서만 육체와 여성성을 동일시하던 데서 벗어날 수 있었는데, 남성들은 남성성이 정신과 동일하

---

[7] 이 시기에 해당하는 유용한 자료: Peter Brown, *The Body and Society: Men, Women, and Sexual Renunciation in Early Christianity* (New York: Columbia Univ. Press 1988); Elizabeth A. Clark, *Women in the Early Church* (Wilmington, DE: Michael Glazier 1983); Douglas Burton-Christie, *The Word in the Desert: Scripture and the Quest for Holiness in Early Christian Monasticism* (New York: Oxford Univ. Press 1993).

며, 육체는 정신에 종속된다고 보았다. 그것은 여성들이 자신의 육체적 삶이 주는 만족들을 포기하는 조건에서만 남성들과 동등할 수 있음을 뜻한다. 마크리나와 베네딕도 같은 현명한 금욕주의자들은 영적 안내를 받으려는 사람들을 매혹시켰다.

사막의 어머니들과 아버지들은 전통이 정해진 공식이 아니라 복음에 따라 사는 삶의 연속이라는 심오한 깨달음을 밝혀 주었다. 사막의 지혜는 당연히 그것을 발생시킨 권위주의적이고 가부장적인 사회를 반영하지만, 지금까지도 지속되고 있다. 고대 지식을 흡수한 그리스도교 문화는, 그 틀과 방법에 있어서 정신에 집중했던 철학적 명상을 이상화한 종교적 체험을 장려했다. 그 방법은 열정을 이성으로 다스리려는 목표를 지향했다. 소수의 남녀가 실천했던 동정성은, 종교개혁 때까지 도전받지 않은 채로 도덕적이고 문화적인 우위를 차지했다. 고대 지중해 사회에서, 성적 금욕은 현대인에게 낯선 부정적이고도 긍정적인 의미들을 지닌 사회적 인습이었다. 부정적으로 볼 때, 동정성은 충족되지 않은 성욕의 긴장과 맞서 싸우는 것을 의미했다. 더 중요하게도, 그것은 혼인한 부부의 성생활이 가족과 친인척 관계의 지속을 뜻하는 천부적인 사회적 역할에만 있다는 전제하에 혼인한 남녀를 몰아붙이는 사회적 인습의 힘에 맞서 투쟁하게 만들었다. 긍정적으로 볼 때, 동정성은 한 사람을 사회와 결합시키는 새로운 토대에 헌신하게 했다. 여성들에게 그것은 하와가 죄로 인해 잃은 것을 동정녀가 독신생활로 되찾았음을 뜻했다. 동정녀는 하느님과 인간 사이를 중재할 수 있는 천사 같은 삶을 살았다. 비록 이 이론이 항상 적용되었던 것은 아니지만, 그 상징적 힘은 과소평가할 수 없다. 전차 이 이론은 육체에서 해방된 정신이라는 플라톤적 이상을 변형시켰고, 따라서 그 강조점은 가족과 친족을 우선시한 사회의 요구들로부터 육체 자체를 빼내 오는 것으로 바뀌었다. 이는 상류층 여성들과 수도원의 많은 여성들에게 특별한 자율성을 부여했다.

요약하면, 이 시기에 인정해 온 영적 성숙은 하느님과 일치하고 이웃을 사랑하는 것으로 보인다. 그러나 주변 문화의 영향은 갈등을 유발하는 이상들을 보태주었다. 즉, 육체의 경멸은 이웃 사랑을 등한시했고 (결과적으로 육체와 동일시되던 여성들도 경멸하게 된다), 순수한 양심은 남성적 권위에 무조건 복종하도록 만들었다. 이상으로서의 동정성은 두 가지 결과를 낳았다. 즉, 하느님을 체험하기 위한 성사적 방도인 성을 포기하거나, 아니면 재산과 가족의 지위를 위해 틀지어 놓은 결혼으로 여성을 예속시켰던 사회적 인습들을 거부하는 자유를 누리거나 하는 것이다.

## 중세의 영성

중세는 수도생활 방식과 예술 양식상 새로운 면이 있었으나, 과거 전통들에 굳건히 뿌리내렸다는 점에서 개혁적이지 못했다.[8]

　대중적 영성은 전문화된 영성과 구별될 수 있었다. 집단적 개종, 낮은 수준의 일반 교육, 사목적 태만은 성인 유해 공경, 성사를 가장한 마술, 단순히 여행을 위한 순례들, 어설프게 가려진 이교 숭배를 촉진시켰다. 대조적으로 수녀들과 수사들의 전문적 영성은 연구와 지도로 전수되었다.

　전문화된 수도생활은 다양한 형태로 번성했다. 남녀 수도자들은 계속해서 은둔생활에 칩거하는 한편, 대성당 전례에 평신도를 참여시키려는 성직자들의 도시 사목이 출현했다. 이 점에서 핵심적인 질문이 제기된다. 즉, 어떤 것이 사도적이거나 복음적 삶의 참된 체험인가? 수도승들은 은둔생활만이 하느님의 표상을 이 세상에 참으로 복원해 낼 수 있는 유일한 장이라고 결론지었다. 대조적으로 남녀 탁발 수도자들은 수도회 구조 밖에서도 참된 복음적 삶이 가능하다고 확신했다. 예를 들어, 아시시의 프란치스코

---

[8] 이 시기에 해당하는 유익한 자료들: *The Classics of Western Spirituality* Series 중 Julian of Norwich, *Showings* (New York: Paulist Press 1979); Francis and Clare of Assisi, *The Complete Works* (New York: Paulist Press 1982); Regis J. Armstrong (ed. and trans.), *Clare of Assisi: Early Documents* (New York: Paulist Press 1988) benefits by the collaboration of Margaret Carney; Carolyn Walker Bynum, *Jesus as Mother: Spirituality of the High Middle Ages* (Berkely/Los Angeles: Univ. of California Press 1982) 등.

는 하느님의 영에 의해 불린 사람은 누구라도 설교할 수 있다고 믿었다. 프란치스코는 시골길을 떠돌아다녔고, 엄청난 희사에 의존하기보다는 도움을 구걸했으며, 새로운 상인계급의 체험에서 나온 상거래 은유들을 사용하면서 모든 사람에게 회심을 요청했다. 역시 복음적 가난에 매료되었던 아시시의 글라라가 저술한 규칙서는 여성들의 분별력을 강조한 독창성을 제시할 뿐만 아니라 그 당시 프란치스코회 남성 수도자들이 등한시했던 이상인 철저한 가난을 주장하고 있다. 그녀의 규칙서에는 여성들이 격리되어야 한다는 교황의 교령도 반영되어 있다.

베기네는 또 다른 형태의 평신도 단체였다. 남성들의 권위를 벗겨버린 이 여성들은 가정이나 소공동체들에서 자발적 가난을 실천하며 독신생활을 했다. 공식 교회의 감독자들 없이도 그들은 "세상 안에" 살면서 일과 공동기도를 양립시켰다. 그렇지만 결국 모든 탁발 수도자의 설교는 성직화되었고 여성들의 종교적 공동체는 모두 엄격한 봉쇄생활을 받아들이도록 강요당했다.

중세의 수많은 남녀가 모성적 표상을 통해 자신들의 하느님 체험과 예수 체험을 전했지만, 이 표상은 각각의 성에 다르게 적용되었다. 비록 노르위치의 쥴리앙이 자신의 저서인 『계시』를 통해 하느님의 모성신학으로 유명해졌으나, 성서와 교부학 저자들이 하느님의 여성적 이미지들을 사용해 왔다는 이유로 그녀는 독창적인 작가 반열에 들지 못했다. 여성들에게 하느님의 모성성은 무엇보다 무조건적인 사랑을 받는 체험으로 받아들여졌다. 다른 한편, 많은 시토회 수도원장들에게 이 표상은 권위와 관계되었다. 여성적인 것으로 여겨지던 온화함과 융통성 같은 태도를 가지고 남성이 권위행사를 보충할 필요에 따라, 그들은 수도자와 수도원장의 모범인 그리스도를 영혼들의 어머니요 산파로 표상했다. 이 남성들은 당대 여성들을 멀리하며 적대감을 품었음에도, 권위에 사랑을 불어넣는 과정에서 모성성을 낭만적으로 묘사하고 여성적 특성을 반복하며 젖먹이를 키우는 어머니로 그리스도를 표상화했다.

중세 작가들은 "남성"이 하느님의 표상이자 닮은 모습이라고 묘사했다. 예를 들어, 『무지의 구름』은 성화로서의 은총, 삼위일체를 반영하는 인간 능력, 죄로 손상되었으나 처음부터 주어진 하느님의 표상, 하느님과 진정 같아지는 길인 금욕주의 같은 교부학의 주제들을 담고 있다. 아시시의 글라라와 프란치스코 같은 중세의 남녀들은 참된 인간성의 모범인 예수의 가난, 겸손, 하느님께 온전히 의탁함을 따름으로써 참된 자아를 이루어 간다고 확신했다. 예수의 남성성은 중요하지 않으며, 오히려 예수의 순명과 사랑이 하느님과 인간들을 일치시켜 주었다.

마리아에 대한 매혹은 중세 신앙체험의 두드러진 특징이다. 이 시기 동안 마리아는 영감을 받은 그리스도의 어머니에서 사람들의 자비로운 어머니, 자신에게 충실한 이들을 보호하는 하늘과 땅의 여왕으로 변했다. 이 시기에는 그녀의 구원능력이 과장된 신심의 초점이 되었다. 동정녀 숭배는 여성의 남성중심적 표상을 강화시켰다. 그것은 남성적 신성에 복종한 한 명의 여자를 찬미하는 것이었고, 그녀의 성생활 포기와 자기 아들의 목표에 헌신한 것을 전적으로 평가한 것이었다. 이러한 한 명의 여성에 대한 칭송은 여성들의 현실적인 종속상황을 요지부동으로 만들었다.

이 시기에 발생한 전쟁과 종교적 분열 속에서도, 몇몇 여성들은 정치적 사안들의 방향을 바꾸라고 재촉하는 자신의 내적 목소리를 주시했다. 시에나의 카타리나는 교황에게 권고했고 싸우는 파당을 화해시키기 위해 애썼다. 잔 다르크는 군대를 승리로 이끌었으나, 후에 적의 손에 넘겨졌다. 잔 다르크는 피하기보다 자신의 소명에 충실함을 택했고, 처형대에서 화형당했다. 이 성인들은 종교적 체험과 세속적 체험의 불가분리성을 증거한다.

이 시기의 동방 교회 영성은 침묵으로 명상하는 헤시카즘[9]에 관한 그레고리오스 팔라마스의 가르침에 잘 나타난다. 동서방 종교 체험의 주제인 침묵기도는 육체를 포함한 전 인격의 기도였다. 이미 받았으나 죄로 감추

---

[9] Kallistos Ware, "hesychasm", *Westminster Dictionary of Christian Spirituality*.

어진 세례의 은총을 인식하는 것이 동방 교회 영성의 목표였다. 이를 위해서 거룩한 이름을 호흡의 리듬에 맞춘 이슬람교의 도움을 받은 것 같다. 이 동방정교회 영성의 폭넓은 맥락은 활동과 관상생활 사이의 연결을 이해한 동방이었다. 그레고리오스는 **활동**이란 열정의 억제가 아닌 방향조정과 관련된다고 보았다. **관상**은 마음의 침묵이요 하느님께 온전히 개방하고 의탁하는 것과 관련된다. 마음의 침묵을 유지하기만 한다면, 바쁜 엄마는 관상적일 수 있고 봉쇄 수녀는 활동적일 수 있다. 마음의 기도는 수사와 수녀뿐 아니라 모든 이가 할 수 있는 항구한 기도형태가 되었다.

요약하면, 중세의 작가들은 모든 이를 위한 그리스도의 사랑과 돌봄에 온 마음을 쏟는 것을 영적 성숙이라고 보았다. 이 돌봄은 흔히 여성과 남성에게 다른 의미를 나타내는 여성적 표상들로 전해졌다. 새로운 수도생활 형태는, 남자들은 봉쇄 수도원 밖에서도 영적 성숙을 이루는 반면 여자들은 몇 가지 이유로 격리되는 것이었다. 첫째, 여자들이 가족들과 살면서 남자들에게 직접 속해 있지 않다면, 그 여자는 "몸가짐이 나쁘다"고, 이를테면 비도덕적이라고 여겨졌다. 둘째, 봉쇄 수도원은 몇 가지 경우에, 여자들을 가족에 묶어 두려는 남성 친족들로부터 그녀들을 보호하는 데 도움이 되었다. 그러나 더 많은 경우에 그것은 여성들의 인간성이 워낙 결점투성이여서 강제적인 보호막이 필요하다는 확신을 드러냈거나, 딸들을 적당한 혼처에 혼인시키지 못하여 수도원에 보낼 경우 가족 통제의 연장으로 작용했다. 남녀 저술가들은 새로운 사도적 삶의 형태에 대한 적절한 응답을 식별하기 위해서, 또 내적 진보를 위한 관상적이고 활동적인 측면에 충실하기 위해서 인격적 판단을 내릴 때 성수한이 요구된다고 보았다.

## 종교개혁기의 영성

중세 전통의 몇 가지 측면에 대한 프로테스탄트의 반응은 영성에 관한 새로운 이해를 낳았다. 수도원 제도는 더 이상 하느님을 체험하는 특별한 방식으로 여겨지지 않았다. 오히려 하느님은 삶의 모든 측면, 특별히 하느님의 말씀이 참되게 전해지고 세례성사와 성체성사가 거행되는 곳에서 일하신다고 보였다. 독신생활은 더 이상 하느님과 일치를 이루는 삶의 특권적 자리로 생각되지 않았다. 대신에 혼인이 각별한 평가를 받았고, 어떤 경우엔 성직자의 임무로까지 되었다. 이러한 움직임 가운데 여성들은 가부장적 혼인으로부터 벗어나서 고등교육의 기회를 얻는 사이 수도생활의 유익한 점들을 놓치게 되었다. 대신에 그들은 새로운 역할 가능성을 얻었다. 즉, 성직에 따라오는 존경과 보수는 전혀 받지 못한 채 회중들에게 온전히 봉사하는 목사 부인으로서 헌신하게 된 것이다.[10]

가톨릭과 프로테스탄트는 차이점들을 강조하고 상대의 견해에 장점이 없다고 추측함에 따라 서로의 신학에 맞서 응수하는 경향을 띠었다. 그러나 현대의 가톨릭은 성서를 중시한 루터에 이제야 비로소 감사할 수 있고, 아빌라의 데레사나 십자가의 요한이나 루터를 의식적으로 생각하지 않고도 스페인의 위대한 신비가들에게 똑같이 주목할 수 있게 되었다.

루터에게 하느님에 관한 이야기는 부재에 관한 이야기이다. 우리는 하느님을 십자가 위에서만 만났고 아무런 초월의 표시도, 적절한 개념적 정의도, 신비적인 확신도 없는 고독 속에서만 만나게 된다고 루터는 보았다. 예수의 데레사와 십자가의 요한은 아무도 하느님을 소유할 수 없고 지배할 수도 없다는 루터의 확신에 동의했다. 루터와 가톨릭의 참된 관상적 전통은 하느님을 인간의 느낌이나 생각이나 인상들 속에 가두는 체험으로 관상을 곡해하는 것에 반대했다. 십자가의 요한은 『가르멜의 산길』에서 인간의 소원을 변하게 하고 그리스도 안에서 하느님과 참된 일치를 이루기 위해, 결국에는 하느님을 향한 인간의 투사들을 굴복시키는 어둔 밤이 반드시 필요하다고 가르쳤다. 요한·데레사·루터는 하느님에 대한 인식이 오직 하

---

[10] 이 시기에 해당하는 자료: Institute for Carmelite Studies (Washington, DC)의 1차 사료 번역본: *The Classics of Western Spirituality* Series 중 Luther와 Ignatius of Loyola에 관한 문헌: Rowan Williams, *Christian Spirituality* (Atlanta: John Knox Press 1979), *Teresa of Avila* (Harrisburg, PA: Morehouse Publishing 1991).

느님 안에서만, 즉 사람들이 자신의 독단적 의지를 포기하고 온전히 자기를 내주는 하느님의 과분한 사랑에 응답할 때에만 가능하다는 점에도 동의했다. 그러나 루터와 위대한 가르멜 개혁자들 사이의 유사성이 은총과 교회와 인간 본성에 관한 그들의 신학적 차이를 좁혀 주지는 못했다.

예수의 데레사가 시작하고 십자가의 요한을 통해 수사들에게 확장된 가르멜 개혁은 가난과 고독 속에 살면서 동료를 사랑하는 공동체의 수도생활로 이끌었다. 그 영성과 인간 발달에 관한 신학은 교회와 이 세상이 필요로 하는 것을 존중하는 하느님의 행위에 사람들이 제대로 응답하도록 도울 수 있다. 『영혼의 성』에 나오는 데레사의 가르침에 의하면, 관상적 변혁은 오직 하나의 목적인 "좋은 행위들, 좋은 행위들의 항구한 탄생"(7.4.6)을 향하게 되어 있다.

데레사의 고유한 종교적 발달과정에 관한 면밀한 해석은 먼저 『자서전』에 설명되어 있고 『영혼의 성』에서 개정되고 확장되며, 마침내는 그녀를 보편교회를 위한 기도 박사로 만들었다. 예를 들어, 여자가 감히 영적 문제들에 관해 가르친다는 이유로 종교재판의 질책을 받는 것을 피하기 위해, 자신에게 약하고 무식한 여성이라는 "여성성에 부여된 표현"을 사용한 데레사는 자신의 깊은 기도체험을 네 가지 물의 표상을 통해 전달했다. 그녀는 어떻게 (샘에서 길어 올린 물인) 자신의 자아인식과 거짓 없는 사랑을 위한 노력이 (물 긷는 수고를 덜어주려고 당나귀가 끄는 수레인) 하느님의 사랑을 받아들이는 위대한 능력을 발휘하게 하는지 설명했다. 사랑을 정화시켜 주는 사막에서의 충실함은 (강물처럼) 자신을 충만케 하는 하느님의 포용과 사랑의 풍요로운 힘을 받아들이게 하고, 삼위일체와 가깝게 해주면서 교회를 이끌게 해주는 (비와 같은) 풍부한 은총도 받아들이게 해준다. 가르멜 전통 안에 있는 현대의 여성론적 관심사를 위한 또 다른 재원은 평등신학으로, 이 신학은 하느님에게도 해당하며, 십자가의 요한의 저서인 『영의 찬가』에 나와 있다. 여기서 영적 성숙은 하느님과의 온전한 상호 관계이자 "평등한 우정"으로 묘사되어 있다(28.1).

로욜라의 이냐시오 역시 영적 성장을 위한 지침 안에 자신의 종교적 체험을 포함시켰다. 그의 『영신수련』에는 성서를 묵상하고 관상하는 상상적 방법이 들어 있다. 그것은 그리스도의 신비에 동화되고 사도적 활동을 하면서 관상하는 사람의 식별을 돕고자 저술한 책이다. 비록 남성중심적 사례들과 군대의 이미지들을 사용하고 있지만, 『영신수련』은 서로 다른 요구들에 적용시키게끔 마련된 것이다. 여성 제자직을 포함하는 성서적 명상으로 확장시키고 여성들의 체험에 맞는 사례들을 바꿔 넣음으로써, 『영신수련』은 현대 여성들에게 효력을 발휘할 수 있을 것이다.

요약하면 종교개혁기의 영성은 소위 오늘날 자기지향이라 부르는 것과 친밀한 관계를 소중히 여겼다. 개혁을 원했던 프로테스탄트와 가톨릭 신자들은 이 가치들을 내적 부름에 충실하고 하느님 사랑에 의탁하는 것이라고 보았다. 그것은 남녀 모두에게 필요한 것으로 여겨졌다. 종교적 격변은 마르틴 루터와 카타리나 루터가 그랬던 것처럼, 식견 있는 의식을 따르라는 요청을 강화시켜 주었다. 불확실한 상황에서 이 시기 개혁자들은 개인적 식별과 비판적인 자아인식이라는 주제를 발전시켰고, 이것은 우리 시대가 심대한 변화에 직면하기 위해 필요로 했던 것이다.

## 근대 영성

16세기에는 스페인의 신비가들이 가톨릭 영성에 줄곧 영향을 끼쳤듯이, 17세기부터는 프랑스의 영성이 상당한 영향력을 떨쳤다.[11]

수도원도 대학들도 이 영성의 모판은 아니었다. 그 모판은 후대에 가르

---

[11] 이 시대에 관한 자료: *The Classics of Western Spirituality* Series 중 *Bérulle and the French School*; Francis de Sales and Jane de Chantal, *Letters of Spiritual Direction*; Louis Dupré and Don E. Saliers (eds.), *Christian Spirituality: Post-Reformation and Modern* (New York: Crossroad 1989); Jill Raitt (ed.), *Christian Spirituality: High Middle Ages and Reformation* [*World Spirituality: An Encyclopedic History of the Religious Quest*, vol. 17] (New York: Crossroad 1987) 등.

멜의 육화한 마리아로 알려진 아카리 부인의 거실이었다. 그녀의 토론 모임에는 켄필드의 베네딕트와 삐에르 드 베륄이 속해 있었다. 그들은 디오니시우스 아레오파기타(6세기)라는 플라톤적 관점에 열중했고 자신들의 고유한 영성 이해를 뒷받침하고자 그것을 재구성했다. 켄필드의 저서 『하느님의 뜻 실천』은 거룩함을 강조했고, 예수 그리스도의 수난에 참여케 하는 자기 비움을 체험함으로써 모든 이가 이에 도달할 수 있다고 보았다. 베륄 역시 그리스도 신비에 참여하라고 가르쳤다. 그의 저서인 『예수의 위대함』에서 그는 그리스도인의 삶의 목적이 하늘에 계신 그리스도에게 드리는 찬미와 섬김을 이 땅에 재현하는 것이라고 서술했다.

이 시기에는 프란치스코 살레시오라는 예외적 인물이 영향을 미쳤다. 그는 따뜻하고 민감한 영적 지도자로 가장 유명했던 주교이고, 그의 저서인 『신심생활입문』은 어떻게 평신도가 일상생활에서 사랑을 실천하여 거룩해질 수 있는지를 밝힌 고전이 되었다. 살레시오의 절친한 친구이자 영적 동반자이며 방문회의 공동 창설자인 잔 드 샹딸 역시 뛰어난 영적 지도자였다. 그녀의 『서간집』은 영성과 인간 성숙의 통합을 진전시키는 훌륭한 방법을 설명한다. 살레시안 영성에 미친 그녀의 고유한 공헌은 지속적인 영향력을 발휘하고 있다.

신학적·정치적·경제적인 문제들을 복잡하고 논쟁을 불러일으키게 결합시켜 놓은 얀세니즘은 얀센의 이름을 따른 것이다. 얀세니즘은 아우구스티누스의 은총신학에 대해 엄격했으며 특정한 실천을 강화시켰다. 죄를 고백하는 고해자는 의심할 권리가 주어지지 않았고, 겸손이나 금욕 행위로서 영성체를 자주 포기해야 했으며, 도더저 삶은 엄격해야만 했디.

19세기와 20세기의 영성은 이전의 모든 영성처럼 사건들과 관념들을 통해 식별한 하느님의 현존에 창조적인 응답을 하는 것이었다. 계몽주의, 세속주의, 무신론, 정치적 개혁들로 인한 반응들이 널리 확산되었다. 예를 들어, 리지외의 데레사는 영적 어둠의 체험을 신앙을 위한 근대적 노력과 더불어 구원을 확인시켜 주는 것으로 해석했다. 떼이야르 드 샤르댕은 『신의 영역』에서 자신의 우주적 통합 체험을 해석함으로써 과학과 신앙을 조화시켰다. 성서 중심의 기도를 복원하고, 수도생활의 풍요로움을 평신도와 나누며, 영성과 신학을 재결합시키려는 관심사는 전례의 변화를 가져왔다. 산업주의에 대한 반응에는 도로시 데이와 피터 머린이 주도한 미국의 가톨릭 노동자운동의 사회적 영성이 포함된다. 유럽, 아프리카, 중동에서 샤를 르 드 푸코에게 영감을 얻은 예수의 작은 형제와 자매들은 가난한 노동자로서 복음적 현존을 밝히는 직무를 시작했다. 정서적이고 때로는 감정적인 마리아 신심은 마리아를 모든 은총에 다가가기 쉽게 중재하는 분으로 승격시킴으로써 얀센주의자의 엄격주의와 가부장적 종교를 보완했다.

요약하면, 근대 영성은 믿음과 의심, 선교, 과학, 사회 구조들, 세계 종교들에 관한 전혀 새로운 시각들에 끊임없이 응답했다. 성숙은 여전히 사랑의 관계와 소명에 대한 충실함의 문제로 남는다. 여성들이 수도회를 창설할 수 있는 새로운 가능성과, 종교적 권위에 대한 계몽주의자들의 비판은 개인적 결정을 신뢰하고 평가하는 영적 식별의 필요성을 강화했다. 엘리사벳 씨튼과 코넬리아 코넬리 같은 여성 창설자들은 근대 가톨릭 영성에 도전하면서 이를 지속시킨 이들이다.

## 현대 영성

서구문화는 근대 이래 그 어느 때보다 심각한 패러다임 전환기에 있다. 모든 분야에서 "참된 실재"라는 기준은 개인주의, 위계성, 남성중심성으로부터 상호 의존, 상호 관계, 포용성이라는 새로운 패러다임으로 전환하기 시작했다. 그러나 떠오르는 새로운 패러다임에 엄청난 저항세력들이 압박하고 있으며, 가톨릭 여성론은 이러한 긴장 속에서 영적 성숙을 이해하고 도달하려는 노력을 기울이고 있다.

이러한 긴장의 탐구는 세 단계로 이루어질 것이다. (1) 가톨릭 여성론을 정의내리고, (2) 가톨릭 여성론을 영적 성숙과 통합시키며, (3) 이러한 전망을 이끌어 온 차이를 고찰하는 것이다.

최근 가톨릭 교회에 만연한 성차별주의에도 불구하고 교회에 계속 남은 여성에게 그 이유를 묻자, 그녀는 "로마 교회와 결부된 전통적 권위 때문이 아니라 온 세상에 두루 좋은 영향을 미치면서 여전히 열매를 맺고 있는 신비적이고 신학적인 위대한 전통 때문"이라고 대답했다. 가톨릭 사상은 가톨릭 여성론이 긴장 속에서 체험하는 이 두 측면을 결합시킨다.

가톨릭 여성론자들 역시 세속적 여성론의 두 측면과 화해하려고 노력한다. 개인주의 입장을 가진 여성론자들은 같은 인간성을 지닌 여성과 남성이 동등한 권리를 누릴 수 있으며 윤리적으로도 평등하다고 주장한다. 관계적인 측면을 강조하는 여성론자들은 평등을 긍정하면서도 우리의 문화가 남성과 여성으로 길들여 온 사회화 부분을 강조한다. 그들은 사회가 여성들이 발전시킨 문화적 특성과 기술들을 존중하고, 남성들에게 주는 지위와 보수를 여성들의 노고에도 주어야 한다고 주장한다. 가톨릭 여성론자들은 이 두 측면을 통합시키고자 한다. 즉, 여성의 동등한 인간 존엄성 및 생활과 교회 직무에 속한 모든 역할들을 수행할 능력들을 인정해 주는 동시에, 여성들을 제한하고 남용하려 하기보다는 여성들의 고유한 공헌에 정당한 대가를 지불하는 것이다. 가톨릭 신자로서 자신을 인식하는 여성론자들은 자신이 아직도 교회 안에서 "유용한 전통"을 발견할 수 있다고 믿는다.[12]

가톨릭 여성론의 전망에서 영적 성숙은 어떻게 이해되는가? 가톨릭 신학은 은총 — 삼위일체의 사랑의 현존 — 과 인간 본성이 본질적으로 연결되어 있다고 주장하기 때문에, 가톨릭 여성론자들은 인간 성숙과 영적 성숙이 통합될 수 있다고 가정한다. 그러나 그리스도교 전통이 여성과 남성에게 이중의 잣대를 들이댔음을 알고 있는 그들은, 여성들의 영적 성숙은 흔히 자기부정과 복종이라고 여기지만 남성들의 성숙은 인간 성숙의 표준이며 도전에 맞서 지도력을 발휘하고 영웅적인 저항을 하는 것이라는 주장이

---

[12] Joann Wolski Conn, "New Vitality: The Challenge from Feminist Theology", *Proceedings of the Catholic Theological Society of America* 46 (1991) 70-4 참조.

**어떻게** 가능할 수 있었는지 의아해한다. 앞서 설명한 여성론적 원칙들을 가정하면 인간 성숙이나 심리학적 성숙과 그리스도교적 성숙의 통합은 가능하며, 따라서 성숙의 패러다임은 남녀 모두에게 동일하게 적용되고 심리학과 영성에도 동일하게 적용될 것이다. 모든 이가 자신의 독특한 방식 안에서 성숙하고자 노력하기에, "동일한" 패러다임이란 상충하는 가치들이나 이상들이 부재함을 의미한다.

이러한 통합은 여성론이 제시한 심리학적 발달 모델이 여성신학의 영적 발달과 관련되고 동일하다고 볼 때 이론과 실제 모두에서 가능하다.[13] 고전적인 영성신학에서는 신앙의 성숙을 거룩한 신비와의 만남, 모든 사람과 우주와의 친밀한 관계로 설명하고, 친교란 관계를 가로막는 애착에서 점점 멀어짐을 뜻하였다. 이러한 이해를 여성신학은 주목하며 영성 발달이론과 결부시킨다. 여성신학자들은 여성들의 체험을 남성들의 체험만큼 긍정하라는 요구에 귀기울이고 (전통적으로 여성들을 위한다는 허울로 부정하거나 억제해 온) 자율과 (문화적으로 여성들이 강화시켜 온) 애착이 어떻게 그리스도교적 성숙의 필수요소가 되었는가를 주시한다. 그리스도교 전통에서 관계를 위한 자율은 하느님과 일치하기 위한 초연함이라는 언어로 표현되었다. 즉, 심리학에서 더욱 깊은 관계를 위해 인간을 자유롭게 하는 능력으로 평가되는 자율이 영성 전통들에서는 하느님과 일치를 이루게 하는 초연함으로 일컬어졌던 것이다. 다른 문화들은 이 초연함을 온갖 쾌락들, 특히 성적 쾌락의 자제로부터 기도 중 모든 신적 표상을 그대로 놓아두는 것까지 다양한 방식으로 해석해 왔다. 여성신학은 초연함과 일치라는 종교적 언어가 가지는 부정적 의미들이 여성론의 구조적 발달심리학의 사용으로 극복될 수 있음을 발견했다.

여성과 남성의 체험에 동등한 가치를 부여하는 발달심리학은 인간 발달의 모든 측면이 자율과 애착 모두를 포함한다고 주장한다. 성숙된 사람은

---

[13] Joann Wolski Conn, *Spirituality and Personal Maturity* (New York: Paulist Press 1989).

가족·친구들·종교·문화에 용해될 수 있으며 더욱 독립적이 될 수 있다. 그는 더욱 깊고 복합적이며 다양성을 포용할 수 있는 친교 관계로 나아갈 수 있다. 자아는 진실로 더 친밀해지고 성숙하게 해 주는 방식들을 취하기 위해 자기 자신과 다른 이들의 의미를 해석해 온 낡은 방식을 폐기하는 복합적인 과정을 통해 발전한다. 자율적인 사람들은 "자신과 유사한" 이들뿐만 아니라 다른 이들과 참된 사랑 안에서 자유롭게 자신을 내준다. 강요나 역할에 순응하기보다는 내적인 자기방향에 따라 살기 위해 사람은 사회적 역할들에 융해되거나 검증되지 않은 생활방식들에 동화되는 것을 "버려야" 한다. 이 발달 중에 일어나는 변화는 일종의 죽음으로, 실패할 두려움, 새로운 이념을 받아들이지 못하게 하는 걱정, 더 상호 의존적이므로 덜 통제하고 예상키 어려워서 깨지기 쉬운 관계가 내포된 철저한 미지의 세계에 직면하라고 요구하기 때문이다. 이 죽음을 통해 더 깊고 더 포용적인 관계를 맺게 해주는 자유가 다가온다. 이러한 발달의 전망에서 보면 자율은 존재와 관계를 통제하는 방식들로부터 벗어나는 것이고, 이로써 모든 이를 향한 무제한적 사랑과 돌봄을 더 자유로운 자기증여로부터 생겨날 수 있게 해준다. 그러므로 이 견해를 따르면, 하느님과 다른 이들과의 일치는 모든 발달단계에서 관계와 독립을 통합시킨다. 독립을 목표로 보는 남성적 사회화에 기초한 성숙의 모델들과 달리, 이 여성론적 모델은 엄밀하게 독립이 더 깊은 관계를 가능케 해준다는 점을 평가한다. 따라서 더 깊은 관계를 위한 구별은 남녀 모두를 위한 성숙에 중요성을 지닌다.

성숙에 관한 이 여성론적 모델은 이론과 실제에서 그리스도교적·심리학적 발달을 통합시켜 준다. 초연함과 영저 어둠을 통해 일치로 나아가는 그리스도교의 발달 언어는 평등성을 낳는 친교를 맺기 위해 영혼의 자유를 성취하는 문제로 인식될 수 있을 때 더 상호성을 띠게 된다. 발달의 한 단계에서 그것은 단순히 (여성들을 전통적으로 사회화시켜 온) 관계에 **속해 있는 것**이라기보다는 관계를 가지기 위해, (하느님을 포함한) 다른 이들과 무작정 관계에 빠지는 데서 자유롭게 되는 것이다. 발달의 또 다른 단계에

서 그것은 동등한 이들 사이의 친교와 상호성의 요소인 상처받기 쉬움을
기꺼이 받아들이기 위해, 관계를 통제하려는 요구에서 자유롭게 되는 것이
다. 발달의 한 단계에서 다른 단계로 나아가는 것은 죽음과 같이 느껴질
수 있는데, 그것이 하나의 온전한 존재방식의 죽음이기 때문이다. 영적 전
통은 이것을 의식과 영의 "어두운 밤"이라고 부른다. 당연히 가톨릭 여성
론도, 우정을 영성생활의 수련장이라고 보는 그리스도교 전통의 동등함을
여성론이 얼마나 고대하는가에 주목한다. 많은 신비가들이 우정이라는 유
비를 사용하여 동등함을 표현한 것처럼, 동등함은 우리를 당신과 같게 만
드셔서 당신의 자아 안에 거두어들이시는 하느님에게도 해당된다.[14]

이 여성론적 시각을 지니면 무엇이 달라지는가? 그것은 가톨릭 영성에
문제를 제기하고, 삶의 모든 측면과 같이, 정신의 완전한 변화와 회심을
위해 투쟁하게 만든다. 여성론자들이 자신을 가톨릭 신자로 인식하고자 할
때, 그들은 모순과 갈등의 종교적 상황에 직면한다. 여성들은 그리스도 안
에서 세례받음으로써 남성들만큼이나 인정받지만, 공식 교회의 가르침과
실천은 여전히 여성들을 무시하고 천시하며 억누르기까지 한다. 별 볼일
없는 존재로 여겨지거나 제지를 받을 때조차도 가톨릭 여성론을 주장하는
(주교들을 포함한) 남녀들은, 앞서 다룬 그리스도교적 성숙을 향해 자신들
과 다른 이들이 회심하도록 창조적이고 용기 넘치는 방식으로 생각하고 행
동한다. 그러나 회심 과정 중에 나타나는 가부장적 종교상황의 체험은 가
톨릭 영성에 관한 학문적 연구로 탐구되고 장려되어 왔다. 체험과 학문적
노력 모두에서 이 상황을 개혁하려는 작업을 범죄행위라고 한다면, 우리는
좌절감에 빠지고 지치며 포기하려는 유혹을 받을 것이다. 더 나아가서, 여
성론적 비판이 과거에 확신했던 것들을 잃게 만들 경우, 사람들은 실존적
의미에서 심각한 상실감에 빠질 것이다. 때때로 여성론적 가톨릭 영성을

---

<sup>14</sup> Constance FitzGerald, "A Discipleship of Equals: Voices from Tradition — Teresa of
Avila and John of the Cross", in: Francis A. Eigo OSA (ed.), *Proceedings of the Theology Insti-
tute of Villanova University* (Villanova, PA: Villanova Univ. Press 1988) 63-97.

주장하는 것은 생존의 문제처럼 느껴진다. 강압적인 교회 구조들과 남성중심적 신학 아래 사는 것은 고통스럽지만, 가톨릭의 영적 풍요로움을 거부하는 것은 굶어죽는 것이라고 여겨지기 때문이다.[15] 이에 반하여 영적 전통은 교회가 진정한 포용성을 지니도록 바뀌는 한편, 신앙과 충실성과 여성론적 본래 면목을 지키는 것의 정당성은 인정해야 한다.

가톨릭의 영적 전통은 이 현대적 상황을 해석하고 이에 응답하는 우리를 어떻게 도울 것인가? 그것은 이 장에서 다룬 어둠의 체험과 그리스도교적인 성숙 사이의 연결을 직접 언급한 자료에서 발견된다. 가톨릭 영성이 심각하게 부적절해 보이고 따라서 우리의 정체성이 흔들릴 때, 우리는 신앙으로 분투하는 이들에게 주는 십자가의 요한의 충고를 참고할 수 있다. "영의 황금은 정련되거나 빛나지 않기 때문에 … 새로움으로 그것을 감싸려는 소망을 … 하느님은 이전의 영적인 축복으로 누렸던 영혼의 느낌들과 만족들을 제거함으로써, 지성을 어둠 속에, 의지를 무미건조함 속에, 기억을 공허함 속에, 애정을 고통 속에 남겨 두신다."[16]

이 "어둠 속의 예지"는 남성중심적 하느님 신학을 포기하고 여신신학[17]이 지닌 중요성들을 인정하며, 거룩한 신비에 관한 전통을 온전히 재건하려고 노력하는 남녀 여성론자들의 관점을 잘 논증한다. "텅 빈 기억"이란 전통

---

[15] Mary Jo Weaver, *Springs of Water in a Dry Land: Spiritual Survival for Catholic Women Today* (Boston: Beacon Press 1992) xii.

[16] "The Dark Night", bk.2, ch..3, no.3, in: *The Collected Works of St. John of the Cross*, trans. Kieran Kavanaugh and Otilio Rodriguez (Washington, DC: Institute of Carmelite Studies 1973).

[17] 오늘날의 여신 송교는 복합적 현상으로, 그 근원이 여신 숭배를 중심으로 한 원시적 모권 사회에 있다고 주장한다. 여신 종교의 선구자들은 그것을 여성론의 전조로 묘사하곤 한다. 여신 종교의 문제점: (1) 원시적 여성 가장이나 위대한 여신의 존재를 증거할 기록이 없고, (2) 과장된 결론들인 2차 문헌에 의존하며, (3) 역사적 문제점들을 무시하는 반면 그 지지자들을 위해 영혼의 실체에 의존하고, (4) 한 세대에서조차 확인하지 않은 공상적 시와 신학에 초점을 맞추며, (5) 전통적 그리스도교를 구제할 수 없는 성차별주의로 대강 처리하는 반면 여신 종교전통에는 무비판적인 태도를 가진다는 것. Rosemary Radford Ruether, *Gaia and God: An Ecofeminist Theology of Earth-Healing* (San Francisco: Harper San Francisco 1992); Mary Jo Weaver, *Springs of Water in a Dry Land* 참조.

적인 그리스도론이나 성사신학을 기억하는 사람들이 여성들을 제한하거나
억누르려 했을 때 자신들을 심각하게 뒤흔들어 놓거나 고통을 안겨주었던
그 공허한 체험과 맞아떨어진다. 영성적으로 성숙하기 위해서는 더 폭넓은
진리와 더 깊은 일치를 가로막는 모든 것을 놓아버려야 한다. "비록 '사람'
이 지성을 통해 그 어떤 특별한 내적 빛이나 외적 안내의 도움을 받지 못
할지라도 … 사랑만이 … '그 사람을' 안내하고 움직이며 미지의 길을 통
해 '그녀나 그를' 하느님께로 들어올린다 …."[18] 이 책에서 밝힌 창조적 사
랑이란 바로 영적 에너지인데, 그러한 영적 에너지가 아직 미지의 세계에
속한 영적 성숙으로 우리를 이끌어줄 것이다.

---

[18] "The Dark Night", bk.2, ch..25, no.4.

## 더 읽으면 좋을 책

*Classics of Western Spirituality*, New York: Paulist Press, 1980. 뛰어난 학자들이 각 저자나 전통을 연구하여 번역·해제한 원전 총서.

Joann Wolski CONN (ed.), *Women's Spirituality*, New York: Paulist Press 1986. 여성신학과 심리학을 통합한 논문 선집. 여성들의 영성이 어떻게 여성론이 될 수 있고, 여성적이거나 그렇지 않은지를 설명.

Joann Wolski CONN and Walter E. CONN (eds.), *Horizons on Catholic Feminist Theology*, Washington, DC: Georgetown Univ. Press 1992. 여성신학의 여섯 과제에 대한 설명과 예증.

Ewert COUSINS (ed.), *World Spirituality*, New York: Crossroad 1985. 종교적 문제에 관한 백과사전적 역사서. 여성들은 거의 언급되어 있지 않다.

Michael DOWNEY (ed.), *New Dictionary of Catholic Spirituality*, Collegeville, MN: Liturgical Press 1993. 현대의 학문을 사용하여 여성론적 관점을 구현.

Kathleen FISCHER, *Women at the Well*, New York: Paulist Press 1988. 여성론적 관점에서 영성의 방향성을 논의, 권력과 폭력의 문제에 주목.

Bernard McGINN, *The Foundations of Mysticism*, New York: Crossroad 1991. 세 권으로 기획된 저서 중 첫 권. 신비주의에 대한 신학적·철학적·비교학적·심리학적 접근을 다룬 부록은 20세기의 모든 논쟁을 다룬다.

Brenda MEEHAN, *Holy Women of Russia: The Lives of Five Orthodox Women Offer Spiritual Guidance for Today*, San Francisco: Harper San Francisco 1993. 19세기 러시아의 부유함이라는 배경 이면에, 저자는 ― 러시아사와 특별히 러시아 종교사의 탁월한 전문가 ― 각기 특이한 영성의 길을 가는 본보기였으며, 현대 여성공동체들 안에 면면히 살아 있는 영성에 영감을 불어넣어 준 다섯 명의 성녀들의 잊혀진 삶을 보여준다.

Margaret MILES, *Practicing Christianity*, New York: Crossroad 1988. 구체적으로

표현된 영성에 대한 비판적 시각.

Judith PLASKOW and Carol P. CHRIST (eds.), *Weaving the Visions: News Patterns in Feminist Spirituality*, San Francisco: Harper & Row 1989. 새로운 유형의 여성해방적 영성을 설명하지만, 여신 종교는 무비판적으로 다룬다.

Rosemary Radford RUETHER, *Gaia and God: An Ecofeminist Theology of Earth Healing*, San Francisco: Harper San Francisco 1992. 창조에 대한 가부장적 종교관과 생태여성론적 종교관.

Philip SHELDRAKE, *Spirituality and History*, New York: Crossroad 1992. 그리스도교 영성연구에 미친 역사의 역할을 본격적으로 다룸.

Mary Jo WEAVER, *Springs of Water in a Dry Land*, Boston: Beacon Press 1992. 오늘날의 가톨릭 여성들에게 영성의 유산을 남기기 위한 방도 제시. 여신 종교에 대한 명쾌하고 균형잡힌 비판.